AF533809

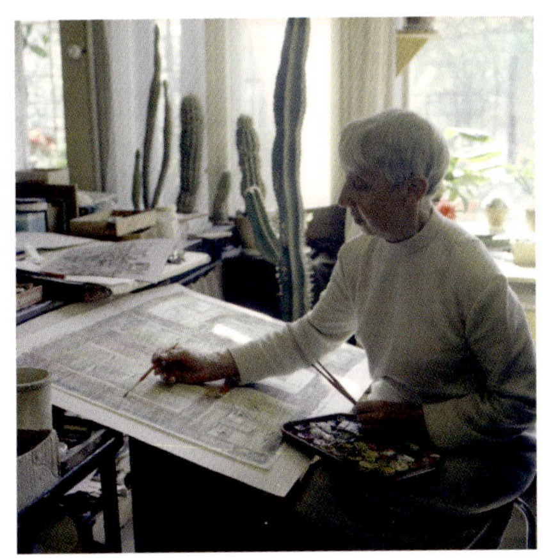

»Mir die Welt geweitet«

Hannah Höch. Das Adressbuch

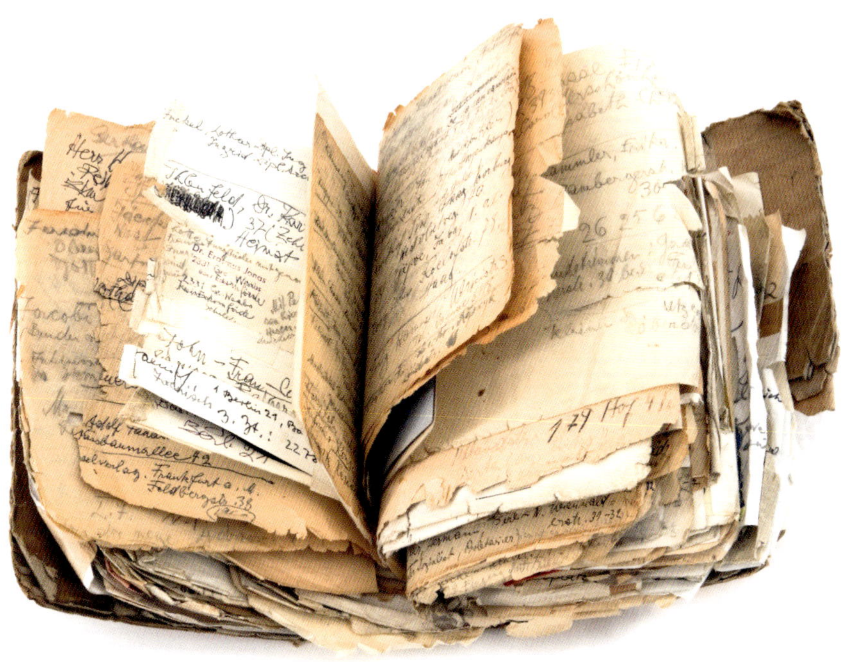

Herausgegeben von Harald Neckelmann

: TRANSIT

Inhalt

»I am, I was, I have been«

Hannah Höchs Adressbuch als Sammlung

Das Adressbuch im Computer, auf dem Handy oder in einer digitalen Cloud zu haben, kann praktisch sein – doch ob die Multimedia-Künstlerin Hannah Höch von der glatten, homogenen Benutzeroberfläche angetan gewesen wäre? Es wäre spannend zu wissen, was die im Jahr 1978 gestorbene Collagekünstlerin, Malerin, Graphikdesignerin und Gestalterin mit dem Computer veranstaltet hätte – technische Neuerungen haben sie jedenfalls zeitlebens fasziniert, so dass sie etwa vor dem Fernseher Skizzen machte und die menschliche Eroberung des Weltalls in vielen ihrer Arbeiten thematisiert. Noch 1975 bat sie die US-amerikanische Kunsthistorikerin Linda Nochlin, die in Vorbereitung ihrer berühmten Ausstellung über »Künstlerinnen: 1550–1950« aus New York nach Heiligensee am Rande von Berlin zu Besuch kam, ihr Material über die Beschaffenheit der Mondoberfläche zu senden. In ihrer letzten großen Fotocollage »Lebensbild« von 1972-73 benutzt Hannah Höch NASA-Aufnahmen und montiert sich selbst zweifach neben Neil Armstrong auf den Mond, um die Erde aufgehen zu sehen – allerdings mit einer großen Lupe in der Hand!

Der radikale Perspektivwechsel war Programm: »ich möchte die festen grenzen verwischen, die wir menschen, selbstsicher, um alles uns erreichbare zu ziehen geneigt sind«, schreibt Höch 1929 und ist damit aktuell wie eh und je. Und weiter: »ich will dartun, dass klein auch gross und gross klein ist, nur der standpunkt, von dem aus wir urteilen, wird gewechselt [. . .] ich möchte weiter den hinweis formen, dass es ausser deiner und meiner anschauung und meinung noch millionen und abermillionen berechtigter anderer anschauungen gibt. am liebsten würde ich die welt heute demonstrieren, wie sie eine biene, und morgen, wie der mond sie sieht.«

Das Vermischen von Banalem und Wichtigem, von Hoch- und Populärkultur, von Kleinem und Großem, Nahem und Fernem prägt

alle Formen des Höch'schen Lebens- und Gestaltungskosmos und folglich auch das Adressbuch ebenso wie ihre berühmteste Collage »Schnitt mit dem Küchenmesser Dada durch die letzte Weimarer Bierbauch-Kulturepoche Deutschlands« von 1919.
Das kleine Adressbuch, gerade einmal 19 x 21 Zentimeter groß, benutzt Hannah Höch etwa sechzig Jahre lang. Es ist auf das Jahr 1917 bis an ihr Lebensende 1978 datiert; auf dem Umschlag ist nur schwach eine abgeriebene Zahl zu erkennen, die »1920« bedeuten könnte, wobei Künstlerdatierungen nicht immer korrekt sein müssen. Dies ändert auch nichts an der Tatsache, dass die Künstlerin darin sage und schreibe über eintausendvierhundert Namen versammelt: von Freunden und Verwandten, prominenten Künstlern wie Nam June Paik, von Kuratoren vom Museum of Modern Art in New York und vom Berliner Bürgermeister bis hin zum Gärtner oder einem unbekannt gebliebenen jungen Mann, der Kriminalbeamter werden möchte, aber sehr kunstinteressiert ist und dabei »kein Waldschrat«, wie sie anmerkt. Es finden sich historisch und ästhetisch reizvolle Visitenkarten von der »Ersten Berliner Wäsche-Manufaktur«, Vordrucke für »Fernsprech-Anschlüsse« oder Kalenderausschnitte mit den »Beweglichen Festen für 1936-1947« und natürlich etliche historische Visitenkarten oder Briefköpfe von Galerien, Museen und Kunsthäusern, die zum Teil bis heute existieren. So ist das Adressbuch auch ein verdichtetes Kompendium von Typographie- und Werbegeschichte.
Es ist deswegen dann doch eine glückliche Fügung, dass Hannah Höch erst gar keine Wahl hatte, zum PC oder Smartphone zu greifen, denn zuallererst ist ihr Adressbuch ein faszinierendes mediales Artefakt, das es in der heutigen Zeit – zumindest in der westlich-industrialisierten Welt – nie mehr in dieser Form geben wird. Schon auf der ersten Seite stoßen verschiedene Papiere mit ihren unterschiedlichen Texturen, Formen und Farben aufeinander.
In ihren Notizbüchern erwähnt Höch »die zauberhaften Nuancen der unendlich abgestuften Druckpapiere. Schon lange grosse (sic) Sammlung angelegt.« Das zeigt deutlich ihre Sammelleidenschaft in Bezug auf Papiere, die nicht zuletzt eine Voraussetzung für das Anfertigen von Collagen ist. So weist auch das Adressbuch ebensolche »zauberhaften Nuancen« auf, zu denen noch die unterschiedlichen Altersspuren hinzukommen. Teils zerfleddert und vergilbt, dann wieder knallig und farbenfroh sind dem Adressbuch seine Altersspuren deutlich anzusehen. Doch genau

das macht es zu einem auratischen Objekt mit dokumentarischem Charakter.

Die Vielzahl der Handschriften, und zwar nicht nur Höchs eigener, sondern der diverser Gäste und Freunde, führt zu ihren Autoren und Autorinnen, die über die ganze Welt verstreut waren und meist nicht mehr leben, aber deren Spuren plötzlich ganz real und unmittelbar im Adressbuch aufscheinen. Diese Handschriften (im Zeitalter der vereinfachten Ausgangsschrift mittlerweile auch per se eine Rarität) vermischen sich mit historischen und modernen Typographien in diversen Größen, oft auf Werbezetteln, deren Ästhetik heute fast exotisch wirkt. Eine auffällige orangefarbene Visitenkarte von Gerda Koch-Brödermann, einer Freundin des in Italien während des Zweiten Weltkriegs gefallenen Neffen Helmut, wird in Höchs eigenwilliger Handschrift mit einem »eingetragen« versehen – und dennoch aufgehoben. Schnell stellt sich heraus, dass das Adressbuch über seinen herkömmlichen Nutzen weit hinausgeht: Es ist ein Erinnerungsbuch, mit Kommentaren und Notizen zu Vorkommnissen oder Charakteren der Gäste versehen. So sei einem Ehepaar aus der Galerie Artina, die zu einem »Blitzbesuch« da waren, nicht zu trauen. Zuweilen verwandelt es sich in eine To-do-Liste mit Erinnerungsstützen, an wen zu schreiben ist, was dann mit einem »erl.« abgehakt wird – es verirren sich wohl einfach Notizzettel in das Adressbuch, weil unter anderem auf ihnen auch eine Adresse notiert ist. Verirren? Das System hat Methode, denn unter der Hand gerät Hannah Höch das Adressbuch zur veritablen Sammlung im Miniaturformat.

Hannah Höch war eine Künstlerin, die Minis liebte, seien es ihre teils nur daumengroßen Miniatur-Collagen oder Miniatur-Aquarelle, die sie regelmäßig zu festlichen Anlässen verschenkte, oder seien es ihre Miniaturobjekte im »Raritätenkabinett« in ihrem Vitrinenschrank, dessen Namen sie bezeichnenderweise zum »Rarit« verkleinerte. Das älteste Objekt darin war ein Glasei aus dem Jahr 1894, mithin nur fünf Jahre jünger als die Künstlerin selbst. Das Fotografenpaar Liselotte und Armin Orgel-Köhne, das ebenfalls im Adressbuch vorkommt, nahm diese Sammlung scheinbar abseitiger, banaler Miniaturen auf und so inszenierte Höch etwa Glasfiguren, die vor einem hoheitlich thronenden Stickereipaar einen »Glastanz« aufführen, was dann wiederum als Blow Up in die Collage »Lebensbild« einfloss. Klein dagegen hielt sie darin den fotografischen Verweis auf ihre berühmte und äußerst wertvolle Kunstsammlung von Künstlerkollegen, die unter der Herrschaft der Nationalsozialisten als »entartet« oder wie sie selbst als »Kulturbolschewistin« galten und deren Werke sie unter Einsatz von Leib und Leben über die Zeit der Verfolgung und des Krieges rettete. Höch liebte das Sammeln und ihre Sammlungen, mehr noch: Sie war eine Sammlungs-Sammlerin.

In dem Adressbuch der lebenslangen Anhängerin der Collage – einer künstlerischen Form, die sie im Jahr 1918 mit Raoul Hausmann erfunden hatte – vereinigt sich beides. Das Adressbuch wird zu einer der vielen Sammlungen der Künstlerin und nimmt dabei auch Züge von »Findebüchern« an, die Höch anlegte, um sich in ihrem Miniatur-Museum des Alltäglichen und Außergewöhnlichen zurechtzufinden. Unter dem »Z« eines dieser Bücher war etwa vermerkt: »Orgel-Köhne-Zahnbürste ist bei den fremden Brillen (Telefon-Regal).« Innerhalb des Adressbuchs sind die Namen alphabetisch geordnet, doch unter dem Buchstaben »M« taucht auch ein Eintrag zu »Möbeltransport« auf und das Stichwort »Muster« ist verbunden mit dem Verweis auf Cords Frauenmode, einem langjährigen Spezialgeschäft für Stoffe in Berlin.

Diese Sammlung, nach Namen und Stichworten geordnet, bleibt ständig in Bewegung. Unermüdlich überarbeitet, streicht, korrigiert oder überklebt ihre Besitzerin die Daten. Die Form des Adressbuchs ist dadurch homogen und heterogen zugleich – auch diese Mischung kennzeichnet Höchs Arbeitsweise. Auf einer Seite befinden sich etwa unter dem Buchstaben »G« ein ausgeschnittener Adressschnipsel des Künstlers Werner Graeff aus Mülheim neben einer handschriftlich eingetragenen Adresse des Künstlers Naum Gabo in den USA und dem Kurator »Dr. Gläser« aus dem Museum of Modern Art, der Höchs Arbeiten in mehreren Ausstellungen zeigte; daneben ist ebenfalls handschriftlich der »Gärtner« in Heiligensee vermerkt und schließlich endet das Blatt mit »siehe hinten: neues G«. Manchmal überträgt Höch wiederum ganze Seiten neu, so dass neben der Heterogenität der Sammlung ab und an überraschend homogene Blätter zu finden sind. Einträge wie »stimmt noch« deuten auf das Prozesshafte des Adressbuches, das wie viele Sammlungen nie beendet ist und daher nach hinten offen bleibt. Höchs Vermerk »weiter geht's hinten« zeigt, dass das Adressbuch am Ende, etwa mit dem Buchstaben »A«, wieder von vorne beginnt. Ein hervorstechendes zinnoberrotes Papier, eine Art Höch'sches »Post-It«, markiert diese »Fortset-

zung: wieder A«. Danach ist allerdings doch wieder ein Eintrag zu finden: »Fortsetzung vorn«: Die Sammlung birgt neben der alphabetischen und damit linearen und vorhersehbaren Ordnung ein Netzwerk von Verweisen, das diese Ordnung immer wieder durchbricht und eine eigene, fast rhizomatische Struktur bildet. Vorne kann genausogut hinten sein wie hinten plötzlich vorn ist.
Zum Ende des Adressbuchs hin bleiben zunehmend Seiten leer, doch nur, weil Höch zum zweiten, manchmal sogar zum dritten Mal anhebt, die alphabetische Ordnung zu vervollständigen. Wenn man das Adressbuch als Artefakt in seiner Gesamtheit oder auch nur ausschnittweise liest und anschaut, nimmt man es auf eine andere Weise wahr als es ursprünglich von der Nutzerin gedacht war. Doch innerhalb dieser nicht nutzerorientierten, sondern schlicht sinnlichen Wahrnehmung entsteht das Bild eines vielschichtigen Künstlerinnenlebens, das nicht nur zwei Weltkriege überlebt hat. Es hat darüberhinaus etliche Schaffensperioden durchschritten, sich in der Welt an unterschiedlichsten Orten bewegt und steht nicht nur für sich selbst, sondern ist verwoben mit Menschen, Räumen und Kontexten unterschiedlichster Couleur, die Höch sicher immer gleich viel wert waren. Die Nachbarin in Heiligensee, deren Hilfsangebot die Künstlerin im Adressbuch vermerkt, ist für diese »Lebenscollage«, wie die Berlinische Galerie die Archiv-Edition des Höch-Nachlasses treffend genannt hat, ebenso bedeutungsvoll wie der seelenverwandte Merz-Künstler Kurt Schwitters oder der niederländische Architekt Jan Buijs, dessen Kristallsammlung sie bewunderte. All diese Fäden laufen im Adressbuch wie in einem Knotenpunkt zusammen.
Neben Papieren mit der Postanschrift einer Glaserei und einer Firma, die Schwammschäden am Haus beseitigt, endet die annähernd siebenhundert Seiten umfassende Miniaturwelt namens Adressbuch mit einem erstaunlichen Notizzettel. Er dokumentiert Höchs Bemühungen, Englisch zu lernen, denn noch 1975 wechselten Linda Nochlin und sie aufgrund der Sprachbarriere vom Englischen ins Französische, das sie beide beherrschten. »I am I was I have been«, schreibt Hannah Höch sorgfältig und korrekt untereinander: »Ich bin, ich war, ich bin gewesen«. Hinzuzufügen wäre nur noch eins: I will have been – ich werde gewesen sein.
Alma-Elisa Kittner, Juli 2018

Editorische Notiz

Zunächst sieht es 1960 so aus, als ob Hannah Höch keine Einladung in die Villa Massimo nach Rom erhält. Sie schreibt in ihren Terminkalender: »Bin's zufrieden«, scheint nicht enttäuscht. Schließlich kommt aber doch die Zusage, und sie geht für vier Monate nach Italien. Die Künstlerin, verarmt, muss sich dafür Geld leihen, denn den Scheck der Stiftung erhält sie erst später.

Höch lebte seit 1942 alleine am Rand von Berlin, in einem kleinen Haus in Heiligensee. »Dieser Aufenthalt hier, in Villa Massimo, hat (...) mir die Welt nochmals geweitet, die ich glaubte nur in meiner kleinen Einsiedelei erschöpfen zu können.« Sie trägt die Namen der Künstlerkollegen, die sie dort trifft, in ihr Adressbuch ein, nur drei von über 1300 Namen, die Höch anfangs sauber mit Tinte, später auch mit anderem Schreibmaterial, manchmal auch lautmalerisch, notiert. Einige Freunde tragen sich selbst ein.

Das Adressbuch ist ein fragiles Konvolut, aufwendig restauriert, und befindet sich im Nachlass Hannah Höch der Berlinischen Galerie, Museum für moderne Kunst in Berlin. Seine 700 Seiten sind digitalisiert und stehen den Interessierten online zur Verfügung unter: http://dfg-viewer.de/show/?tx_dlf[id]=http://dfg-viewer.berlinischegalerie.de/170013/Dokumente/170013.xml.

Bei den biografischen Angaben zu den im Adressbuch notierten Personen konzentrieren wir uns auf ihre jeweilige Verbindung zu Hannah Höch und die entscheidenden Lebensstationen. Sie werden durch Zitate aus Briefen, vor allem aber durch Kommentare aus Höchs Terminkalendern (im Buch »TK«) ergänzt, mit denen sie ihre Freunde oder Besucher in oft unnachahmlicher Art charakterisiert und sich in diesen spontanen Äußerungen gleichzeitig als sehr eigene Persönlichkeit darstellt. Manchmal sind solche Kommentare auch direkt im Adressbuch zu lesen (im Buch »AB«). Sehr eigen sind auch Höchs Orthografie und Zeichensetzung, die wir in Zitaten so belassen haben. Da sich in den Namen und den Biografien verschiedene größere und kleinere Netzwerke widerspiegeln, künstlerische, politische, private oder familiäre, gibt es immer wieder Querverweise (mit Seitenangaben, die sich auf dieses Buch beziehen) zu anderen Personen und deren Biografien. So kommt man oft überraschenden Zusammenhängen, Verbindungen, Gemeinsamkeiten auf die Spur, die nicht nur von künstlerischer, sondern auch von politischer Bedeutung sind (wie z.B. die Tatsache, dass nach 1933 eine große, international verflochtene Künstlergeneration verfolgt und auseinandergetrieben wurde). Am Ende der Viten sind wiederum die Seitenangaben des Digitalisats genannt, auf denen sich der jeweilige Name finden lässt.

Die Adressen sind alphabetisch geordnet, die einzelnen Buchstaben werden mit einem Faksimilé eingeleitet und die darin aufgeführten Namen transkribiert und mit biografischen Angaben ergänzt. Auf diesen Faksimilé-Seiten kann man auch erkennen, dass im Adressbuch doch etliche Namen enthalten sind, zu denen man sehr wenig oder oft auch gar nichts mehr in Erfahrung bringen kann, wie zum Beispiel die Namen von Besuchern, die einfach ein Autogramm oder eine Signatur auf einem Zeitungsartikel haben wollten und deren Namen Höch oft in ihr Adressbuch eintrug.

Damit ist auch das Kriterium benannt, nach dem die Auswahl der hier aufgeführten Namen (über vierhundert) vorgenommen wurde. Es geht zum einen um die Freundinnen/Freunde, um Künstlerinnen und Künstler, mit denen Höch in einer besonderen Verbindung stand – natürlich auch um überraschende Verbindungen/Kontakte zu Menschen, die in ganz anderen Feldern kreativ oder verändernd unterwegs waren, teilweise auch um rein praktische Verbindungen (Ärzte, Handwerker, Drucker etc.).

Das Buch speist sich bei vielen Daten und Zitaten aus dem Nachlass Hannah Höch (im Buch »NHH«) im Archiv der Berlinischen Galerie. Wir danken allen Beteiligten für die Zusammenarbeit.

Namen, die hier nicht genannt sind, aber im Adressbuch aufgeführt werden, haben wir in einer ebenfalls alphabetisch sortierten Datei und mit zusätzlichen Informationen, sofern welche gefunden werden konnten, unter www.transit-verlag.de/produkt/hannah-hoech-mir-die-welt-geweitet-das-adressbuch/ bereitgestellt.

Die Quellen für Zitate, im Buch meist mit Kürzeln benannt, werden im Anhang aufgeschlüsselt.

Herausgeber und Verlag, Juli 2018

Das Adressbuch

A–Z

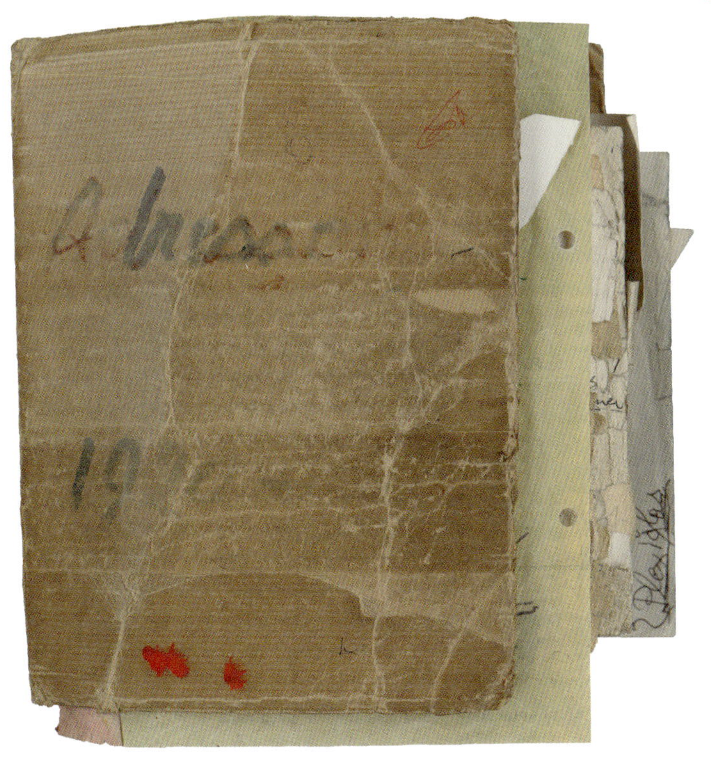

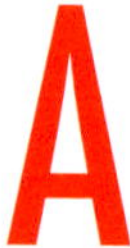

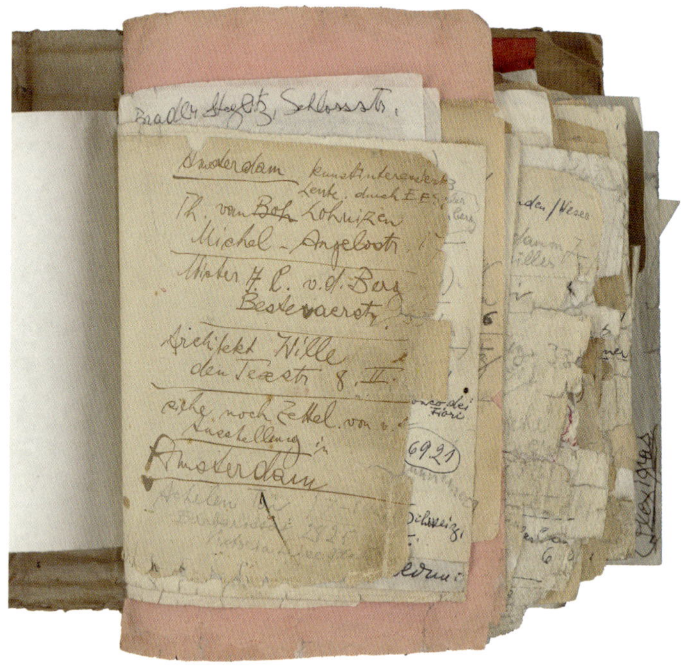

021 **Amsterdam** »kunstinteressierte Leute durch« [AB]

021 **Eesteren van, Cornelis, Den Haag, Nieuwe Parklaan 69; Amsterdam, Haringfleet**(vliet)**straat 69III; »in Berlin gewohnt bei Devrient Lichterfelde«; Amsterdam, Weldam 11** (1897 Alblasserdam – 1988 Amsterdam; Architekt, Stadtplaner). Hannah Höch lernte durch van Eesteren viele »kunstinteressierte Leute« in den Niederlanden kennen. Er gehörte zum avantgardistischen Kreis von »De Stijl« um [→ 59] Theo van Doesburg, der sich der Einheit von Kunst und Technik programmatisch verpflichtet fühlte. Höch traf van Eesteren erstmals 1926 in den Niederlanden.

Der Architekt gewann 1925 den Wettbewerb zur Neugestaltung der Straße »Unter den Linden« in Berlin und nahm an den Ausstellungen der Künstlervereinigung [→ 35] »Novembergruppe« 1925 und 1926 teil. Von 1927 bis 1930 arbeitete er als Dozent an der Staatlichen Hochschule in Weimar. Er gehörte zu dem großen [→ 49] Til Brugmanschen Freundeskreis in den Niederlanden, engagierte sich in unterschiedlichen Avantgardezirkeln – wie z.B. seit 1925 in der Rotterdamer Gruppe Opbouw 2 – und hatte von 1929 bis 1959 als Chefarchitekt und Leiter des Amtes für Stadtplanung der

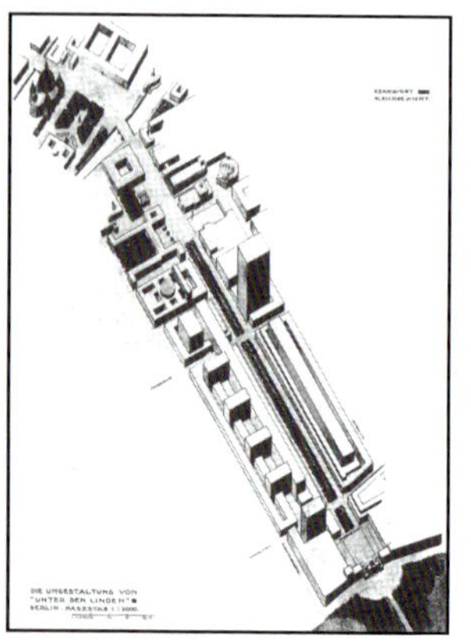

Van Eesteren Entwurf für Berlin, Unter den Linden

Stadt Amsterdam eine einflussreiche Position. Die Freundschaft mit Hannah Höch wurde wiederbelebt, als sie 1939 die Niederlande besuchte und van Eesteren ihr seine letzten städtebaulichen Arbeiten zeigte, u.a. auch das im Stil der modernen Amsterdamer Architektenschule zusammen mit Jan Wils entworfene Waldparkstadion, in dem 1928 die Olympischen Spiele stattgefunden hatten.
Die langjährige Bekanntschaft bezeugen zahlreiche Briefe im Nachlass Hannah Höch – besonders jener vom April 1958, in dem van Eesteren Hannah Höch vom schlechten Gesundheitszustand Til Brugmans berichtete, ihrer langjährigen Lebensgefährtin, die am 24. Juli 1958 starb: »Sie war mehr oder weniger abwesend. / Am liebsten war ihr das ich nichts sagte und nur bei ihr saß, was ich dann auch getan habe. / Ich wollte Dir dieses nur so berichten. Alles Gute wünschen wir Dich in Erinnerung an den fruchtbaren Kontakt mit Deiner Welt.« [Lebenscollage III/1, S. 109] Seit 1964 war van Eesteren außerordentliches Mitglied der Berliner Akade-

Cornelis van Eesteren bei Hannah Höch in Berlin-Heiligensee, 1958

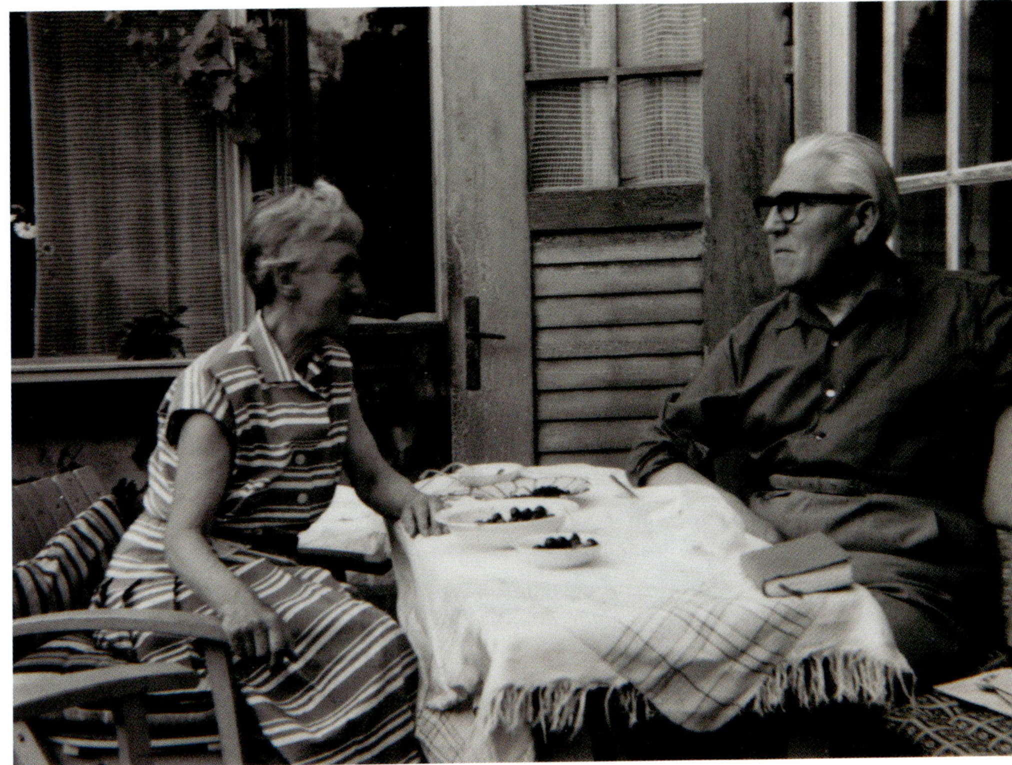

mie der Künste. Er traf Höch ein letztes Mal in Berlin im Oktober 1977. Sie notiert: »›Ist ein glücklicher Mensch‹ wie er sagt. (...) Er ist nun sehr holländisch. Weiss nichts mehr von den alten Freunden, mit Ausnahme von Til mit der er bis zuletzt befreundet war.« [TK77] [91, 92, 93, 95, 96, 421, 451]

021 **Lohuizen, Theodoor Karel van, Amsterdam, Michelangelostraat 17** (1890 Den Burg – 1956 Den Haag; Niederländischer Städtebauer und Ingenieur; Geschäftspartner von [→ 16] van Eesteren)

021 **Berg, v.d. J.C, Amsterdam, Bestevaerstraat 33**

021 **Wille, Bruno, Amsterdam, Den Texstraat 8** (1889 Solingen – 1970 ?; Architekt). Wille lebte in Düsseldorf und zog nach dem Ersten Weltkrieg in die Niederlande, wo er 1919 die Schriftstellerin Jeanette Stoppelman (Pseudonym: Mary Dorna) heiratete. Sie wohnten von 1920 bis 1928 in Amsterdam, Texstraat. Das geräumige Erdgeschoss galt befreundeten Schriftstellern und Malern als Treffpunkt. Wille arbeitete einige Jahre mit dem Architekten Hendrik Petrus Berlage zusammen. 1938 kehrte er nach Deutschland zurück.

021 **Ausstellung in Amsterdam**. Dabei geht es entweder um Höchs Beteiligung an den Ausstellungen der [→ 54 Buijs] Künstlervereinigung »De Onafhankelijken« (Die Unabhängigen), erstmalig im März 1928, oder um ihre Einzelausstellung im September/Oktober 1929 im [→ 54 Buijs; → 280 Vies-Heyting] Kunsthaus van Lier.

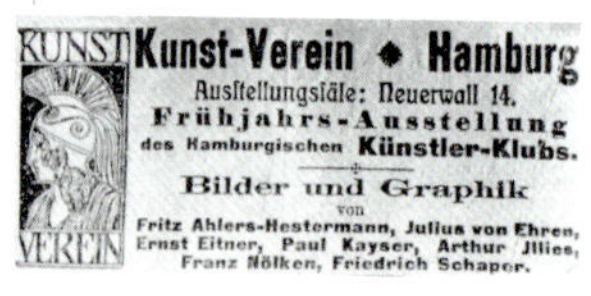

Zeitungsanzeige des Kunst-Vereins, Hamburg, 1907

Ahlers-Hestermann, Prof. Friedrich, Berlin, Leistikowstraße 2 parterre (1883 Hamburg – 1973 Berlin; Maler, Schriftsteller; Mitglied (wie Höch) des Ehrenvorstandes des Deutschen Künstlerbundes; Vater von [→ 18] Tatiana Ahlers-Hestermann). Höch traf Ahlers-Hestermann 1966 mehrfach in der Akademie der Künste, wo er von 1956 bis 1973 Direktor der Abteilung Bildende Kunst war. Beide begegneten sich auch 1968 und 1969 mehrfach bei [→ 127] Kurt Ihlenfeld. Im Jahr 1928 war Ahlers-Hestermann zum Professor für Malerei in Köln berufen, 1933 aus politischen Gründen entlassen worden und überlebte mit Frau und Tochter den Zweiten Weltkrieg in Berlin. Im November 1965 zeigte Ahlers-Hestermann Pastelle in der Galerie Gerda Bassenge und im September 1973 Gemälde und Pastelle in der [→ 204] Galerie Pels-Leusden [Einladungen, NHH]. [27]

Ahlers-Hestermann, Tatiana, Hamburg, Fuhlsbütteler Strasse 228 (1919 Hamburg – 2000 Hamburg; Textil-, Mosaik- und Glaskünstlerin, Tochter von [→ 18] Friedrich Ahlers-Hestermann)

Ahlers-Hestermann schrieb an Höch 1973/74. Zwischen 1939 und 1942 besuchte sie die Mal- und Zeichenklassen im Abendunterricht an der Berliner Reimann-Schule. Als ihr Vater 1947 zum Wiederaufbau der Landeskunstschule nach Hamburg berufen wurde, begleitete sie ihn. [481]

Albers, Josef, USA, New Haven, 8 North Forest Circle (1888 Bottrop – 1976 New Haven, Connecticut, USA; Maler, Kunsttheoretiker und -pädagoge). Nach einer Lehrtätigkeit als Volksschullehrer und mehrmaligem Wechsel von Kunsthochschulen entschloss sich Albers 1920, am Bauhaus in der Klasse von Johannes Itten zu studieren. Nach dem Fortgang von Itten begann er 1923 selbst eine Lehrtätigkeit am Bauhaus als Leiter des Vorkurses, der Glas- und der Möbelwerkstatt.

Neben [→ 167] Moholy-Nagy stand Albers als einziger Bauhauslehrender in Kontakt mit Hannah Höch. Auf ihre Collagen wurde er anlässlich der »Film und Foto«-Wanderausstellung des deutschen Werkbundes aufmerksam, die zuerst in Stuttgart, dann vom 19. Oktober bis 17. November 1929 im Lichthof des ehemaligen Kunstgewerbemuseums, heute Martin-Gropius-Bau, in Berlin gezeigt wurde. Er schlug ihr vor, Werke zu tauschen: »Ich weiss nicht, ob Sie meine Bilder kennen, ich habe sehr wenig ausgestellt. (...) Meine Glasbilder sind meist mit Sandstrahl aus Überfangglas gearbeitet.« [Lebenscollage II/2, S. 358] Ob Höch darauf einging, ist nicht bekannt.

Als das Bauhaus 1933 von den Nationalsozialisten geschlossen wurde, emigrierte Josef Albers in die USA und lehrte dort an dem neugegründeten Black Mountain College in North Carolina. Seine experimentelle, offene Lehrmethode hatte großen Einfluss auf John Cage und Robert Rauschenberg. Im Nachlass von Hannah Höch findet sich eine Einladung zu seiner Ausstellung, die im Mai 1958 im »Amerika Haus« in West-Berlin stattfand. [26]

Albrecht, Walter (Kaufmann) Rotterdam. Albrecht, Direktor einer Ölimportfirma, gehörte zum Freundeskreis von [→ 280] Ditte van der Vies-Heyting und [→ 54] Jan Buijs und lebte mit seiner Familie in Scheveningen. Vermutlich lernte er Hannah Höch über Buijs kennen. Ursula Albrecht schrieb im Juli 1934: »vor ein paar Tagen sah ich bei [→ 27] d'Audretsch Ihre Aquarelle u. war wieder so entzückt, dass ich mir eins kaufen musste. Wenn Sie wieder nach Holland kommen, hoffe ich Sie sehen es sich mal bei uns an.« [Lebenscollage II/2, S. 522] [023]

Albrecht, Dr. Werner (Dipl. Kaufmann). Albrecht war Steuerberater und besuchte Höch erstmals im Juni 1967. Höch notiert: »Steuer 1965 und 1966. Alles mitgenommen. 1966 Einnahmen 1430.- ausser den festen Bezügen.« Im November 1967 vermerkt sie: »Muss für 1965 Steuer bez. Ich Bank angerufen. Überwiesen an Steuer: 2871.-« Auch in den Folgejahren regelte Albrecht für Höch die Steuer. [TK67] [26, 27, 108]

Amersdorffer, Heinrich, Berlin, Schlieper Straße 12 (1905 Berlin – 1986 München; Maler, Grafiker). Amersdorffer stellte wie Höch nach 1945 in der Rathaus-Galerie Reinickendorf aus. Ab 1930 unterrichtete er als Kunstlehrer in Berlin. Er beteiligte sich an den Kunstausstellungen der Nationalsozialisten im Münchner »Haus der deutschen Kunst« und arbeitete als »Kriegsmaler« für die Wehrmacht. Nach 1945 erhielt er einen Lehrauftrag an der Berliner Hochschule für Bildende Künste. [24]

Armitage, William Kenneth, Berlin, Erdener Straße 8a (1916 Leeds – 2002 London; Bildhauer). Höch notiert: »Plastik in (Deutscher) Oper« [AB], von Armitage stammt das Kunstwerk »Triarchy«. Sie traf ihn 1960 auf einer Abendveranstaltung in der Akademie der Künste. Der Bildhauer war für zweieinhalb Monate zu Gast in Berlin. Höch besuchte seine Ausstellung mit Plastiken und Zeichnungen im Haus am Waldsee (»Interessant. Schöne Zeichnungen.«) [TK60]. [697]

Arndt, Gertrud (Trudel), Darmstadt, Beethovenstraße 17 (1903 Ratibor – 2000 Darmstadt; Fotografin, Bauhausschülerin). Arndt besuchte Höch 1972 und mit Tut Schlemmer, der Frau des Bauhausmalers [→ 246] Oskar Schlemmer, 1974. Höch notiert: »schickt liebes Weihnachtsgeschenk 1974«. [AB] [426]

Arp, Hans, Meudon, Seine et Oise, 21, rue des Chataigniers; Berlin, Am Rupenhorn 4, Bitter; Basel, 5, Lange Gasse; Locarno-Solduno, Via Alle Vigne, Ronco die Fiori; Strassburg, 2, rue des Pelletiers (1886 Straßburg – 1966 Basel; Maler, Bildhauer, Lyriker, der im Dadaismus und Surrealismus der zwanziger Jahre eine bedeutende Rolle einnahm).

»In Hans Arp sehe ich den musischsten und damit wunderbarsten Menschen.« [Höch 3, S. 199] Als Hannah Höch Hans Arp und [→ 24] Sophie Taeuber-Arp zusammen mit [→ 235] Kurt Schwitters und seiner Frau [→ 253] Helma im August 1923 auf der Insel Rügen in Sellin kennenlernte, war Arp schon ein bekannter Avantgarde-Künstler, der 1911 zur Gruppe »Der Moderne Bund« in Luzern gehörte und sich 1912 an den Ausstellungen des »Blauen Reiter«

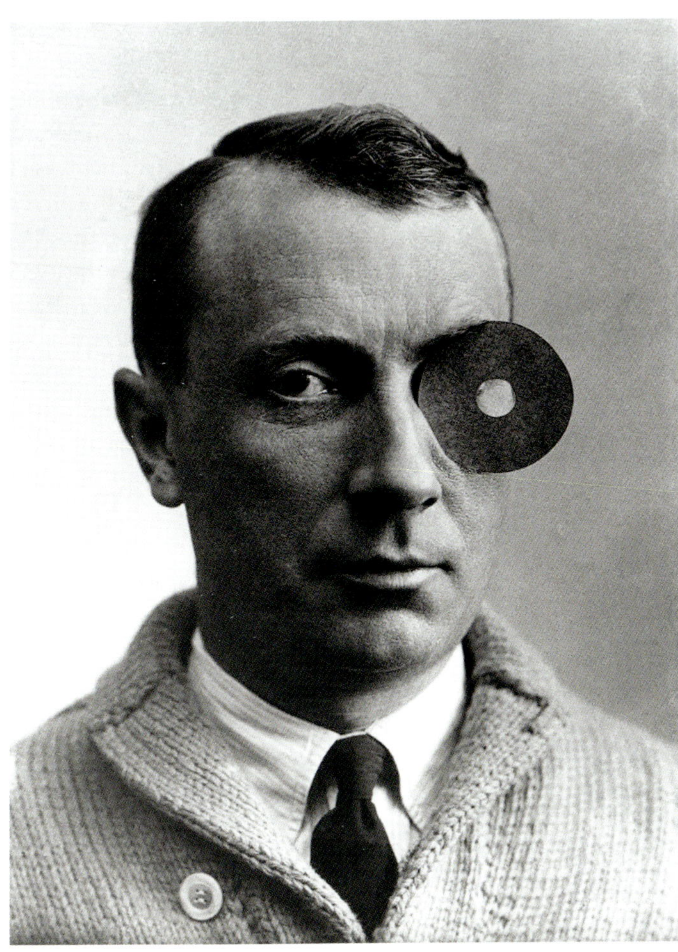

Hans Arp,
Nabelmonokel, um 1926

um Kandinsky beteiligte. 1914 in Paris gehörte er zum Kreis um Modigliani, Picasso, Apollinaire und floh nach dem Beginn des Ersten Weltkriegs in die Schweiz. Mit [→ 270] Tristan Tzara, Hugo Ball, Emmy Hennings sowie [→ 123] Richard Huelsenbeck und Christian Schad gründete er 1916 Dada im »Cabaret Voltaire« in Zürich. Ab 1916 war er mit der Künstlerin und Textilgestalterin Sophie Taeuber befreundet, 1922 heirateten sie. Nach Ende des Ersten Weltkriegs blieb er weiter aktiv im Kölner Dada zusammen mit [→ 72] Max Ernst und [→ 38] Johannes Theodor Baargeld und ab 1920 in der Dadabewegung in Paris.

1923 nutzte dieser rastlose Künstler seine Ferienzeit auf Rügen, um mit Kurt Schwitters »Franz Müllers Drahtfrühling« zu entwerfen und die berühmt gewordenen Reliefs aus Treibholz zu montieren. An die gemeinsam verbrachte Zeit erinnerte Höch mit ihrer »Collage Souvenirs von 1923« mit den Namen von Schwitters, Taeuber und Arp und einer »Huldigung an Arp«, zusammengesetzt aus feinen Gräsern und Blättern und einem ausgeschnittenen Briefstempel vom Dezember 1923.

Ähnlich wie zu Schwitters gestaltete sich auch Höchs Beziehung zu Arp in schöpferisch-poetischer Sympathie, die auch die wiederholten Besuche Arps in ihr Atelier widerspiegeln. Sie notiert:

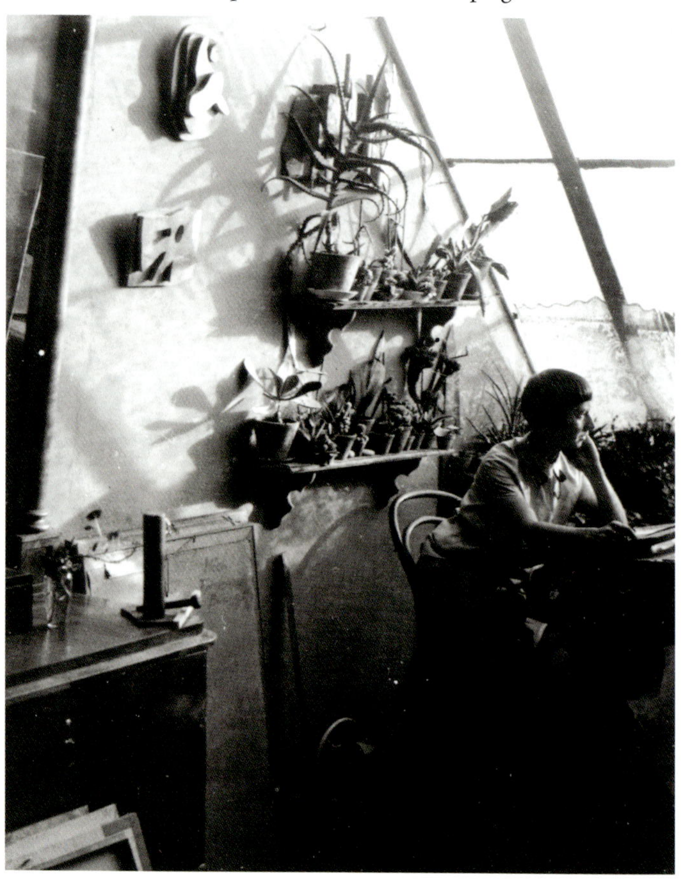

Hannah Höch in ihrer Atelierwohnung, in der Büsingstraße 16, Berlin-Friedenau

»Arp wohnte im März 24 bei mir. Habe die Anmeldung gefunden.« [A-Z Buch, Berlin 70er Jahre, NHH] Er schien überdies fasziniert von ihrer grazilen Persönlichkeit und machte ihr anlässlich eines gemeinsam geplanten Urlaubs mit den [→ 59] van Doesburgs im Mai 1926 Avancen: »dein dein dein o komme na-na-türlich nakischt in mein kämmerlein. ARP« [Lebenscollage II/2, S. 258] Höch war wiederum fasziniert von seinem ungewöhnlichen Schöpfungsdrang, der nicht nur in der bildenden Kunst sichtbar wurde, sondern auch in der Sprache: »In einem nicht endenden schöpferischen Prozess strömten unbekannte, neue Wortschöpfungen, Wortgebilde, farbig, phantasiegeladen, beziehungsreich, einem gütigen Geblüt entnommen, aber auch menschliche Schwächen einbeziehend aus einem über-übervollen Reservoir.« [Ohff 1, S. 27]

Dass auch Hans Arp die Arbeiten Höchs schätzte, zeigte sich in seiner Bitte, die Collage »Die Etiketten« (1922) zur Veröffentlichung der »Kunstismen« (1925) beizusteuern, die er zusammen mit [→ 163] El Lissitzky im Eugen Rentsch Verlag in Zürich herausgab. Sie war konzipiert als Übersicht über die Kunst der zwanziger Jahre. Im Dezember 1952 forderte er sie brieflich auf, sich an einer der ersten Dada-Ausstellungen in Amerika (»Dada 1916-1923«) in der New Yorker Galerie Sidney Janis zu beteiligen – nicht nur mit fünf eigenen Arbeiten, sondern auch mit [→ 106] Hausmanns Montagen und Arbeiten von [→ 28] Johannes Baader, die in ihrem Besitz waren. Nicht zuletzt ist es auch einem Empfehlungsschreiben Hans Arps zu verdanken, dass Hannah Höch ab ihrem 65. Geburtstag von der Stadt Berlin ein Ehrenruhegeld von zunächst 200, dann 250 Mark erhielt.

1926 war Arp zunächst von Paris nach Straßburg gezogen. Noch im gleichen Jahr ging es nach Meudon bei Paris, wo er bis 1940 blieb. Später lebte Arp in Locarno-Solduno. Als Höch ihn am 3. Dezember 1959 auf ihrer dritten Paris-Reise besuchte, waren auch [→ 59] Nelly van Doesburg, der Kunstkritiker und Künstler Michel Seuphor und dessen Frau zu Gast (»Zauberhaft gegessen, Austern, Salat, Kalb mit Morcheln Sekt.«) [TK59].

Nach dem Tod von Sophie Taeuber hatte Arp in diesem Jahr seine langjährige Freundin [→ 26] Marguerite Hagenbach geheiratet. Höch bedankte sich bei Arp im Dezember 1959: »Viele Jahre habe ich nicht einen so harmonischen und dabei vom Schöpferischen gestempelten Eindruck erhalten, und eine Atmosphäre gespürt, die, wenn auch in bescheidenerer Auflage, mein eigenes Lebensziel war. (...) Wie schön, dass es Sie gibt. Lieber Hans Arp, Sie müssen sich uns, die wir Sie lieben, <u>noch lange erhalten</u>. Alles <u>dafür</u> tun – noch lange erhalten«. [Lebenscollage III/1, S. 101]

Noch im Januar 1960 schreibt sie Arp, zermürbt von den langen Jahren der inneren Emigration: »Ich sehe sehr wenig Menschen und arbeite. Lese viel – es gibt so unendlich vieles, was geschehen ist was sich weiterentwickelt hat was sich neu entwickelt hat – von dem ich hier tödlich abgeschnitten war und was nun wieder strömt und aus aller Welt zu einem kommt. Also: interessant ist das Leben nach wie vor. Von Ihnen, lieber Hans Arp kam zuerst durch die Literarische Welt Kunde. Schöne, sehr reife und mir, als aus Ihrer grenzenlosen Welt kommend, unendlich nahe und mich entzückend – wie alle umspannenden Schöpfungen / Ich las: ›Sieben Gedichte ohne Vornamen‹ … Sie glauben nicht, wie stark diese Dinge mich berührten in diesem so lange Zeit gottverlassenen Berlin.« [Lebenscollage III/1, S. 97] [23, 25, 134, 254, 603]

Frau Arp: Taeuber-Arp, Sophie (1889 Davos – 1943 Zürich; Malerin, Bildhauerin, Textilgestalterin, Innenarchitektin, Tänzerin). Taeuber-Arp hatte als Malerin die Dada-Bewegung maßgeblich mit beeinflusst. Wie viele Frauen in der Kunstgeschichte blieb sie im Schatten ihres bekannteren Ehemanns.

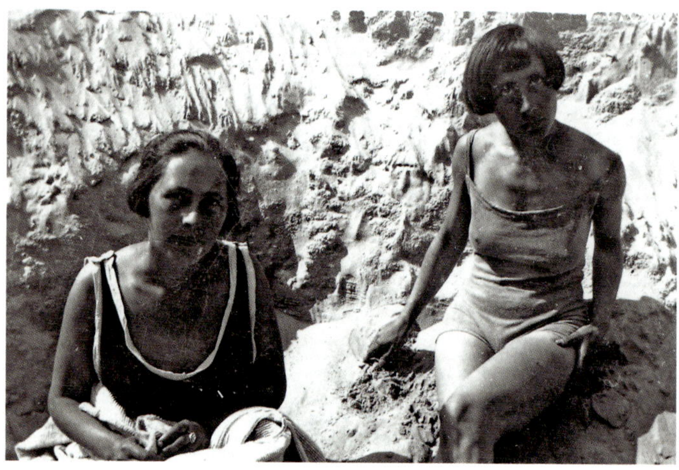

Hannah Höch mit Sophie Taeuber-Arp, Sellin auf Rügen, 1923

Ein Schnappschuss zeigt Höch und Taeuber-Arp, wie sie beide in Badeanzügen 1923 in Sellin nebeneinander in den Dünen sitzen. Dort lernten sie sich kennen. Zur ebenfalls anwesenden Familie Schwitters zählte auch Kurts Vater, der vorsorglich alles Geld an sich nahm: »der alte herr schwitters besorgt uns selbst die lebensmittel, so dass wir sparsam sein müssen.« [Brief Sophie Taeuber-Arps an ihre Schwester Erika Schlegel, Sellin] Höch sagt später zu [→ 201] Heinz Ohff [Ohff 1, S. 27]: »Ich war nur halb so lange da wie die übrigen, aber es war eine wunderbare Zeit.«

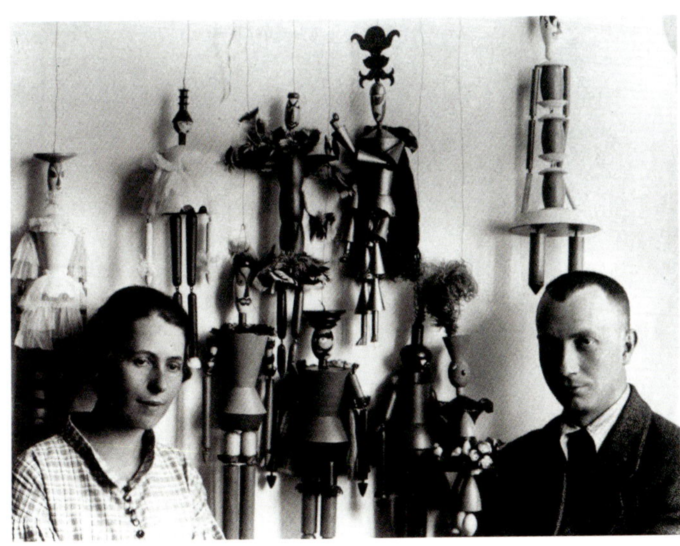

Sophie Taeuber mit ihren Marionetten und Hans Arp, Zürich 1918

Die Schweizerin war von 1916 bis 1920 Teil der Zürcher Dada-Bewegung. Sie trat im »Cabaret Voltaire« als Ausdruckstänzerin im kubistischen Kostüm auf und war Mitunterzeichnerin des Dadaistischen Manifests in Zürich. Mit ihren Papier- und Stoffbildern, Stickereien und Holzplastiken erschloss sie der modernen Malerei neue Materialien und gab dem Marionettenspiel durch abstrakte Figuren neue Impulse. Taeuber-Arp profilierte sich auch durch Gemälde, Grafiken und Entwürfe in geometrisch-abstrakten Formen. Der Auftrag, das Restaurant und Tanzcafé »Aubette« in Straßburg auszugestalten, war ursprünglich ihr allein zugedacht. Doch sie bezog [→ 20] Hans Arp und [→ 59] Theo van Doesburg in die Arbeiten ein. Sie entwarf auch das Wohn- und Atelierhaus in Meudon, gestaltete den Garten und die Möbel.

Taeuber-Arp fuhr im Herbst 1935 mit Arp nach Deutschland und verbrachte drei Wochen in Berlin. Sie sollte die Räume eines von [→ 114] Ludwig Hilberseimer entworfenen Hauses ausstatten. Freunde und Bekannte klagten damals oft darüber, dass Höch nichts von sich hören ließ, so auch Taeuber-Arp. Sie versuchte, die Malerin in Berlin zu treffen. Aber Höch hielt sich zu einem Kuraufenthalt in den Bergen auf. Im Dezember 1935 schreibt ihr Taeuber-Arp aus Meudon: »Wir haben so sehr bedauert Sie nicht zu treffen im September, alle unsere Telephonanrufe blieben umsonst. Ich hatte Artikel mit den schönsten Textilworten u. Gedichte mitgebracht. Alles umsonst.« [023]

Arp-Hagenbach, Marguerite (geb. Hagenbach, 1902 Basel – 1994 Locarno-Solduno, Schweiz; verheiratet mit [→ 20] Hans Arp, seine zweite Ehe). 1932 begegnete Marguerite Hagenbach während eines Besuchs bei einem benachbarten Sammlerpaar in ihrem Wohnort Basel zum ersten Mal Hans Arp und [→ 24] Sophie Taeuber-Arp. Eine Erbschaft (1937) nutzte sie dafür, moderne Kunst zu sammeln. Im gleichen Jahr kaufte sie ein Werk von Taeuber-Arp. Mit Arp und seiner Frau vereinbarte sie danach den regelmäßigen Ankauf von Arbeiten. Während des Zweiten Weltkriegs unterstützte sie das Künstlerpaar, das 1940 nach Südfrankreich geflohen war, mit Lebensmittelpaketen.

Der Tod Sophie Taeuber-Arps 1943 stürzte Arp in eine lang anhaltende Krise. Im Oktober 1946 schreibt [→ 235] Kurt Schwitters an Höch: »Arp ist sehr bedauernswert. (...) Er schreibt mir, manchmal hört er einen leisen Ton, der kommt zu uns von den reinen Gefilden, wo Sophie und Helma (Schwitters, H.N.) jetzt leben. Er kann sich garnicht zurechtfinden. Frl. Hagenbach betreut ihn.« [Brief K.S. an H.H., NHH]

Hagenbach erledigte für den Künstler den Briefverkehr, bereitete Ausstellungen vor und wohnte auch vorübergehend bei ihm in Clamart. 1959 kauften beide das Anwesen Ronco dei Fiori in Locarno-Solduno und heirateten im selben Jahr. Mehrfach lud Hagenbach Hannah Höch ein, so in einem Brief vom Juni 1959: »Arp würde Sie gerne wieder einmal sehen, aber er möchte nicht nach Berlin. Kommen Sie nie nach Frankreich oder in die Schweiz?«

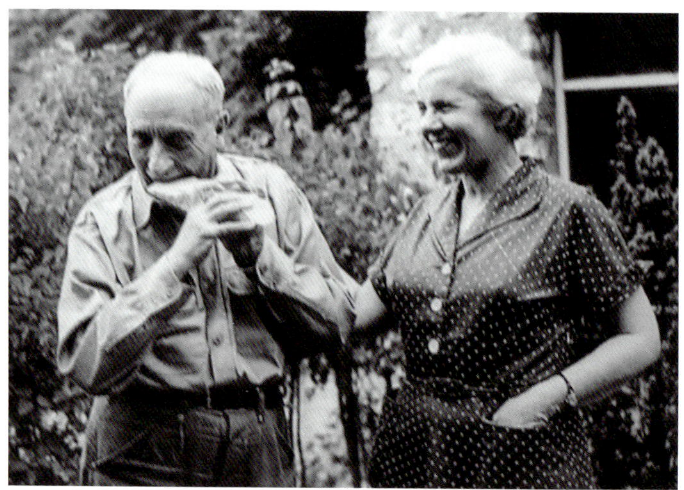

Marguerite Arp-Hagenbach und Arp im Garten des Wohn-und Atelierhauses, Meudon-Clamart, 1958. Foto: Ernst Scheidegger

[Brief M.A. an H.H., NHH]. Im Dezember 1959 besuchte Höch die Arps: »Marguérite Hagenbach-Arp ist so wie ich sie mir gedacht hatte, vielleicht etwas zarter und sie war auch zu mir sehr lieb.« [TK59]. [23, 25, 26, 603]

Artina, Galerie, Paris. Das Ehepaar Pines besuchte Höch im September 1970: »Will im Nov. kleine Ausst. machen: Zeichnungen, ein paar Aquarelle. Abstraktes. Ich soll aussuchen.« Frau Pines kaufte die Zeichnung »Berliner Pflanze« für 360.- Mark. »Blitz Besuch. Ich nicht an Aufrichtigkeit geglaubt.« [AB] Höch stimmte der Ausstellung zu. Sie wurde aber »später aus Paris abgesagt. gut so.« [28]

d'Audretsch (Kunstgalerie in Den Haag). Der Kunsthändler Herman Eduard d'Audretsch (1872 – 1966) gründete 1913 die »Kunstzalen d'Audretsch«. Neben schon bekannten Haager Malern zeigte die Galerie auch avantgardistische Künstler. [81, 421]

Augenarzt [→ Däumer 63][26]

B

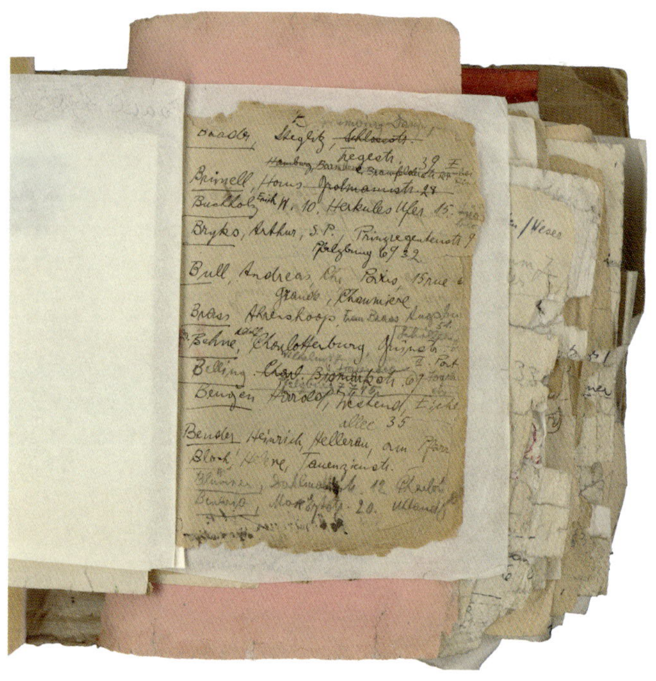

031 **Baader, Johannes, Berlin, Schloßstraße; Berlin, Fregestraße 39 E; Hamburg (Barmbek), Bramfelderstr. 64; Hamburg (Altona), Friedhofstr. 119** (1875 Stuttgart – 1955 Adldorf; Architekt, Schriftsteller, selbsternannter Weltprophet). Höch schreibt 1968: »Meinen persönlichen Beziehungen zu den Berliner Dadaisten waren durch die Autorität Hausmanns Grenzen gesetzt, mit Ausnahme von Baader, den ich durch Hausmann seit 1915 kannte.« [Ohff 1, S. 25] Gerade auch während ihrer Beziehungskrisen mit [→ 106] Raoul Hausmann war die Freundschaft mit Baader wichtig. Er »strahlte Ruhe aus, Überlegenheit und Menschlichkeit.« [Ohff 1, S. 26]

Baader war geprägt von einem megalomanischen Selbstverständnis als »Jesus redivivus«, der seine Bauvorhaben ins Unermessliche steigerte – von konkreten bis hin zu geistigen Welttempeln, die unter seiner Federführung für einen interreligiösen Menschheitsbund errichtet werden sollten. Aus seiner Sicht hatten die weltliche Politik und die kirchliche Autorität versagt. Mit diesem antiautoritären Impetus konnte sich Baader mit mal ernster, mal ironischer Diktion ab 1918 als »Oberdada Baader, Präsident des Erd- und Weltballs« unter den Berliner Dadaisten behaupten und

an Aktionen und Publikationen teilnehmen. Er sorgte immer wieder für Irritationen, da der Motor seines Handelns doch stark von seinem religiös motivierten Selbstüberhöhungsprinzip bestimmt war und nicht von der satirischen und grotesken Position Dadas. So berichtete auch Hannah Höch noch in der Rückschau von 1968: »Anfangs war es mir unmöglich, die Zusammenhänge im Wesen dieses Mannes und seine Manifestationen zu begreifen. Er war mit dem Zeitgeist aufs engste verbunden, reagierte vehement und unabhängigen Geistes auf alle Geschehnisse hemmungslos, indem er zwangsläufig Briefe schrieb (...) Dabei handelte es sich meistens um wohlmeinende Weltverbesserungsvorschläge.« [Ohff 1, S. 26]
Als er am 30. Juli 1918 eine Presseaktion in der »BZ am Mittag« startete, um seine »acht Weltsätze« (»Die Menschen sind Engel und leben im Himmel...«) als Essenz der Weltweisheit zu deklarieren – die es würdig wären, Satz für Satz, mit Nobelpreisen honoriert zu werden, auch finanziell, forderte Hannah Höch mit Nachdruck in einem Leserbrief, ebenfalls in der »BZ am Mittag« am nächsten Tag, dass diesen acht Weltsätzen unter dem Titel »Die Dadaisten fordern die Nobelpreise« nicht mit Ironie, sondern mit Ernsthaftigkeit begegnet werden sollte: Sie wies auf den religiösen Charakter dieses letzten »Evangeliums« hin. Wahrscheinlich hatte Baader sie dazu veranlasst.
So scheint es, dass Baader »Dada Berlin« oftmals mit sensationellen, fiktiven Pressemeldungen instrumentalisierte, um sich selbst ins Spiel zu bringen – so auch mit seinem spektakulären Auftritt im Berliner Dom im November 1918. Raoul Hausmann berichtete, der »Oberdada« habe den Oberhofprediger Dryander von einer Empore herab mit den Worten unterbrochen: »Einen Augenblick! Ich frage Sie, was ist Ihnen Jesus Christus? Er ist Ihnen wurst...!« [Hausmann, S. 63] Weiter kam er nicht. Die Zeitungen berichteten am nächsten Tag, dass Frauen in Tränen ausgebrochen seien und die Gemeinde sofort mit dem Choral »Eine feste Burg ist unser Gott!« reagiert habe. Baader wurde aus der Kirche geworfen, verhaftet und angeklagt, »in einer Kirche (...) beschimpfenden Unfug verübt« und »durch dieselbe Handlung durch Erregung von Unordnung, den Gottesdienst in einer im Staate bestehenden Religionsgemeinschaft, nämlich der Evangelischen Landeskirche vorsätzlich gestört zu haben«. Er wurde jedoch von der Anklage freigesprochen, da »er sich zur Zeit der Begehung der Tat in einem seine freie Willensbestimmung aus-

schließenden Zustande krankhafter Störung der Geistestätigkeit befunden hat«.

Eine weitere Provokation war seine Ankündigung zur Sprengung der gerade gegründeten Nationalversammlung im Februar 1919: »Wir werden Weimar in die Luft sprengen. Berlin ist der Ort da... da... Es wird nichts und niemand geschont werden.« [Lebenscollage I/2, S. 528]. Immerhin verlieh er dieser Flugblattaktion in der Nationalversammlung – »Dadaisten gegen Weimar« – durch den »dadaistischen Zentralrat der Weltrevolution« eine gewisse anarchistisch-kollektive Stoßkraft, indem der Oberdada nun [→ 106] Raoul Hausmann, [→ 270] Tristan Tzara, George Grosz, Marcel Janco, [→ 20] Hans Arp, [→ 123] Richard Huelsenbeck, Franz Jung u.a. mit ins Boot nahm. Hannah Höch spielte dabei keine Rolle. [29, 42]

Baader und Hausmann, Der DaDa Nr. 2, Dezember 1919

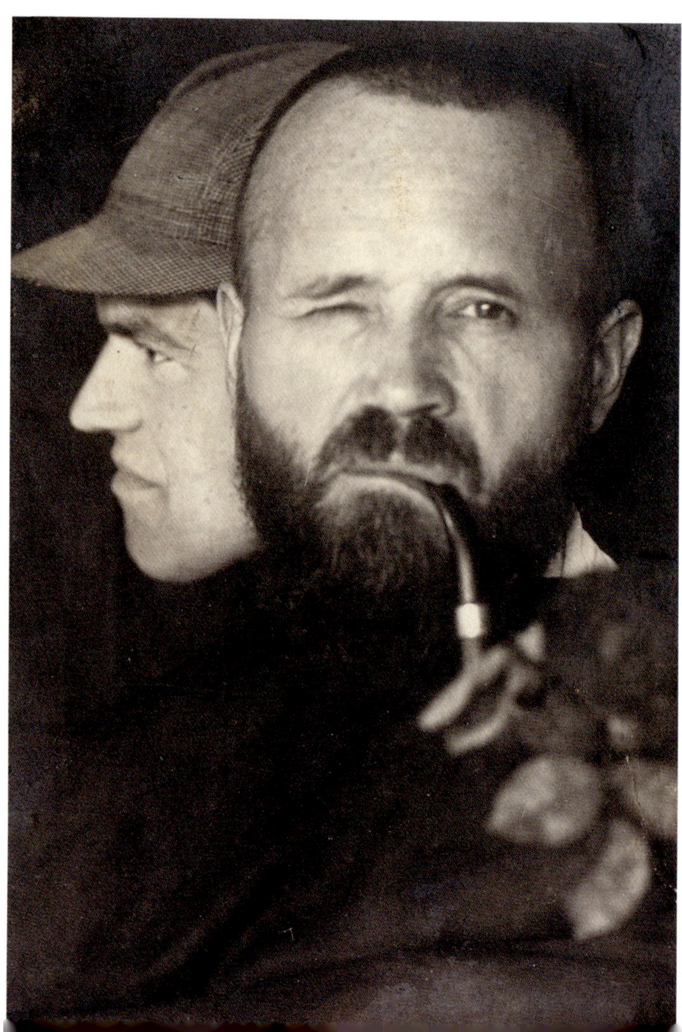

031 **Brünell, Hans, Berlin, Grolmanstr. 28**

031 **Buchholz, Erich, Berlin, Herkulesufer 15; Oranienburg, Germendorf; Berlin, Ludwigkirchstraße 10a (bei Helena Stark)** (1891 Bromberg – 1972 Berlin; Maler, Architekt, Grafiker). 1915 siedelte Buchholz nach Berlin über. 1921 traf er auf Höch, [→ 106] Raoul Hausmann und [→ 123] Richard Huelsenbeck und setzte sich mit dem Dadaismus und Suprematismus auseinander. Seine Werke wurden in der »Sturm«-Galerie gezeigt. In [→ 201] Heinz Ohffs Höch-Biographie erinnerte sich Höch an den Künstler während [→ 241] Arthur Segals Jour fixe: »Erich Buchholz tauchte ab und zu auf – in grasgrünem, selbstgeschneiderten Anzug.« [Ohff 1, S. 28] Sein 1922 streng konstruktivistisch gestalteter Wohn- und Arbeitsraum am Herkulesufer 15 entwickelte sich zum Treffpunkt dadaistischer Künstler. 1925 zog er mit seiner Familie nach Germendorf bei Oranienburg und bewirtschaftete ein kleines Stück Land mit einer Kiesgrube. Buchholz war Gastkünstler der [→ 35] »Novembergruppe«. Er beteiligte sich an den Großen Berliner Kunstausstellungen (1926- 1928 und 1931). Im Jahr 1933 wurde er verhaftet und erhielt ein Mal- und Ausstellungsverbot. 1950 kehrte Buchholz nach Berlin zurück. Im Oktober 1959 rief er Höch an, sie notiert: »Wie immer – Gerede über Ausstellung in neuer Akademie (in einem Jahr!!!)« [TK59]. Im Mai 1965 zeigte er Zeichnungen und Holztafeln in der Galerie Situation 60 von Christian Chruxin [Einladung, NHH].
Hannah Höch besuchte im März 1966 ein Konzert des Pianisten Ferrucio Busoni in der Akademie der Künste. In der Pause kam es für sie zu einem Eklat: »Erich Buchholz' Frau hat mir einen Schock versetzt. Hat <u>mich</u> angebrüllt, weil Buchholz nicht Mitglied der Akademie sei!!! Als sei ich dafür verantwortlich. Ich nur: ich muss nach Hause, Mantel – und weg. (...) Bogen machen um die B's – so wie früher.« [TK66] Im Februar 1968 telefonierte Buchholz eine Stunde lang mit Höch (»Wollte wieder Auskünfte.«) [TK68].
Neben Hannah Höch und anderen Dada-nahen Künstlern gehörte auch er in den sechziger Jahren zu dem Kreis der Galerie Petersen. [40, 52, 54, 64, 231]

031 **Bryks, Arthur, Berlin, Prinzregentenstr. 9** (1894 Falkow bei Radom – 1970 Italien; Chassidischer Maler, Buchillustrator). Bryks nahm 1919 bis 1923 am Malunterricht bei [→ 241] Arthur Segal in Ascona teil. Er folgte ihm anschließend nach Berlin und kam in Kontakt zum Kreis um seinen Jour fixe, zu dem auch Hannah Höch gehörte. 1925/26 kehrten die Bryks' in das Tessin zurück und lie-

ßen sich in Porza nieder, einem kleinen Dorf in der Nähe von Lugano. 1927 stellte Bryks mit der Segal-Malschule im Kunstheim Twardy in Berlin aus. Er gründete mit Werner Alvo von Alvensleben und Mario Bernasconi die Künstlergemeinschaft »Porza« mit den Hauptsitzen Tessin, Berlin und Paris. Viele Mitglieder der [→ 35] »Novembergruppe« gehörten auch zu dieser Gemeinschaft. Die »Porza« gab eine Zeitschrift heraus (mit Beiträgen von Bryks) und unterhielt Häuser in der Schweiz, in Deutschland und Frankreich. Dort konnten die Mitglieder für wenig Geld wohnen. Höch trat im November 1930 der deutschen Sektion bei. [287]

031 **Bull, Andreas Christian, Paris, 15, rue de la Grande Chaumière**. 1925 erhielt Höch in Paris eine Visitenkarte von Bull. Sie notierte in ihrem Reisetagebuch: »der kleine Tänzer. Schwede«.

031 **Brass, Hans, Ahrenshoop (Dorfstraße 24); Frau Brass: Berlin, Augsburger Straße 51** (1885 Wesel – 1959 Berlin; Maler, Grafiker). Im August 1924 schreibt er an Höch: »Es ist hier ganz herrlich. Ahrenshoop ist ein ganz reizendes abseits liegendes Dorf, schönster Strand, prachtvolle Umgebung – schöne wahre Märchen-Wälder, Wiesen u. Felder – Ich genieße die Zeit in vollsten Zügen, in Vogt's Häuschen wohnt es sich ruhig und friedlich. Wir ruhen uns so recht aus, ich leiste geradezu hervorragendes im Schlafen.« [Lebenscollage II/2, S. 155ff.] Höch hatte Brass vermutlich während ihrer Ausbildung an der Kunstgewerbeschule in Berlin-Charlottenburg kennengelernt. 1919/20 schloss er sich als überzeugter Sozialist der [→ 35] »Novembergruppe« an. Er war bis 1923 Mitglied und beteiligte sich an allen Ausstellungen.

1922 lernte Brass Martha Wegscheider kennen. 1923 siedelten beide nach Ahrenshoop über, wo sie die »Bunte Stube« eröffneten, in der sie auch eigene kunstgewerbliche Arbeiten verkauften. Das Dorf mit seiner legendären Künstlerkolonie besaß für junge Maler mit Ambitionen zur Landschaftsmalerei große Anziehungskraft. 1927 wurde Brass Gemeindevorsteher (bis 1930). Vier Jahre später zog er wieder nach Berlin und beteiligte sich an der Herbstausstellung der »Berliner Secession«. Nach 1933 galt er als »entarteter Künstler«. Ein zweiter Aufenthalt in Ahrenshoop folgte von 1937 bis 1948. [→ 285] William Wauer veranstaltete 1948 eine große Ausstellung mit Brass im »Kunsthaus Neukölln« in Berlin [Einladung, NHH].

Brass wohnte von 1949 bis 1951 in Birkenwerder bei Berlin und zog anschließend nach Ost-Berlin. Von Martha Wegscheider hatte er sich inzwischen getrennt. Während er in Westdeutschland abschätzig als »Realist« markiert wurde, führte im Osten seine Einstufung als »Formalist« zu weitgehender Ausgrenzung – der Kalte Krieg beeinflusste auch den Kunstbetrieb.

031 **Behne, Dr. Adolf, Berlin, Grünstr. (16), II. Port... ; Berlin, Schillerstraße 103; Beet(z)-Sommerfeld (Ost Havelland)** (1885 Magdeburg – 1948 Berlin; Architekt und Publizist). Adolf Behne war seit den Anfängen von Dada ein lebenslanger Freund und Förderer von Hannah Höch, sie hatten sich in der [→ 35] »Novembergruppe« kennengelernt. Mit seiner Frau [→ 42] Elfriede unterstützte er die Künstlerin vor allem während ihres zurückgezogenen Lebens unter den Nationalsozialisten.

Schon vor und während des Ersten Weltkriegs verfolgte er die avantgardistischen Aufbrüche in Kunst und Architektur und unterstützte sie nach 1918 vor allem in seiner Tätigkeit im »Arbeitsrat für Kunst«. Behne erkannte den innovativen gesellschafts- und kunstpolitischen Anspruch der Montagetechnik der Berliner Dadaisten, vor allem auf der »Ersten Internationalen Dada-Messe« (1. Juli – 25. August 1920 im Kunstsalon Dr. Otto Burchard).

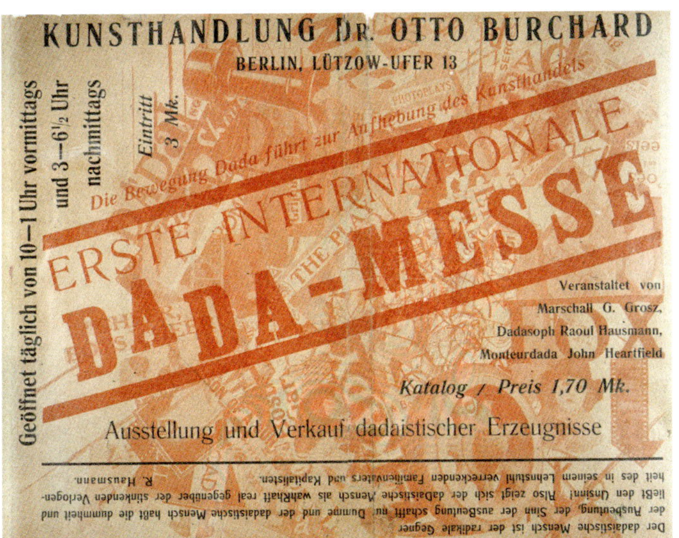

Plakat (1920). Nach einem Entwurf von George Grosz und John Heartfield

Gezeigt wurden laut Katalog 174 Werke: Neben den Berliner Dadaisten waren Francis Picabia, [→ 20] Hans Arp, [→ 72] Max Ernst, [→ 38] Johannes Baargeld, Georg Scholz, [→ 247] Rudolf Schlichter, Otto Dix u.a. beteiligt. Behne verteidigte die Arbeiten in der Zeitung »Die Freiheit«, dem Parteiorgan der USPD gegen die Kritik der linken wie rechten Presse: »Dada will uns befreien von allem bürgerlichen Schwindel. Er will die Phrasen, die Konventionen und Heucheleien der bürgerlichen Gesinnung zersetzen, und er hat Ausgezeichnetes geleistet im sicheren Aufspüren von verkappter Bürgerlichkeit. (...) ›Erkenne dich selbst‹ – ist die Weisheit des Dadaismus. Laß die Vergangenheit, laß die Zukunft; erkenne dich selbst... heute! Rücke dem Heute auf den Leib, ob es dir gefällt oder nicht. Jede Flucht aus dem Tage ist Schwäche, jedes Urteil Borniertheit. Erst der hat ein Recht den Mund aufzutun, der sich selbst im Heute erkannt hat.« [Ausgabe vom 9. Juli 1920]

Hannah Höch mag sich durch diese positive Einschätzung Dadas ebenso bestärkt gesehen haben wie alle anderen Dadaisten, schließlich begann hier ihre Dada-Karriere. Ihre Beteiligung – als einzige Frau unter männlichen Kollegen – hatte [→ 106] Hausmann durchgesetzt. Die Initiatoren der Messe, allen voran George Grosz, hatten sie zunächst abgelehnt. Höch präsentierte erstmals

Erste Internationale Dada-Messe, Kunstsalon Dr. Otto Burchard, Berlin, 1920. Rechts am Tisch sitzend: Margarete Herzfelde

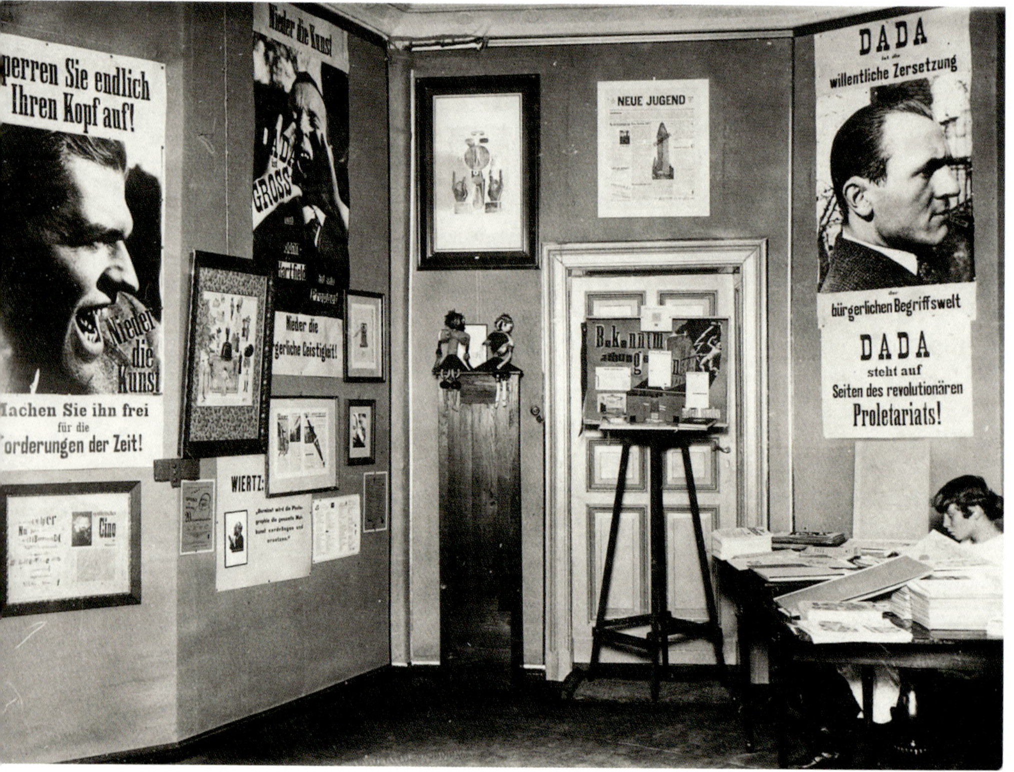

zwei ihrer Dada-Puppen (1920), die in einer Ecke des Ausstellungsraums auf einem hohen schmalen Schrank hockten, sowie ihre heute bekannteste Fotomontage »Schnitt mit dem Küchenmesser Dada durch die letzte weimarer Bierbauchepoche Deutschlands« (1919). Nicht alle von ihr ausgestellten Arbeiten waren im Ausstellungskatalog abgebildet. [44]

031 **Belling, Rudolf, Berlin, Bismarckstraße 69; Berlin Joach(im- Friedrich-)Str(aße 10) (Atelier)** (1866 Berlin – 1972 Krailing; Bildhauer). Ende des Jahres 1918, nach Ausrufung der Republik, wurde auch Belling von den revolutionären Umwälzungen erfasst. In Berlin wurde der »Arbeitsrat für Kunst« gegründet, in dem auch er vertreten war. Am 3. Dezember desselben Jahres wurde die sozialistisch orientierte Künstlervereinigung »Novembergruppe« gegründet, zu deren Ausstellungs-Kommission er als Mitbegründer zählte. Belling war bis 1932 im Vorstand der Gruppe tätig. Auch Höch gehörte zur »Novembergruppe« und nahm bis 1931 an Ausstellungen und vielen Aktivitäten teil. Sie fand dort auch Freunde wie die Künstler [→ 241] Arthur Segal, [→ 77] Otto Freundlich und [→ 214] Thomas Ring sowie den Schriftsteller und Kritiker [→ 33] Adolf Behne.

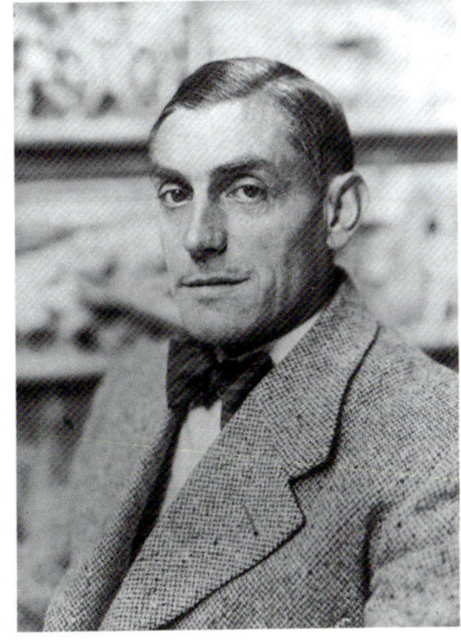

Rudolf Belling, 1931. Foto: Willy Römer

In einem der ersten Rundschreiben der »Novembergruppe« zur Mitgliederwerbung heißt es im Dezember 1918: »Sehr geehrter Herr! Die Zukunft der Kunst und der Ernst der jetzigen Stunde zwingt uns Revolutionäre des Geistes (Expressionisten, Kubisten, Futuristen) zur Einigung und engem Zusammenschluß. Wir richten daher an alle Künstler, welche die alten Formen in der Kunst zerbrochen, die dringende Aufforderung, ihren Beitritt zur ›Novembergruppe‹ zu erklären. Aufstellung und Verwirklichung eines weitgefaßten Programms, welches mit Vertrauensleuten in den verschiedenen Kunstzentren durchzusetzen ist, soll uns engste Vermischung von Volk und Kunst bringen.«

Die Gruppe konnte sich über ein Jahrzehnt erfolgreich behaupten. [→ 106] Raoul Hausmann zählte zu ihren Fundamentalisten, die es als einzige Aufgabe der Kunst sahen, der gesellschaftlichen Umwälzung als Instrument zu dienen. Deshalb wollten sie auch die Kunst mit gesellschaftsrevolutionären Mitteln verändern. Höch zählte hingegen eher zu den Pragmatikern, welche die Gruppe als progressiven Ausstellungs- und Veranstaltungsverein nutzten. Die Künstlervereinigung mit zeitweise mehr als vierhundert Mitgliedern löste sich Anfang der dreißiger Jahre auf. Die meisten von ihnen wurden nach 1933 verfemt und verfolgt.

Rudolf Belling hatte zunächst eine kunstgewerbliche Lehre absolviert. Er bildete sich autodidaktisch weiter, besuchte Kurse für Zeichnen und Modellieren. 1908 eröffnete er ein Atelier für Kleinplastik, Dekoration und Kunstgewerbe und arbeitete für den Theaterdirektor Max Reinhardt. 1911 nahm Peter Breuer, Professor für Bildhauerei an der Kunstakademie Berlin-Charlottenburg, ihn als Meisterschüler auf. Belling stellte 1919 in der Galerie Gurlitt, Berlin, und 1924 in der Nationalgalerie aus. Ab 1931 war er Mitglied der Akademie der Künste, wurde jedoch während des Nationalsozialismus boykottiert und als »entartet« diffamiert. Belling ging 1935 für einen Lehrauftrag nach New York und 1936 nach Istanbul als Professor für Bildhauerei an der Kunstakademie. Ein Jahr später emigrierte er endgültig in die Türkei. Im Mai 1962 zeigte die Akademie der Künste Zeichnungen von ihm und Fritz Wotruba [Einladung, NHH].

031 **Bengen, Harold, Berlin, Eichenallee 35** (1879 Hannover – 1962 Hamburg; Maler). Hannah Höch bewarb sich 1912 in die von Bengen geleitete Fachklasse für Glasgestaltung der Kunstgewerbeschule Berlin-Charlottenburg und wurde dort aufgenommen.

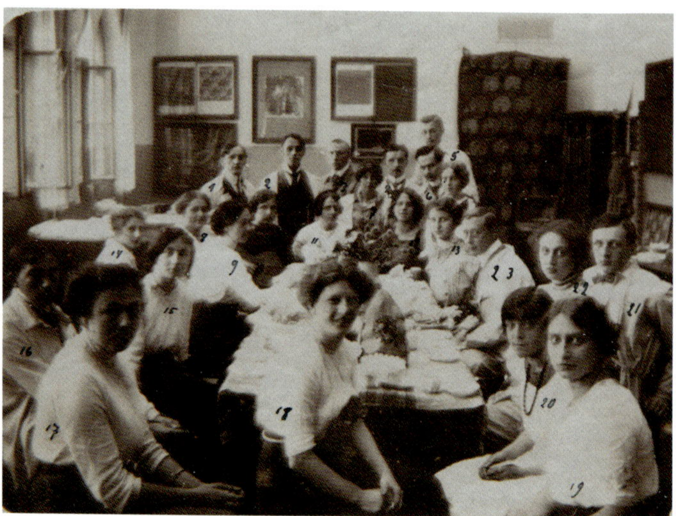

Harold Bengen (Nr. 23) mit Schülerinnen (Hannah Höch Nr. 15) und Schülern im Unterrichtsraum der Kunstgewerbeschule, um 1913

Seit dem späten 19. Jahrhundert etablierten sich die Kunstgewerbeschulen in Deutschland. Die Ausbildung setzte einen starken Akzent auf die praktische Anwendbarkeit des Gelernten und auf fundierte Kenntnisse handwerklicher Techniken. 1867 gegründet, befand sich die Kunstgewerbeschule Berlin-Charlottenburg in der damaligen Prinz-Albrecht-Straße 8. Die benachbarte Sammlung des Kunstgewerbe-Museums, im heutigen Martin-Gropius-Bau, bot dazu bestes Lehr- und Anschauungsmaterial. Das Entwerfen und Zeichnen von Ornamenten, Kalligraphie und Schriftgestaltung bestimmten den Lehrplan. Von besonderer Bedeutung war das Kopieren historischer Vorlagen. Ursprünglich wollte Höch freie Kunst studieren. Das aber wäre eine allzu provokative Entscheidung gegen die Pläne ihrer Eltern gewesen: »Kunstgewerblerin war immerhin nicht Künstlerin.« [Höch 3, S. 195]

031 **Bender, Heinrich, Hellerau, Am Pfarr(lehn)** (1925 Saarbrücken – 2016 Berlin; Dirigent, Pianist, Musikpädagoge). Bender besuchte Höch im Juli 1947. Er studierte an der Hochschule für Musik in Berlin-Charlottenburg.

031 **Bloch, Helene, Berlin, Tauentzienstraße** (geb. Freudenheim, vermutlich Frau von Joseph Bloch, dem langjährigen Herausgeber der »Sozialistischen Monatshefte«). Bloch war Käthe Kollwitz' Freundin aus frühen Jugendtagen.

031 **Blümner, Rudolf, Berlin, Dahlmannstraße 12** (1873 Breslau – 1945 Berlin; Jurist, Schauspieler, Schriftsteller). [→ 235] Schwitters schickte Hannah Höch für die Eröffnung der Futuristenausstellung am 22. März 1934, Lützowufer 13 in Berlin, eine Einladung, auf der Blümner einen Vortrag hielt. Die Ausstellung präsentierte Werke von Futuristen, die dem italienischen Faschismus nahestanden.

Blümner ging nach einem Jura-Studium, das er mit der Promotion und Habilitation abschloss, als Schauspieler zunächst nach Meiningen und dann nach Berlin. 1903 lernte er Herwarth Walden kennen und wurde sein engster Mitarbeiter. 1919 gehörte Blümner zu den Mitbegründern der »Internationalen Vereinigung der Expressionisten, Futuristen und Kubisten«. Er trat insbesondere durch seine Interpretationen expressionistischer Lyrik und der aus dem Futurismus hervorgegangenen »Absoluten Dichtung« hervor. Nach 1934 erhielt er wegen seiner jüdischen Frau Schreibverbot.

031 **Benario, Hugo, Berlin, Max-Eyth-Straße 20** (1875 – 1937). Im November 1924 schreibt [→ 59] Theo van Doesburg an Höch: »Selbstverständlich wohnen wir (Does und Nelly) lieber bei dir wie bei den Benarios«. [Lebenscollage II/2, S. 162]. Hugo Benario lebte in Berlin-Dahlem und galt als einer der größten privaten Sammler historischer und zeitgenössischer Kunst, von der Antike bis zu Ernst Ludwig Kirchner.

Baargeld, Johannes Theodor, Hamburg-Altona, Friedhofstraße 119 (1892 Stettin – 1927 am Mont Blanc; Maler, Autor). Baargeld begann 1917 lyrische und politische Texte für Franz Pfemferts Zeitschrift »Die Aktion« zu schreiben. Neben [→ 72] Max Ernst war Baargeld 1919 Mitbegründer der Kölner Dada-Gruppe. Er gab die Dada-Zeitschrift »Der Ventilator« heraus und ein Jahr später gemeinsam mit Ernst »Die Schammade (dilettanten erhebt euch!)«. 1920 nahm er wie Höch an der »Ersten Internationalen Dada-Messe« in Berlin teil, distanzierte sich dann aber von den Dadaisten, gab die Malerei auf und studierte Volkswirtschaft. Er kam bei einer Bergbesteigung ums Leben. [42]

Bahn-Flessburg, Ruth (gest. 1995 Humptrup; Journalistin, persönliche Referentin von Hilda Heinemann, Bundespräsidialamt) Bonn. Höch erlebte im März 1960 eine »herrliche Überraschung«: »›Die Deutsche Künstlerhilfe‹ will mich betreuen, teilt mir das Bundespräsidialamt Bonn mit. Das ist phantastisch.« [TK60] Die Künstlerhilfe finanziert sich aus Fördermitteln des Bundes und der Länder. Ab März erhielt Höch pro Quartal eine finanzielle Unterstützung von 300 Mark. Ihre gesamten Einnahmen aus dem Verkauf von Bildern und Zeichnungen betrugen zum Beispiel für das Jahr 1966 nur 1430 Mark. Der Unterstützungsbetrag stieg über die Jahre, für das letzte Quartal 1973 lag er bei 1000 Mark. Von der Stadt Berlin erhielt Höch zusätzlich einen monatlichen Ehrensold von 250 Mark. Im Jahr 1966 sollte der ihr aber wieder gestrichen werden: »Weil 1965 Geld bei Nierendorf durch meine 75 Jahr-Ausstellung verdient. Soll jetzt angeben wieviel Räume ich in meinem ›Landhaus‹ vermieten kann!!!« und: »weil (zum ersten mal, mit 75 Jahren) Geld verdient über das Nötigste hinaus.« [TK66] Soweit kam es aber nicht. Im März 1967 wurde der Ehrensold sogar auf 300 Mark erhöht. [690]

Bakels, Anthony »Ton« C., Berlin, Giesebrechtstr. 8; Berlin, Konstanzerstr. 52; Berlin, Geschäft (Z.A.G.), Alexandrinenstr. 110; Haarlem, Lorentzkade 83; Düsseldorf, Graf-Adolf-Str. 23; Haarlem, Parnassiakade 13 (1898 – 1964; Verleger). Bakels, ein niederländischer Freund von Höch, leitete den Zeitschriftenverlag A.G. (Z.A.G.). Für die dort zwischen 1931 und 1942 erschienenen Romane entwarf sie bis 1938 etwa zwei Dutzend Buchumschläge und Illustrationen. Der Anarchist und Dadaist Bakels bot zahlreichen Künstlern und Mitstreitern einen Broterwerb bzw. sorgte für deren Überleben. Bei den Publikationen handelte es sich nicht um Bücher, die seinen literarischen und künstlerischen Ansprüchen entsprachen. Es waren populäre Bändchen, Illustrierten- und Zeitungsromane, Gebrauchsware – Höch nannte sie »Schundromane«. Auf einem der Umschläge vermerkte sie 1934 unmissverständlich die Motivation für ihre Tätigkeit: »Brötchen verdienen: Für Verl. Bakels gemacht«. [Lebenscollage II/2. S. 547] Diese Tätigkeit wurde zu einer ihrer wichtigsten Einnahmequellen in dieser Zeit.

Bakels lebte bis Ende der dreißiger Jahre mit seiner Frau Miek in Berlin. Er bezahlte Höch eine lebensrettende Operation, als sie schwer an Morbus Basedow erkrankte. »1934 setzte bei mir eine heftige Überfunktion der Schilddrüse ein. Die Operation war die letzte, nur mehr kleine Hoffnung für die Erhaltung meines Lebens. Sie war eine bewundernswürdige Leistung der Ärzte. Ich wurde so gesund, wie ich vorher nie gewesen war. Ein Jahr lang aber war ich nur ein um mein Leben kämpfendes Etwas.« [Lebensrückblick, S. 198] Mit den Umschlagentwürfen wollte Höch auch die Schulden wegen der Operation abbezahlen. Mitte Dezember 1938 fragte sie noch einmal nach neuen Aufträgen – erfolglos.

Mit ihrem Mann [→ 178] Kurt Heinz Matthies besuchte sie 1939 die Niederlande und traf Miek Bakels in Haarlem. Den Wohnwagen stellten sie in der Sackgasse neben dessen Haus ab. Von hier aus starteten sie ihre Badeausflüge, fuhren nach Den Haag und Scheveningen. Dort traf sie alte Freunde: [→ 54] Jan Buijs, [→ 159] Chris und Sofie Lebeau und [→ 280] Ditte van der Vies-Heyting. Bakels schrieb an Höch noch bis 1963. [45, 46, 49, 53, 59, 60, 247, 291, 292, 454]

Bangemann, Oskar (1882 Braunschweig – 1942 ?; Grafiker, Holzstecher). Höch notiert: »der Holzschneider«. [AB] Sie zählte zu Bangemanns Schülerinnen an der Unterrichtsanstalt des Kunstgewerbemuseums, wo er ab 1916 lehrte. [59]

Bar-Gera, Kenda (1926 Łódź – 2012 Tel Aviv; Galerie Bargera, [→ 93] Antonina Gmurzynska) Köln. Bar-Gera besuchte Höch mit Gmurzynska 1971 und 1972. Sie kam 1963 im Auftrag des israelischen Staates nach Deutschland, um eine Kunstsammlung aufzubauen. [14, 473]

Bartosch-Pfefferkorn, Jubel (1925 – 2014; Künstlerin, Kunsthistorikerin; verheiratet mit [→ 207] Rudolf Pfefferkorn). Bartosch zeigte im Oktober 1957 Ölbilder, Aquarelle, Grafik und Plastik im Kunstamt Charlottenburg. [316]

Basse, Wilfried (1899 Hannover – 1946 Berlin; Dokumentarfilmer, Kameramann). Basse schickte Höch im April 1931 einen Zeitungsartikel aus dem »Film-Kurier« zur Fotomontage-Ausstellung im ehemaligen Kunstgewerbemuseum (darin das Zitat: »Hier fallen vor allem die Bilder von Hanna Höch auf«). Er arbeitete später als Kameramann für Leni Riefenstahl. [41]

Bassenge, Gerda (1915 – 1995; Galerie Gerd Rosen, Galerie Gerda Bassenge). Höch traf Basssenge auf dem Geburtstag von [→ 260] Elfriede Stegemeyer im November 1957. Bassenge besuchte Höch 1960 und mit der Ärztin Marianne Richter 1976. Im Jahr 1968 wurde ihr von Höch die Malerin [→ 294] Verena Wittwer vorgestellt. Bassenge war von 1954 bis 1962 Geschäftsführerin der Galerie Rosen und eröffnete ein Jahr später ihre eigene Galerie am Kurfürstendamm 206. Diese entwickelte sich zu einem der bedeutendsten und traditionsreichsten Auktionshäuser Deutschlands. [64, 315, 436]

Bauer-Rasch, Hanne, Stuttgart. Bauer-Rasch besuchte Höch mit dem Architekten [→ 86] Pali Meller. Sie war Herausgeberin von »Zirkel: Magazin für Wissenschaft, Kunst und Technik«. Im Nachlass Hannah Höch findet sich Heft 1 (1933): »Mit hrzl. Gruss von Kurt Schwitters« und Heft 2/3 »von Moho« [Moholy-Nagy, 254]. [308]

Bauhaus – Hertel, Christof (1908 ? – 1932 Berlin). Hertel war im Bauhaus Dessau mit der Planung und Durchführung von Ausstellungen betraut. Er schreibt Höch am 15. April 1932 in der Bauhaus-typischen Kleinschrift: »endlich ist es soweit, dass wir die schon längst geplante ausstellung ihrer arbeiten machen können«. [Lebenscollage II/2., S. 451f.) Vom 15. bis zum 27. Mai – kaum zwei Wochen später – sollte Höchs erste deutsche Einzelausstellung stattfinden.

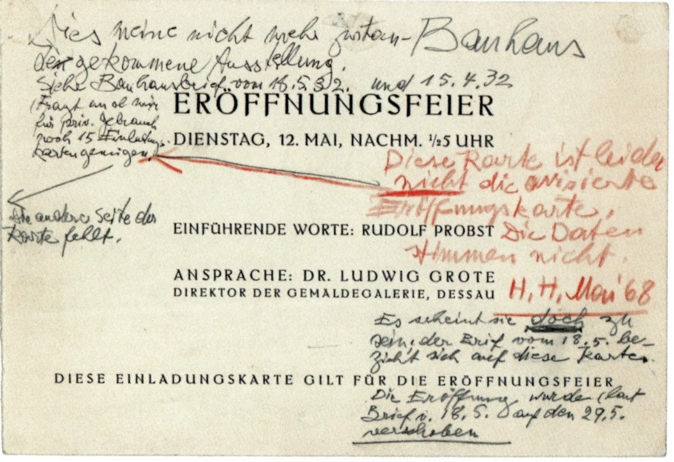

ERÖFFNUNGSFEIER

DIENSTAG, 12. MAI, NACHM. 1/2 5 UHR

EINFÜHRENDE WORTE: RUDOLF PROBST

ANSPRACHE: DR. LUDWIG GROTE
DIREKTOR DER GEMÄLDEGALERIE, DESSAU

DIESE EINLADUNGSKARTE GILT FÜR DIE ERÖFFNUNGSFEIER

Einladungskarte zur Eröffnungsfeier der nicht realisierten Ausstellung, Bauhaus Dessau, 1932

Die Auswahl wollte Hertel Anfang Mai in ihrem Atelier treffen. Wegen einer Erkrankung kam er jedoch nicht und entschuldigte sich am 18. Mai – da sollte die Ausstellung schon seit drei Tagen eröffnet sein. Sie wurde jedoch in letzter Minute abgesagt, die Einladungskarten waren bereits gedruckt. Dabei teilte er mit, dass nicht seine Krankheit, wohl aber »störungen in unserer disposition eine veränderung des termins« [Lebenscollage II/2, S. 453f.) ergaben. Nun sollte die Ausstellung vom 29. Mai bis zum 10. Juni stattfinden. 15 Fotomontagen und 31 Aquarelle – mehr als gewünscht – erreichten Dessau. Hertel bedankte sich für die »wunderbare auswahl« [Lebenscollage II/2, S. 454], die Höch nun selbst getroffen hatte. Noch am 24. Mai schrieb Hertel der Künstlerin: »Ich freue mich sehr, daß Sie bei den Montagen auch frühe Dada-Arbeiten dabeihaben, sowie, daß die außerordentlich feinen Aquarelle bis 1932 gehen.« [Lebenscollage II/2, S. 454] Am 1. Juni schickte das Bauhaus alle eingesandten Kunstwerke zurück. Ihre Präsentation fiel den politischen Umständen in Dessau und Anhalt zum Opfer.
Nach dem Wahlsieg der NSDAP im Freistaat Anhalt im April 1932 und einem Beschluss des Dessauer Gemeinderats vom August 1932 wurde das Bauhaus aus Dessau vertrieben und dann 1933 endgültig aufgelöst. In den folgenden dreizehn Jahren konnte Höch in Deutschland nicht mehr öffentlich in Erscheinung treten. Hertel starb noch im selben Jahr in Berlin; über die näheren Umstände ist nichts bekannt. [42]

Bauhaus-Archiv Der Kunsthistoriker Hans M. Wingler gründete 1960 das Bauhaus-Archiv. Er schrieb an Höch 1974, sie notiert: »Hat auch die Neuauflagen der Bauhausbücher, Florian Kupferberg-Verl. Mainz betreut.« [TK74] Das Archiv erhielt auf der Darmstädter Mathildenhöhe sein erstes Domizil. Die Sammlung war über die Jahre so stark angewachsen, dass man ein eigenes Museumsgebäude plante. Der Bauhaus-Gründer [→ 98] Walter Gropius lieferte Entwürfe dafür. Doch nicht Darmstadt, sondern das Land Berlin fand sich schließlich bereit, die Institution zu übernehmen. Das Gebäude wurde von 1976 bis 1979 in Berlin-Tiergarten errichtet. [433, 436]

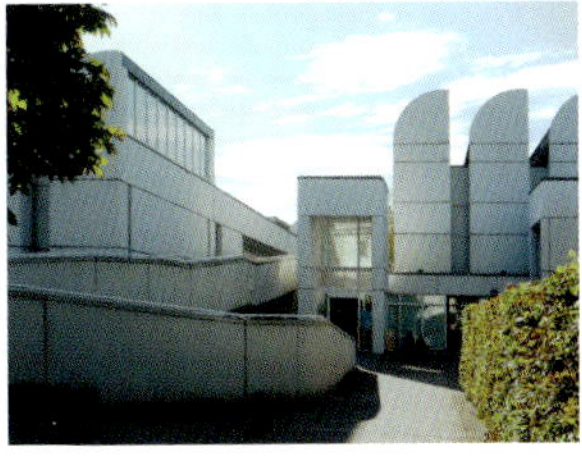

Bauhaus-Archiv, Museum für Gestaltung, Klingelhöferstraße, Berlin-Charlottenburg Foto: Eisenacher, 2017

Baumeister, Willi Friedrich Wilhelm (1889 Stuttgart – 1955 Stuttgart; Maler, Bühnenbildner, Kunsttheoretiker). Höch lernte Baumeister mit ihrem Mann [→ 178] Kurt Heinz Matthies 1939 in Stuttgart auf ihrer Rundfahrt im Wohnwagen kennen: »6 Uhr bei Baumeister sein. Da sehr schönes Haus und in grossem Stil. Gerok-

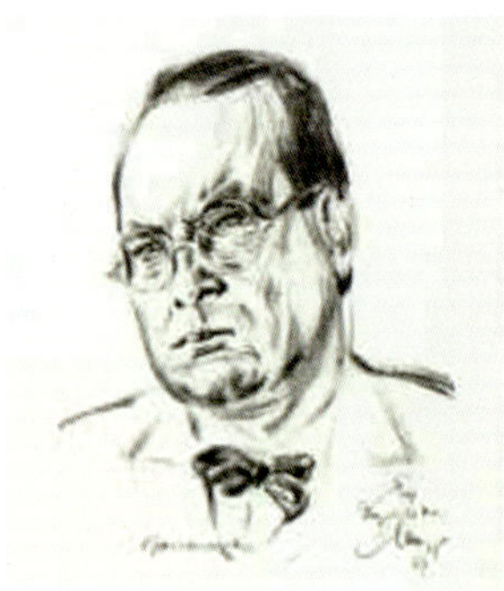

Willi Baumeister, porträtiert von Emil Stumpp, 1927

str. 36. Seine Arbeit ist ästhetisch, reicher geworden als früher, aber rein abstrakt geblieben. Er ist ein feiner, etwas schwerfälliger aber doch gescheiter Mann.« [Lebenscollage II/1, S. 627] Baumeister war Mitglied der [→ 35] »Novembergruppe« und erhielt 1941 Ausstellungsverbot. 1946 übernahm er eine Professur an der Akademie in Stuttgart. Im selben Jahr wurde ihm im November in der Berliner Galerie Rosen eine Ausstellung zusammen mit [→ 246] Oskar Schlemmer gewidmet. Im September 1956 zeigte das Haus am Waldsee eine Gedächtnisausstellung, eine weitere folgte im Juni 1965 in der Akademie der Künste (»Schöne Ausstellung«) [TK65] [Einladung und Katalog, NHH]. [50]

Becker, Dr. Andreas (1894 – 1972; Jurist, Galerist) Köln. Becker half Höch finanziell, vermittelt durch den Maler [→ 77] Otto Freundlich, nachdem 1932 in ihrem Atelier in der Büsingstraße eingebrochen wurde. Freundlich schreibt: »Ich dachte, die Herrn Einbrecher wären nicht ganz ohne Moral, und verschonten wenigstens die Ärmsten mit ihren Besuchen. (...) Ich habe etwas unternommen, um Euch ein wenig Hilfe zukommen zu lassen, hoffentlich gelingt es.« [Lebenscollage II/2, S. 450] Neben wertvollen Dokumenten und Wertsachen wurden unter anderem Höchs Tagebücher aus ihrer Zeit in den Niederlanden gestohlen. Die Galerie Dr. Becker-Newman zeigte [→ 235] Kurt Schwitters mit einer großen Merz-Ausstellung im September 1927. [211]

Behne, Elfriede (Li; 1883 – 1960; geb. Schäfer; verheiratet mit [→ 33] Adolf Behne). Höch lernte Behne auf einem Sommerfest der »Juryfreien« im Grunewald kennen. Auf dem Programmblatt notiert sie: »In diesem Heimweg – morgen tanzte ich den Bäumetanz. mit Behnes.« [Lebenscollage II/2, S. 696]. Wie ihr Mann war sie mit Höch befreundet. Behne besuchte Höch von 1956 bis 1959 mit [→ 147] Hans René Konrad und der Ärztin Magda Kallweit-Sueplie. [31]

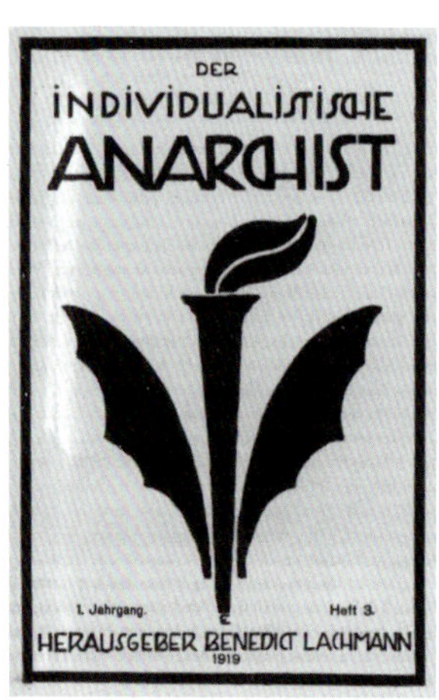

Titelseite der von Benedict Lachmann herausgegebenen Zeitschrift, 1919

Behr, Paul (1900 Pommerswitz – 1978 Berlin). Behr war ab 1937 Inhaber des Berliner »Buchladen Bayerischer Platz«, den Benedict Lachmann 1919 gegründet hatte. Lachmann war wie Höch in der [→ 35] »Novembergruppe« aktiv und veröffentlichte in seinem Verlag auch einige ihrer Publikationen. 1937 wurde das Geschäft »arisiert«, Behr war vorher Lachmanns Angestellter (Erster Sortimenter) und übernahm dann den Buchladen. Lachmann wurde 1941 mit einem der ersten Transporte von Berlin-Grunewald nach Łódź deportiert, wo er im gleichen Jahr starb. [341]

Bendixen, Klaus (1924 Hannover – 2003 Heilbronn; Maler, Bildhauer). Bendixen war wie Höch 1961 Stipendiat in der Deutschen Akademie Villa Massimo (Rom). 1961 übernahm er eine Professur an der Hochschule für Bildende Künste Hamburg. Höch und Bendixen korrespondierten 1961 und 1962.

Benjamin, Walter (1892 Charlottenburg – auf der Flucht 1940 Portbou; Philosoph, Schriftsteller, Übersetzer). Benjamin lebte von 1930 bis 1933 in der Wohnung Prinzregentenstraße 66, die er von der Malerin Eva Boy übernahm. Hier schrieb er seine autobiografische Prosa »Berliner Kindheit um 1900«. [40]

Berger, Ursel (geb. 1947 ?; Kunsthistorikerin, Museumsleiterin). Berger war ab 1977 Volontärin in der Nationalgalerie. Sie besuchte Höch in diesem Jahr mehrfach und half der 88jährigen beim Schriftverkehr. [434, 440]

Bergius, Burkhard (1937 Berlin – 2010 Berlin; Architekt, Stadtplaner, Architekturhistoriker). Bergius kam über seine Frau Hanne in Kontakt mit Höch. Er war von 1966 bis 1973 an der Hochschule für Bildende Künste in Berlin tätig, ab 1976 als Professor für Städtebau in Dortmund. [430]

Bergius, Prof. Dr. Hanne (geb. 1947 Herzberg, Kunsthistorikerin). Bergius wurde vor allem mit Publikationen über den Dadaismus bekannt. Sie besuchte Höch mehrfach von 1970 bis 1976. Der Nachlass Hannah Höch enthält zwei Typoskripte von Bergius: »Wenn wir das überquellende Lebenswerk Hannah Höchs betrachten« und »Hannah Höch: der Berliner Dadaismus und die Künstlerin«. [430]

Bergmann-Michel, Ella, Schmelzmühle(n), Eppstein im Taunus (1895 Paderborn – 1971 Eppstein; Malerin, Fotografin, Dokumentarfilmerin). Ihre von Dadaismus, Surrealismus und Bauhaus geprägten Bild-Collagen machten Ella Bergmann-Michel (EBM) bekannt. 1919 heiratete sie [→ 185] Robert Michel. Ein Jahr später zogen beide in die Schmelzmühle in Vockenhaus/Eppstein im Taunus, die sich zum Treffpunkt vieler Künstler entwickelte. 1921 begann die Freundschaft mit [→ 235] Kurt Schwitters und [→ 163] El Lissitzky. Schwitters war ab 1925 häufiger Gast. Das Ehepaar unternahm mit ihm 1927 eine Rundreise durch die Niederlande und traf dort mit Hannah Höch, [→ 257] Mart Stam, [→ 198] J.J.P. Oud und [→ 299] Piet Zwart zusammen. 1927 nahm Bergmann-Michel an einer Gruppenausstellung der »Sturm«-Galerie in Berlin teil. Während der NS-Zeit brach das Ehepaar gezwungenermaßen seine künstlerischen Aktivitäten ab. Nach dem Krieg widmete sich Bergmann-Michel wieder ihren Collage-Arbeiten. 1977 war sie auf gleich zwei Ausstellungen in Berlin vertreten: »Tendenzen der zwanziger Jahre« (Akademie der Künste) und »Künstlerinnen international 1877-1977« (NGBK/Schloss Charlottenburg). An beiden nahm auch Höch teil. [49, 58, 274]

Berman, Mieczyslaw (1903 Warschau – 1975 Warschau; polnischer Künstler). Berman schrieb an Höch 1969 und schickte ihr »3 Ausstellungskataloge aus Warschau, Collagen mit Anti-kriegs-Tendenzen (auch [→ 111] John Heartfield dabei)«. [AB] Er entwarf seit 1927 konstruktivistische Collagen, beeinflusst von [→ 167] Moholy-Nagy, [→ 235] Schwitters und Höch. Nach 1930 orientierte sich seine Arbeit an [→ 111] Heartfield. Im September 1966 zeigte er Fotomontagen im Internationalen Ausstellungszentrum, Bahnhof Friedrichstraße (Verband Bildender Künstler Deutschlands) [Katalog, NHH]. [64]

Bernhard, Lucian (eigentlich Kahn, Emil; 1883 Cannstatt (Stuttgart) – 1972 New York; Grafiker, Architekt). Bernhard zog 1901 nach Berlin und entwarf zahlreiche Plakate für Firmen wie Pelikan, Faber-Castell und Stollwerck. 1911 war er Mitbegründer des Magazins »Das Plakat« (später »Gebrauchsgraphik«). 1923 wurde er Professor für Reklamekunst in der Unterrichtsanstalt des Kunstgewerbemuseums. Dort besuchte Höch ab 1915 die von [→ 199] Emil Orlik geleitete Klasse für Grafik und Buchkunst. Ab 1925 lebte Bernhard mit Unterbrechungen in den USA. [246]

Bernstein, Martha (1874 – 1955; Malerin). Sie studierte nach 1890 in München bei dem naturalistischen Maler Ludwig Schmid-Reutte. Außerdem besuchte Bernstein die private Malschule von Christian Landenberger. Von 1909 bis 1912 studierte sie in Paris an der Académie Matisse. Nach ihrer Rückkehr nach Halle hielt sie Vorträge in der Städtischen Frauenschule, später (1921) schrieb sie ein Buch über die Schönheit der Farbe in der Kunst und im täglichen Leben. 1941 ging sie in die Schweiz und lebte bis 1950 in Baden (Aargau). [37, 41]

Berssenbrugge, Henri (1873 Rotterdam – 1959 Goirle bei Tilburg; niederländischer Fotograf). Berssenbrugge ließ 1921 sein Fotoatelier in Den Haag von Jan Wils (Architektur) und [→ 126] Vilmos Huszár (Farbgestaltung) entsprechend den Vorstellungen der Kunst- und Architekturbewegung »De Stijl« ausbauen. Die Möbel stammten von [→ 220] Gerrit Rietveld. [39a]

Berufsverband Bildender Künstler Berlins. Höch gehörte 1950 zu den Gründungsmitgliedern des Berufsverbandes. [433]

Beyer, Otto, Leipzig, Weststraße 7a; Berlin, Isarstraße 75 (1885 Kattowitz – 1962 Berlin; Maler, Grafiker). 1910 beteiligte sich Beyer an Ausstellungen der »Leipziger Secession«. Er zog nach Berlin, wo er zunächst in Halensee (Hektorstraße 17) wohnte, später in Reinickendorf. Seit 1918 war er Mitglied der »Freien Secession« und des Deutschen Künstlerbundes. In den Jahren der Wirtschaftskrise bestritt er seinen Lebensunterhalt an einer Gewerbeschule für Dekorationsmalerei. Von 1933 bis 1945 hatte Beyer Ausstellungs- und Malverbot. Im Dezember 1945 eröffnete das Volksbildungsamt Reinickendorf eine Ausstellung »Reinickendorfer Künstler stellen aus!«. Beyer erhielt neben Hannah Höch und [→ 99] Paul Grunwaldt mit 25 Arbeiten den breitesten Raum. Nach 1945 wurde er Mitbegründer und später Ehrenpräsident des Reinickendorfer Künstlerbundes. 1970 war Beyer in der Ausstellung »Künstler sehen Reinickendorf« vertreten. Auch Arbeiten von Hannah Höch, [→ 64] Arthur Degner, Wilhelm Kohlhoff und [→ 192] Otto Nagel waren dort zu sehen. [58, 71]

Bienert, Ida, Dresden, Würzburger Str. 46 (1870 Langenbielau – 1965 München; Kunstsammlerin, Mäzenatin). Höch fand in Bienert eine Freundin und Gönnerin. [→ 235] Kurt Schwitters brachte die beiden 1926 zusammen. Bienert war die Mutter der Bauhausschülerin und Malerin Ise Seidert und die Schwiegermutter der Ausdruckstänzerin Gret Palucca. Höch schreibt: »Auch Ida Bienert aus Dresden, diese außergewöhnliche Frau und leidenschaftliche Sammlerin, war in dieser Zeit (1926, H.N.) in Scheveningen. Sie hat dann später wiederholt großzügig in [→ 49] Tils (Brugman, H.N.) und mein Leben eingegriffen. Ihre herrlich ausgewählte Bildersammlung in dem Haus in Dresden war einen Sommer lang eine große Freude für mich.« [Gotha, S. 76] Bienerts Interesse galt der europäischen Avantgarde. 1911 begann sie, beraten von dem Kunstkritiker und Lyriker Theodor Däubler, sukzessive ihre bedeutende Sammlung aufzubauen. Sie enthielt Werke unter anderem von Wassily Kandinsky, Paul Klee, [→ 169] Piet Mondrian, Franz Marc sowie Gemälde französischer Maler. Von Höch besaß sie die Tuschfederzeichnung »Säugendes Kamel« (1929). Die Anfang 1933 erschienene Dokumentation von Bienerts Kollektion gab der Kritiker [→ 98] Will Grohmann heraus. Bienert schenkte Höch ein Exemplar [NHH]. Nach dem Zweiten Weltkrieg zerfiel die Sammlung. [37, 42, 43, 49, 304, 310]

Bienert, Ise, Berlin, Holsteinische Straße; Berlin, Renate-Privatstraße 10 IV; München, … (Marie Luise, Malerin). Bienert war die Tochter der Kunstsammlerin [→ 45] Ida Bienert, eine Worpswede-Schülerin und Studentin am Bauhaus. Neben der geplanten Höch-Ausstellung im Bauhaus sollte das Programm für das »neue Semester« auch eine von Bienert enthalten. Das belegt ein Protokoll der Beiratssitzung des Bauhauses Dessau vom 14. März 1932. Sieben Jahre später kam es zu einer unverhofften Begegnung mit Höch. Sie hatte mit ihrem Mann 1939 in der Nähe von München einen Autounfall und ging zu Bienert nach Ramersdorf. Dabei stellte sie fest: »Sie arbeitet garnichts mehr.« Weiter notiert Höch ihre Enttäuschung: »I.B. heißt jetzt Frau Seidler. Ida (die Mutter, H.N.) ist begeisterte National Soz. geworden«. [Lebenscollage II/2, S. 625] Ise Bienert war mit Fritz Bienert verheiratet, bevor sie mit dem Kunsthistoriker [→ 98] Will Grohmann eine Beziehung einging. [37, 42, 43, 49, 87, 304, 310]

Blakmar, Dela (1897 – 1989; Schwägerin von [→ 106] Raoul Hausmann). Im März 1948 wandte sich Hausmann an Höch, fast zwei Jahre, nachdem er ihre Adresse von Schwitters erhielt: »Ich schreibe Dir über meine Schwägerin, Frau Dela Blakmar in Norberg in Schweden und ich bitte Dich, mir über sie zu antworten (…) (man darf von Limoges aus nur kurze Geschäftsbriefe nach Deutschland senden, NICHTS anderes!).« [155, 160]

Blüher, Hans (1888 Freiburg in Schlesien – 1955 Berlin; Schriftsteller, Philosoph). Blüher war vor dem Ersten Weltkrieg ein Aktivist der Wandervogelbewegung, lebte ab 1924 als Autor und praktizierender Psychologe in Berlin-Hermsdorf. [52]

Blumenfeld, Erwin (Bloomfield, Jan; 1897 Berlin – 1969 Rom; Fotograf). Blumenfeld lernte im Berliner Café des Westens expressionistische Künstler und auch spätere Dadaisten kennen. Ende des Ersten Weltkriegs ging er nach Amsterdam und leitete mit seinem Freund, dem Maler Paul Citroen, die Dada-Zentrale in den Niederlanden. Blumenfeld hatte schon 1920 unter dem Pseudonym »Jan Bloomfield« Texte und Gedichte im »Almanach Dada« publiziert. 1923 eröffnete er ein Ledertaschengeschäft in der Kalverstraat unter dem Namen »Fox Leather Company«. 1932 entdeckte er eine Dunkelkammer hinter seinem Geschäft und begann, Kundinnen zu fotografieren – Porträts, aber auch Akte. Daneben kommentierte er in bissigen Collagen (z.B. »Hitlerfresse«, 1933) das politische Zeitgeschehen. Sein Taschengeschäft meldete 1935

Insolvenz an. In den vierziger und fünfziger Jahren wurde Blumenfeld zu einem weltweit gefragten Porträt- und Modefotografen. 1941/42 emigrierte er in die USA. [46]

Böddinghaus, Eva (1911 Berlin – 2007 ?; Malerin, Grafikerin). Böddinghaus besuchte Höch zum ersten Mal mit ihrem Mann und dem Maler [→ 275] Emilio Vedova im Jahr 1964. Das Ehepaar war mit Höch befreundet. Böddinghaus war Meisterschülerin von [→ 249] Karl Schmidt-Rottluff, arbeitete dann aber als Chemotechnikerin. [64, 430]

Boijmans Museum Rotterdam (Dependance). Das größte Kunstmuseum in Rotterdam wurde von 1928 bis 1935 im Museumspark Rotterdam errichtet. [37]

Bolliger-Willener, Dr. h.c. Hans, Bern, Gerechtigkeitsgasse 33; Bern, Laupenstraße 42; Bern, Ensingerstraße 20; Zürich, Lenggstraße 14 (1915 bei Zürich – 2002 ?; Buchantiquar, Kunstsammler; Dada-Kenner; verheiratet mit **Annemarie (»Marigg«) Bolliger-Willener** (1932 – 2015). 1955 wurde Hans Bolliger-Willener Mitarbeiter des Auktionshauses Gutekunst und Klipstein, geleitet von [→ 148] Eberhard W. Kornfeld. Als Schweizer Dada-Kenner übernahm er 1956 Werke aus Höchs Sammlung zum Verkauf, darunter auch Arbeiten und Merz-Drucksachen von [→ 235] Schwitters. Mit seiner Frau Annemarie betrieb er ein Buchantiquariat. Bolliger-Willener besuchte Höch mit Kornfeld im Februar 1956. Höch reiste dann Ende September nach Bern, um eine Ausstellung der Galerie zu sehen, die auch Werke von ihr präsentierte. In Düsseldorf fand 1958 die erste große Retrospektive unter dem Titel »Dada – Dokumente einer Bewegung« statt. Auf der Eröffnung am 5. September traf Höch unter anderem Bolliger-Willener. Er war seit 1980 entscheidend am Aufbau der Zürcher Dada-Sammlung beteiligt. [57, 58, 63, 64, 430]

Bontjes van Beek, Prof. Jan, Berlin, Länderallee 27 (1899 Vejle/Jütland – 1969 Berlin; Keramiker, Bildhauer, Tänzer; Vater von [→ 183] Digne Meller Marcovicz). Höch lernte Bontjes van Beek über den Musikwissenschaftler und -kritiker [→ 263] Hans Heinz Stuckenschmidt kennen. Der überzeugte Marxist und Nazigegner wurde 1942 mit seiner Tochter Cato wegen illegaler politischer Arbeit in der Widerstandsorganisation »Rote Kapelle« von der Gestapo in seiner Wohnung (Kaiserdamm 22) verhaftet. Cato wurde in Berlin-Plötzensee hingerichtet. Bontjes saß drei Monate in »Schutzhaft«, ehe er wieder entlassen wurde. Das Belastungsmaterial gegen ihn reichte offenbar nicht aus.

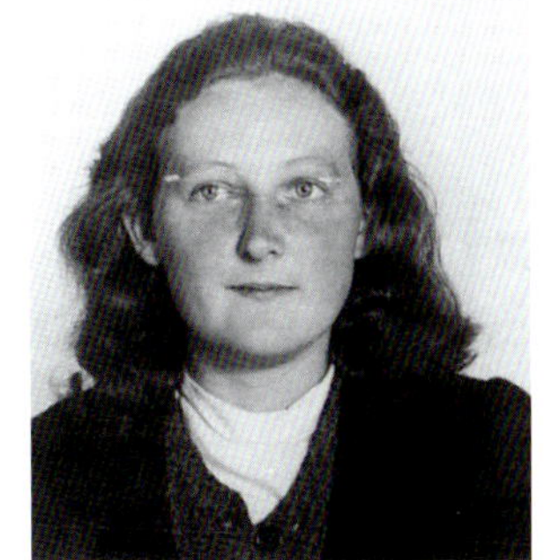

Cato Bontjes van Beek, Mitglied der Roten Kapelle

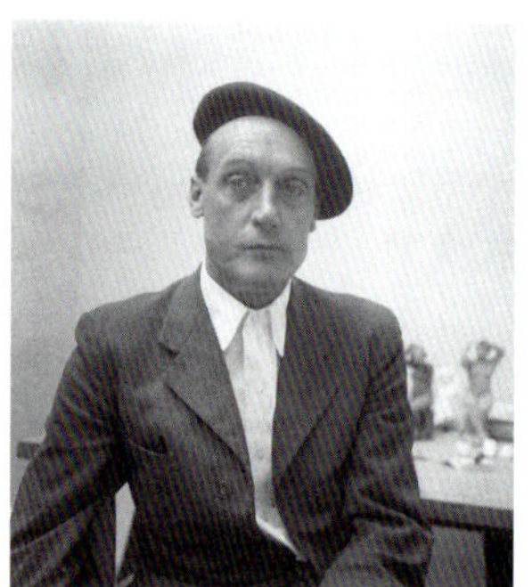
Jan Bontjes van Beek, 1949. Foto: Fritz Eschen

Bontjes van Beek gehörte zum Künstlerkreis der Galerie Gerd Rosen. Nach dem Krieg begann er im Mai 1946 eine Lehrtätigkeit als Dozent für Keramik, wurde Professor und Rektor an der Kunsthochschule Berlin-Weißensee (bis 1950). Drei Jahre später nahm er den Ruf zum Direktor der Meisterschule für das Kunsthandwerk in Berlin-Charlottenburg an, die er bis 1960 leitete. 1954 waren er und Höch Mitglieder der Ausstellungsjury zur Weihnachtsverkaufsausstellung der Berliner Künstler und Kunsthandwerker. Für März 1957 kündigte er ihr einen Besuch mit dem Chemiker [→ 151] Paul Kronenberg an. 1960 wurde er als Professor für Keramik an die Hochschule für Bildende Künste in Hamburg berufen (bis 1966). Höch traf ihn 1964 noch einmal, als auch er Mitglied der Akademie der Künste Berlin wurde. [59, 63]

Borée, Dr. Karl Friedrich, Berlin, Welfenallee 47/48; Darmstadt, Osannstraße 36 IV; Darmstadt, Heidenreichstr. 37 III r. (1886 Görlitz – 1964 Darmstadt; Rechtsanwalt, Erzähler, Essayist). Höch war mit Borée befreundet und besuchte dessen Lesungen, zum Beispiel, als er im Februar 1951 in der »Maison de France« aus seinen Romanen las [Einladung, NHH]. Borée, früher beschäftigt in der Stadtverwaltung von Berlin-Frohnau, schrieb ihr im Juni 1949 und besuchte sie im Juli. Durch seine Vermittlung und die von [→ 177] Ludolf Friedrich von Maltzan hatte Höch mehrfach Kontakt zu Kinderbuchverlagen aufgenommen. Auch eine vorab veröffentlichte Illustration in der Mai-Ausgabe 1952 der »Welt der Frau« sollte auf ein Bilderbuch von ihr aufmerksam machen [Brief der Redaktion, NHH]. Borée versuchte, in der Schweiz dafür einen Verleger zu finden. Höch schrieb, dass das Buch »keineswegs extrem angelegt« sei, sondern vielmehr »eine Zweck-Arbeit ist, die, 1946 gemacht, etwas Brot ins Haus bringen sollte«. [Briefentwurf an Hans Eckstein, 5.8.1961, NHH] Auch [→ 229] Eberhard Roters startete 1975 noch einen vergeblichen Versuch beim Suhrkamp Verlag. Ihr »Bilderbuch 1945« erschien aber erst 1985 im Leipziger Reclam Verlag. 1951 nahm Höch an einer Abschiedsfeier für Borée im Schöneberger Rathaus teil [TK51]. Er ging 1952 als Sekretär der Deutschen Akademie für Sprache und Dichtung nach Darmstadt. [51, 54, 58, 59, 131]

Bosquet, Alain (1919 Odessa – 1998 Paris; französischer Dichter). Höch traf Bosquet 1968 bei der Eröffnung der Nationalgalerie [AB]. Er besuchte sie mit dem Herausgeber [→ 150] Alexander Koval. Bosquet kaufte 1949 ihr Gemälde »Kubus« für 450 Mark aus ihrer Einzelausstellung in der Galerie Franz. [318]

Bowness, Prof. Sir Alan CBE (geb. 1928; Kunsthistoriker; Senior Lecturer am Courtauld Institute of Art, London, später Direktor der Tate Gallery). Höch traf Bowness (»spricht deutsch«) [AB] 1968 in der Akademie der Künste, wo er die Veranstaltungsreihe »Junge Generation Großbritannien« [AB] verantwortete: »Er hat meine Ausstellung bei Marlborough gesehen« – »The Dada-World of Hannah Höch«, gezeigt 1966 in der Londoner Galerie. [63, 96]

Brattskoven, Dr. Otto (1897 – 1952; Herausgeber). Brattskoven schrieb für die Zeitschrift »Kunst der Zeit«, die als Organ der Künstler-Selbsthilfe 1928 bis 1930 im Berliner Ottens-Verlag erschien. Er wohnte, zumindest vorübergehend, bei dem Maler [→ 58] Max Dungert. Für sein Buch »Köpfe«, erschienen 1925 im Leon Hirsch Verlag in Berlin-Schöneberg, schrieb er das Vorwort. [32, 37, 40, 301]

Brinkman, Johannes Andreas (1902 Rotterdam – 1949 Rotterdam; niederländischer Architekt, [→ 282 van der Vlugt]) Den Haag. Brinkman und van der Vlugt waren als Architekten bis 1936 Partner. [38]

Bron, de (Galerie) [→ 280 Vies-Heyting] [38, 80]

Brown, Leonard M., Springfield, Massachusetts. Brown besuchte Höch mit seiner Frau 1962: »Kaufen DADA u. Ähnliches. Haben von mir mitgenommen ›Die Gymnastiklehrerin‹ Collage 1923? 25? 600,- Ich schenkte Ihnen kl. gespritzte Zeichnung (1955?) (…) Gehen jetzt noch nach Wien, London, Paris. (Schwierige Verständigung) Aber nett. Sehr amerikanisch.« [TK62] [60]

Brugman, Til, Haag; Haarlem; Lisse, Sint Pin…; Breukelerveen, Herenweg 63; Amsterdam, Deurlossstraat 61 oder 63; Den Haag, Van Imhoffstraat 58; Reeuwijk, Reede F 89 (1888 Amsterdam – 1958 Gouda; Schriftstellerin). Auf ihrer Niederlande-Reise im Sommer 1926 mit [→ 235] Kurt und [→ 253] Helma Schwitters lernte Höch im Atelier des ungarischen Malers [→ 70] Lajos d' Ébneth in Kijkduin bei Scheveningen unter anderen Til Brugman kennen. Sie schreibt: »Du hast in mir eine grosse alles umfassende Liebe erweckt und ich bin ganz DEIN!!« [Brief von T.B. an H.H. vom 12. September 1926, NHH] Die Einladung an sie dürfte von Schwitters oder vom Ehepaar [→ 59] van Doesburg ausgegangen sein. Zunächst war Brugman allen dreien freundschaftlich verbunden.

Sie kannte die Dada-Bewegung in Holland von Beginn an. Drei Jahre zuvor, 1923, hatte sie dort die Dada-Premiere unterstützt und vermutlich auch mit organisiert. Zuvor schrieb sie Lautgedichte und Kurzgeschichten, insbesondere Grotesken, für die sie

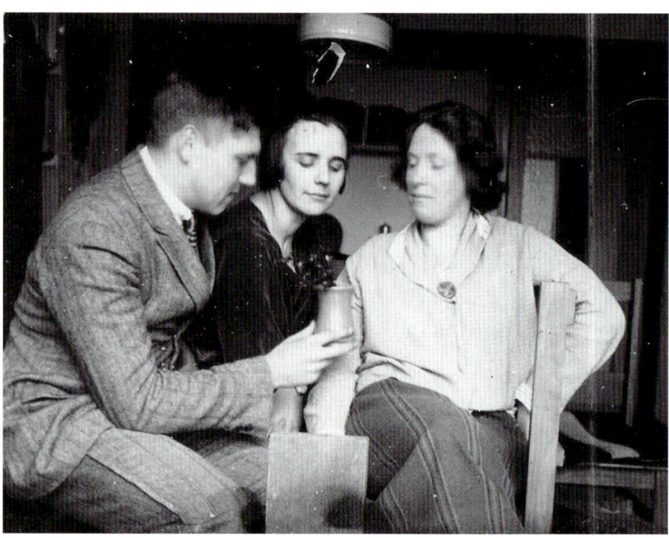

Cornelis van Eesteren, Nelly van Doesburg, Til Brugman, Den Haag, 1924, im Haus von Lena Milius, van Doesburgs erster Ehefrau

aber nur schwer einen Verlag fand. Die Groteske war im Umfeld der Dada-Bewegung weit verbreitet. Brugman schrieb für »De Stijl« und Schwitters' Zeitschrift »Merz«, für die sie als Kontaktperson in den Niederlanden tätig war. »Sie war mit der halben Welt befreundet«, berichtete Höch leicht ironisch, »und mit der anderen Hälfte bekannt.« [Ohff 1, S. 25] Es hieß, dass Brugman zwanzig Sprachen beherrschte und Unterricht in acht modernen westlichen Sprachen geben konnte, ergänzt um Russisch und Malayisch sowie das klassische Griechisch und Latein. Dieses Talent konnte sie als Handelskorrespondentin nutzen.

Höch wurde für fast ein Jahrzehnt ihre Lebensgefährtin. Anderthalb Monate, nachdem sich die beiden Frauen kennenlernten, vermietete Höch ihre Atelierwohnung in Berlin und lebte drei Jahre bei Brugman in der Ligusterstraat 20 in Den Haag. Höch schrieb: »Sie wollte kommen. Der Grund, dass ich, umgekehrt nach Holland zu ihr kam, lag in Tils Wunsch erst ihre in Unordnung geratenen Verhältnisse zu ordnen. Schulden – sie hatte einige Schulden machen müssen.« [Brief von H.H. an Mertineit-Schnabel] Höch zog in ihr Dachgeschossappartement, durch das Brugman in Kunstkreisen berühmt wurde. Die Inneneinrichtung und die farbigen Wände entwarf [→ 126] Vilmos Huszár. Brugman besaß Stühle und Tische von [→ 220] Gerrit Rietveld aus den für ihn typischen geometrisch angeordneten Holzbrettern. Zu ihrem Inventar zählte auch eine frühe Ausgabe des sogenannten Rot-Blauen Stuhls.

Beide Frauen informierten ihre Familien über ihre Beziehung. An ihre jüngere Schwester [→ 97] Margarete König schrieb Höch wenige Wochen nach ihrer Ankunft in Den Haag: »Ich bin und werde mit Til sehr glücklich sein. Wir werden ein Exempel leben wie zwei Frauen ein ganzes reiches und ausbalanciertes Leben formen können. Jeden Tag erlebe ich neue schöne Dinge an dem Menschen Til, die mich bereichern, mir das Leben in einem neuen Licht erscheinen lassen. Du – liebes Gretelein bist vielleicht der einzige Mensch der begriffen hat wie gründlich das Kapitel ›Mann‹ bei mir erledigt worden ist. Erlitten, erforscht, erschöpft das Schöne und erschöpft das Schlimme. Ich wusste, dass es keinen Mann auf der Welt mehr geben könnte, der mir noch etwas Neues zu bieten hatte, und darum hatte ich schon begonnen mich einzukapseln, nur für mich zu sein in des Wortes reinster Bedeutung. Ausser Dir und Deinen Kindern kommt doch tatsächlich kein Mensch mehr an mich (an mein Inneres heran) und ich hatte wirklich einen Schlussstrich unter das Erleben gezogen. Ich wollte Niemandem mehr etwas von meinem Selbst geben aber ich begehrte in Wahrheit auch nichts mehr. Nun sind bei mir nochmal alle Tore aufgegangen – ich spaziere vergnügt aus mir heraus und ›es‹ marschiert in mich hinein. Einer Frau ganz nah verbunden sein, heisst für mich deshalb ganz Neues – weil es bedeutet: Geist von meinem Geist erfassen – mit ganz nahem Verwandten auseinandersetzen.« [Brief von H.H. an G.K., Den Haag 14. Oktober 1926, Höch Nachlass Murnau]

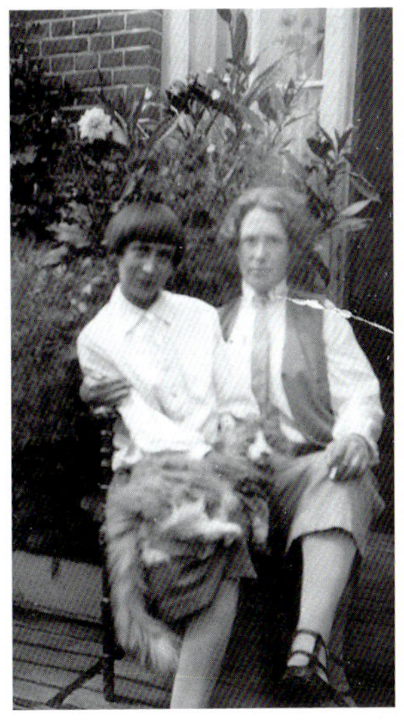

Til Brugman und Hannah Höch mit Katze Nina in Den Haag, 1927. Auf der Rückseite steht: »Hannah und Til und Nina auf dem Balkon im Haag – wo wir einen ordentlichen Urwald angelegt haben, in dem Nachts schon die Löwen brüllen.«

Die Reaktionen der Künstlerkollegen auf die Beziehung waren unterschiedlich. Kurt Schwitters war zunächst irritiert, weil er nicht sofort über das neue Verhältnis informiert wurde. Er schreibt dann aber im Oktober 1926 an die beiden: »Ich habe es mir nie träumen lassen, dass Ihr noch einmal ein glückliches Paar werden würdet. Jetzt wird mir allerdings Manches klar, was ich früher nicht verstehen konnte, aber jedenfalls sage ich Euch Liebenden meinen allerherzlichsten Glückwunsch. Ich bin nicht der Ansicht Doesburgs, der in Eurem Zusammensein ein Unglück sieht, ich finde, Ihr passt eigentlich bei Licht besehen sehr gut zusammen.« [Lebenscollage II/2, S. 266]

Höchs Biograph [→ 201] Heinz Ohff kommentiert: »Sie hat nie einen Hehl aus der Tatsache gemacht, daß es sich um eine durchaus sinnliche Liebe handelte. (...) Gibt es im Künstlerischen keinen Stil, keine Technik, keine Anregung, die sie ausläßt (oder auszulassen imstande ist), so gilt dies auch für Leben, Liebe und all die weiten Felder, die beide bieten. Ihre schon in jungen Jahren bewußt gepflegte Liberalität entspricht ihrer Lebensgier. Nach den Erfahrungen mit Raoul Hausmann, der Liebe zwischen Mann und Frau, jetzt sozusagen aus dem gleichen Impuls heraus die lesbische Liebe.« [Lebenscollage II/1, S. 262f.]

1929 zogen beide nach Berlin. Hauptgrund war vermutlich, dass sich in Holland kein Verleger für Brugman fand, weder für ihren Romanzyklus noch für ihre Grotesken. In Deutschland hofften sie auf die vielen Groß- und Kleinverlage. Höch schreibt: »Til Brugman war ein Eulenspiegel unserer Tage, der seine Possen zwar nicht auf den Straßen trieb, aber mit Drolerien auf hohe Ebene ihre Umgebung Tag und Nacht in Atem hielt.« [Ohff 1, S. 25] Aber erst 1935 verlegte der Dadaist, Drucker und Verleger [→ 261] V.O. Stomps den Band »Scheingehacktes« mit Illustrationen von Höch.

In Berlin hatten die Freunde aus Dada-Zeiten das Land bereits verlassen oder standen vor der Emigration. Rückblickend äußert sich Hannah Höch: »Von 1930 an lebte ich in zunehmender Vereinsamung. Während meines Aufenthalts in Holland war mir der Kontakt mit der Berliner Kunstwelt verlorengegangen.« [Schirmer, Fn. 890] Eine Emigration in die Niederlande hätte sich angeboten und wurde auch erwogen. Höch erkrankte aber 1934 schwer, eine tückische und langwierige Angelegenheit, die eine Basedow-Operation erforderte. Davon erholte sie sich nur langsam. Zudem trennte sie sich ein Jahr später von Til Brugman. Höch schreibt 1967: »An ihrer starken Persönlichkeit und einem ausgeprägten Geltungstrieb litt meine eigene Spannkraft, und ich mußte wieder zu mir selbst zurückfinden und zurückkehren. Aber diese nie endenden, purzelnden, sarkastischen, verrückten Einfälle, die auf einem riesigen Wissen ›tanzten‹, machten die Jahre mit Til zu den amüsantesten meines Lebens.« [Ohff 1, 1968, S. 25]

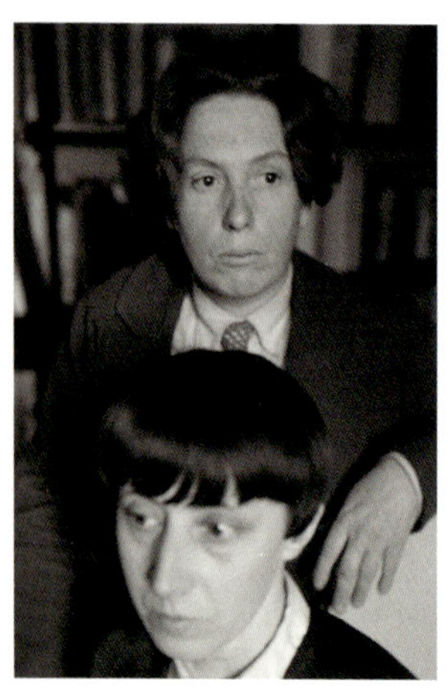

Hannah Höch und Til Brugman, 1929. Foto: Raoul Hausmann

Brugman nahm das Ende der Beziehung nicht passiv hin, sondern versuchte mehrfach, Höch wiederzugewinnen. Im Nachlass der Künstlerin befinden sich aufwendig gestaltete Briefe, unter anderem mit Gedichten, in denen Brugman den Trennungsprozess thematisiert. In ihrem letzten Brief flehte sie die Künstlerin an, wieder zurückzukommen: »– Nein Hannah, ich kann nicht mehr – Dass wir uns einmal fanden und so ein Band der Zusammengehörigkeit haben – dass Du und Du allein mir alles gibst und bist – hat einen tieferen Sinn – du bist für mich verantwortlich,

(…). Haben wir nicht das so seltene Band einer vollkommenen geistigen Gemeinschaft? Ist unsere Arbeit nicht eine Einheit – geht unser Empfinden nicht über eine Spule – Du warst manchmal kribbelig beim Durchsehen meiner Arbeiten, aber andere Menschen – und ich habe es versucht – verstehen überhaupt nichts davon – weder Idee noch was auch und ausser der Korrektur, Hannatje, haben wir einander doch noch tieferes, die gegenseitige Anregung gegeben, die seelisch-geistig-körperliche Spannung –«. [Brief von T.B. an H.H, undatiert ; NHH]
Brugman blieb noch drei Jahre in Berlin, von wo aus sie zunächst vergeblich als Autorin auch in ihrer Heimat Fuß zu fassen versuchte. 1938 zog sie erneut mit einer Frau, [→ 185] Hans Mertineit-Schnabel (1907 – 1979), zusammen. Erst bei Kriegsbeginn 1939 kehrte sie nach Den Haag zurück. Trotz ihrer Trennung hielten beide weiterhin Kontakt, trafen sich allerdings nur noch sporadisch. [32, 38/39, 51, 52, 364, 365, 366, 368]

Bruynzeel, Cornelis (1875 Rotterdam – 1956 ?). Bruynzeel besaß die Zimmerei De Arend in Rotterdam und ließ sich um 1915 seine Villa Oosteinde 34 bauen. Er finanzierte die Monatsschrift der Kunstbewegung »De Stijl«. [667]

Buchwald, Sascha (1899 Berlin – 1977 Berlin; SPD-Politikerin). Buchwald leitete nach dem Zweiten Weltkrieg die Volkshochschule in Reinickendorf. Von 1949 bis 1951 war sie Bezirksstadträtin für Volksbildung in Neukölln. Anschließend arbeitete sie im Bezirksamt Reinickendorf. Buchwald und Höch besuchten sich von 1950 bis 1957, ein letztes Mal 1966: »Frau B. noch immer in gesellschaftlicher Attitüde aufgehend. Mit Temperament und Klugheit.« [51, 53]

Buesche, Dr. Albert, Berlin, Hohenstaufenstraße 33II; Berlin, Viktoria-Luise-Platz 7III (1897 – 1977; Kunst- und Theaterkritiker). Buesche war während des Zweiten Weltkriegs als Offizier in Paris für kulturpropagandistische und journalistische Aufgaben eingesetzt, u.a. auch als Theaterkritiker für deutschsprachige Zeitungen. Sein Verhältnis zur NS-Ideologie galt als ambivalent. Nach 1945 war er als Kunstkritiker u.a. beim »Tagesspiegel« tätig. Er schrieb den Text zur »Fantasten-Ausstellung« im Februar 1946 in der Berliner Galerie Rosen, an der neben [→ 265] Heinz Trökes, Hans Thiemann, Mac Zimmermann, Stephen Alexander, [→ 273] Hans Uhlmann auch Hannah Höch mit zehn Arbeiten beteiligt war. Die provozierende Modernität dieser Ausstellung rief den ersten Kunstskandal der deutschen Nachkriegsgeschichte hervor. Die

Bezeichnung »Fantasten-Ausstellung« sollte die unterschiedlichen Stile der Beteiligten unter einen übergreifenden Gesichtspunkt stellen. Sie sollte für alle Kunstformen stehen, die – so im Ausstellungskatalog – »mehr oder weniger treffend als Kubismus, Expressionismus, abstrakte Kunst, Surrealismus bezeichnet wurden«. Buesche setzte sich in der Nachkriegszeit insbesondere für [→ 35] Rudolf Belling, Renée Sintenis, Jeanne Mammen und Hannah Höch ein. 1952 hörte Höch Vorträge von Buesche über Giorgio de Chirico und Salvador Dalí. Buesche besuchte Höch mit dem Maler [→ 249] Schmidt-Rottluff im Oktober 1962. [53, 58]

Buijs, Jan Willem Eduard, Den Haag, Statenlaan 62; Den Haag, Stuyvesantplein 23 (1889 Surakarta – 1961 Den Haag; Architekt). Buijs war in deren niederländischen Zeit eng mit Höch befreundet, einer von vielen Architekturfreunden und vermutlich auch mehr oder weniger heimlichen Verehrern. Höch notierte sich auf einem Zettel, der dem Adressbuch beiliegt, welche Häuser er gebaut hatte. Sie schwärmte 1968 von Buijs, »dem eine ganz besondere Einfühlungskraft zueigen war für den Zweck der Gebäude, die er schuf (...). Ästhet und leidenschaftlicher Sammler von Kristallen, die er durch ausgeklügelte Beleuchtungseffekte zu unerhörter Schönheit brachte. Ein großer Buddha bewachte diesen unirdisch wirkenden Raum.« [Ohff 1, S. 29] Buijs stellte die Verbindung zu [→ 280] Ditte van der Vies-Heyting her, die zusammen mit ihrem Mann [→ 159] Chris Lebeau die Galerie De Bron in der Haager Zoutmanstraat leitete. Sie war eine der wenigen, die aktuelle Kunst ausstellte. Zusammen mit Buijs und [→ 156] Johannes Bernardus van Loghem arrangierte sie die ersten großen Ausstellungen mit Höch-Werken in den Niederlanden. Obwohl die öffentliche Reaktion auf ihre Ausstellungen eher negativ ausfiel, wurde ihre Kunst im Kreis der Künstler, Architekten, Sammler, Museumsleute und Kritiker ernsthaft diskutiert und fand ein stärkeres Echo als vorher im Umkreis der Dadaisten in Berlin.

Buijs hielt die Eröffnungsansprache bei Höchs erster Einzelausstellung im Mai 1929 in Den Haag. Gezeigt wurden etwa fünfzig Gemälde, Aquarelle und Collagen. Buijs vermittelte offenbar auch Höchs Aufnahme in die Gruppe »De Onafhankelijken« (Die Unabhängigen). Zu den seit 1912 existierenden »Unabhängigen« gehörten Bildhauer und Maler, die sich wie die Sezessionen in Deutschland nach dem Vorbild des französischen »Salon des Indépendants« organisiert hatten. Ab 1928 beteiligte sich Hannah Höch regelmäßig an deren Ausstellungen. [12, 37, 52, 421]

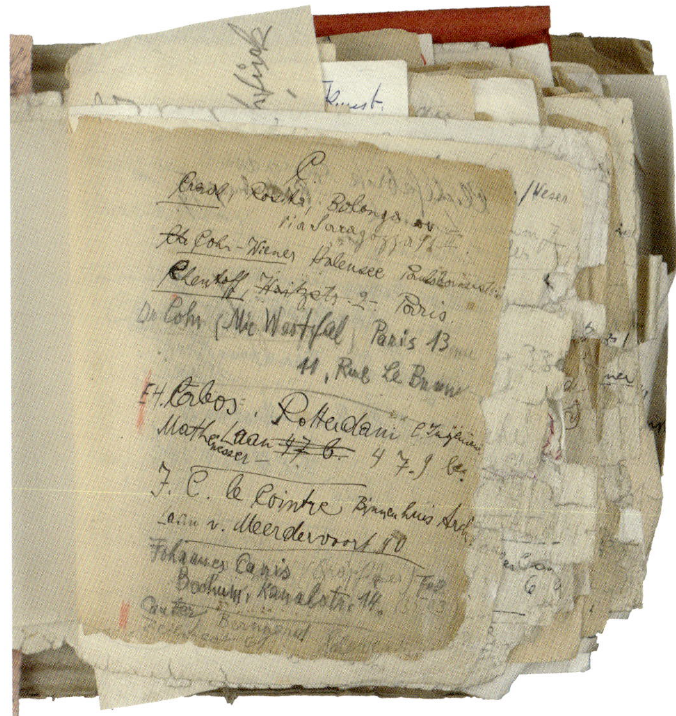

C

065 **Crarol, Rosita, Bologna, Via Saragozza 91III**

065 **Cohn-Wiener, Ernst, Berlin, Paulsborner Straße** (1882 – 1941; Kunsthistoriker). Cohn-Wiener lehrte an der Humboldt-Akademie, der größten Volkshochschule Berlins. 1933 wurde er entlassen und emigrierte nach London.

065 **Chentoff, Polia, (Pauline); Berlin, Waitzstraße 2; Paris** (1896 – 1933; Figuren-, Stillebenmalerin, Illustratorin). Höch traf Chentoff 1924 in Paris. Sie war Mitglied der »Société du Salon d'Autonome«, die sich von der regelmäßig stattfindenden althergebrachten Ausstellung des »Salon de Paris« absetzte.

065 **Cohr, Dr., Paris, 11, rue le brune**; **verheiratet mit** [→ 293] **Mie Westpfahl-Kohn**

065 **Carlos, E.H., Rotterdam, Mathenesserlaan 479b** (Ingenieur). Mit Carlos war eine Freundin von Höchs Schwester [→ 97] Grete, die Schweizer Schriftstellerin Regina Ullmann, befreundet.

065 **Cointre, Jan C. Le, Den Haag, Laan van Meerdervoort 40** (Innenarchitekt)

065 **Canis, Johannes, Bochum, Kanalstraße 14** (1895 Chemnitz – 1977 Bauschlott/Neulingen; Grafiker). 1924 eröffnete Canis mit Max Burchartz das Reklame-Atelier »Werbebau« in Bochum. Das war

die erste Werbeagentur in Deutschland, die mit der neuen Typografie und Farbgestaltung der Bauhaus-Moderne arbeitete.
065 **Canter, Bernhard, Den Haag, Zeilstraat 61** (1870 – 1956; niederländischer Schriftsteller, Journalist, Maler)

Carlberg-Höch, Marianne »Anni«, »Nitte« (Britta; geb. Höch, 1904 – 1994; Schwester, verheiratet mit Berthold Carlberg). Als Höchs jüngste Schwester Marianne geboren wurde, schied Hannah Höch mit 15 Jahren vorzeitig aus der Schule aus. Sie sollte als älteste Schwester die Mutter bei der Betreuung und Erziehung unterstützen. Höch betreute die Schwester bis zur Einschulung. »Ich liebte dieses Kind sehr, aber dadurch zögerte sich zu meinem Kummer mein Studium beträchtlich hinaus – sehr zur Befriedigung meines Vaters, der ein Mädchen verheiratet wissen, aber nicht Kunst studieren lassen wollte, was übrigens um 1900 noch der allgemeinen bürgerlichen Ansicht entsprach.« [Höch 3, S. 195] Carlberg-Höch zog 1964 nach Murnau. [52, 69, 70, 71, 72, 441, 442, 652]
Chalupecký, Jindřich (1910 Prag – 1990 Prag; Schriftsteller; [→ 256 Spala] Chalupecký besuchte Höch mit dem Bildhauer [→ 255] Zbynek Sekal 1966. Höch: »hat die Ausstellung in der Akademie (der Künste, H.N.) ›Tschechoslowakische Kunst‹ betreut und ich hatte schon mit ihm korrespondiert«, »Viele Aquarelle gezeigt, auch Zeichnungen.« (TK66) Die Korrespondenz fand 1967 und 1968 statt. Im Jahr 1965 blühte die Galerie Vaclav Spala auf, als sie, kuratiert von Chalupecký, eine ganze Generation moderner tschechischer Künstler zeigte. [299]
Cheong Chung Chang (»Vergnügungslokal«, Grosse Freiheit) Hamburg. [143]
Cohn, Marie (Mie) (Eddy Beuth) (1872 Breslau – 1938 Hamburg; Schriftstellerin, Drehbuchautorin). Von 1906 bis 1931 publizierte Cohn in Zeitschriften wie »Berliner Leben« und diversen Verlagen. 1930 zog sie zu ihrer Schwester nach Hamburg. Beide waren antisemitischen Repressalien ausgesetzt, 1938 erhielt Eddy Beuth Berufsverbot. Nach den Novemberpogromen 1938 begingen die Schwestern Selbstmord. [66, 69]
Conrads, Dr. Ulrich (1923 Bielefeld – 2013 Berlin; Architekturkritiker, Publizist). Conrads besuchte Höch mit seiner Frau 1965 und 1976. Höch: »Brachte mir mit sein Buch: De Stijl. Der niederländische Beitrag zur modernen Kunst. Verl. Ullstein.« Conrads wurde durch die Sendereihe »Neues Bauen – in unserer Zeit«

bekannt, die von 1960 bis 1972 vom RIAS Berlin ausgestrahlt wurde. Von 1957 bis 1988 war er Chefredakteur der Zeitschrift »Bauwelt« und Herausgeber zahlreicher Bücher zur Architekturgeschichte. [72, 73, 442]

Cornils, Evelyn und Hans. Die Cornils besuchten Höch 1976: »Sie brachten wieder wundervolle Blumen. Blaue Levkojen u. lachsfarbige, riesige, duftende Rosen. Er ist Landschaftsgärtner. Haben einen Pracht-Garten in der Henningsdorferstr. Heiligensee.« [TK76] [74, 442]

Crodel, Charles (Carl) (1894 Marseille – 1973 München; Maler) München. 1949 stellte Crodel Ölbilder und Wandbehänge in der Galerie Franz aus [Einladung, NHH]. Er war Mitglied der Akademie der Künste und machte sich mit Wandmalereien einen Namen. Die Nationalsozialisten vernichteten die meisten seiner Arbeiten. 1948 richtete die Hochschule für Bildende Künste in Berlin den »Lehrstuhl Crodel« ein. [73]

Cürlis, Dr. Hans (1889 Niederdorf (Straelen) – 1982 Berlin; Dokumentarfilmer, Filmproduzent, Kunsthistoriker). Cürlis besuchte Höch mit seinem Bruder 1961 und drehte (»Ich soll da zeichnen«) für seinen Film-Zyklus »Schaffende Hände« das Porträt »Hannah Höch – jung geblieben«. Nach vier Jahren entstand erst der Sprechtext, der dem Filmporträt unterlegt werden sollte. Über fünfzig Jahre arbeitete Cürlis an der Dokumentarfilm-Reihe als seinem Lebenswerk. Beide besuchten sich gegenseitig 1965 und 1967 und korrespondierten bis 1976. Während der NS-Zeit leitete Cürlis das Kulturfilminstitut, nach dem Krieg war er an der Gründung der DEFA beteiligt und gehörte 1951 zur Jury der ersten Filmfestpiele (»Berlinale« in West-Berlin. [72, 441]

Curjel, Hans (1896 Karlsruhe – 1974 Zürich). Curjel studierte u.a. in Berlin Kunstgeschichte. Ab 1927 war er Dramaturg, Regisseur und stellvertretender Direktor an der Krolloper, deren avantgardistisches Programm er als Regisseur (neben dem Dirigenten Otto Klemperer) mitprägte. 1933 musste Curjel in die Schweiz emigrieren. [66]

Czwiklitzer, Christoph (Journalist, Autor, Antiquar, Auktionator, Kunsthändler und Verleger) [→ 88 Galerie Czwiklitzer]

D

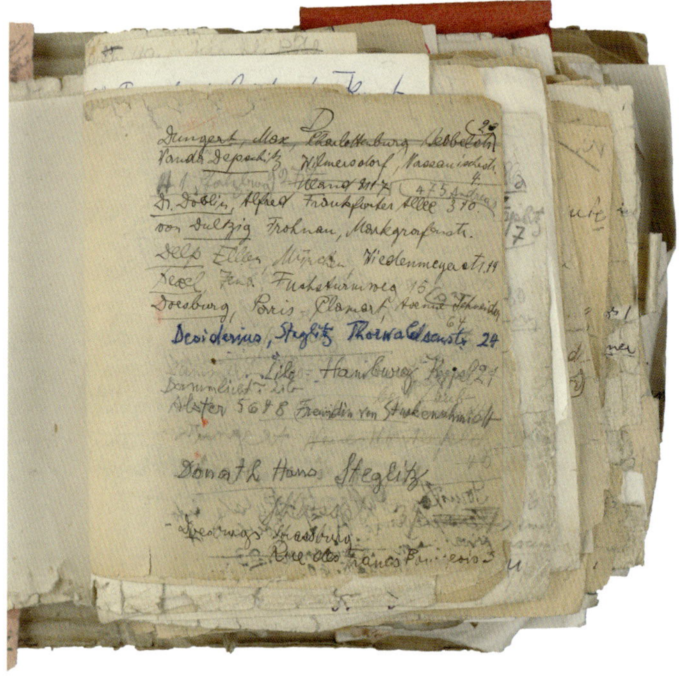

076 **Dungert, Max, Berlin, Hebbelstraße 26; Berlin, Neue Winterfeldtstraße 40; Berlin, Schleswiger Ufer 7; Berlin, Gervinusstraße 4** (1896 Magdeburg – 1945 Berlin; Maler, Grafiker). Mit dem Maler [→ 248] Wilhelm Schmid stellte Dungert im Juli 1931 die Ausstellung der [→ 35] »Novembergruppe« im Haus des Vereins der Berliner Künstler zusammen. Höch war mit den Werken »Imaginäre Brücke« und »Die Treppe« vertreten. [79, 81]

076 **Debschitz-Kunowski, Wanda, Berlin, Nassauische Straße 4** (1870 – 1935; Fotografin). Ihr Atelier befand sich seit 1921 in Berlin-Wilmersdorf. Sie war spezialisiert auf Porträts, Kunstgewerbe, moderne Architektur und die Dokumentation von Ausstellungen.

076 **Döblin, Dr. Alfred, Berlin, Frankfurter Allee 340** (1878 Stettin – 1957 Emmendingen; Psychiater, Schriftsteller). Im August 1924 lud [→ 235] Schwitters zu einer Soirée in Höchs Atelier, an der auch Döblin (»Berlin Alexanderplatz«) teilnahm. Zu dieser Zeit lebte und praktizierte er als Kassenarzt für »Nerven- und Gemütsleiden«. Döblin war mit dem Ehepaar [→ 33] Behne befreundet und kam manchmal auch zu den [→ 241] Segal-Abenden. Er emigrierte 1933 erst in die Schweiz, dann nach Frankreich und schließlich in die USA.

076 von Dultzig, Ella, Berlin, Markgrafenstraße

076 Delp, Ellen, München, Widenmayerstraße 44 (1890 Leipzig – 1990 Insel Reichenau; Schauspielerin, Schriftstellerin). Höch traf Delp im Juli 1921 auf dem Kostümfest im Atelier von [→ 218] Wilhelm Repsold und [→ 171] Lu Märten in Berlin.

076 Dexel, Walter, Jena, Fuchsturmweg 15 (1890 München – 1973 Braunschweig; Maler, Werbegrafiker, Designer, Verkehrsplaner, Kunsthistoriker). Dexel war mit [→ 235] Schwitters befreundet und stand seit 1919 in engem Kontakt mit den Bauhausmeistern. Von 1916 bis 1928 leitete er ehrenamtlich den Kunstverein Jena. Für Schwitters wurden dort drei MERZ-Abende veranstaltet. An einem Dada-Abend wirkten auch [→ 20] Arp und [→ 270] Tzara mit. 1921 hatte Dexel in Berlin [→ 59] Theo van Doesburg und [→ 33] Adolf Behne kennengelernt. Er zählte zur festen »De Stijl«-Gruppe am Bauhaus, die sich aus den Kursen rekrutierte, die van Doesburg ab März 1922 gab. Dexel war auch Mitglied der [→ 35] »Novembergruppe« und beteiligte sich an deren Ausstellungen von 1923 bis 1929. Er schrieb an Höch 1925. Obwohl 1933 – wie alle Lehrkräfte der Magdeburger Kunstgewerbe- und Handwerksschule – in die NSDAP eingetreten, galt Dexel ab 1935 als »entarteter Künstler«. 1936 wurde er an die Staatliche Hochschule für Kunsterziehung in Berlin-Schöneberg berufen, wo er bis 1942 eine außerordentliche Professur für »Theoretischen Kunst- und Formunterricht« innehatte.

076 van Doesburg, Theo, Clamart, 64, Avenue Adolphe Schneider; Strassburg, 3, rue des Francs-Bourgeois 3x; Paris, Villa Corot, 2, rue d'Arcueil (1883 Utrecht – 1931 Davos; niederländischer Maler, Schriftsteller, Architekt, Bildhauer, Kunsttheoretiker). Höch war mit dem Begründer der niederländischen »De Stijl«-Bewegung befreundet, ebenso mit seiner Frau Nelly mit Künstlernamen Pétro (geb. van Moorsel; 1899 – 1975), einer Tänzerin und Pianistin. Ergänzend zu den Vorträgen van Doesburgs über moderne Kunst und Architektur trat Nelly mit Klavierstücken von Bartók, Milhaud, Satie, Schönberg oder Kódaly auf. Höch: »Nelly Doesburg hatte für mich so ungehemmt zärtliche Worte und Namen, daß ich ihr heute noch Dank dafür weiß. ›Does‹ stand den Menschen eher mit Skepsis gegenüber.« [Ohff 1, S. 26f.] Auf einem Foto sieht man Nelly van Doesburg im Atelier von Höch nackt vor dem Spiegel sitzen. Sie hält ihre Dadapuppen auf dem Schoß. Mehrfach scheint sie Höch als Modell gedient zu haben.

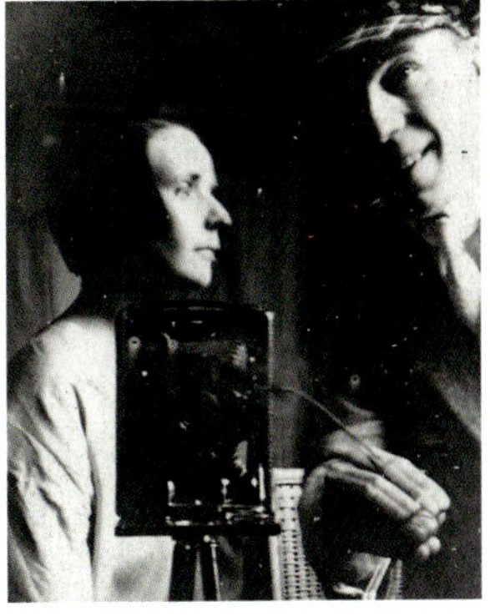

Nelly und Theo van Doesburg in Piet Mondrians Studio in Paris, 1921

Nelly van Doesburg stand mit Hannah Höch bis 1967 in brief-

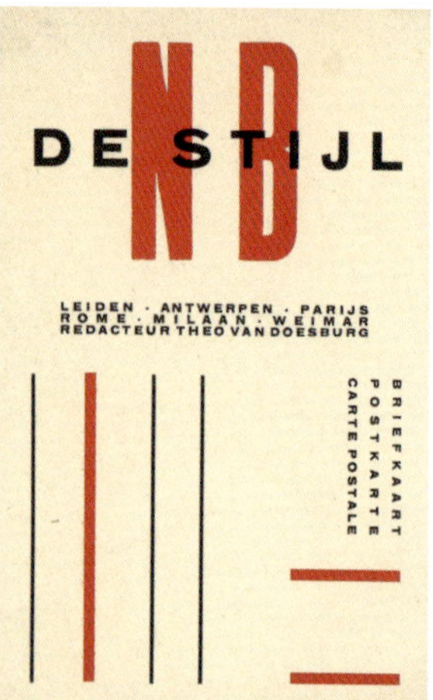

lichem Kontakt. Sie hatte die van Doesburgs über [→ 106] Raoul Hausmann kennengelernt. Van Doesburg war bereits das zweite Mal verheiratet, als er 1919 Nelly begegnete. Zwischen van Doesburg, seiner Ehefrau [→ 186] Lena Milius und Nelly entwickelte sich zunächst eine Dreiecksbeziehung. 1923 reichte er die Scheidung ein, aber erst einige Jahre später heiratete er Nelly.

Theo van Doesburg veröffentlichte programmatische Texte von Hausmann in »De Stijl«. Der von ihm organisierte Dadaisten- und Konstruktivistenkongreß vom 25. bis 27. September 1922 in Weimar war das letzte große dadaistische Klassentreffen. Hausmann war nicht angereist, wohl aber [→ 235] Kurt Schwitters. Höch wurde eingeladen, hielt sich aber damals in Oberbayern auf. Sie las die Einladung erst nach ihrer Rückkehr. Am 10. Januar 1923 begann auf gemeinsame Initiative von Schwitters und van Doesburg der vom »Haagsche Kunstkring« veranstaltete »Dada-Feldzug« in Holland. An ihm war neben den van Doesburgs auch [→ 126] Vilmos Huszár beteiligt und führte von Den Haag über Haarlem, Amsterdam, Rotterdam, 's-Hertogenbosch und Delft nach Leiden. Nelly van Doesburg berichtete stolz: »Wir haben in Holland sehr viel success mit Dada! Nie ist hier über etwas *soviel* in die Zeitungen geschrieben worden.« [Lebenscollage II/2, S. 119]

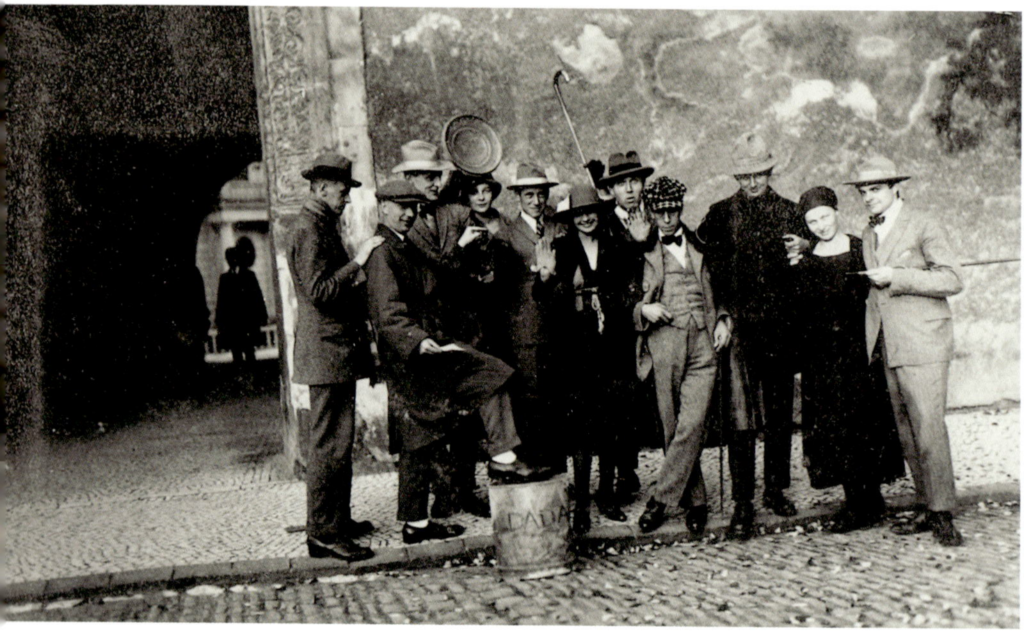

Dada-Kongress, Weimar, 1922
Von links: Kurt Schwitters, Hans Arp, Max Burchartz mit Lotte, Hans Richter, Nelly van Doesburg, Cornelis van Eesteren, Theo van Doesburg, Peter Röhl mit Frau, Werner Graeff

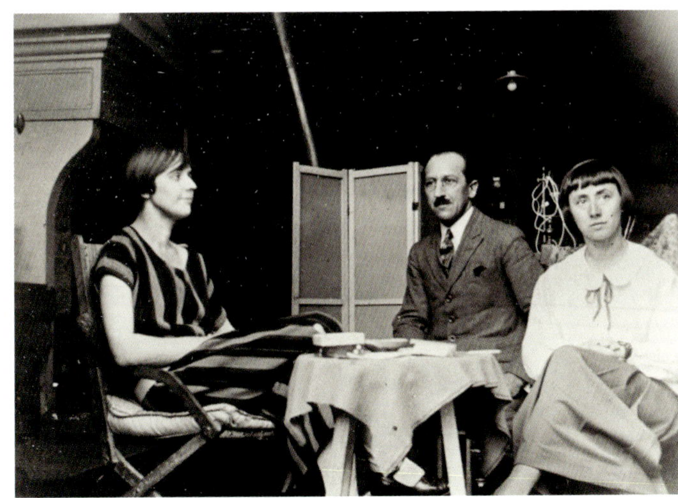

Nelly van Doesburg, Piet Mondrian und Hannah Höch im Atelier von Theo van Doesburg in Clamart bei Paris, 1924.

Im Februar 1924 zogen die van Doesburgs von der Pariser 51, Rue du Moulin Vert, in den Vorort Clamart (64, Avenue Schneider). Höch besuchte das Paar im April: »1924 in Paris wurden sie nicht müde, mich mit der Pariser Künstlerwelt bekannt zu machen, und wir zogen von Atelier zu Atelier. Leider verwischte sich der jeweilige Kontakt mit den Franzosen dann wieder, weil die Sprachschwierigkeiten dem entgegen standen.« [Ohff 1, S. 26f.] In ihrem Reisetagebuch finden sich zahlreiche Namen von Künstlern, die in der französischen Hauptstadt lebten. Die Einträge lesen sich wie ein Who's who der modernen Kunst: [→ 213] Man Ray, Constantin Brancusi, Fernand Léger, [→ 64] Sonia Delaunay, Pablo Picasso, [→ 72] Max Ernst und viele mehr. Zurück in ihrer Heimatstadt überkam Höch das Fernweh: »Arbeit, Besuch, Hitze und das ganze scheussliche Berlin. BERLIN ist scheuss – lich – mit allem was da kreucht und fleucht. Nur Arbeitswut rettet mich vor Selbstmord wegen Vater- und Mutterländischen Überdruss. Ich will eifeltürmeln!« [Brief von H.H. an T. und N. v. D., (o.D.) 1924]

Auch im folgenden Jahr besuchte Höch die van Doesburgs, diesmal in deren Sommerdomizil auf der Atlantik-Insel Belle-Isle-sur-mer vor der bretonischen Südküste. Auf einer Visitenkarte empfahl der Maler 1925 Höch als »une artiste sincère et devouée« (»eine aufrichtige und sich aufopfernde Künstlerin«) [NHH]. In Meudon begann er 1929 mit dem Bau seines selbst entworfenen Atelierhauses. Im Dezember 1930 fertiggestellt, sollte es zur zentralen Anlaufstelle der »De Stijl«-Bewegung werden, als Proto-

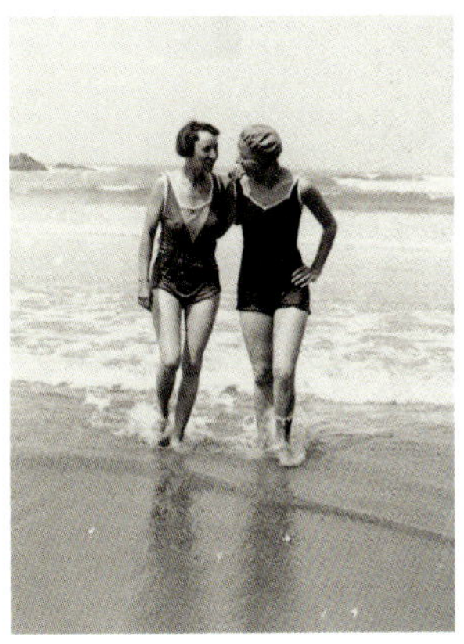

Hannah Höch mit Nelly van Doesburg, Belle-Isle-en-mer, Bretagne, 1927

typ für eine Serie. Er wollte verschiedene Aktivitäten in dem Haus bündeln und es sowohl für seine publizistische Arbeit wie auch als Akademie für junge Künstler nutzen.

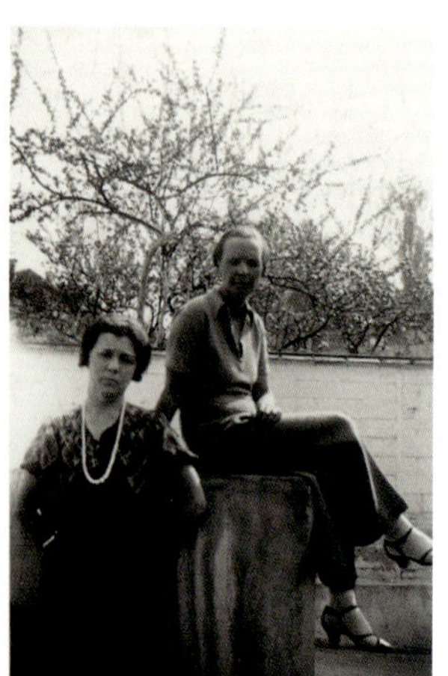

Nelly van Doesburg und Lena Milius im Garten des Hauses in Meudon, um 1931

Van Doesburg starb mit 47 Jahren an einem Herzinfarkt. Nach seinem Tod zerfiel wenig später die »De Stijl«-Bewegung. Seine Frau Nelly bemühte sich um eine Retrospektive seiner Werke. Nach ihrer Deutschland-Reise schrieb sie im August 1931 aus Meudon: »ich habe von merz (Kurt Schwitters) ein schreiben aus norwegen bekommen, daß er mir stark abrät, diesen winter die ausstellung in deutschland zu machen. Er sagt, es sei finanziell so schlecht, daß es besser ist, ein jahr zu warten. Inzwischen bin ich hier damit beschäftigt, die gemälde und zeichnungen zusammen mit arp auszusuchen und so weit es geht, die gemälde neu auflisten zu lassen. Um das tun zu können (was das finanzielle betrifft), verlose ich eines der letzten gemälde von does, jedes los kostet 10 gulden; viele haben lose gekauft, aber es ist noch nicht genug, darum erwäge ich noch (mehr) zu verkaufen, wißt ihr vielleicht jemanden, der sich noch für ein los interessiert?« [Lebenscollage II/2, S. 419] [77, 79, 80, 85, 603, 649]

076 **Dr. Desiderius, Berlin, Thorwaldsenstraße 24** (Pseudonym von Hugo Boettinger; 1880 Pilsen – 1934 Prag; tschechischer Maler). Dr. Desiderius nahm wie Höch regelmäßig an dem monatlichen Jour fixe bei [→ 241] Segal teil. Im Sommer 1925 trafen sich Höch und er »3 Uhr Nachmittags« im Pariser Café du Dome. Zu einem zweiten Treffen am Boulevard du Montparnasse erschien auch der Schriftsteller [→ 270] Tristan Tzara [361].

076 **Dammert-Aisner, Lilo, Hamburg, Koppel 21 (bei Laub)** (geb. 1905 Worms; Schauspielerin, Drehbuchautorin). Dammert war eine Freundin des Musikwissenschaftlers und -kritikers [→ 263] Hans Heinz Stuckenschmidt. Sie arbeitete als Filmkorrespondentin in Berlin und war ab 1933 im Exil in der Sowjetunion. Dammert heiratete den französischen Filmregisseur Henri Aisner (1911 – 1991), der 1936 als Tontechniker bei Radio Komintern in Moskau arbeitete. Sie ging dann als Drehbuchautorin nach Frankreich, war interniert, flüchtete und kam 1940 in die USA.

076 **Dungert, Max** (WH)

076 **Donath, Hans, Berlin, Schloßstraße 39** (1866 Kronstadt – 1941 Bremen; Buchdrucker, Redakteur, SPD-Politiker)

076 **van Doesburg, Theo,** Der Maler hielt sich von September 1926 bis Februar 1928 in Straßburg auf (WH).

Däumer, Dr. (Augenarzt). »Mit meinen Augen kann ich zufrieden sein«, notierte die 73jährige Höch nach einem Augenarztbesuch 1963, »Neue Brille.« [TK63]. Sie besuchte Däumer 1969 (Bindehautentzündung) und 1974 noch einmal wegen einer neuen Brille. Zu dem Arzttermin brachte Höch auch ihre Lupen mit. [26, 27, 85]

Danilo Höch (Höch jun., Friedrich (Fritz), genannt Danilo, 1891 – 1975; Bruder; Kaufmann). Danilo war der jüngere Bruder von Hannah Höch und verheiratet mit Luise (Liese), ihre Tochter hieß Eva-Maria (Evchen). Er lebte in Stuttgart und Düsseldorf. Die Künstlerin schätzte seine Zuwendung, zumal mit Beginn des Zweiten Weltkriegs ihre Kontakte zu Freunden in der Emigration abbrachen: »Auch die allerletzten Freunde gingen nun noch weg und waren auch brieflich nicht mehr zu erreichen. Ausstellungen hatte ich schon längst nicht mehr beschickt. Jeder misstraute jedem. Man sprach also mit niemandem mehr. Man verlernte die Sprache.« [Ausstellung, S. 199] Nach der Trennung von ihrem Mann [→ 178] Kurt Heinz Matthies 1942 folgten drei Jahre völliger Vereinsamung. Aus Angst vor einer Verfolgung durch die Nationalsozialisten – Höch war als »Kulturbolschewistin« abgestempelt – brach sie fast jede Beziehung zur Außenwelt ab: »Manchmal habe ich wochenlang kein einziges Wort gesprochen.« [Lebenscollage II/1, S. 16] Sie verschanzte sich in ihrem Garten, der viel Arbeit erforderte und sie auch ernährte. Sogar ihren Tabak zog sie eigenhändig. Einkünfte irgendwelcher Art hatte sie nicht mehr. Zwar erhielt Höch nie ein offizielles Berufsverbot. Doch sie musste sich vorsehen.
Danilo ließ sich 1937 zum zweiten Mal scheiden. Aus diesem Anlass erklärte die Künstlerin ihm: »Ich male dir einmal eine schöne Frau, die dann immer bei dir bleibt.« [Schweitzer, S. 287] Im Janu-

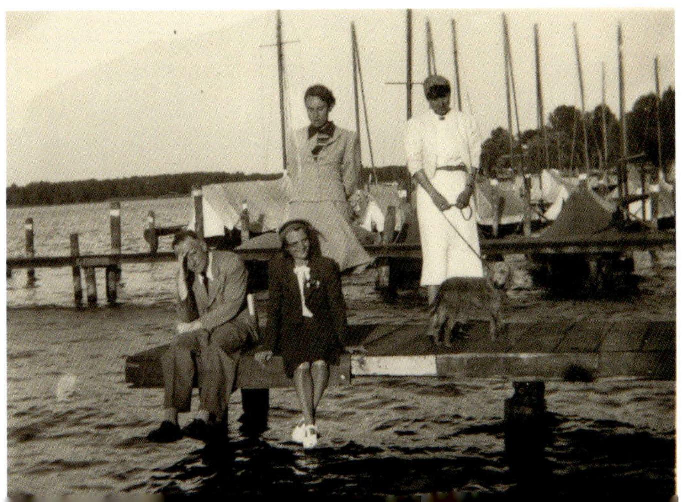

Danilo (Fritz) Höch, Anni Höch, Inge Mierendorff und Hannah Höch mit Hund Punta, Berlin-Karolinenhof, 1938

ar 1938 schreibt sie über ihren Bruder in ihren Terminkalender: »Er ist doch der einzige, der sich auch mal Gedanken über mich macht und etwas persönliches Interesse aufbringt; von meinen Geschwistern.« [77, 78, 79, 81, 82, 83, 84, 85, 100]

Dargel, Dr. Felix Alexander (geb. 1896; Journalist, »Telegraaf«, Kunsthistoriker, Schriftsteller). Dargel schrieb den Artikel »Im Zeichen von ›Dada‹« [16. Dezember 1949; NHH]. Von 1950 bis 1959 war er an der Meisterschule für Kunsthandwerk in Berlin tätig. Dargel schrieb Höch von 1958 bis 1960. [82]

Decker, Dr. Elisabeth (geb. 1937 Hanau; Nationalgalerie, Kunsthistorikerin; verheiratete Krimmel). Decker (»kunstbesessen«, »volontiert so herum«) besuchte Höch 1968: »brachte mir von Wieland Herzfelde Grüße und, fotocopiert, 4 alte Gedichte von 1914-15 (Antikriegsgedichte).« [TK68] Im Jahr 1969 traf Höch sie in der Nationalgalerie. Zunächst als Volontärin dort tätig, dann als Mitarbeiterin, lebte Decker später als Freiberuflerin in Darmstadt. [525]

Degner, Arthur (1887 Gumbinnen – 1972 Berlin; Maler, Bildhauer). Degner schrieb an Höch 1969. Er war 1925 nach Berlin gezogen und bis 1933 Vorsitzender der »Berliner Secession«. Während des Nationalsozialismus erhielt er ein Arbeits- und Ausstellungsverbot. Von 1945 bis 1956 lehrte er an der Hochschule für Bildende Künste, Berlin. 1968 zeigte Degner »Ölbilder, Gouachen, Graphik« im Rathaus Tempelhof [Katalog, NHH]. 1970 beteiligte er sich an der Ausstellung »Künstler sehen Reinickendorf«, auf der auch Höch, [→ 45] Otto Beyer, Wilhelm Kohlhoff und [→ 192] Otto Nagel vertreten waren. 1973 zeigte die Galerie im Rathaus Tempelhof von Degner »Ölbilder, Gouachen, Zeichnungen, Plastiken« [Einladung, NHH]. [445]

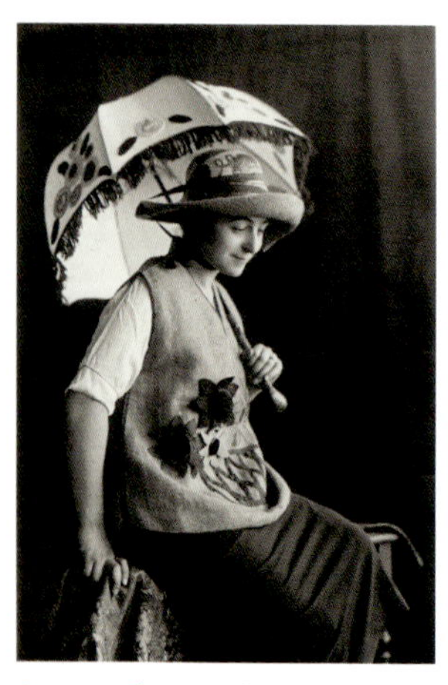

Sonia Delaunay als Modell, Madrid, um 1920. Foto: Unbekannt

Delaunay-Terk, Sonia (geb. Stern, 1885 Gradischsk –1979 Paris; russisch-französische Malerin, Designerin). Sie gilt als wichtige Vertreterin der »Geometrischen Abstraktion« und war mit [→ 20] Hans Arp und [→ 24] Sophie Taeuber-Arp befreundet. Höch wollte 1924 Delaunay nach Stoffmustern fragen, als sie nach Paris reiste. Sie notierte: »Fläche in einer Farbe (ev. schwarz) anstreichen und wenn ganz trocken, mit Spachtel neu, in leuchtenden Farben, aufmalen.« [Lebenscollage II/1, S. 152] [77]

Deutsche Akademie [→ 278] **(Villa Massimo)** [385]

Deutsche Gesellschaft für Bildende Kunst e.V. (Kunstverein Berlin). Ihr Generalsekretär war [→ 229] Eberhard Roters. In den sechziger Jahren gab es in West-Berlin nur wenige öffentliche Ausstellungsmöglichkeiten für zeitgenössische Kunst. 1965 initiierte der ein Jahr vorher aus dem Amt als Berliner Kultursenator geschiedene Adolf Arndt die Gründung der Deutschen Gesellschaft für Bildende Kunst (DGBK). Ihre Hauptversammlung wurde 1968 von einigen Studenten mit der Parole »Der Kunstverein stinkt!« gesprengt. 1969 wurde die DGBK aufgelöst. [85, 237b, 495]

Deutscher Künstlerbund. Der [→ 151] Künstlerbund wurde 1903 u.a. von Max Liebermann und Harry Graf Kessler gegründet, um die Freiheit der Kunst zu verteidigen, ihre Unabhängigkeit von staatlichen Institutionen zu sichern und junge Künstler zu fördern. Nach der NS-Zeit wurde er 1950 u.a. von [→ 121] Karl Hofer, [→ 249] Karl Schmidt-Rottluff und [→ 105] Karl Hartung wieder gegründet. Höch war Mitglied. [83]

Deutscher Werkbund e.V. [→ 291 Werkbund] [445]

Dieterich, Dr. Barbara (Nationalgalerie; stellvertr. Leiterin Graphische Sammlung/Fotoarchiv der Zentralbibliothek Zürich). Dieterich besuchte Höch mit dem Kurator [→ 153] Hellmut Kuhnert und [→ 150] Peter Krieger 1975. Höch notiert: »Spanierin, Madrid. Mütterlicherseits Malt. Collage. Ist augenblicklich Sekretärin von Peter Krieger.« [TK75] Der Nachlass Hannah Höch enthält Dieterichs Typoskript »Hannah Höch« (1976). Über die Höch-Ausstellung in der Nationalgalerie verfaßte sie einen Beitrag für »Pantheon – Internationale Zeitschrift für Kunst« [auch Nachlass]. Im August 1976 schrieb sie an Höch wegen der geplanten Ausstellung im polnischen Łódź (3. Dezember 1976 – 9. Januar 1977). Sie besuchte Höch ein weiteres Mal mit Peter Krieger und Thomas Kuhnert 1976. Im Dezember 1977 schrieb Dieterich für die Badischen Neuesten Nachrichten: »Bis die Phantasie auf Hochtouren läuft: Besuch bei der Dadaistin Hannah Höch; sie hat eine turbulente Zeit bildlich festgehalten« (1. Dezember 1977). [448]

Dietze, Horst (1927 Rudolstadt – 2014? ; Bezirksamt Reinickendorf von Berlin, Volksbildungsstadtrat a.D.). Dietze besuchte Hannah Höch mit dem Leiter des Kunstamtes [→ 207] Georg Pinagel und seiner Frau von 1966 bis 1968 (»D. will was kaufen«). Auf ihrer Geburtstagsfeier im November 1966 erfuhr Höch von ihm: »Wollen ›Saal‹ im neuen Volksbildungshaus nach mir nennen!!« [TK66] Höch besuchte umgekehrt Dietze 1968 (»Schöne Wohnung, gute Bibliothek«). Er kam »1970 unverhofft« wieder zu ihr, mit einem für Höch lukrativen Vorhaben: »Hat das Bild ›Hochofen‹ Öl, von 1947 gekauft und 2 kleine (Öl) ›Hinter dem Schäfersee I und II‹

von 1948 2700,-«. Dietze gründete 1968 mit dem Reinickendorfer Künstler Siegfried Kühl, den Höch häufig traf (u.a. zum Schlittschuhlaufen), die Graphothek der Bezirksbibliothek, die erste Artothek Deutschlands. Sie entwickelte sich mit über zweitausend Blättern bundesweit zur größten Sammlung zeitgenössischer Grafik außerhalb von Museen. Höch bemerkte: »Ist eine gute Sache geworden. Haben beste Berliner Graphik zusammen bekommen und sehr gut aufgezogen.« 1972 notierte Höch anlässlich des Besuchs von Dietze und Pinagel: »Wollen ein Berlin-Center aufbauen in Tegel. Ev. mit ›Höch-Schenkung‹?« 1973 kam Dietze mit dem Maler Samuel Leppin, einem ehemaligen Bauhaus-Schüler, zu Höch. Zum 10jährigen Jubiläum der Graphothek wurde die Ausstellung »Hannah Höch – Aquarelle« gezeigt. Es war die letzte Ausstellung zu Lebzeiten der Künstlerin. Mit Dietze korrespondierte Höch bis 1977. [85, 445, 449]

Dittrich van Weringh, Dr. Kathinka (geb. 1941, Kulturpolitikerin). Dittrich schrieb 1976 und 1977 an Höch und besuchte sie 1976: »Blonde Frau. Hat bei Achauer gelernt. War für Goethe Inst. in Barcelona 6 Jahre Jetzt seit 1 ½ Jahren in New York.« [TK76] Dittrich arbeitete seit 1967 beim Goethe-Institut. Im Goethe House New York fand die Ausstellung »Berlin Now: Contemporary Art 1977 (Teil) 1: Hannah Höch: Collages and Photomontages« (18. März bis 19. April 1977) statt. [448]

Domela-Nieuwenhuis, César, (Ces); Berlin, Pommersche Straße 12a; bei Hamburg, Mittelweg(?); Paris, 65, Boulevard Arago (1900 Amsterdam – 1992 Paris; niederländischer Maler, Grafiker, Fotograf). 1920 zog Domela-Nieuwenhuis nach Berlin und zeigte seine abstrakt konstruierten Bilder in den Ausstellungen der [→ 35] »Novembergruppe«. Als Mitglied von »De Stijl« stand er in Kontakt zu [→ 59] Theo van Doesburg und [→ 169] Piet Mondrian in Paris. Von 1927 bis 1933 arbeitete er in Berlin als Reklamefotograf. Domela-Nieuwenhuis initiierte und organisierte die Ausstellung »Fotomontage«, veranstaltet von der Kunstbibliothek der Berliner Staatlichen Museen im ehemaligen Kunstgewerbemuseum (25. April – 31. Mai 1931). Erstmals rückte die Fotomontage als eigene künstlerische Gattung ins Blickfeld. Zur Ausstellung erschien ein Katalog, der Kunstdruckabbildungen (auch Höchs »Liebe im Busch«) und einige prägnante theoretische Auseinandersetzungen mit der Fotomontage enthält. Im Lichthof des heutigen Martin-Gropius-Baus hingen mehrere Arbeiten von Höch aus den Serien »Liebe« und »Aus einem eth-

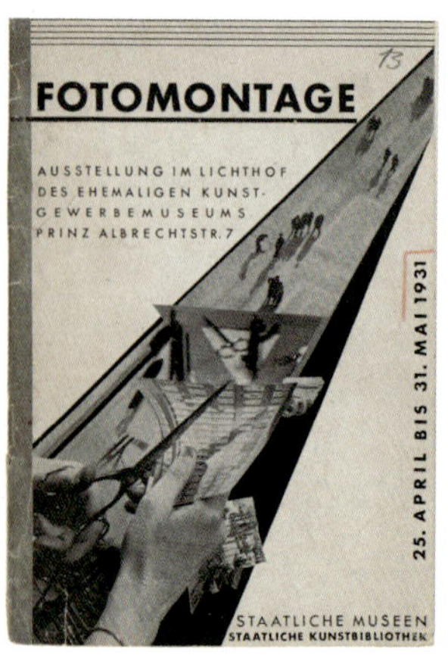

»Fotomontage«. Katalog zur »Ausstellung im Lichthof des ehemaligen Kunstgewerbemuseums«, Berlin, 1931

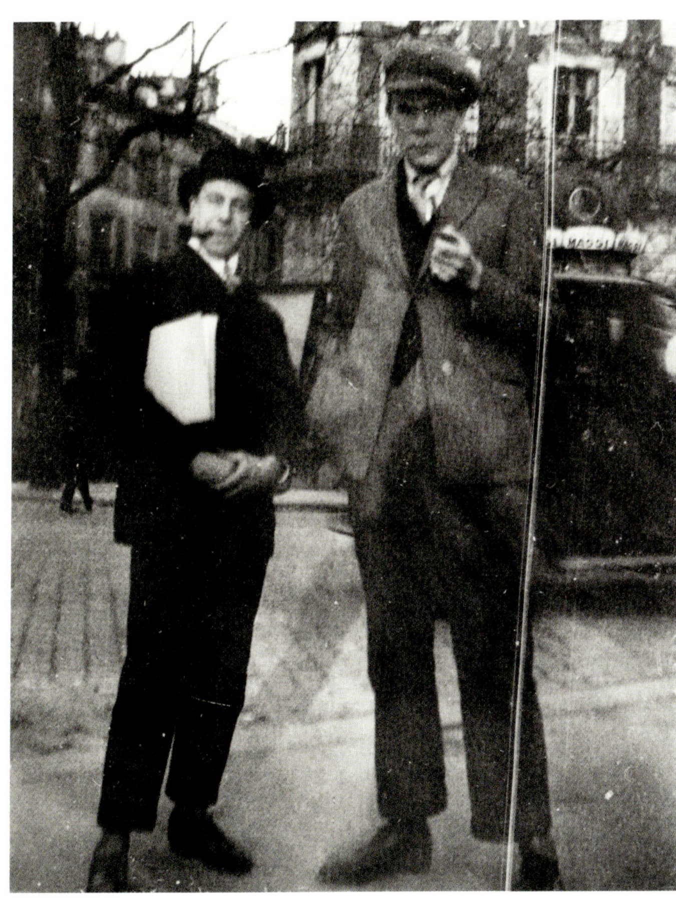

Theo van Doesberg und César Domela-Nieuwenhuis in Paris-Montparnasse, 1925/26

nographischen Museum«. Bei der Ausstellung bekam sie nach fast zehnjähriger Pause wieder Kontakt zu ihrem früheren Geliebten [→ 106] Raoul Hausmann, der die Eröffnungsrede hielt. [77, 79, 82, 84]

Dreikandt, Ulrich K. (Autor). Der Student Dreikandt besuchte Höch im November 1959 zu »mein(em) 70. Geburtstag« und im Februar 1960. Höch: »2tes Semester: Theaterwissenschaft. Will Dramatiker werden. Brechtaufführung in der Uni augenblicklich. Der mit dem roten Schopf, Bürstenschnitt. Voller Vollbart. Schwärmer. (…) Für Malerei scheint er sich nicht zu interessieren.« [TK59] [84, 167]

Dresler, Paul (1879 Siegen – 1950 Krefeld; Keramiker). Mit Unterstützung der Stadt Krefeld gründete Dresler 1913/14 die »Töpferei Grootenburg«. 1921 ging er zu Studienzwecken zu Friedrich Sarre, Berlin, dem Direktor der Islamischen Abteilung des Kaiser-Friedrich-Museums. Drei Jahre später stellte er dort Keramiken aus. [77]

Dress, Ilse (Studienrätin; Volksbildung; Volkshochschule Steglitz, Leiterin der Atelierbesuche) Schwester von Walter Dress. Dress besuchte Höch 1953, im Jahr 1959 kam sie »mit etwa 23 Volksbildungsleuten« – die Besucher durften sich Kirschen mitnehmen. Die Künstlerin schrieb am nächsten Tag: »Heute halbtot von gestern (...) Mache ich nicht wieder. Zu anstrengend.« [TK59]. [15, 83, 84, 384, 446]

Driessen, Else (1912 Aachen – 1981 München; Malerin). Höch besuchte 1953 eine Ausstellung von Driessen mit Ölbildern und Gouachen in der Galerie Springer und eine weitere 1956 [Ausstellungsführer und Einladung, NHH]. Driessen war Absolventin der Reimann-Schule Berlin und der Hochschule für Bildende Künste in Berlin. Sie schrieb an Höch 1977. [82]

Dröscher, Elke (geb. 1947; Grafikerin, Galeristin) Hamburg. Dröscher schrieb 1973 an Höch und besuchte sie 1974 mit dem Maler Gotthard Graubner: »Beide sehr sympathisch«, »will kleine Ausstellung von mir machen. (...) Etwa 30 Objekte. Sie eröffnet eine neue Galerie im eigenen Haus«, »nahm 13 Arbeiten mit«. [TK74] Dröscher zeigte im Dezember 1974 und Januar 1975 zur Neueröffnung ihrer Galerie eine Ausstellung von Höch mit Collagen und Zeichnungen. 1968 gegründet, zeigte sie zeitgenössische Kunst mit dem Schwerpunkt Konstruktive und Konkrete Kunst sowie Skulpturen. [447, 448, 471]

Duchamp, Marcel (1887 Blainville-Crevon – 1968 Neuilly-sur-Seine; Maler und Objektkünstler). Er war Mitbegründer der Konzeptkunst und zählt zu den prominentesten Wegbegleitern des Dadaismus und Surrealismus. 1915 zog Duchamp wegen des Ersten Weltkriegs nach New York, 1919 kam er zurück nach Paris. 1942 emigrierte er wegen des Zweiten Weltkriegs erneut nach New York und übernahm dort 1951 die Wohnung von [→ 72] Max Ernst und [→ 267] Dorothea Tanning. [83]

Duchamp-Crotti, Suzanne (1889 Blainville-Crevon – 1963 Neuilly-sur-Seine; Malerin, Schwester von [→ 68] Marcel Duchamp). Höch traf sie im September 1958 zur Eröffnung der Dada-Ausstellung in Düsseldorf. [83]

Dzialoszynski, Dr. Arthur (Facharzt für Chirurgie). Dzialoszynski bedankte sich 1935 für ein Bild, das Höch ihm offenbar im Vorjahr nach der Basedow-Operation geschenkt hatte: Es hat »in meiner Wohnung einen würdigen Platz gefunden«. [80]

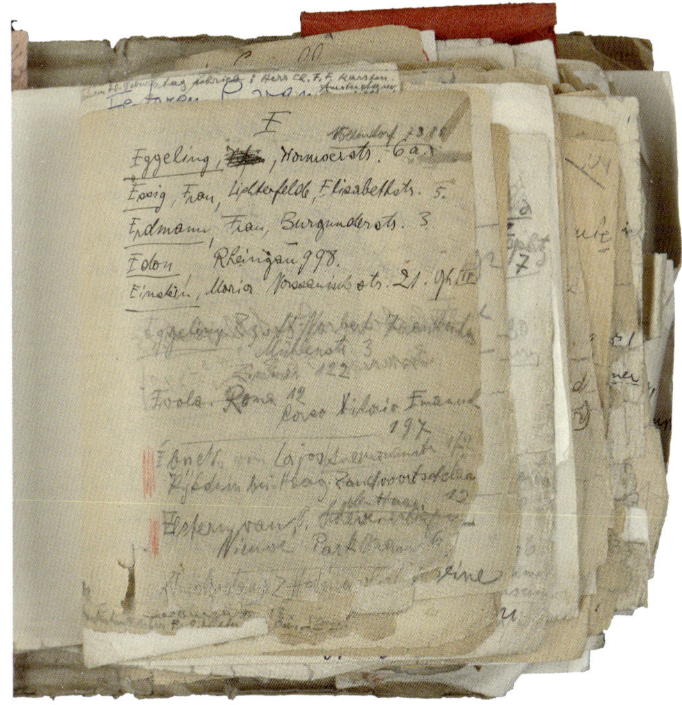

E

091 **Eggeling, Viking, Berlin, Wormser Straße 6a; Berlin, z.Zt. St. Norbert-Krankenhaus, Mühlenstraße 3** (1880 Lund – 1925 Berlin; schwedischer Dadaist, Experimentalfilmer). Der Architekt [→ 132] Friedrich Kiesler schreibt am 2. Februar 1925 an Höch: »Darf ich Sie bitten, bei Eggeling dringendst die sofortige Absendung meines Plakatentwurfes zu urgieren?« Zu der Verzögerung kam es vermutlich, weil Eggeling schon länger im Norbert-Krankenhaus in Berlin-Schöneberg lag. Dort starb er am 19. Mai 1925 an einer Blutvergiftung. Sein Film »Diagonal-Symphonie« wurde sechzehn Tage zuvor aufgeführt.

Eggeling wollte den »absoluten« Film verwirklichen, in dem sich Licht, geometrische Formen und Linien in wechselnden Tempi miteinander verbinden. [→ 59] Theo van Doesburg schreibt Höch aus Clamart im Dezember 1924: »Viking Eggelink war hier. Er will nur für ein Select Public seinen Film vorführen. Leider daß er zu lange damit gewartet hat.« Sehr wahrscheinlich war damit eine Vorführung seines Films in einer Privatveranstaltung am 5. November 1924 in Berlin gemeint. An ihr nahmen unter anderem [→ 33] Adolf Behne, [→ 241] Arthur Segal, [→ 167] László Moholy-Nagy und [→ 95] Werner Graeff teil. Eggeling war 1929 posthum an der Werkbund-Ausstellung »Film und Foto« in Stuttgart beteiligt.

091 **Essig, Berlin, Elisabethstraße 5** (**A.**, Stenotypistin oder **Annemarie**, Schauspielerin)

091 **Erdmann-Jesnitzer, Frau, Berlin, Burgunder Straße 3** (Malerin)

091 **Édon, Richard Alexander** (Pseudonym: Richard Deutsch, 1876 – 1960; Dramatiker). Höch erhielt Édons Drama »Der Anti-Christ: die Tragödie der Päpstin Johanna« 1920 von [→ 28] Johannes Baader [31].

091 **Einstein, Maria, Nassauische Straße 21 Gh. (Gartenhaus) II** (geb. Ramm; 1890 – 1975; deutsch-russische Übersetzerin, u.a. von Wladimir Majakowski). Sie war von 1913 bis 1923 mit dem Kunsthistoriker und Schriftsteller Carl Einstein verheiratet.

091 **Evola, Julius Rom, 197 Corso Vittorio Emanuele (II)** (1898 Rom – 1974 Rom; italienischer Kulturphilosoph, Esoteriker, Rassentheoretiker). Evola nahm um 1920 als Schriftsteller und Maler an Dada-Aktivitäten teil und war mit [→ 270] Tristan Tzara befreundet. Er arbeitete für die Zeitschriften »Dada«, »noi« und »Bleu«, die er mit gründete. »Bleu« entwickelte sich mit nur drei Ausgaben zum Sprachrohr von Dada Italien. Evolas Essay »Arte astratta« (1920) war eine für die Interpretation des Futurismus wegweisende Veröffentlichung. Vor allem seine esoterisch ausgerichteten philosophisch-religionswissenschaftlichen Studien machten ihn bekannt.

091 **d'Ébneth, Lajos, Den Haag, Anemoonstraat 172; Den Haag, Zandvoortselaan 12; Den Haag, Javastraat 7a; Peru, Lima (Chaclacayo), Casilla 20** (1902 Szilágysomlyó – 1982 Chaclacayo; ungarischer Künstler). Im Sommer 1926 heißt es in einem Brief, geschrieben im Haus d'Ébneths: »Hannah, komm her«. Den Brief schrieb [→ 235] Kurt Schwitters, und das Haus stand in Kijkduin bei Scheveningen. Und Hannah kam.

Lajos d'Ébneth selbst war 1923 von Berlin nach Den Haag gezogen. Dort ließ er sich von [→ 126] Vilmos Huszár nicht nur künstlerisch anregen, sondern war wie er sehr gastfreundlich. Sein Haus wurde »zum Zentrum der damaligen Künstler-Avantgarde«. Wie selbstverständlich konnte Schwitters seine Freunde dorthin einladen und unterbringen. Zusammen mit seiner Frau [→ 253] Helma blieb er gleich mehrere Monate. Auf Schwitters' Einladung hin wohnten dort zur selben Zeit wie Höch das Ehepaar [→ 91] Giedion sowie [→ 167] László Moholy-Nagy, dazu kamen zahlreiche Besucher. Unter ihnen befanden sich [→ 198] J.J.P. Oud, [→ 16] Cornelis van Eesteren,

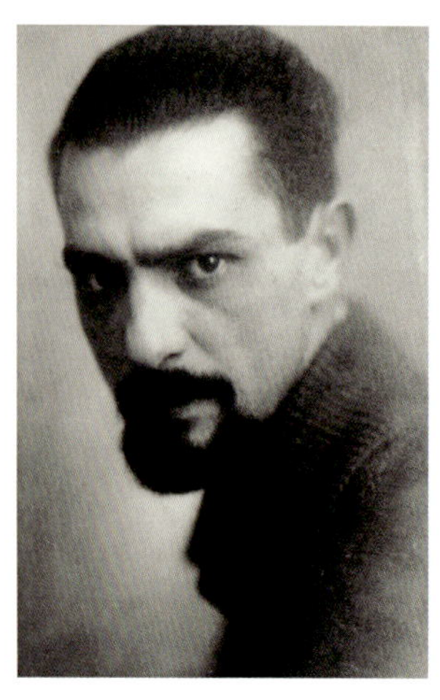

Lajos d'Ébneth.
Foto: W. Coret

[→ 220] Gerrit Rietveld und [→ 54] Jan Buijs, auffallend viele Architekten und Innenarchitekten. Zu dieser Zeit begann Schwitters, sich verstärkt für modernes Bauen zu interessieren. Auch [→ 59] Theo und Nelly van Doesburg kamen, als sie von Höchs Besuch erfuhren. Am Strand sammelten Kurt Schwitters und sie gemeinsam Treibgut, das ihnen als Material für neue Arbeiten diente. In diesem Sommer arbeitete er an der »Kathedrale«, die er Höch schenkte: eine Assemblage aus Holzbrettern und Stöcken, die er zu einem Relief montierte.

D'Ébneths Frau Nell (Nelly, geb. Salzwedel) war Violinistin. Sie klagt in einem Brief an Höch im März 1933 über die finanzielle Situation ihres Mannes: »Lajos stellungslos, wieder Maler, ohne Geld und ohne Aussichten. Die Fabrik konnte sich nicht länger halten, das Betriebskapital verbraucht und mußte ersten Januar geschloßen werden. Was nun? Wir wißen es selbst auch nicht müßen halt abwarten was kommt. Meine Verdienste sind zu gering und wir drücken uns von Tag zu Tag durch. Daher auch liebe Kinder haben wir die 40 Gulden für Til (Brugman H.N.) die bis Januar noch verpackt in einem Couvert für Euch bereit lagen, nun verbraucht. Ich probierte überall für Euch das Geld zu leihen, aber kein Mensch leiht.« [Lebenscollage II/2, S. 480]

Nach beinahe zehn Jahren schrieb Nell d'Ébneth im September 1942 ein zweites Mal. Diesmal meldete sie sich für einen Besuch im selben Monat an: »Über die Dauer meines Aufenthalts bei Euch muszen wir noch reden, da ich Eure liebe Gastfreundlich nicht all zu lange beanspruchen möchte. Du wirst es mir ja ehrlich sagen.« Sie plante, in Berlin zu konzertieren und blieb bis zum 9. November. Die Gastfreundschaft dankte sie ihrer Freundin nicht, denn, wie Höch in ihrem Terminkalender schreibt, »durch sie zerbrach in den folgenden Wochen meine heutige Lebensform.« Während sie bei Höch zu Gast war, entwickelte sich eine Beziehung zu [→ 178] Kurt Heinz Matthies, dem Ehemann von Höch. Sie notiert: »Ich stehe heute (vier Wochen später) vor Trümmern. Was jetzt wird weiss ich nicht? Sie will mit Heinz durch die Welt ziehen u. Musik machen.« [beide TK42] Anfang November trennte sich das Paar Höch/Matthies. 1949 siedelte Lajos d'Ébneth nach Peru über. [93, 94, 97]

091 Eesteren van, Cornelis (WH) [→ 16].

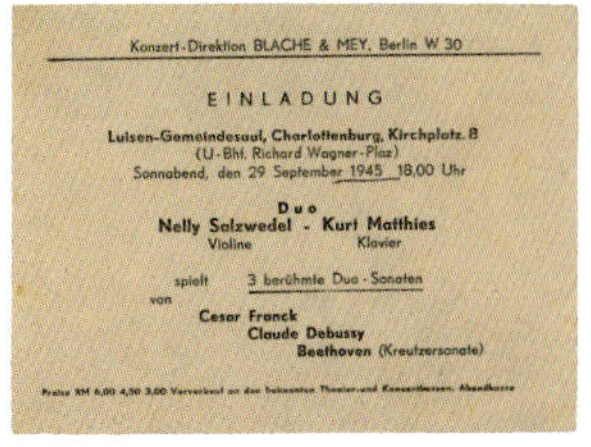

Konzert-Direktion BLACHE & MEY, Berlin W 30

EINLADUNG

Luisen-Gemeindesaal, Charlottenburg, Kirchplatz 8
(U-Bhf. Richard Wagner-Plaz)
Sonnabend, den 29 September 1945 18,00 Uhr

Duo
Nelly Salzwedel - Kurt Matthies
Violine Klavier

spielt 3 berühmte Duo-Sonaten
von
Cesar Franck
Claude Debussy
Beethoven (Kreutzersonate)

Einladungskarte. Konzert mit Nelly Salzwedel und Kurt Matthies im Luisen-Gemeindesaal Berlin-Charlottenburg, September 1945

Ebeling, (Zeichen- und Künstlerbedarf). Höch notiert: »Müllerstr.« und »Malutensilien«. Sie kaufte in den siebziger Jahren regelmäßig bei Ebeling ein. Das Traditionsgeschäft im Wedding, existiert noch heute in der Triftstraße. [Korrespondenz, NHH]. [95]

Ecker, Dr. Elisabeth (Nationalgalerie) (falsche Schreibweise, [→ 64 Decker] [525]

Ehmsen, Prof. Heinrich (1886 Kiel – 1964 Ost-Berlin; Maler, Grafiker). Ehmsen stellte 1914 auf der »Ersten Schwarz-Weiß-Ausstellung« in München aus. Er schloss sich 1919 der [→ 35] »Novembergruppe« an und zog 1929 nach Berlin. Gemeinsam mit [→ 121] Karl Hofer gründete er 1945 die Hochschule für Bildende Künste in Berlin-Charlottenburg. Er war stellvertretender Direktor sowie Leiter der Abteilung Freie Kunst. 1949 wurde er wegen des Verdachts kommunistischer Parteinahme entlassen, ging 1950 nach Ost-Berlin und wurde dort Professor für Malerei. [94]

Ehrenburg, Ilja (Grigorjewitsch) (1891 Kiew –1967 Moskau; russischer Schriftsteller). Ehrenburg gab ab 1922 in Berlin mit [→ 163] El Lissitzky die russische Zeitschrift »Westsch« (Gegenstand) heraus und schrieb über moderne Architektur und Kunst. Als Literat förderte er die junge russische Avantgarde, u.a. Majakowski, Jessenin, Pasternak, Achmatowa, Zwetajewa. Er musste 1908 wegen Verbindungen zu revolutionären Organisationen ins Exil nach Paris, war nach der Oktoberrevolution wieder in Moskau, verließ Russland aber in Richtung Westeuropa. 1938 nahm er am Spanischen Bürgerkrieg teil, ab 1940 lebte er wieder in Moskau und galt als einflussreichster sowjetischer Kriegsjournalist. [92]

Eisner, Lotte Henriette (1896 Berlin – 1983 Paris; Filmhistorikerin und -kritikerin) Neuilly-sur-Seine. Höch notiert: »Filmbuch-Autorin u. Leiterin der Kinemathek in Paris« und »ist im Franz. Film-Archiv«.

1933 emigrierte Eisner nach Frankreich und wurde dort nach 1940 interniert. Eisner besuchte Höch 1961 mit [→ 222] Edouard Roditi, einem langjährigen Freund ihrer Familie, und dem Kameramann Peter Berg. Höch traf Eisner auch 1964 nach einer Filmvorführung. [96, 320]

Elster, Dr. phil. Hanns Martin (1888 Köln – 1983 Gräfelfing; Schriftsteller). Elster gab in den zwanziger Jahren die Literaturzeitschriften »Die Flöte« und »Die Horen« heraus, war nach 1933 Mitglied der NSDAP und verfasste NS-Propagandaschriften. [93, 94]

Ernst, Max, Huismes bei Chinon, 12, Rue de la Chancellerie; Paris, 19, Rue de Lille (1891 Brühl – 1976 Paris; Maler, Grafiker, Bildhauer, verheiratet mit [→ 267] Dorothea Tanning). »Ein edler u. schöner

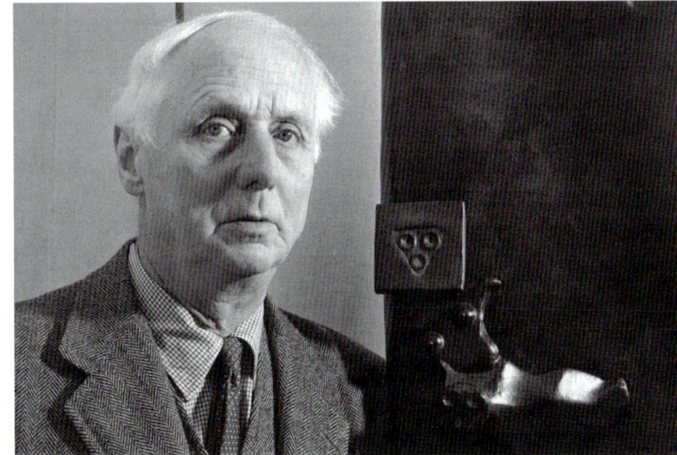

Max Ernst, 1961

Mensch« – unter all ihren Künstlerfreunden fühlte sich Höch Max Ernst, obwohl sie ihn kaum persönlich kannte, am engsten verbunden und wesensverwandt. Rückblickend beschreibt sie nach dem Zweiten Weltkrieg ihr Verhältnis zu ihm: »Durch alle Entwicklungsphasen ist er immer noch mein nächster Verwandter. Mit Dada fings an.« [Hille, S. 90] Im November 1953 hörte Höch ein Interview mit Ernst im Radio, das sie tief berührte und ihr erneut die enge Verbundenheit mit ihm bewusst machte. Ein Jahr darauf besuchte sie seine Ausstellung in den neuen Räumen der Galerie Springer in Berlin. Sie notiert: »Danach mit Hartungs u. Kubicéks.« (– der Bildhauer [→ 105] Karl H. und der Maler [→ 151] Juro K. –). 1955 siedelte Ernst von Paris nach Huismes in der Touraine über und wohnte dort dreizehn Jahre im Landhaus »Le pin«, seit 2009 als »Maison Max Ernst« zu besichtigen. Zu einem persönlichen Wiedersehen mit »Dada-Max« kam es für Höch im Januar 1964, als sie zu einer Ausstellungseröffnung von Dorothea Tanning ins Amerikahaus Berlin eingeladen wurde. Ernst gab ihr seine Pariser Adresse: Rue de Lille 19, ihr Hauptwohnsitz im Arrondissement Palais Bourbon. Sie galt von 1962 bis zu seinem Lebensende.

Das Künstlerpaar richtete sich 1964 zusätzlich in Seillans in dem ehemaligen Gasthaus »Dolce vita« in der Provence ein. 1968 begann Tanning ein neues Haus in Seillans zu entwerfen, das zwei Jahre später fertig bezogen wurde. Max Ernst behielt den Landsitz in Huismes sowie die Wohnung in Paris, hielt sich aus gesundheitlichen Gründen aber oft in Südfrankreich auf. [94, 95, 96]

Eser, Hilla (Hildegard) (Übersetzerin). Höch kannte Eser über [→ 191] Meta Nierendorf. Die Übersetzerin besuchte sie 1960 mit dem Architekten [→ 122] Reimer Kay Holander. »Sie arbeitet bei A.E. Hemsing (Hans Richter-Party)«. Eser kam 1965 erneut zu Höch mit Galeristen Dr. Mateusz Bronislaw Grabowski (1904 – 1976) aus London und 1968 mit dem Ehepaar [→ 255] Sommers: »Brachte mir sechs interessante amerikanische Zeitschriften mit. Vogue, Bazaar – raffinierte Fotos.« [TK68] Bis 1976 kam sie heraus zu Höch nach Heiligensee. [96, 451]

Estorick, Eric E. (1913 New York – 1993 London; Kunstsammler und -händler, Autor). Estorick besuchte Höch mit dem Kunstförderer Stefan H. Munsing 1957: »Gegeben: Schwitters ungezeichnetes Holzrelief u. das Moholy ähnliche Collagen-Aquarell. Moholy: Aquarell mit Rädchen und Holzschnitt. Hausmann: Aquarell: Exploit… Estorick will im Juni von mir Ausstellung-Collagen machen. Kommt Jan(uar) wieder.« [TK57] Später rief der Londoner Kunsthändler sie an: »Will Holzschnitte. (gebe nicht) Seine Sekretärin käme nächstens nach Kassel. Will sich melden.« [95, 640]

Eulenspiegel Seit 1954 in Ost-Berlin erscheinende Zeitschrift für Literatur, Kunst und Satire, die von der SED kontrolliert wurde. Vorgänger war der »Ulenspiegel«, der von 1946 bis 1948 unter amerikanischer und 1949/1950 unter sowjetischer Lizenz herausgegeben wurde. Ihre Herausgeber sahen Arbeiten von Höch in einer Ausstellung in Steglitz und gewannen sie als Mitarbeiterin. Höchs erster Beitrag, die Fotomontage »Siebenmeilenstiefel«, erschien in der Juni-Ausgabe. 1947 erhielt sie ein Honorar von 250 Reichsmark für die Fotomontage »Pinguine«. Ihr letzter Beitrag, das Aquarell »Der Mensch schreit«, erschien im Januar 1949. [92]

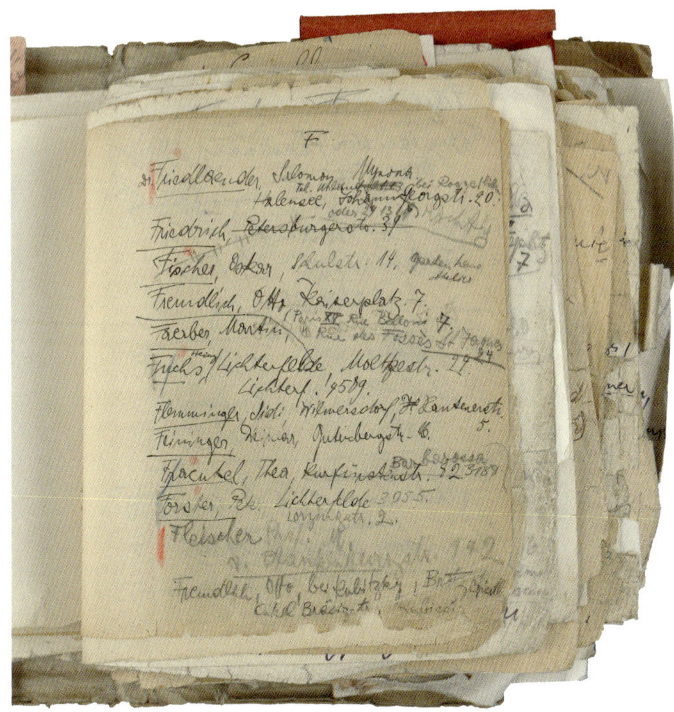

F

099 **Friedlaender, Dr. Salomo/Mynona, Berlin, Johann-Georg-Straße 20; Paris, 5, rue Stanislas Meunier** (1871 Gollantsch bei Posen – 1946 Paris; Philosoph, Schriftsteller). Zu Friedlaender entwickelte Höch eine enge Beziehung. Neben [→ 106] Raoul Hausmann (und ihr selbst) gehört er zu den am häufigsten von ihr porträtierten Menschen. Seine Thesen, vor allem die der »schöpferischen Indifferenz«, prägten nachhaltig ihr Denken und ihre künstlerische Arbeit.

Höch lernte ihn durch Hausmann kennen. Anfang 1915 trafen sich er und Friedlaender das erste Mal. Bei den hitzigen weltanschaulichen Wortgefechten zwischen den beiden war Höch manchmal anwesend (»Die Gehirne rauchten!«). Friedlaender bildete beim Jour fixe des Malers [→ 241] Arthur Segal »den Mittelpunkt dieser Abende«. Höch: »Wenn sich nicht Partner oder Gegner auf philosophischer Ebene fanden, erging er sich in Feuerwerken von spitzfindigen, sarkastisch bis frivolen, immer geistvollen Kapriolen und Späßen. Manchmal erhielt ich von ihm amüsante, um ein Viertel ernst gemeinte Liebesgedichte.« [Ohff 1, S. 28]

Neben Carl Einstein war Friedlaender der bedeutendste philosophische und zeitkritische Publizist der Berliner Avantgarde. In seinem Werk verbanden sich Theorie, u.a. an Max Stirner orientiert, und dichterische Prosa. Friedlaenders philosophische Texte erschienen unter seinem Namen, seine skurrilen, oft frivolen Grotesken und Provokationen veröffentlichte er unter dem Pseudonym Mynona (Anagramm von Anonym). Für Höch stellte er den ersten Kontakt mit zeitgenössischer Philosophie dar. Höch tauchte in seine Gedankenwelt ein, indem sie seine Texte abschrieb. Sie versuchte, ihr unverständliche Textstellen zu entschlüsseln und versah sie mit Anmerkungen. Aufsätze, die in der literarischen und politischen Zeitschrift »Aktion« erschienen, wurden manchmal auch deshalb handschriftlich kopiert, weil die Zeitschrift im Krieg nur im Abonnement erhältlich war und die wenigen Exemplare weitergereicht oder kopiert wurden.

Am 8. Februar 1921 fand in den Räumen der »Secession« am Kurfürstendamm eine gemeinsame Grotesken-Lesung von Mynona, Höch und Hausmann statt. Der von ihr gelesene satirische Text entspricht dem in Heft 1 der Veröffentlichungen der [→ 35] »Novembergruppe« im Mai publizierten Essay »Italienreise«. Höch gestaltete auch das Titelblatt der Publikation. Ihr Vortrag gefiel dem Rezensenten des »8-Uhr Abendblatts« am besten: »Sie hat den Witz Heinrich Heines und die Vielgewandtheit eines Pückler-Muskau in gutgespielter Preziosität verbunden.« Auf der Einladungskarte der Lesung ist »Hanna« nur mit dem Anfangs-»H« geschrieben. [→ 235] Schwitters hatte das Schluss-»h«

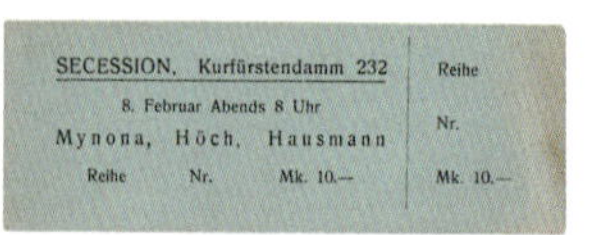

Eintrittskarte und Einladungskarte für den Grotesken-Abend, 1921

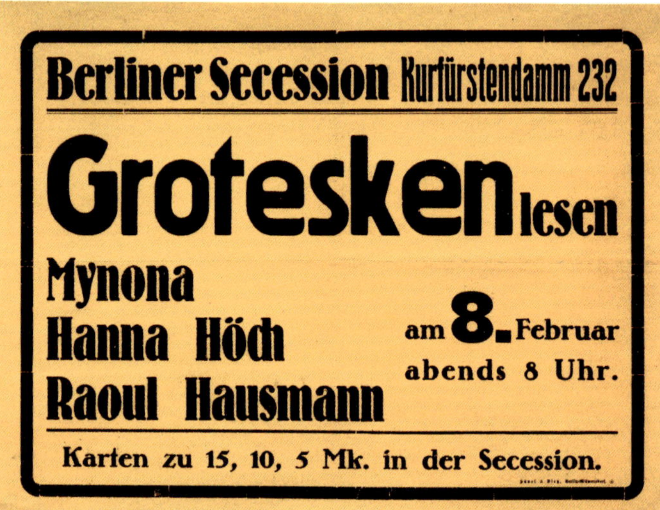

ihres Vornamens dazu erfunden: Ebenso wie Anna (Blume) kann man Hannah (Höch) auch von hinten lesen, denn, so formulierte es Schwitters in seinem berühmten Gedicht: »von hinten wie von vorne« ist sie die »Herrlichste von allen«.
Um 1924 machte Friedlaender der Künstlerin eine Liebeserklärung: »Im Grunde genommen bist Du ein fabelhaftes und wunderbares Mädchen – und wer Dich nicht begreift, muss ein läppischer und vollkommen unmöglicher Bursche sein. Und wer Dich begreift? Der ist ein Kind, Dir gleich. Der ist sanft. (...) Ich küsse Dich und Du bist meine innige Freundin!« [Lebenscollage II/2, S. 166]
1933 floh Friedlaender aus Berlin und lebte in Paris unter großen materiellen Entbehrungen. Nach 1940 kam die ständige Gefahr der Deportation dazu. Von 1941 bis 1943 verließ er seine Wohnung nicht. Er starb 1946, ohne noch einmal nach Deutschland zurückgekehrt zu sein. [104, 139, 168]

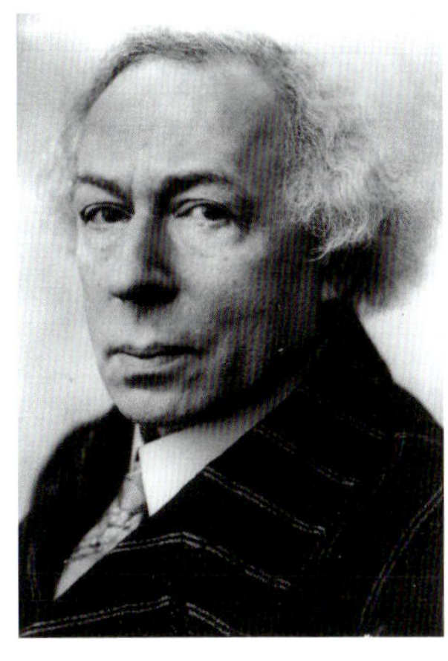
Salomo Friedlaender

099 **Friedrich, Reinhard, Berlin, Petersburger Straße 39; Berlin, Alt Heiligensee 109** (1928 Güstrow – 2014 Erfurt; Fotograf). Höch traf Friedrich 1967 in der Akademie der Künste. Da auch er in Heiligensee wohnte, fuhr er die Malerin anschließend nach Hause. Er besuchte Höch im Frühjahr 1968, um sie für das Buch von Helga Kliemann über die [→ 35] »Novembergruppe« zu fotografieren. Danach war er noch mehrmals bei ihr, z.B. 1969 wegen eines Porträts für die F.A.Z.. Friedrich begleitete als Fotograf mehr als vierzig Jahre die Berliner Philharmoniker mit der Kamera. [114, 453, 456]
099 **Fischer, Oskar, Berlin, Schulstraße 14 Gartenhaus Atelier; Berlin, Am Kanal 16** (1892 Karlsruhe – 1955 Berlin; expressionistischer Maler, Kommunist). [→ 33] Adolf Behne schreibt am 29. Dezember 1923 an Höch: »Silvester wird im Atelier des bekannten Kunstmalers OsKarli Fischer Charlottenburg Schul Str. 14, unter dem Dach, als Picknick etc. etc. gefeiert! 8 ½ – 9 Uhr. Betriebstoffe sind im eigenen Interesse mitzubringen.« Fischer war seit 1921 in Berlin und Mitglied der [→ 35] »Novembergruppe«, an deren Ausstellungen er sich von 1919 bis 1929 beteiligte. [101, 102]
099 **Freundlich, Otto, Berlin, Kaiserplatz 7 (heute: Bundesplatz); Paris, 7, rue Belloni; Paris, 24, rue des Fossés Saint-Jaques; Berlin, Onkel-Bräsig-Straße (bei Kubitzky); Paris, Hotel de Paris, 24, rue Bonaparte; Clamart, 20, Rue Hoche** (1878 Stolp, Pommern – 1943 KZ Lublin-Majdanek; Maler, Bildhauer, Autor kunsttheoretischer Schriften). Als Höch im Sommer 1925 ein zweites Mal nach Paris fuhr, besuchte sie Otto Freundlich, mit dem sie seit 1915 befreundet war. Sie traf ihn im Café

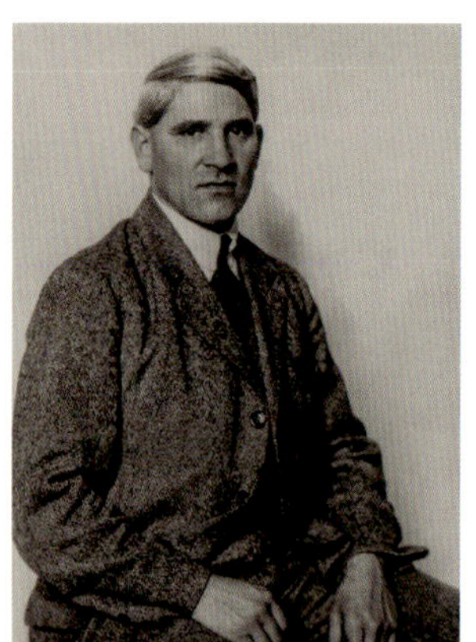

Otto Freundlich, um 1925.
Foto: August Sander

du Dome am Boulevard du Montparnasse. Freundlich schreibt: »Wehe, wenn ich dort mit frischem Kragen oder einem neu aussehenden Anzug erscheine, wehe, wenn ich dort mit einer Frau oder mit einem Mann sitze: der weiße Kragen ist ein Zeichen des Luxus, die Frau ein Zeichen der Ausschweifung, und der Mann vielleicht ebenfalls. Es ist ganz reizend. (...) Alle die Kunstschieber, bezahlten Schreiberseelen, Chauvinisten und Familienmitglieder sind dort bei sich und zu Hause.« [Lebenscollage II/2, S. 314f.]
Freundlich war einer der ersten Vertreter der abstrakten Kunst. Er wurde 1918 Mitglied der [→ 35] »Novembergruppe« (bis 1921) und des »Berliner Arbeitsrats für Kunst«. 1919 war er Mitorganisator der ersten Dada-Ausstellung in Köln. An den Dada-Bewegungen dort und in Berlin nahm er mit wechselndem Engagement teil. Höch meinte, dass Freundlich zu dieser Zeit bereits zu vernünftig für Dada gewesen sei. 1924 ging er endgültig nach Paris und bezog 1925 ein Atelier in der Rue Belloni 7, dann ein anderes in der Rue Bonaparte. 1927 wohnte er in der Rue de la Sorbonne.
Ab 1930 lebte Freundlich mit der Malerin und Bildhauerin [→ 147] Jeanne (Hannah) Kosnick-Kloss zusammen und wohnte im Hôtel de Paris in der Rue Bonaparte 24. Von September 1932 bis Mai 1934 zog er dann in die Rue de Fontenay 41 in Clamart (bei Paris). Das NS-Regime diffarmierte Freundlich, der jüdischer Abstammung war, als »entarteten Künstler«. Höch stand mit ihm noch bis 1935 in Briefkontakt. Ein Versuch, über persönliche Verbindungen die Flucht in die Vereinigten Staaten zu schaffen, misslang. Im November 1952 erhielt Höch überraschend Besuch von seiner in Paris lebenden Witwe und erfuhr von der Deportation Freundlichs und seiner Ermordung 1943 im Konzentrationslager Lublin-Majdanek. [100, 102, 103, 211]

099 **Faerber** (eigentlich: **Ferber**), **Martin**, New York. Ferber korrespondierte mit Höch von1952 bis 1957. November 1954 schreibt er: »Es ist eine ganze Zeit vergangen, seit ich mich erbot, mit dem Direktor des GUGGENHEIM Museums hier fuer Sie Ruecksprache zu nehmen. (...) Immerhin habe ich sogleich vorgehabt, dorthin zugehen, wo ich (...) erfuhr, erst einmal ein appointment nachzusuchen. Hierzu riet mir dann aber ein guter Bekannter und zugleich Fachmann auf solchem Gebiete (...) Ihnen nahezulegen, doch lieber mich baldigst mit farbigen Abdruecken vielleicht miniature (MICROFILMS?) zu versorgen. Er findet, schwarz-weiss nicht wirksam genug.« [Brief vom 28. November 1954, NHH]. Ferber besuchte Höch 1954.

099 **Fuchs, Prof. Heinz, Berlin, Moltkestraße 24; Berlin, Laubacher Straße 16; Berlin, Deidesheimer Straße 21** (1886 Berlin-Charlottenburg – 1961 Berlin-Wilmersdorf; Maler; verheiratet mit [→ 84] Käthe Fuchs). Der langjährige Freund von Höch schreibt ihr 1928 in die Niederlande: »alles mausert sich, selbst der Spatz, nur die armen Maler haben kein Geld & könnten es doch so gut gebrauchen, wie all die anderen, die auch keins haben. Finden Sie wirklich, daß es Spass macht, von mir einen Brief zu bekommen?« [Lebenscollage II/2, S. 316] Fuchs gehörte zu den Gründungsmitgliedern der [→ 35] »Novembergruppe« und beteiligte sich bis 1926 an deren Ausstellungen. Von 1936 bis 1943 lehrte er an der privaten Reimann-Kunstgewerbeschule, die 1943 durch einen Luftangriff zerstört wurde. Er korrespondierte mit Höch auch nach dem Krieg und besuchte sie bis 1960 mehrfach. Fuchs erhielt 1947 einen Ruf als Professor an die Hochschule für Bildende Künste Berlin.

Am 2. Januar 1947 schreibt Höch in ihren Terminkalender: »Heinz Fuchs da. Freude!! Brachte ¼ Schmalz ¼ Kilo Reis ¼ Kakaogetränk pulver und 1 Kilo Zucker aus Liebesgabenpaketen die Rudolf Levy und die Annot [→ 130 Jacobi] aus New-York geschickt haben für Berliner Künstler.« [106, 108, 115, 412]

099 **Flemminger, Sidi, Berlin, Xantener Straße 5** (A., Privatiere; Freundin von [→ 241] Erna Segal [326])

099 **Feininger, Lyonel Charles Adrian, Weimar, Gutenbergstraße 16** (1871 New York – 1956 New York; Maler, Zeichner). Feininger kam in jungen Jahren mit seinen Eltern nach Deutschland, studierte Malerei und arbeitete als Zeichner für amerikanische Zeitungen. 1918 schloss er sich der [→ 35] »Novembergruppe« an. Im Folgejahr stellte er bei I.B. Neumann in Berlin aus und wurde Mitglied des »Arbeitsrats der Kunst«. Von 1919 bis 1933 lehrte Feininger als Leiter der grafischen Werkstatt am Bauhaus und war Herausgeber der »Bauhausbücher«. Mitte August 1919 zog er mit seiner Familie von Berlin nach Weimar, in die Gutenbergstraße 16. Er wohnte dort, bis das Bauhaus im Juli 1926 nach Dessau umzog. 1928 war Feininger in der Ausstellung »Neuere deutsche Kunst aus Berliner Privatbesitz« im Kronprinzen-Palais vertreten, der modernen Abteilung der Nationalgalerie in Berlin. Aus Anlass seines 60. Geburtstages fand dort 1931 eine umfangreiche Retrospektive statt. In Berlin nahm er 1934 in der Galerie Nierendorf an einer Gruppenausstellung teil. Dieselbe Galerie zeigte zwei Jahre später eine Ausstellung seiner Gemälde und Aquarelle [Ausstellungsführer, NHH].

Nach der Schließung des Bauhauses lebte Feininger von 1934 bis 1937 in Berlin-Siemensstadt. Dann siedelte er, von den Nationalsozialisten als »entarteter Künstler« klassifiziert, wieder nach New York um.

099 **Fränkel, Thea, Berlin, Kurfürstenstraße 82; Berlin, Blumeshof 13** (geb. Schlesinger, Frau des Mediziners Felix Fränkel). Fränkel schrieb an Höch 1969 aus Stockholm. [102]

099 **Foerster, Peter (Piet), Berlin, Lortzingstraße 2; Berlin, Feuerbachstraße 44** (1887 Aachen – 1948 Frankfurt am Main; Maler). Im Juli 1927 schreibt Foerster an Höch: »Sie sind ein dummes Mädchen (pardon) keine Bilder zu schicken (zur Grossen Berliner Kunstausstellung, H.N.), weil Ihnen das Transportgeld fehlt. Hätten Sie doch ein Wort geschrieben. Man hätte dann schon Geld dafür irgendwie aufgetrieben.« [Lebenscollage II/1, S. 289] Später schien Höch zu Foerster ein eher distanziertes Verhältnis zu haben. Er hatte sich mit dem Regime nicht nur arrangiert, sondern zählte zu den Malern, die von der Kunstpolitik der Nazis profitierten. In ihrem Terminkalender notiert Höch am 29. Januar 1938: »Abends kam Peter Förster (der 1936/37 den Rompreis verliehen bekam, von Italien zurück, H.N.). Er tat weniger grossspurig als das letzte mal (vor 1 1/2 Jahren) war mehr der alte. Natürlicher. Nicht sehr gescheit, nicht sehr tief und garnicht phantasievoll aber quick und kameradschaftlich-anhänglich.« Sie hielt Kontakt zu Foerster und nahm im selben Jahr die Einladung zu einer Flasche Wein am Wannsee an. Auf ihrer Italien-Reise notiert Höch 1940: »Hier in St Gimignano hat Peter Förster seine seltsamen italienischen Stadtbilder (mit den Türmen) gemalt. Hat das Zimmer neben uns gehabt und von der gemeinsamen Terrasse aus gemalt.« [TK40] Foerster hatte unter anderem an der Unterrichtsanstalt des Kunstgewerbemuseums Berlin studiert und arbeitete mit [→ 172] Mies van der Rohe zusammen. Als Mitglied der [→ 35] »Novembergruppe« beteiligte er sich an deren Ausstellungen von 1920 bis 1925. Er gehörte mit seinen penibel gemalten Stilleben zu den Vertretern der Neuen Sachlichkeit und lehrte an der Reimann-Schule in Berlin. [105]

099 **Fleischer, Prof. Max, Berlin, Blankenburger Straße 142** (1861 Piaœniki – 1930 Menton; Maler, Botaniker). Der Maler [→ 79] Heinz Fuchs kontaktierte 1928 Höch: »Prof. Max Fleischer schrieb mir aus Paris, dass er ab Mai wieder in Holland lebe (...) besuchen Sie ihn doch mal, grüssen Sie von mir.«

099 **Freundlich, Otto** (WH) [→ 77]

Fagiolo dell'Arco, Prof. Maurizio (1939 Rom – 2002 Rom; Kunstkritiker und -historiker). Fagiolo dell'Arco schrieb an Höch und besuchte sie 1975. Er »kennt gut [→ 206] Perilli u. auch [→ 275] Vedova« [AB]. Höch notiert: »Schickte später (...) 2 Grossaquarelle – oder waren es Collagen?, die ich signieren sollte – dies konnte ich nicht – waren nicht von mir gemacht.« Die Arbeiten, meint Höch, entstanden nach einer Collage aus dem [→ 270] Tzara-Nachlass bei Chauvelin Paris. Fagiolo dell'Arco veröffentlichte am 6. Januar 1976 »La Rivolta di Hannah« (»Die Revolte der Hannah«) in »Il Messaggero di Roma«, im März schrieb er in »R 3 / ›Rondanini‹ mensile d'art« über Höch in Paris: »sono come una bambola« (»Ich bin wie eine Puppe«). [459]

Filmliga (Zeitschrift) Amsterdam. Die Zeitschrift »De Filmliga« setzte sich für ein »reines und innovatives Kino« ein. Sie erschien von 1927 bis 1935. [104]

Finanzamt Tegel [→ 20 Albrecht]. Höch notiert: »Dr. Albrecht hat Leitung«. [108]

Finkelde, Antonie (Otto). Finkelde ist der Name eines Wäschereibetriebs in Köpenick. Höch ließ ihre Wäsche abholen, nach einer Woche kam sie wieder zu ihr zurück. [210, 392]

Fischer, Alfred Joachim (1909 Altkloster – 2003 Berlin). Der liberale politische Journalist Fischer floh 1933 nach Prag, von da 1938 nach London und war bis Kriegsende in Australien interniert. 1959 kehrte er nach Berlin zurück und schrieb als Reporter u.a. für »Die Zeit« und den »Tagesspiegel«. Er besuchte Höch in den siebziger Jahren. [116]

Fischer, Heinrich Robert (Harry) (1903 Wien – 1977 London; Kunsthändler; Fischer Fine Art; Marlborough Fine Art). Fischer schrieb an Höch und besuchte sie mit seiner Frau 1964. Im Januar 1966 stellte Höch in der Londoner Marlborough Gallery Collagen aus. Fischer rief sie im selben Monat an: »Londoner Ausstellung befriedigt ihn sehr« und schrieb ihr 1971 und 1972. [101, 116]

Fischer, Hildegard Annemarie [→ 82 Fischer-Baling]

Fischer, Prof. Lothar (1933 Germersheim – 2004 Baierbrunn; Bildhauer) München. Fischer war im selben Jahr wie Höch 1961 Stipendiat in der Deutschen Akademie [→ 278] Villa Massimo in Rom. Im Nachlass ist ein Notizzettel von ihm erhalten: »Liebe Frau Höch, wir waren so bös u. haben Ihnen 1 Semmel weg gestohlen«. Fischer schrieb ihr und besuchte sie 1966. Er war von 1975 bis 1997 Professor an der Universität der Künste Berlin. [114, 116]

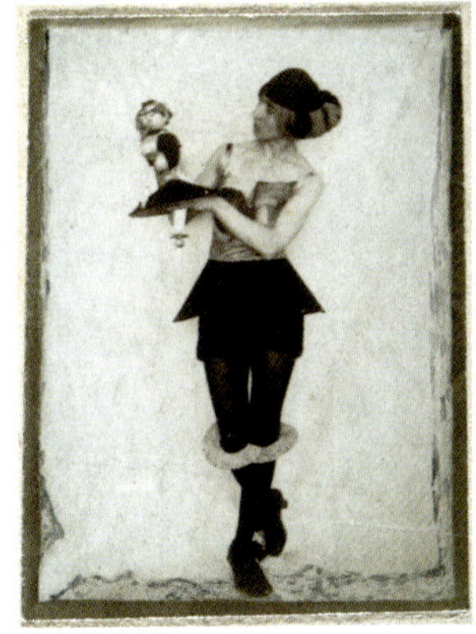

Hannah Höch als Figurine mit einer ihrer Dada-Puppen, um 1920

Fischer-Baling, Prof. Dr. Eugen (1881 Balingen – 1964 Berlin; Historiker, Politologe, Theologe, Schriftsteller), verheiratet mit **Dr. med. Hilda Fischer-Baling** (Fachärztin für innere Krankheiten), Stuttgart. Fischers besuchten Höch mit Bohlinger (Kunstsammler [→ 47] Hans Bolliger?, H.N.] und dem Architekten [→ 87] Alfred Gellhorn 1954. Höch reiste zu Fischer-Balings 1956, Silvester 1957 und 1959, auch 1961 und 1963. Er promovierte in Berlin und war von 1909 bis 1913 Privatdozent für Kirchengeschichte an der Berliner Universität. Später schrieb er für die Zeitschrift »Die Tat«. Nach Kriegsende hielt er Vorträge an Universiäten und Volkshochschulen und arbeitete als Journalist. Von 1949 bis 1954 war Fischer-Baling Professor für politische Wissenschaft an der Freien Universität Berlin. [101, 106, 109, 111, 114]

Fischer-Baling, Sibylle (Cilli) [→ 286 Weishappel-Fischer-Baling]

Florian Kupferberg Verlag [→ 156 Kupferberg] [498]

Folkwang Museum, Essen. Höch besuchte im April 1955 das Kunstmuseum, das im März 1945 völlig zerstört worden war. 1950 wurde der Wiederaufbau beschlossen, Teile der Sammlung anderenorts der Öffentlichkeit wieder zugänglich gemacht. 1954 entschied man sich für den Neubau. Sie notiert: »Dr. (Heinz) Köhn (Leiter, H.N.), Dr. Bechthold« und »Wallraf Richarts ist das Fabrikgebäude«. Vier Tage später traf sie Köhn wieder: »Fotomontagen interessierten ihn. Aquarelle kann er jetzt nicht bringen.« [TK55]
Das Wallraf-Richartz-Museum in Köln war 1943 ebenfalls völlig zerstört worden. Der Neubau wurde nach vierjähriger Bauzeit auf dem alten Gelände 1957 eröffnet. [109]

Franke, Else (El) (eigentlich: Elsa) (1901 Eickel – 1980 ?; Malerin, Weberin). Die Bauhausschülerin Franke und [→ 188] Georg Muche heirateten 1922. [101]

Frankenschwerth, Margarethe [→ 104 Hardenberg, Henriette] [112]

Franz Galerie 1946 eröffnete Reinhard Franz (geb. 1909) in Berlin seine Galerie, eine der ersten nach dem Krieg und stellte u.a. Jeanne Mammen, [→ 105] Karl Hartung und [→ 273] Hans Uhlmann aus. 1949 bekam Höch ihre erste Einzelausstellung in der Galerie [→ 98 Grohmann]. Sie verschickte den Ausstellungskatalog, auch um den Kontakt zu ehemaligen Mitstreitern wieder aufzunehmen. 1950 eröffnete Franz eine Dependance in Ost-Berlin (bis 1955). [107]

Freisel, Dr. Johannes (Journalist, WDR Köln). Freisel rief Höch 1965 für die Deutsche Welle an: »Wollte über ›Dada-Musik‹ etwas wissen. Will mal Interviews machen. Ich reserviert verhalten«.

Er besuchte Höch 1969: »Lange dagewesen. Viel ist nicht rausgekommen« und produzierte »Das Portrait: Hannah Höch« für die Deutsche Welle, gesendet am 2. Juli 1970 [Typoskript, NHH]. Freisel besuchte sie erneut 1970 an zwei Tagen mit einem Fernsehteam, diesmal für den Nordwestdeutschen Rundfunk (NWDR). Höch: »Aufgenommen: Viele Collagen. Viele Aufnahmen in Spätherbst-Garten. (Ich in weissen Jumper u. Hosen) Blumen. Dada-Dokumente.« Der Journalist besuchte Höch auch 1971, sein Film wurde im Haus des Rundfunks vorgeführt: »Der Film ist ganz kurz. Nicht schlecht – hat Datenfehler – bei der ungeheuren Menge von Aufnahmen: schon im Vorjahr angefangen: (...) Dafür ist der Film kümmerlich.« [TK71] Freisel war mit dem Kulturkritiker [→ 203] Lothar Orzechowski und dem Fotografenpaar [→ 202] Orgel-Köhne befreundet, »wollen Buch von mir machen« [AB]. [115, 286]

Frenzel, Prof. Hermann Karl (1882 Horka – 1937 ?; Herausgeber). Bei Frenzel, dem Schriftleiter der Zeitschrift »Gebrauchsgraphik«, sollte sich Höch auf Empfehlung des Architekten [→ 87] Alfred Gellhorn für Auftragsarbeiten melden. Gellhorn (1935): »rechnen Sie mit grosser Unpünktlichkeit und langem Warten. Ist aber ein netter Kerl und zahlt in der Regel Honorar« [Lebenscollage II/2, S. 554].

Frenzel kam 1910 nach Berlin und gründete 1924 die Zeitschrift für internationale Werbegrafik. Durch sie wurden etablierte, aber auch aufstrebende Künstler und Designer bekannt. Die Zeitschrift ist heute unter dem Namen »novum« erhältlich. Höch sollte Frenzel ihre gebrauchsgrafischen Arbeiten und Fotomontagen zeigen, um neue Aufträge zu erhalten. [128]

Friedlaender, Heinz-Ludwig (1913 Berlin – 1988 Paris; [→ 75] Mynonas Sohn). Friedlaender besuchte 1972 Höch mit der Malerin [→ 202] Annemarie Oppenheim. Anlass war die Ausstellung seines Vaters in der Akademie der Künste. Höch: »Sieht Mynona sehr ähnlich, Junggeselle. Hat noch 1 Jahr (45 bis 46) in Paris mit seinem Vater erlebt. Vorher in Lagern in Südfrankreich« [TK72]. Friedlaender machte 1933 in Berlin Abitur, emigrierte im Herbst desselben Jahres kurz vor seinen Eltern nach Paris. Ab 1939 in französischen Lagern, entkam er in die Schweiz, wo er weitere Jahre interniert war. Nach Kriegsende kehrte er in die Wohnung seiner Eltern in Ménilmontant zurück und lebte dort nach deren Tod allein in ärmlichen Verhältnissen. Sein eigener Tod 1988 blieb mehrere Tage unbemerkt. [285]

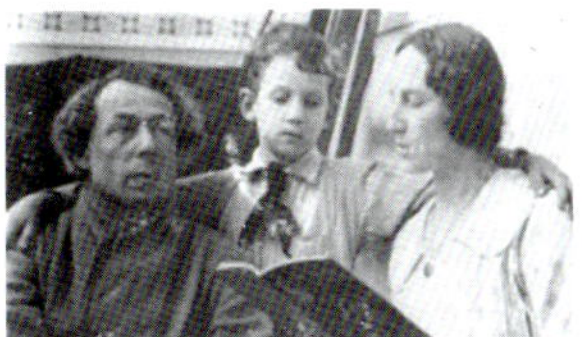

Heinz-Ludwig Friedlaender mit seinen Eltern, Salomo und Marie Luise, 1921

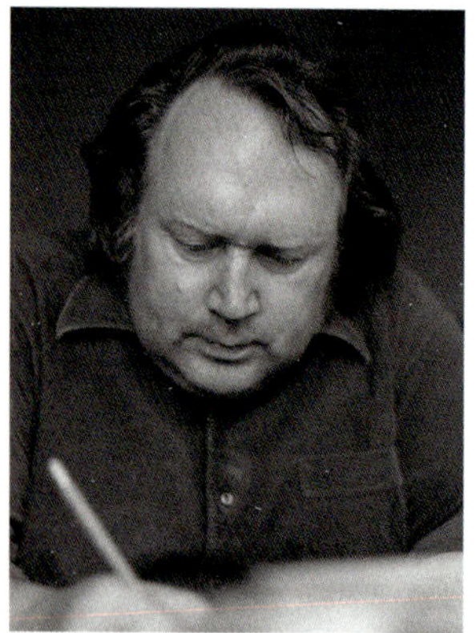

Günter Bruno Fuchs.
Foto: Dietmar Bührer

Fuchs, Günter Bruno, Berlin, Savignyplatz 1 III (1928 Berlin – 1977 Berlin; Schriftsteller, Grafiker). Fuchs besuchte Höch mit [→ 282] Klaus Völker 1960: »Zinke – Hinterhof. Wollen Ausstellung machen. Haben mitgenommen Zeichnungen für Zinke«. [TK60] Fuchs studierte in Berlin an der Hochschule für Bildende Künste Grafik. Er zählte u.a. zu den Mitbegründern der Galerie Zinke (1959), war Gründer der Werkstatt Rixdorfer Drucke und gehörte zu den Berliner Malerpoeten. Fuchs veröffentlichte Gedichtbände und Erzählungen, die er selbst höchst originell illustrierte. Höch schrieb nach einem weiteren Besuch 1964: »Ich war so verängstigt und darum schrecklich trocken als er, Fuchs, mit Klaus Völker bei mir war. Schade, heute würde ich mehr von diesem amüsanten Kauz haben. Die beiden brachten damals einen Drachen mit. Einen richtigen (roten) Kinderdrachen. Und eine Flasche Schnaps – (die ich aber aus Angst, verschwinden liess.) Um das Groteske in unserer Begegnung abzurunden: den Drachen zerpflückten im vergangenen Winter die Männer (auf dem Boden) in winzige Schnitzel und bauten ein Nest in den Schilfschuhen aus dem Blockade-Winter.« [TK64] [111, 412]

Fuchs, Käthe (von Höch »Füchsin« genannt; verheiratet mit dem Maler [→ 79] Heinz Fuchs). Höch notiert: »Zu Konzert von K. Fuchs gehen!« [TK54]

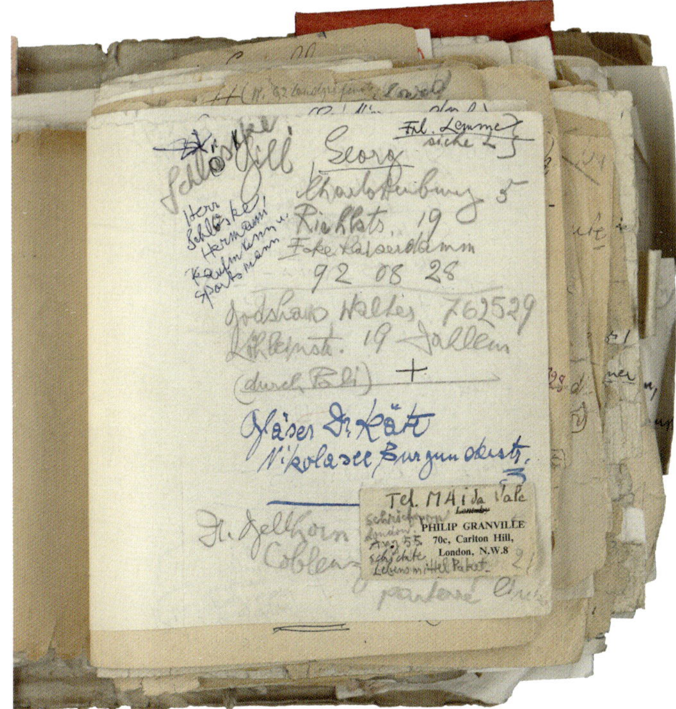

G

132 **Schlöske, Hermann** (1905 Berlin – 1991 Berlin). Schlöske besuchte Höch mit dem Pianisten [➔ 85] Georg Gill 1967. Höch notiert: »Kaufmann, Sportsmann« [AB] – er war als Leichtathlet in den späten zwanziger Jahren aktiv gewesen. [135]

132 **Frl. Lemme, Edith, Berlin, Adenauerdamm 99** (heute Kaiserdamm). Lemme besuchte Höch ebenfalls mit ihrem Freund Gill 1960. [252]

132 **Gill, Georg, Berlin, Riehlstraße 9; Berlin, Schlieper Straße 53; z.Zt. Santa Cruz de Tenerife, Bajamar, Casa Argo** (Pianist). Gill besuchte Höch zwischen 1951 und 1976 sehr oft, Höch besuchte ihn umgekehrt nur einmal, 1959: »Gill hat viele schöne Dinge gesammelt alte Plastiken, Kunstgewerbe.« [TK59] Am 7. November 1959 gab er ein Konzert, das in ihrem Terminkalender vermerkt war. Im September 1966 kam Gill nicht alleine, sondern »mit seinen zwei ›Gelände‹-Daenen‹ Viel Obst mitgegeben. (Alle 3 Vegetarier)« [TK66]. Ab 1962 schrieb Gill wiederholt aus Teneriffa und brachte ihr Pflanzen mit. Im selben Jahr kaufte er von ihr ein Aquarell (100 Mark) für eine Frau. [54, 130, 131, 135, 136]

132 **Godschau, Walter F., Berlin, Löhleinstraße 19** (gest. 1955; Angestellter), Freund von [➔ 86] Pali Meller. Godschau besuchte Höch 1954:

»Kommt heute, seine Bücher-Dada wieder holen. Hat Ursonate von [→ 235] K. Schwitters fotokopieren lassen.« [TK54] [54]

132 **Meller, Pali, Den Haag, De Ruyterstraat 54; Den Haag, Geraniumstraat 235; Rotterdam, Mathenesserplein 30a; Berlin, Kantstraße 30b; Berlin, Kleiststraße 13; Falkensee, Anschützstraße 21; Siegburg, Abtei Michaelsberg; Berlin, Weingartenweg 7** (Paul; 1902 Sopron/Ödenburg – 1943 Zuchthaus Brandenburg-Görden; ungarischer Architekt). Meller arbeitete im Stadtbauamt von Rotterdam als Assistent von [→ 198] J.J.P. Oud.

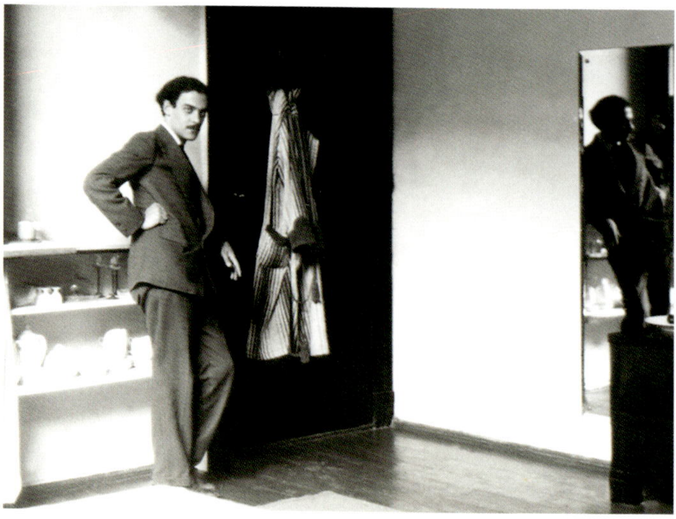

Pali Meller Marcovicz in seinem Atelier, um 1920

1930 zog er nach Berlin und arbeitete im Büro des Architekten und Kirchenbaumeisters Otto Bartning, bis er sich 1937 selbstständig machte. Er wurde im Februar 1942 wegen seiner jüdischen Herkunft in das Strafgefängnis Berlin-Plötzensee gebracht. Seine Kinder lebten nach dem Tod seiner Frau zunächst bei Freunden und dann bis 1947 in Berlin-Falkensee. Nach acht Monaten Haft starb Meller am 31. März 1943 im Zuchthaus Brandenburg-Görden an Tuberkulose. Meller ist der Schwiegervater der Fotografin [→ 184] Digne Meller Marcovicz. [54, 152, 257, 258, 263, 269, 272, 273, 307, 308, 365]

132 **Gläser, Dr. Käthe, Berlin, Burgunder Straße 3** (»Gläserin«; arbeitete bis 1948 im Magistrat von Groß-Berlin, Abt. Volksbildung, danach beim Senator für Volksbildung, Hauptamt Kunst und Literatur). Sie besuchte Höch von 1958 bis 1962, auch mit dem Architekten [→ 164] Eduard Ludwig, dem Chemiker [→ 151] Paul Kronenberg, Aenne Rabich und [→ 221] Leopold Reidemeister. Gläser wanderte 1963 nach Südamerika aus. [135, 136, 140, 198, 461]

132 **Gellhorn, Dr. Ing. Alfred, Berlin, Koblenzer Straße 7 Parterre links; Berlin, Haberlandstraße 4; Berlin, Steinacher Straße 2; Berlin, Friedrich-Wilhelm-Straße 14; Palma de Mallorca, ...; Bellver, 6, ...; Kolumbien, Bogota, Calle 43, 16-75; Berlin, Ringstraße 59** (1885 Ohlau – 1972 London; Architekt). Gellhorn floh nach fünfjährigem Aufenthalt in Berlin 1933 vor den Nationalsozialisten nach Großbritannien, Kolumbien und Argentinien. Seine Frau Elsbeth schreibt im Februar 1934 an die Gartenfreundin Höch: »Das ist unser Garten. So gross wie der Hohenzollernplatz mit vielen Orangen-, Zitronen-, Mandel- u. Feigenbäumen. Gellhorn hat eine Harke in der Hand, damit die Welt ja sieht, dass er der Gärtner ist. Darum ist auch gar kein Gemüse geworden. Leider auch kein Beerenobst, weil das die Schnecken gefressen haben u. die Schnecken hat dafür zur Strafe Gellhorn gegessen u. ich habe ihm eine Ohrfeige gegeben, weil er sie in meinen Kochtöpfen gekocht hat, die heute noch nach Schnecken stinken.« [Lebenscollage II/2, S. 514] Gellhorn baute im Stil des »Neuen Bauens«, war Mitglied der [→ 35] »Novembergruppe« und von 1918 bis 1933 als freier Architekt in Berlin und Halle tätig. Von 1936 bis 1938 beriet er die Regierung in Kolumbien. Gellhorns trafen Höch wiederholt im Jahr 1954. [87, 127, 124, 129, 131]

132 **Granville, Philip, London, 70c, Carlton Hill** (1911 – 2003; Kurator, Kunsthändler). Höch erhielt von Granville im August 1955 ein Lebensmittelpaket zugeschickt. [AB] Er besuchte Höch 1961: »Wollte Schwitters kaufen. Ich gab ihm nichts.« [TK61] Seit 1957 führte Granville die Lord's Gallery aus seiner Londoner Wohnung heraus, 1958 und 1959 zeigte er Arbeiten von [→ 235] Schwitters. [135]

Gabo, Naum, Berlin, Am Breitenbachplatz 10; Berlin, Kaiserstraße 25; Paris, 5, rue Jean-Sicard chez (bei dem russischen Maler und Bildhauer) **Antoine** (eigentlich Nathan) **Pevsner** (seinem ältesten Bruder); **Middleburg (Middlebury) (Breakneck Hill Road**) (1890 Brjansk – 1977 Waterbury (Connecticut, USA); Bildhauer, Maler, Architekt und Designer. Gabo war seit Beginn der zwanziger Jahre mit [→ 235] Kurt Schwitters befreundet bis zu dessen Tod 1948. Im Frühjahr 1922 kam er als Mitarbeiter der »Ersten Russischen Kunstausstellung« wieder nach Berlin und stellte mehrere Arbeiten aus. Von der sowjetischen Regierung organisiert, fand sie in der Berliner Galerie van Diemen, Unter den Linden 21, statt. Gabo schloss sich bald der [→ 35] »Novembergruppe« an, wurde 1925 deren Vorstandsmitglied und nahm 1926 an zwei ihrer Ausstellungen teil (»Ich war

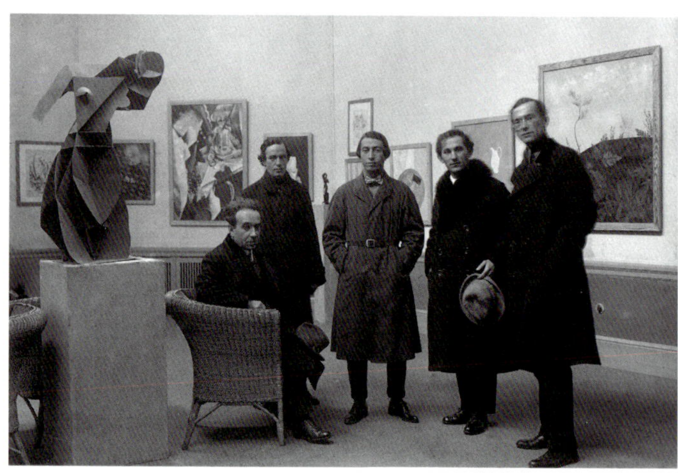

Die Organisatoren der »Ersten Russischen Kunstausstellung«, Berlin, Galerie Van Diemen, 1922. Von links: David Sterenberg, Nathan Altmann, Naum Gabo und Friedrich Lutz (Direktor der Galerie). Die Skulptur »Konstruktiver Torso« (links) von Naum Gabo ist heute im Besitz der Berlinischen Galerie.

nicht sehr aktiv in der Gruppe, die für mich zu weit rechts stand«). Gabo zog über Paris (1924), New York (1926) nach Boston, wo er an der Harvard University Architektur lehrte. Im November 1930 zeigte er »Konstruktive Plastik« in der [→ 143] Kestner-Gesellschaft Hannover [Katalog, NHH]. 1932 verließ Gabo wieder Berlin und ging nach Paris. Er schloss sich der Gruppe »Abstraction-Création« an. 1936 ließ er sich in London nieder und lebte während des Krieges in England. Gabo ging 1946 in die USA (Middleburg, Conneticut) und stellte 1948 im Museum of Modern Art in New York aus. 1971 zeigte die Nationalgalerie, Berlin eine Retrospektive von ihm [Einladung, NHH]. [121, 125, 127, 134, 140]

Gaertz, Hugo [→ 96 Graetz]

Gaglione, Bill, San Francisco, 1183 Church Street (geb. 1943 New York; Künstler). Gaglione gilt als einer der Aktivisten und Erfinder der »Mail art«. Dabei geht es nicht nur um das Versenden künstlerisch gestalteter Briefe, sondern auch um ein Netzwerk von Künstlern und Nichtkünstlern, die unabhängig vom Kommerz miteinander »Kunst kommunizieren«. Gaglione nannte sich und seine Kunst »Dadaland«. Er schickte Höch von 1973 bis 1977 Mail Art von den Bay Area Dadaists aus San Francisco, so die Postkarte: »Another Dadaland Postcard: Thomas Albright: Declaration«. Höch notiert: »Neu DADA / Amerika«. [449]

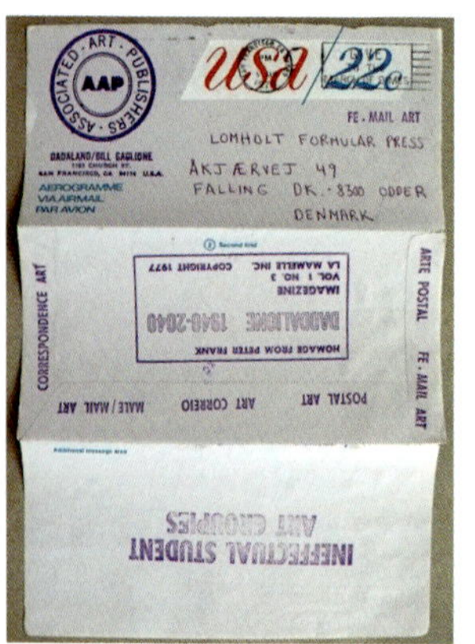

»Mail Art« Bill Gaglione, 1978

Galerie Czwiklitzer, Christoph (Autor, Antiquar, Auktionator, Kunsthändler und Verleger). Dem Kölner Galeristen »hat mich [→ 20] Arp hin empfohlen und [→ 257] Springer will mit ihm gesprochen haben« [AB]. Czwiklitzer besuchte Höch 1965: »Es ging um das von ihm nicht gekaufte Bild ›Maschinenmensch‹ u. ›die Katze Ninn«: Wollte nicht bezahlen wie verabredet. Böser Brief von Herrn [→ 137] Karsch (Höchs Galerist) an ihn«. [TK65]

Czwiklitzer organisierte bedeutende Ausstellungen für Museen, veröffentlichte Künstlermonographien, Werkverzeichnisse und Kunstmappen. [73, 134]

Galerie des 20. Jahrhunderts Die Galerie wurde 1949 als Kunstsammlung des Berliner Senats gegründet, um die im Nationalsozialismus verbotene Kunst wieder zu zeigen; sie existierte in der Jebensstraße von 1954 bis 1968 und ist die Vorgängerinstitution der Neuen Nationalgalerie. Sie erwarb von Höch das Gemälde [→ 281] »Die Mücke ist tot« und vier Aquarelle aus dem »Kleinen Zyklus«. [135]

Galerie des 4 Mouvements, Paris. Die drei Galeriegründer Marcel Fleiss, Alfred Fischer, Philippe Klein besuchten Höch 1971: »Lies mich breit schlagen. 3 Mann kamen. (…) (Junge Haie.) Kunsthändler, die neue Sorte.« [TK71] Höch verkaufte Aquarelle für 1900 Mark. Ein Drittel der Summe erhielt Höchs Galerist [→ 137] Florian Karsch. Fleiss öffnete die Galerie des 4 Mouvements 1972 mit einer Ausstellung seines Freundes [→ 213] Man Ray. Gezeigt wurden Dada, Surrealismus, Pop und Hyperealist Art. [475]

Galerie Nierendorf [→ 137 Nierendorf] [530]

Galleria del Levante Mailand. Die Galleria del Levante leitete Emilio Bertonati (1934 – 1981; Galerist und Kunstautor). Höchs Galerist [→ 137] Karsch organisierte ihre Retrospektive in Italien: Im Mai/Juni 1963 in der Galleria unter dem Titel »Dada – Hannah Höch – Dada« (»Dada, mostra personale«). [136]

Gasthaus (Zum) Igel Höch besuchte das Gasthaus im Mai 1975 mit ihrer Schwester Anni [→ 119 Höch, Marianne]. Von Heinz Igel geführt, befand es sich »hinter (der) Feuerwehr« [AB], von [145] Maria Klesse empfohlen. [467, 488, 670]

Gebrauchsgraphik [→ 83 Frenzel] [128]

Geccelli, Johannes (1925 Königsberg – 2011 Blankenfelde-Mahlow; Maler, Grafiker). Geccelli besuchte Höch 1973 mit [→ 278] Wolf Vostell und seiner Frau Mercedes, Dick und Hannah Higgins und [→ 128] Jes und Ilona Petersen. Im Jahr 1965 wurde Geccelli als Professor an die Hochschule für Bildende Künste in Berlin berufen (bis 1988). Im Jahr 1978 zeigte der Neue Berliner Kunstverein (NBK) Bilder und Studien von Geccelli [Einladung, NHH]. [465]

Gerber, Leroy (»Leo«) Gerber besuchte Höch mit dem Verleger Günter Darge 1963. Er arbeitete für die Zeitschrift »Art Voices« aus

New York und erhielt von ihr Fotomaterial. Im selben Jahr kam er erneut, diesmal für die Zeitschrift »New Art« mit seinem Freund, dem »Berliner Jungen« und Galeristen [→ 155] Werner Kunze. Beide kamen noch einmal 1964 (»Dias von alten kleinen Blättern angesehen«), als Gerber auch mit dem Kunstkritiker [→ 222] Edouard Roditi nach Heiligensee fuhr. Höch traf Gerber ein weiteres Mal im September 1964 auf der Documenta III in Kassel. [137]

Gerdes, H. (Kaufmann). Frau Gerdes übernahm offenbar das Trimmen von Hunden. Hannah Höch und ihr Mann [→ 178] Kurt Heinz Matthies besaßen eine Hündin (Bedlington-Terrier) namens [→ 210] Punta von Karlsfeld. [154]

Gerhard, Paul (1877 Berlin – 1955 Berlin, Maler). Gerhard war Vorsitzender des Wilmersdorfer Kunstvereins und schuf als Künstler Radierungen. [126]

Gerhardt, Renate, Berlin, Jenaer Straße 7 (1926 – 2017; Übersetzerin, Verlegerin). Gerhardt besuchte Höch mit dem Fotografen [→ 202] Dotun Okubanjo, ihrem »Helfer« Herrn Neumann und mit [→ 222] Paul Reissert 1962. Gerhardt besuchte Höch 1964 erneut (»gezeigt: Collagen«), auch mit dem Schriftsteller und Maler [→ 231] Gerhard Rühm und dem Galeristen und Verleger [→ 128] Jes Petersen (»um Garten umzugraben«). Die ehemalige Rowohlt-Lektorin und Sartre-Übersetzerin gründete 1962 ihren eigenen Verlag. Gerhardt verlegte u.a. »Drei und drei surreale Geschichten«, eine Gemeinschaftsarbeit von [→ 20] Hans Arp und Vicente Huidobro, Texte von André Breton, Walter Serner sowie Collagen von [→ 72] Max Ernst und »Die Puppe« von Hans Bellmer. [136]

Renate Gerhardt mit zwei der gerade auf deutsch erschienenen Ausgaben der Londoner Untergrund-Zeitschrift »it«, 28. Februar 1968

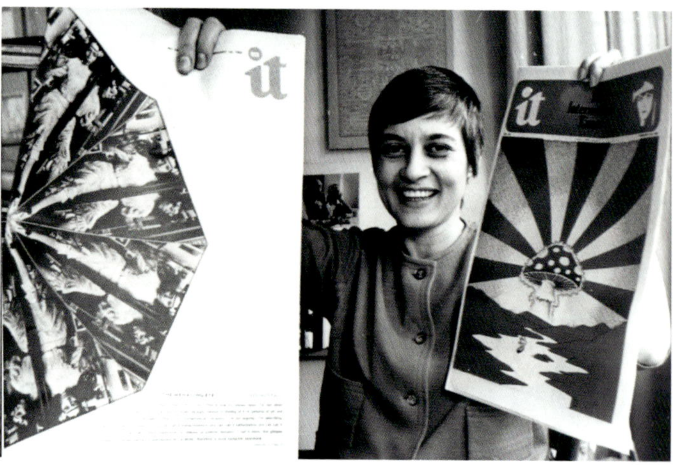

Gericke, Prof. Herbert, Rom, Largo di Villa Massimo (1-2), Accademia Tedesca Roma Villa Massimo (Kunsthistoriker, 1927 bis 1938 und wieder 1956 bis 1965 Direktor der [→ 278] Villa Massimo, Rom). Im Februar 1960 erhielt Höch für einen Aufenthalt in Rom zunächst eine Absage (»bin's zufrieden«). Drei Monate später rief [→ 86] Käthe Gläser abends an, dass sie die Fahrt doch antreten könne. Im Juli dann erreichte Höch aus dem Bundesinnenministerium die Mitteilung, sie sei als Ehrengast der [→ 278] Deutschen Akademie Villa Massimo in Rom für das Studienjahr 1961 ausgewählt worden. Das Stipendium war zu dieser Zeit ein Politikum, weil sich die Bundesrepublik und die DDR um das Eigentum an der Künstlervilla stritten. Höch war von Januar bis April 1961 in Rom, wo sie zahlreiche Zeichnungen schuf. »Dieser Aufenthalt hier, in Villa Massimo, hat so eine Fülle von Eindrücken über mich geschüttet, schon soviel Schönes geboten, mir die Welt nochmals geweitet, die ich glaubte nur in meiner kleinen Einsiedelei erschöpfen zu können.« Die letzten Wochen verbrachte sie in einem zur Villa gehörenden Atelier in der Casa Baldi bei Olévano Romano. Das Bergstädtchen liegt südöstlich von Rom (»Es ist alles wie ein Traum.«). Höch suchte auch das Kloster auf, in dem sie 1920 zwei Wochen während einer Italien-Wanderung übernachtet hatte.

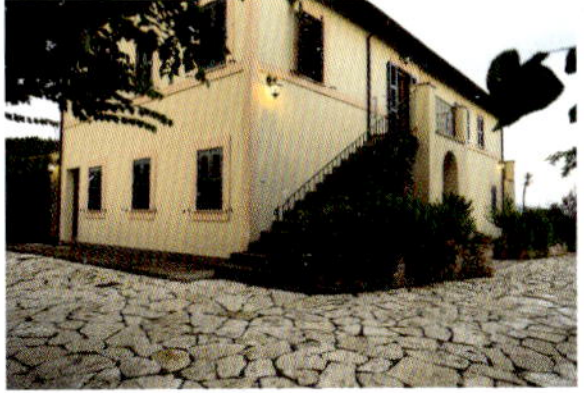

Casa Baldi bei Olévano Romano

Auf der Rückreise nach Berlin kam es im Zug zu einem Unfall: »Kurz nach Stuttgart passierte es. Ich klappte das eine, überflüssige Schlafbett zurück und als der Zug plötzlich bremste flog mir das furchtbar schwere Bett auf den Kopf. Schreckliche Nacht. Liegewagenschaffner machte mir Umschläge und Decken. Wagen war ein Ostwagen. Bis Berlin durchgehalten.« [TK61]. Noch lange Zeit nach ihrer Ankunft klagte sie über starke Kopfschmerzen. Gericke besuchte Höch in Berlin mit seiner Frau Erika 1969. [137]

Giedion, Sigfried (1888 Prag – 1968 Zürich; Schweizer Architekturhistoriker). Höch traf Giedion im Sommer 1926, als er sich mit seiner Frau Carola im Haus des ungarischen Künstlers [→ 70] Lajos d'Ébneth bei Scheveningen aufhielt. Zuvor, 1923, besuchte er das Bauhaus und begegnete dort [→ 98] Walter Gropius. Seit diesem Treffen beschäftigte er sich zunehmend mit dem Bauhaus, seinen Protagonisten und generell mit der Kunst der Moderne. 1956 übernachtete Höch in Zürich bei Giedion-Welcker: »Abends Prof. Giedion gekocht: Gans pfeffer.« [TK56] [134]

Giedion-Welcker, Dr. Carola, Berlin, Nußbaumallee; Zürich, Doldertal 7 (1893 Köln – 1979 Zürich; deutsch-schweizerische Kunsthistorikerin, Kuratorin, Schriftstellerin). Im Dezember 1952 erhielt Höch einen Anruf des Kunsthistorikers [→ 115] Hans Hildebrandt, sie solle zu Giedion-Welckers kommen: »War bei Ihnen im Hôtel. (...) Frau Gideon hat mir 2 Foto-Montagen abgekauft à 25.- u. Kaffee geschenkt« [TK52]. Das Paar plante, Höchs Foto-Montagen in der Kunsthalle Bern auszustellen. Sie traf die Kunsthistorikerin auch 1961 auf einem Berliner Kongress und 1962 bei [→ 150] Kriegers. Seit 1925 lebte das Ehepaar Giedion in Zürich. Ihr Haus wurde zu einem Treffpunkt von Künstlern wie [→ 20] Hans Arp, [→ 24] Sophie Taeuber-Arp, [→ 235] Kurt Schwitters und [→ 72] Max Ernst. Giedion-Welcker und Höch korrespondierten von 1957 bis 1967. [134]

Gispen, Willem Endrik (1890 Amsterdam – 1981 Den Haag; Industriedesigner, Unternehmer) Rotterdam. Gispen gehörte zur Architekten- und Künstlergemeinschaft »Opbouw« (Aufbau). [125]

Glaeser, Dr. Ludwig, New York, 11 West 53 Street, The Museum of Modern Art, A&D Dept. (1930 – 2006; Autor und Kunsthistoriker; Kurator am Museum of Modern Art). Glaeser besuchte Höch 1954, 1956 (»hat für eine Ausstellung in Schleswig ein Bild mitgenommen: ›Temperamente‹«) und 1974. Im Jahr 1963 zog er nach New York und war dort von 1972 bis 1980 Kurator des van der Rohe-Archivs im Museum of Modern Art (MoMa). Mit der dortigen Präsentation ihrer Werke 1948 wurde sie auch in den Vereinigten Staaten bekannt. In der Ausstellung »Collage« zeigte man drei ihrer Fotomontagen. Außerdem steuerte sie Werke der einstigen Dada-Mitstreiter [→ 28] Baader und [→ 106] Hausmann aus ihrer Sammlung als Leihgaben bei. 1961 war Höch in der Ausstellung »The Art of Assemblage« vertreten. 1963 schenkte die Galeristin Rose Fried drei Arbeiten von ihr an das MoMa. 1968 nahm Höch an der Ausstellung »Dada, Surrealism, and Their Heritage« teil. Arbeiten von ihr über das Verhältnis von Kunst und Technologie waren im Folgejahr auf der Schau »Art at the End of the Machine Age« zu sehen. [140, 198, 461]

Gleizes, Albert (1881 Paris – 1953 Avignon; französischer Maler, Schriftsteller). Gleizes war Mitbegründer der »Section d'Or« (Goldener Schnitt), einer kubistischen Künstlergruppe. Zusammen mit dem Maler Jean Metzinger publizierte er 1912 das Buch »Du Cubisme«, das 1922 im Verlag »Der Sturm« und 1928 als

»Bauhausbuch« [beide NHH] in deutscher Sprache erschien. 1913 beteiligte sich Gleizes am »Deutschen Herbstsalon« in Berlin. [124]

Glücksmann, Dr. Alfred (1875 ? – 1960 Odenwald). Höchs Zusatz »Johannisbad« ist der Name eines Kurorts im tschechischen Riesengebirge. Sie erholte sich dort im Oktober 1934 nach ihrer Basedow-Operation. Möglich, dass sie dort Glücksmann begegnete. Er war Oberbürgermeister der Stadt Guben gewesen und später Bankdirektor, emigrierte nach Palästina und kehrte 1948 nach Deutschland zurück. [127]

Gmelin, Dr. Hans Georg (Kunsthalle der Stadt Bielefeld). Gmelin schrieb von November 1972 bis Juli 1973 an Höch. Er (»sehr gross«) besuchte sie mit Frau und Herrn E. Wolf von der Fotografie-Lehranstalt im Januar 1973. Die Kunsthalle Bielefeld zeigte im Mai/Juni 1973 eine Höch-Ausstellung (»Fotomontagen und Gemälde«). [430, 465]

Gmurzynska, Antonina (geb. 1923 Warschau; Galerie Gmurzynska) [→ 39 Bar-Gera]) Köln. Gmurzynska besuchte Höch mit Kenda Bar-Gera 1971 und 1972. Höch schreibt: »Die beiden Damen die hier (Polinnen) bei mir waren. Wollten durchaus was kaufen. ›Requiem‹« [AB]. Gmurzynska und Höch korrespondierten von 1971 bis 1975. Die Galerie Gmurzynska existiert heute in Zürich. [460, 462, 465, 473, 475]

Göbel, Renate, Köln. Göbel besuchte Höch 1975 für mehrere Tage und noch einmal 1977: »Attraktive Frau. Plastikerin. Macht etwas unter Lebensgrösse Figuren aus Pappmachée.« Sie schickte Höch im September 1977 eine Einladung zum »Café mit Göbel-Menschen« im Wallraf-Richartz-Museum und Museum Ludwig, Köln [NHH]. [463, 467]

Goethe-Institut Kyoto im Deutsch-Japanischen Kulturinstitut, Kyoto (Japan) [→ 153 Kuhnert] [463]

Goetsch, Hans (1892 – 1981; Maler). Im Jahr 1951 schloss Goetsch sich der neugebildeten Künstlergruppe »Der Ring« an, zu der auch Hannah Höch gehörte, die er sehr verehrte. Hans und Jenny Goetsch schickten 1957 eine Karte mit einer Wachsstiftzeichnung [NHH]. Goetsch arbeitete als Versicherungsstatistiker und besuchte 1914 bis 1919 Abendkurse in Radierung, Holzschnitt und Lithografie an der Kunstgewerbeschule. Er ging während der Zeit des Nationalsozialismus den Weg der inneren Emigration. Nach dem Zweiten Weltkrieg wurde er Zeichenlehrer an einer Oberschule (bis 1958). [134]

Goll, Yvan (1891 Saint-Dié – 1950 Paris; Lyriker). In Zürich hatte Goll während des Ersten Weltkriegs (als Pazifist war er in die Schweiz geflohen) Kontakt mit den Köpfen des Dada [→ 20] Hans Arp, [→ 270] Tristan Tzara und Francis Picabia. 1918 zog er nach Paris und floh 1939 nach New York. [124]

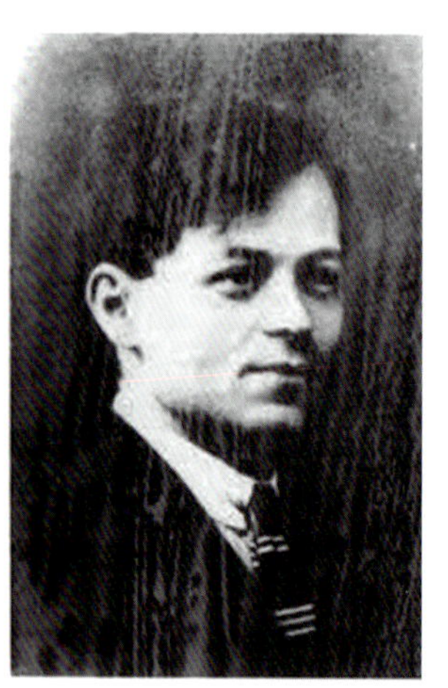

Jefim Golyscheff, um 1930

Golyscheff, Jefim, Berlin, Mariendorfer Straße 4a (heute Mohriner Allee) (1897 Cherson – 1970 Paris; Komponist, Maler). Aus der Ukraine stammend, beteiligte sich der Musiker Golyscheff nur kurze Zeit an Dada. [→ 33] Adolf Behne schreibt 1919 in »Der Cicerone«: »Er ist es deshalb nicht mehr, weil selbst der Dadaismus noch immer ein Ismus ist und weil Golyscheff sich gegen alles wendet und auflehnt mit seiner heiteren Respektlosigkeit, was irgendwie einen Zustand ausbildet.« [Lebenscollage I/2, S. 572] Golyscheff begründete mit [→ 106] Hausmann und [→ 123] Huelsenbeck den Berliner Dada. Seine letzte dadaistische Aktion war, als er das von Hausmann verfasste Manifest unterzeichnete: »Was ist der Dadaismus und was will er in Deutschland«, das der Zeitschrift »Der Dada« No. 1 beigelegt wurde. Seine Arbeiten »waren bis dahin noch nie gesehene Assemblagen, Greffagen, gemacht aus Konservenbüchsen, kleinen Flaschen, Kartonfetzen, Holz, Samt, Haaren, ein vor diesem Datum unvorstellbarer optischer Anblick« [Hausmann, S. 118]. Golyscheff war im April 1919 an der ersten Berliner Dada-Ausstellung in den Räumen des Graphischen Kabinetts I.B. Neumann am Kurfürstendamm beteiligt. Für die Dadaisten, so Hausmann, war sie zu »hübsch« und »angenehm« verlaufen. An der nur dreitägigen »Dadaistenschau« waren neben Golyscheff auch Fritz Stuckenberg, George Grosz, Arnold Topp, [→ 182] Walter Mehring, Erica Deetjen und Raoul Hausmann beteiligt. Aufsehen erregte das Gemälde »Deutschland, ein Wintermärchen« von Grosz und die Material-Collagen von Golyscheff. Höch stellte abstrakte Aquarelle aus wie »Konstruktion in Blau«. Behne schreibt in seiner Rezension: »Hannah Höch und namentlich Golyscheff zaubern fabelhafte Ornamente. Golyscheff ist geradezu prädestiniert, die Sinne der Beschauer zu wecken.«

Zum Abschluss der Ausstellung fand am 30. April eine Dada-Soirée statt, für die Golyscheff – ein Wegbereiter der Zwölftonmusik – eine dreiteilige, atonale »Antisymphonie« komponierte. Er rief alle Beteiligten auf die Bühne, auch Höch: »Nur ein einziges Mal habe ich auf dem Dada-Olymp gestanden. Und zwar mit Topfdeckeln und einer Kinderknarre ausgerüstet. Es handelte sich um einen Simultan-Chorgesang aller Anwesenden – mit infernalisch-bruitistischem Orchester. Nachmittags war eine kurze Probe des improvisierten Werkes gewesen und abends ging es dann los... Der Dirigent und Manager war Jefim Golyscheff... Ihm mangelte es nicht an phantastischen Einfällen... jedenfalls holte er das Höchstmaß an Phon aus der etwa zehnköpfigen Mannschaft heraus! Mir war etwas bänglich bei diesem Debüt, ich hätte mich gerne gedrückt... und so habe ich dann – was das Zeug, das Blechzeug halten wollte und mit Hingebung – drauflosgedroschen, wie es ja meine Aufgabe war. Als ich dann an einem späteren Abend eine ähnliche Nummer als Zuhörer erlebte, war ich erstaunt, daß eine solche nur rhythmisch gesteuerte Ballung von Pfeifen, Stampfen, Blechschlagen, Kinderknarren, Gebimmel, Getrommel, Okarinageblus und Geschrei ein faszinierendes Ganzes bilden konnte.« [Höch 2, S. 205]

Golyscheff floh vor den Nationalsozialisten über mehrere Stationen nach Brasilien, ab 1966 lebte er in Paris. [124]

Gorella, Arwed D. (1937 Schweidnitz – 2002 Berlin; Maler des Neuen Realismus, Bühnenbildner, Grafiker). Höch lernte Gorella vermutlich in der Berliner Galerie Nierendorf kennen. Er besuchte sie 1964 und 1969 mit der Kunsthistorikerin und -kritikerin [→ 255] Katrin Sello. Sie korrespondierten von 1964 bis 1970. Im Jahr 1967 fand Gorellas erste Einzelausstellung in der Galerie Nierendorf statt [Einladung und Katalog, NHH]. Er gehörte 1968 zu den Gründungsmitgliedern der Neuen Gesellschaft für Bildende Kunst in Berlin. Als Bühnenbildner arbeitete er mit Heiner Müller und Andrea Breth zusammen. [137, 237, 280]

Gosschalk, Joseph Henry (1875 Zwolle – 1952 Den Haag; Zeichner und Maler) Den Haag. Gosschalk arbeitete häufig im Ausland, vor allem in Frankreich. Von den deutschen Besatzern wurde er in das niederländische Durchgangslager Westerbork deportiert. Er überlebte und wohnte ab 1945 in Wassenaar. [125, 127, 422]

Graeff, Werner, Berlin, Kantstraße 149; Berlin, Am Hegewinkel; Berlin, Orber Straße 37; Berlin, (Cuvrystraße 46); Essen, Holsterhauser Straße 92; Mülheim, Essener Str. 105 (1901 Vohwinkel-Sonnborn – 1978 Blacksburg, Virginia; Bildhauer, Maler, Fotograf). Graeff besuchte ab Herbst 1921 die Kurse [→ 59] Theo van Doesburgs am Bauhaus in Weimar und gehörte so zum Bekanntenkreis von Höch. In diesem Jahr entstanden seine ersten abstrakten und konstruktivistischen Zeichnungen und Bilder. Graeff: »Sie wären später sämtlich

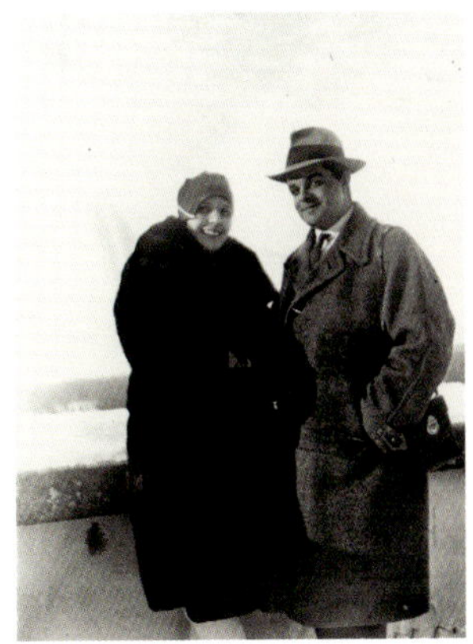

Werner Graeff mit Nelly van Doesburg während eines Ausflugs in die Vogesen, 1927

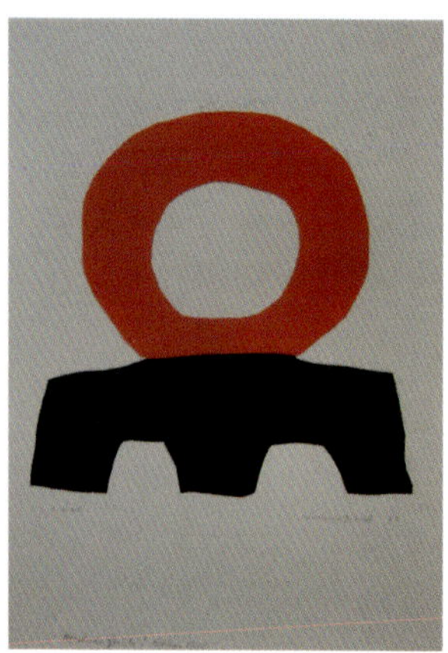

Werner Graeff: »Linolschnitt für Hannah Höch«, Briefkarte, 1973

verlorengegangen, hätten nicht Kurt Schwitters, später Hannah Höch – wenigstens deren fünf in Verwahrung genommen.« [Breuer, S. 323]. Im Sommer 1922 nahm er gemeinsam mit der [→ 35] »Novembergruppe« an der »Großen Berliner Kunstausstellung« teil. 1923 begann er ein Studium an der Technischen Hochschule in Berlin-Charlottenburg und gab 1924 zusammen mit [→ 216] Hans Richter und [→ 169] Piet Mondrian die »Zeitschrift für Elementare Gestaltung«, abgekürzt »G«, heraus. Als Lehrer für Fotografie unterrichtete er 1931/32 an der Reimann-Schule. Ein Jahr später gründete er seine eigene »Berliner Fotoschule«, die im Folgejahr schon wieder schloss. Graeff flüchtete 1934 vor den Nationalsozialisten über Spanien in die Schweiz. 1955 reiste Höch mit der Familie ihres Bruders [→ 119] Walter ins Rheinland, wo sie Graeff bei dem Grafiker Prof. Max Burchartz traf. Er lehrte inzwischen an der Folkwangschule in Essen (1951–1958). Im September 1958 traf sie ihn erneut auf der Eröffnung der Dada-Ausstellung in Düsseldorf. Sie korrespondierten von 1962 bis 1977. [120, 121, 124, 136, 140, 461]

Graetz, Hugo (Kunsthändler). Graetz schrieb an Höch 1926. Um 1920 wurde er Geschäftsführer der [→ 35] »Novembergruppe«. Später betrieb er eine eigene Galerie in der Aschenbachstraße 21 in Berlin. Dort stellte er Künstler der »Novembergruppe« aus, aber manchmal fanden auch Konzerte inmitten von Gemälden und Skulpturen statt. [121, 124]

Graf, Gerhard (1883 Berlin – 1958 Stockholm; Landschaftsmaler, Kunsterzieher). Graf erwarb 1926 ein Grundstück am Großen Plessower See in Werder (Havel) und baute dort das Landhaus Graf. Sein Domizil entwickelte sich zum Treffpunkt für Künstler, Literaten, Schauspieler. [124]

Graumann, Julius (1878 Fürth – 1944 in Auschwitz ermordet; Landschafts- und Porträtmaler). Graumann war zuerst in München erfolgreich, ab Ende der zwanziger Jahre in Berlin. 1933 floh er nach Paris. 1944 wurde er in Südfrankreich von der Gestapo verhaftet und deportiert. [120]

Greenberg, Allan C. (geb. 1938; amerikanischer Architekt). Greenberg kam zu Höch im April 1966: »Junger Amerikaner, war hier Einiges aus DADA-Kasten gezeigt Will über Bauhaus u. DADA Dr.-Arbeit machen. Auch Fotos gezeigt Meine Arbeit interessierte ihn überhaupt nicht.« / »Herr Greenberg war schon mal hier. Geht im Juni nach Amerika zurück.« [beide AB] Sein Skript erschien 1979 als Buch »Artists and revolution. Dada and the Bauhaus, 1917-1925«. [85, 137]

Gretelein gemeint ist: Margarethe Höch(-König) oder auch König (1895 – 1991; Schriftstellerin; »Goethe-Institut«), eines der fünf Geschwister von Hannah Höch. Grete Höch lebte vorübergehend im Haus des Bildhauers [→ 130] Igor von Jakimov in Mariabrunn. Sie war später mit einem Cousin, dem Ingenieur Erich König (1883 – 1958), verheiratet und wohnte im Berliner Südwesten. Im Herbst 1920 reiste sie mit ihrer Freundin, der Schweizer Schriftstellerin Regina Ullmann, und Hannah Höch nach Italien.

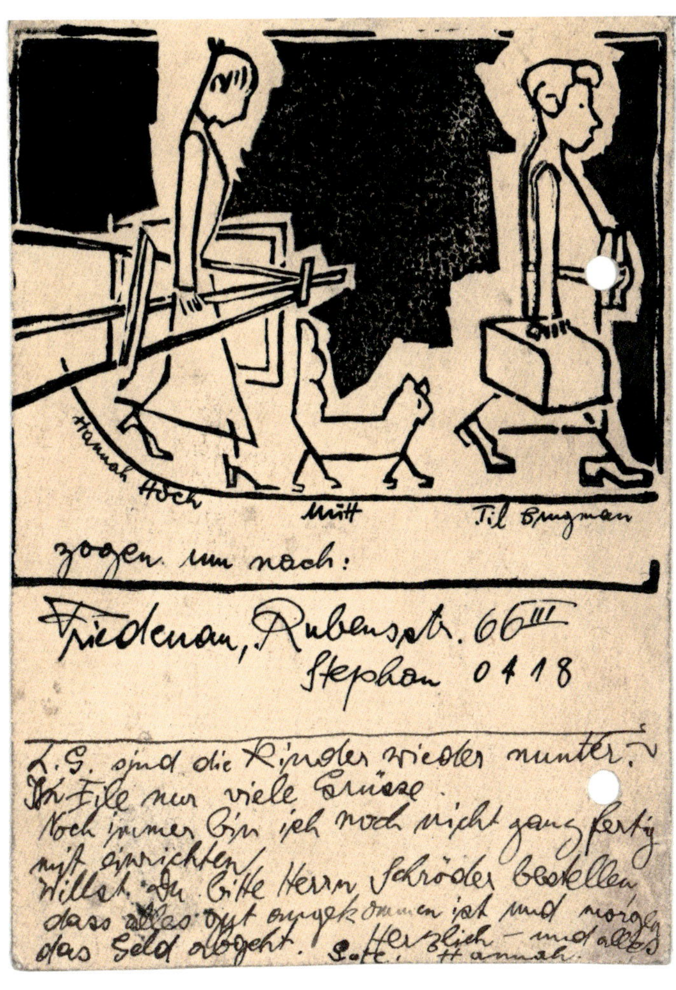

Postkarte von Hannah Höch an Grete Höch, verh. König: Hannah Höch, Katze Mütt und Til Brugman ziehen um, 1933

Margarethe Höch war offenbar für die Filmbranche tätig. 1936 war Höch jedenfalls stolz auf ihre jüngere Schwester, die »ihren ersten Filmstoff an die Tobis verkauft. Bekam 5000.- Mk«. [TK36]

Im September 1947 besuchte Höch das Haus am Waldsee: »Grete las eine Novelle. Gut.« Dagegen gefielen ihr zwei Kindergeschichten von Elisabeth Langgässer »sehr gut«. [TK47]. Im Januar 1952 zog Grete nach Essen. [124, 126, 131, 134, 237b, 244, 655]

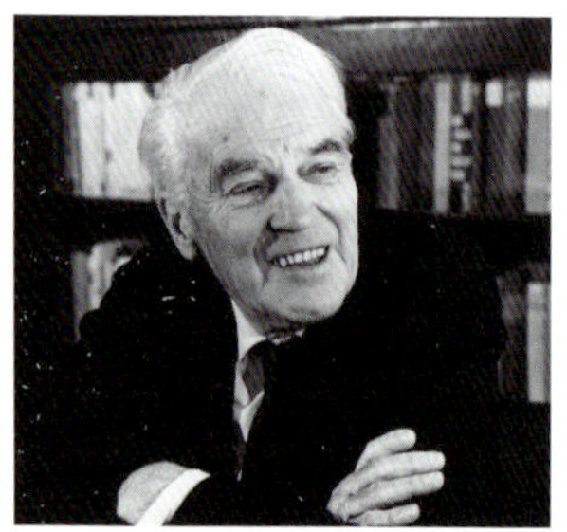

Will Grohmann, 1966. Foto: Horst Siegmann

Grohmann, Will, Dresden, Regerstraße 3c; Berlin, Beethovenstraße 39; Gauting, Königswieser Straße 91 (1887 Bautzen – 1968 Berlin; Kunsthistoriker und -kritiker). Grohmann, Professor für Kunstgeschichte an der Hochschule für Bildende Künste, schrieb regelmäßig für die renommierte »Neue Zeitung«. 1949 bekam Höch ihre erste Einzelausstellung in Berlin in der Galerie Franz. Grohmann schrieb: »was Hannah Höch in den zwanziger Jahren gemacht hat, wirkt (...) gesund und wie Revolte, von Freud keine Spur. Die Klebebilder und Photomontagen würden wir gern fortgesetzt sehen, da wäre für die Werbekunst und sogar für die Kunst noch manches zu holen.« [Lebenscollage III/1, S. 67] Der Katalog verzeichnet 19 Gemälde von 1922 bis 1942, daneben Aquarelle, Zeichnungen und Fotomontagen. Höch konnte auf der Ausstellung für 450 Mark das Gemälde »Kubus« verkaufen (im Katalog heißt es »Regenbogen«). Grohmann war verheiratet mit Annemarie Grohmann (geb. Zilz, 1921 – 1970), lebte in Dresden und zog 1947 nach Berlin. Das Ehepaar korrespondierte mit Höch von 1956 bis 1969. Im Jahr 1961 traf Grohmann Höch in der Galerie Nierendorf und besuchte sie 1964 mit [→ 137] Florian Karsch und seiner Frau. Als Kunstkritiker hatte Grohmann sehr großen Einfluss, wie sich 1954 in der heftigen, öffentlich ausgetragenen Auseinandersetzung mit [→ 121] Karl Hofer zeigte – Grohmann, der »Pate der Moderne«, verurteilte die figürliche Kunst als rückwärtsgewandt. Hofer wehrte sich gegen diese Einschätzung, sah sich aber gezwungen, als Leiter der Hochschule für Bildende Künste zurückzutreten. [126, 137, 460]

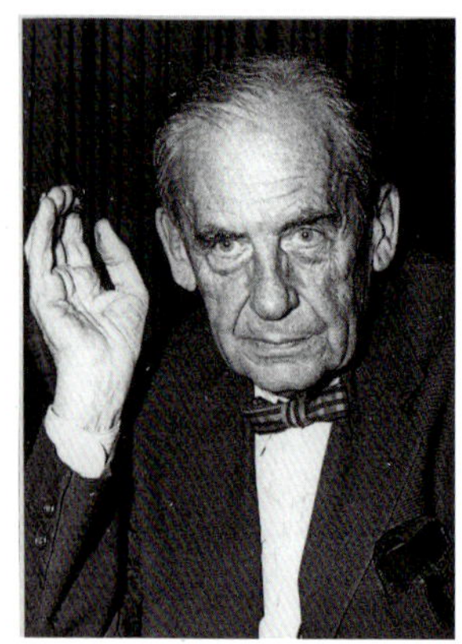

Walter Gropius, 1957. Foto: Gert Schütz

Gropius, Prof. Walter »ist Harvard University« [AB] (1883 Berlin – 1969 Boston; Architekt und Gründer des Bauhauses). Höch notiert: »Prof. Gropius auch da« [AB]. Der Architekt lud Höch mit der Bauhausschülerin und Malerin Ise Seidert zu einem Fest im Dezember ein. 1934 emigrierte er nach Angriffen der Nationalsozialisten auf das Bauhaus nach England und 1937 weiter in die USA. Dort war er als Professor für Architektur an der »Graduate School of Design« der Harvard University tätig. Wie auch [→ 167] Moholy-Nagy hielt er sich (nach einer Notiz von Höch) in Chicago auf, 163 E Walton Place, Millenium Knickerbocker Hotel. Gropius gilt als Mitbegründer der modernen Architektur. In Berlin war er u.a. bei der Internationalen Bauausstellung 1957 mit einem Wohnhaus im Hansaviertel vertreten und dann für die Planung der nach ihm benannten »Gropius-Stadt« verantwortlich, einer Trabantenstadt mit Sozialwohnungen in Neukölln. Zu der Grundsteinlegung 1962 kamen der Bürgermeister Willy Brandt und Gropius. [227, 237b, 270]

Grosse Berliner Kunstausstellung, Schloss Bellevue. Die jährliche Kunstausstellung fand (mit Unterbrechungen) von 1893 bis 1969 statt. Ab 1929 war das Schloss Bellevue Ausstellungsort. [120]

Grote, Hans Wilhelm Karl Ludwig (1893 Halle an der Saale – 1974 Gauting bei München; Kunsthistoriker). Höch notierte sich den Namen Grote nach einem »Abend bei [→ 150] Kriegers«. Er beriet den Dessauer Bürgermeister und fädelte den Umzug des politisch umstrittenen Bauhauses von Weimar nach Dessau ein. 1933 wurde Grote von den Nationalsozialisten aus seinem Amt als Landeskonservator in Sachsen-Anhalt und Direktor der Galerie in Dessau in den Ruhestand versetzt. [615]

Grunwald, Max (1889 Berlin-Reinickendorf – 1960 Berlin; Maler). Höch besuchte Grunwald 1949: »da war [→ 296] Zeeck, der giftige Bayer (...). Haben die 3 restlichen, bürgermeisterlichen Flaschen Wein getrunken« [TK49]. Er schickte Höch einen Ausstellungsführer [NHH] und schrieb ihr 1950 und 1960. Nach 1933 war Grunwald Mitglied der Bekennenden Kirche gewesen. [121, 130]

Grunwaldt, Paul (1891 Berlin – 1962 Weingarten; Maler). Grunwaldt, Anfang der zwanziger Jahre Mitglied der [→ 35] »Novembergruppe«, beteiligte sich wie Höch und [→ 45] Otto Beyer im Dezember 1945 an der Ausstellung »Reinickendorfer Künstler stellen aus!«. Zum ersten Mal seit 1931 stellte Höch wieder in Deutschland aus. Das Volksbildungsamt Reinickendorf zeigte sich mit der Ausstellung gleichzeitig zum ersten Mal der Öffentlichkeit. Grunwaldt besuchte Höch 1947. [130]

Günther, Joachim (1905 Hofgeismar – 1990 Berlin; Literaturkritiker, Herausgeber der »Neuen Deutschen Hefte«) und **Barbara** (Herausgeberin). Höch traf Joachim Günther 1951 auf der Abschiedsfeier des Essayisten [→ 48] Karl Friedrich Borée. Das Ehepaar besuchte Höch 1953 und 1969. Sie besuchte umgekehrt Günthers 1968. Im Jahr 1971 hielt er in der Stadtbücherei Charlottenburg eine Lesung: »Das sehr ernste Märchen von Gott: Zwischenfragen an Theologie und Kirche« [Einladung und Prospekt, NHH]. [131, 140, 468]

Gütlich, Friedrich (d.i. [→ 241] Arthur Segal).

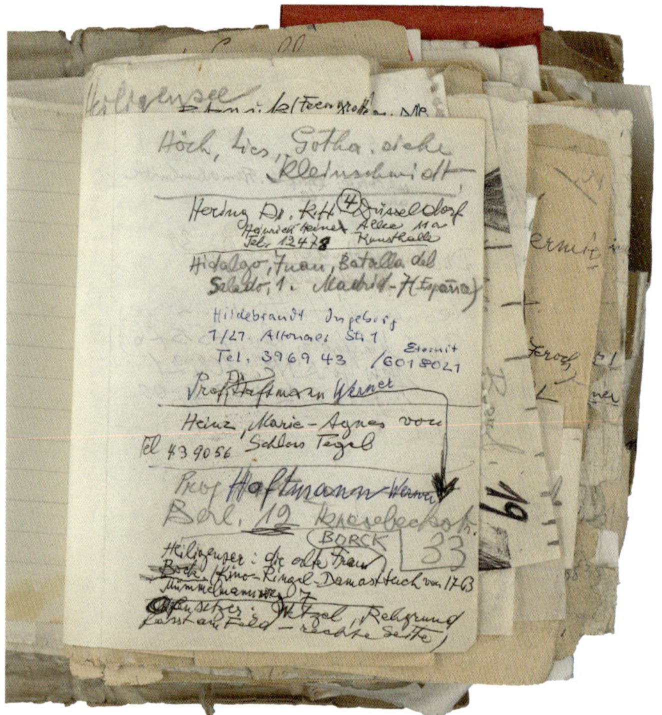
Höch, Lies, Gotha. siehe Kleinschmidt
Hering Dr. KH (4) Düsseldorf Heinrich Heine Allee 11a Kunsthalle Tel. 12478
Hidalgo, Juan, Batalla del Salado, 1. Madrid-7 (España)
Hildebrandt Ingeborg
1/27 Altonaer Str. 1
Tel. 396943 Eternit /6018021
Prof. Dr. Haftmann Werner
Heinz, Marie-Agnes von Schloss Tegel
Tel 439056
Prof Haftmann Werner
Berl. 12 Knesebeckstr.
BORCK
33
Heiligensee: die alte Frau
Bock Kino Ringel-Damasttuch von 1763

171 **Höch(-Kleinschmidt), Lies**, Gotha. Kleinschmidt schrieb an Höch 1963. [165, 171, 237]

171 **Hering, Dr. Karl-Heinz, Düsseldorf, Heinrich-Heine-Allee 11a (Grabbeplatz 4)** (1928 Neverstaven – 2015 Ratingen; Direktor des Kunstvereins für die Rheinlande und Westfalen; [→ 100 Rathke]). Hering besuchte Höch mit Ewald Rathke 1958, als in Deutschland die Musealisierung Dadas begann. Die erste umfassende Retrospektive fand unter dem Titel »Dada-Dokumente einer Bewegung« in Düsseldorf statt. Organisiert hatte sie der Kunstverein, kuratiert von Karl-Heinz Hering. Von Höch wurden 21 Arbeiten präsentiert, darunter »Dada Rundschau«, »Da Dandy« und »Das schöne Mädchen«. Auf der Ausstellungseröffnung am 5. September traf Höch unter anderem [→ 213] Man Ray, [→ 216] Hans Richter, Paul Citroen und [→ 47] Hans Bolliger. Hering besuchte Höch »unverhofft« im März 1959: »Brachte herrliche Blumen. – Ich glaube er hoffte den grossen Arp kaufen zu können. Natürlich tue ich es nicht.« [TK59] 1965 kam er erneut mit seiner Frau. Höch reiste am 25. März 1966 noch einmal nach Düsseldorf und sprach über ihre »Erinnerungen an die Berliner Dada-Zeit und an Kurt Schwitters«.

171 **Hidalgo, Juan, Madrid, Calle de la Batalla del Salado 1** (Codorniu, geb. 1927 Las Palmas, spanischer Komponist [→ 298 Zaj]). Zur Dadaistin Höch suchten einige Künstler der internationalen Fluxus-Bewegung Kontakt. Höch empfing im Juli 1966 Nam June Paik und Charlotte Moorman und im Oktober neben Juan Hidalgo (Madrid) auch [→ 278] Wolf Vostell sowie Dick und Alison Higgins. [59, 629, 633]

171 **Hildebrandt, Ingeborg, Berlin, Altonaer Straße 1**. Hildebrandt besuchte Höch mit ihrer Schwiegermutter [→ 116] Lily Hildebrandt 1967. Sie übernachtete im Eternit-Gästehaus am Koenigssee [AB]. [172]

171 **Haftmann, Werner, Berlin, Knesebeckstraße 33** (1912 Glowno – 1999 München; Kunsthistoriker). Haftmann besuchte Höch 1965 »mit Genfer Galerie-Vertreterin Krugier, sehr attraktive Frau«: Roswitha Viollet (geb. Hoffmann; 1924 St. Gallen – 1998 Zürich), mit der Haftmann von 1967 bis 1970 verheiratet war. Höch schreibt: Sie »will DADA-Ausstellung machen. Ich habe viel gezeigt« [TK65]. Haftmann wurde 1967 erster Direktor der Neuen Nationalgalerie in Berlin (bis 1974), die ein Jahr später in den Neubau von [→ 172] Ludwig Mies van der Rohe einzog. Er vereinte die beiden Rumpfsammlungen der Nationalgalerie und der [→ 89] Galerie des 20. Jahrhunderts zu einer geschlossenen Sammlung. 1970 und 1972 besuchte er Höch mit dem Kunsthistoriker [→ 184] Jörn Merkert. Roswitha Haftmann-Viollet besuchte sie erneut im selben Jahr: »Will bei Krugier Genf Höch-Ausstellung anregen«. Dafür nahm sie den Galeristen Jan Krugier mit (»Er will Retrospektiv Ausstellung in Genf u. New York machen.« [TK72]

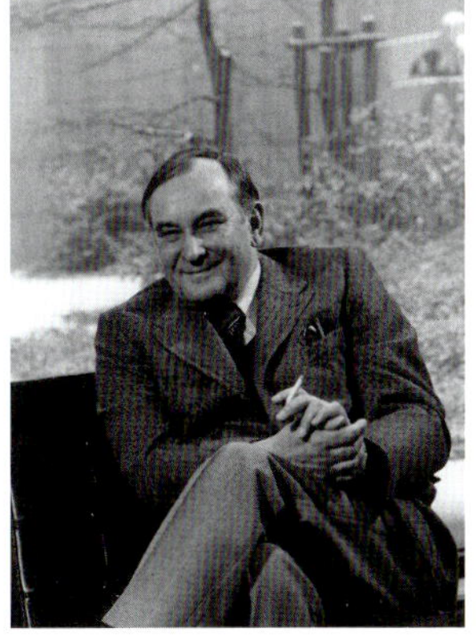

Werner Haftmann, 1973.
Foto: Horst Siegmann

171 **von Heinz, Marie-Agnes** (Witwe des Ur-Urenkels Wilhelm von Humboldts). Sie kümmerte sich um die Wiederherstellung des Humboldt-Schlösschens in Berlin-Tegel. Höch war dort im Juni 1967 zur 200-Jahr-Feier von Humboldt: »Ganz grosser Empfang. Dann durch den Park spaziert.« [TK67] [162]

171 **Bork, Frau** Berlin, Mümmelmannweg 7 (Kino Ringel, Heiligensee). Das Kino »Capitol«, eröffnet 1937 von Hugo Ringel, lag an der gegenüberliegenden Ecke des Marktplatzes und verfügte über rund 350 Sitzplätze. Höch war filmbegeistert. Über ein schmales Foyer gelangte der Besucher in den Kinosaal und zu den Logen. Das Kino bestand bis 1961. [63, 188]

171 **Ofensetzer: Wetzel** Berlin, Im Rehgrund. Er wohnte nicht weit von Höch entfernt in einer Parallelstraße.

Haaren, A. van (vermutlich Architekt), Den Haag. Van Haaren war Partner des Architekten [→ 158] Joan Barend Lürsen. Er sammelte wie sein Berufskollege [→ 54] Jan Buijs »Kristalle(n)«. [10]

Haderek, Tilly (1927 Berlin – 2011 Freiburg; Galeristin), [→ XX Schumacher], Stuttgart. Haderek kam zu Höch 1975: »mit jungen Mann der bei Gal. Fischer (Marlborough London ehemals arbeitet angestellt ist, sie wollte (kleine) Ausst machen (...) geht jetzt nicht)«. [TK75] Sie gründete 1970 mit einer Kollegin die Galerie 2. [472]

Hähne, Erna (Verlobte von [→ 28] Johannes Baader.) Höch erhielt im Januar 1923 die Verlobungsanzeige der beiden und besuchte Hähne im Juni. [141]

Häring, Hugo, Biberach an der Riss, Bismarckring 29 (1882 Biberach an der Riß – 1958 Göppingen; Architekt, verheiratet mit [→ 102] Häring-Unda). Im Jahr 1926 konstituierte sich die Architektenvereinigung »Der Ring«. Häring, wie Höch auch zur [→ 35] »Novembergruppe« gehörig, war ihr Sekretär. 1935 übernahm er von dem Bildhauer und Kunsterzieher Albert Reimann die Leitung dessen Kunst- und Kunstgewerbeschule. Da Reimann den »Ariernachweis« nicht erbringen konnte, war ihm eine Mitgliedschaft in der Reichskulturkammer verweigert worden. Genötigt durch die zahlreichen Schikanen des NS-Regimes verkaufte er schließlich die Schule. Reimann und seine Frau Klara hatten sie 1902 gegründet. Sie wurde 1913 als einzige Privatschule auf diesem Gebiet staatlich anerkannt. Der Unterricht fand unter anderem in folgenden Fächern statt: Anatomie und Farbenlehre, Malen, Akt und Illustration, Bühnenbild und Theaterdekoration, Raumkunst, Plastik, Keramik, Porzellanmalerei, Grafik und Buchkunst, Schrift und Gebrauchsgrafik, Textilkunst, Modeentwurf, -zeichnen und -illustration.

Höch nutzte die gut ausgestatteten Werkstätten, ob sie auch nebenbei unterrichtete, ist nicht bekannt. Oft arbeitete sie dort bis in die Abendstunden.

Häring wollte seinen modernen Gestaltungsideen ein Forum bieten, als seine Architektur von den Nationalsozialisten schon als »undeutsch« diffamiert wurde. Hannah Höch besuchte 1966 Härings Ausstellung in der Akademie der Künste. [160, 164, 167]

Häring-Unda, Emilia, Berlin, Fasanenplatz 37 (1879 Riga – 1939 Berlin; Schauspielerin). Häring-Unda ließ sich 1919 in Berlin nieder. Sie spielte zunächst am avantgardistischen Privattheater »Tribüne«, später unter Max Reinhardt am Deutschen Theater und in vielen Filmen. Bereits 1918 hatte sie den Architekten [→ 102] Hugo Häring geheiratet. 1930 schreibt sie an Höch: »Mir liegt sehr am Herzen einmal vorm. zu Ihnen zu kommen, um Ihre Arbeiten zu sehen. Bitte rufen Sie mich doch mal an. Sonntag wäre es mir am angenehmsten, da ich tägl. Proben habe.« 1937 besuchte Hannah Höch Unda: »Sie ist sehr krank. 2 ½ Jahre liegt sie nun.« [TK37] [142, 149, 151]

Hagenbach, Marguerite [→ 26 Arp-Hagenbach; → 20 Arp]

Hager, Prof. Dr. Hugo (1920 – 1981; Augenarzt). Höch besuchte Hager, den Direktor der Augenklinik im Klinikum Steglitz, 1974 zu einer Voruntersuchung. Nach Pfingsten sollte sie operiert werden. Sie blieb vom 8. Juni bis Ende Juni 1974 im Krankenhaus. Die Familie [→ 115/116] Hildebrandt besuchte sie dort, »kam (...) wie ein Gewitter. Brachten Blumen u. Obst u. Lärm Woher wussten sie es?« Nach dem Eingriff sah sie »wieder leuchtende Farben, aber nicht scharf.« Hager besuchte Höch in Heiligensee im selben Jahr: »Er malt auch. Sohn auch.« Hager holte Höch im Dezember 1974 zum Tee ab und besuchte sie 1975 mehrfach. Er schrieb ihr 1976 und besuchte sie 1977 und 1978 (»Setzten mir die Linse ein.«). [481]

Hahn, Doris, Berlin, Cicerostraße 56a (eigentlich: Dorothea Sunderhoff, 1895 Wörlitz – 1973 Berlin). Hahn, die Zeichnungen und Collagen anfertigte, besuchte Höch 1962. Sie notiert: »wollte Arbeiten für München, Tochter u. Mann (Malers) wollen Privat Galerie aufmachen. Ich reserviert verhalten.« [TK62] 1965/66 korrespondierte Hahn mit [→ 106] Raoul Hausmann. Höch traf sie erneut 1966 während einer Museumseröffnung. »Diese Frau hat mich, vor Jahren einmal, sehr aufdringlich, angesprochen. Im vergangenen Jahr (1972, H.N.) trat sie dann anlässlich der Mynona-Gedächtnis-Ausstellung in Erscheinung.« [TK66] Hahn besuchte um 1913 die Kunstgewerbeschule in Bremen und lebte nach ihrer Heirat in Berlin. Sie verkehrte im »Sturm«-Kreis, war mit [→ 75] Mynona befreundet, mit seiner Schwester Anna bekannt. Das schreibt auch Höch: »stellte sich vor als Mynona-Bekannte und [→ 171] Lu Märten« [AB]. Hahn korrespondierte mit Mynona bis 1946. [168]

Hamm, Manfred (geb. 1944 Cainsdorf (Zwickau); Fotograf). Hamm fotografierte Hannah Höch 1974 und 1976. Seit 1970 arbeitete er als Fotograf, stellte in verschiedenen Galerien (u.a. Galerie Nothelfer, Berlin) aus und veröffentlichte zahlreiche Fotobücher. Ein Höch-Foto nahm Hamm in sein Buch »Berlin. Landschaften einer Stadt« auf. Er fotografierte Höch auch 1975: »Hat, auf meine

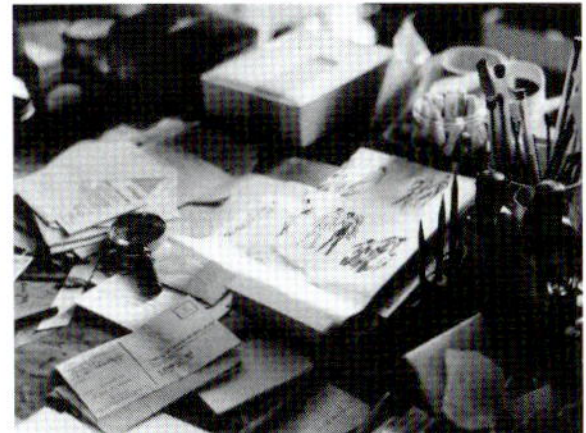

Hannah Höchs Schreibtisch. Foto: Manfred Hamm

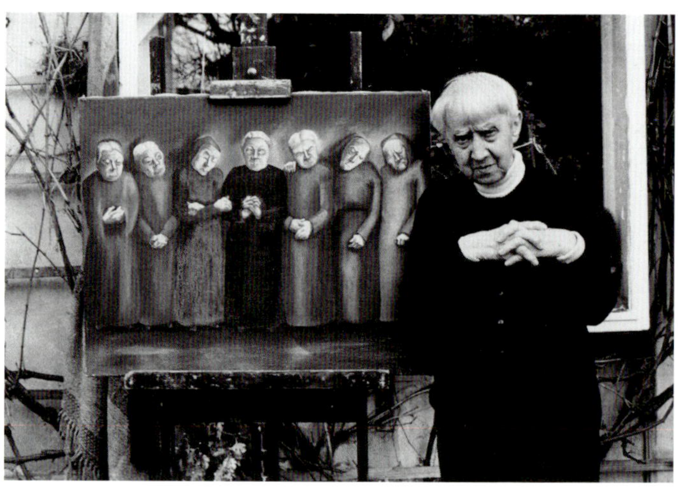

Hannah Höch vor ihrem Bild »Die Alten« in ihrem Garten in Heiligensee, 1975. Foto: Manfred Hamm

Bitte, das alte Ölbild ›Die Alten‹ (Frauen) gemacht. Ich wollte die Köpfe u. die Hände einzeln haben. Hat er gemacht. Es hat ihn angeregt damit eine Gegenüberstellung von resigniertem und noch aktivem Alter zu machen.« / »Hatte viele Aufnahmen von meinem Kopf u. meinen Händen gemacht.« [TK75] Hamm besuchte Höch mit dem befreundeten Lehrer und Kunsthistoriker Lothar Fischer noch einmal 1976: »Beide (...) sind aus Dresden, [→ 45] Bienert-bekannt.« [TK76] [482]

Harden, Sylvia von (1894 Hamburg – 1963 Croxley Green; Lyrikerin, Journalistin). Von Harden schrieb 1932 an Höch, um sich mit der Malerin zu verabreden. Seit 1915 lebte sie in Berlin. Höch lernte sie vermutlich durch [→ 102] Emilia Häring-Unda kennen. Otto Dix malte von Harden 1926 mit Monokel und Zigarette, an einem Kaffeehaustisch sitzend. Mit dem Porträt wurde sie zum Inbegriff des Frauentypus der zwanziger Jahre. [149]

Hardenberg, Henriette (Künstlername von Margarete Rosenberg; 1894 Berlin – 1993 London; expressionistische Lyrikerin), verheiratet mit [→ 295] Alfred Wolfenstein; Schwester von [→ 216] Hans Rosenberg. Höch traf Hardenberg 1965 in der Akademie der Künste. Ihre erste literarische Veröffentlichung hatte Hardenberg 1913 in der Zeitschrift »Die Aktion«. 1914 lernte sie den Lyriker und Dramatiker Alfred Wolfenstein kennen, mit dem sie von 1916 bis 1930 verheiratet war. 1918 erschien ihre einzige Einzelveröffentlichung, der Gedichtband »Neigungen«. 1937 ging Hardenberg nach England ins Exil. In zweiter Ehe war sie ab 1938 mit dem ebenfalls nach England emigrierten Innenarchitekten und Dichter Kurt Frankenschwerth (1901 – 1982) verheiratet. [112, 113]

Hartung, Prof. Karl (1908 Hamburg – 1967 Berlin; Bildhauer). Höch besuchte Hartung 1958 und 1961. Im Jahr 1958 kam er mit seiner Frau und [→ 113] Franz Hermesmeyer zu Besuch. Hartung lebte ab 1936 in Berlin. 1948 zeigte er Plastiken und Zeichnungen in der Galerie Gerd Rosen, 1950 in der Galerie Springer [Einladung, NHH]. 1951 erhielt Hartung eine Professur für Bildhauerei an der Hochschule für Bildende Künste in Berlin und wurde deren stellvertretender Direktor. Einer seiner Schüler war Günter Grass. Ab 1955 war er Präsident des Deutschen Künstlerbundes (bis 1967). [166]

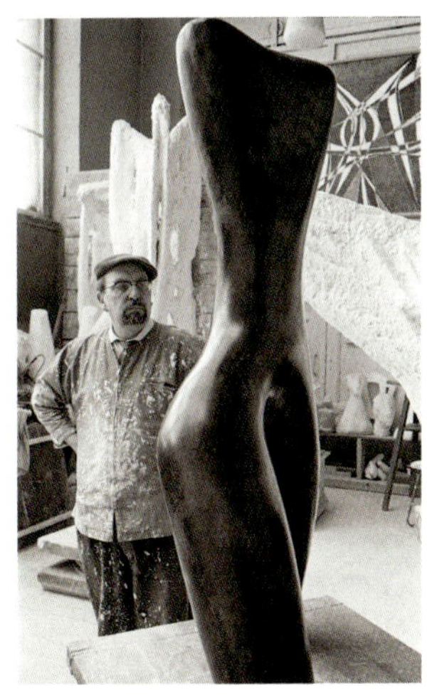

Klaus Hartung, 1961/62

Hasse, Ruth (Malerin). Höch lernte Hasse durch die Malerin [→ 116] Lily Hildebrandt und den Kunstsammler [→ 184] Pali M. Meller kennen. [152, 166]

Hauptkunstamt Frl. Sümmich, Frl. Fenske (im Schloss), Frl. Evelin (Akademie im Schloss), Frau Lütke. Höch erhielt vom Hauptamt Kunst und Kultur beim Senator für Volksbildung den monatlichen Ehrensold. Regelmäßig erschien sie dort, um sich das Geld abzuholen. [164]

Hauptmann, Dr., Stuttgart, Neckarstraße 121 (Schriftleitung, »Alexander Kochsche Zeitschriften«). Höch entwarf nicht nur Schnittmuster für den [→ 274] Ullstein Verlag, sondern auch für die Fachzeitschrift »Stickerei- und Spitzen-Rundschau«. Sie wurde von der Verlagsanstalt Alexander Koch in Darmstadt herausgegeben. Hauptmann: »Die Musterungen sind zum Teil sehr ansprechend und es ist zu verwundern, daß Sie bisher mit ihrer intensiven Arbeit noch keinen großen Erfolg hatten.« Höch publizierte auch mehrere Artikel, in denen sie vehement für eine Erneuerung der Stickerei eintritt. »Die Stickerei steht in engstem Zusammenhang mit der Malerei. Sie ändert sich unentwegt, mit jeder Stilepoche. Sie ist eine Kunst und darf beanspruchen, als solche behandelt zu werden (…). So wenig wie es in der Malerei heute genügt, dass einer naturalistische Blümchen, Stilleben oder Akte abklatscht, so sicher muß in die künftige Stickerei wieder abstraktes Formgefühl, damit Schönheit, Gefühl, Geist, ja Seele kommen.« [Höch 5] Im September 1918 appelliert sie in einem Artikel an die Kunstgewerblerinnen: »modernste Frauen, ihr, die ihr geistig zu arbeiten glaubt, (…) wenigstens i-h-r müsst wissen, dass ihr mit euren Stickereien eure Zeit dokumentiert.« [Schaschke, S. 120. Fn.II.] Auch Höchs spätere Fotomontagen zeugen von ihrer Beschäftigung mit ornamentalen Strukturen in Stoff- und Strickmustern. Sie verarbeitete Fragmente von Schnittmustern oder Motive von geklöppelten Spitzen. [152, 221]

Hausmann, Raoul, Berlin, Kaiser-Friedrich-Straße 52; Ibiza, Baleares, San José, Can Mestre; Limoges, 80, rue Aristide Briand über Dela Blakmar, Norberg, Schweden; Limoges, 6, rue Neuve Saint-Etienne (1886 Wien – 1971 Limoges; Schriftsteller, Künstler). Hausmann war mit der zehn Jahre älteren Geigerin Elfriede Hausmann-Schaeffer (1876 – 1952) verheiratet. Sie hatten eine Tochter, Vera. Am 28. April 1915 lernten er und die drei Jahre jüngere Höch sich kennen und wurden ein Paar. Hausmann verließ die Familienwohnung in der Mommsenstraße 54a (heute Markelstraße) in Berlin-Steglitz und wohnte zur Untermiete in der Charlottenburger Pestalozzistraße. In der außerehelichen Verbindung mit Höch bestand diese auf Einhaltung konventioneller Regeln. Hausmann beklagte, dass er sich jede Nacht von ihr trennen musste: »und ich hatte mir gewünscht, nur ein einziges Mal bei Dir schlafen zu dürfen, in Deinem Bett.« [Lebenscollage I/1, S. 191]

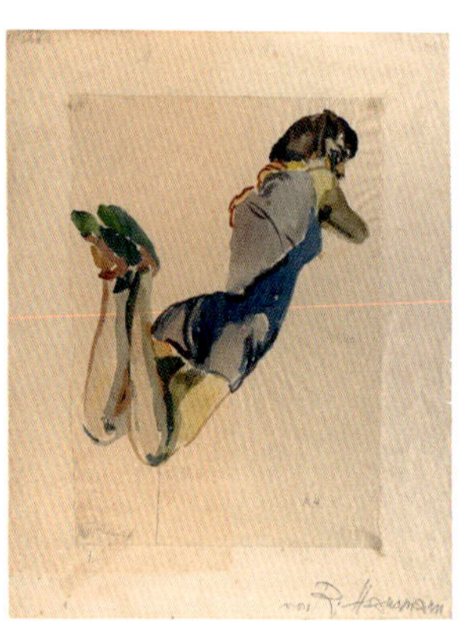

Hannah Höch. Zeichnung von Raoul Hausmann, um 1919

Hausmann lebte seit 1900 in Berlin. Er verkehrte als Bohemien in Kaffeehäusern und Zirkeln, in denen sich Anhänger des Expressionismus trafen und kämpfte um Anerkennung. Seine Familie lebte notdürftig von dem, was seine Frau als Musiklehrerin verdiente. Hausmann bat Höch manchmal, ihm finanziell zu helfen. Über ihr Leben mit Hausmann gab Höch nur wenig preis: »Raoul Hausmann war der erste von den bedeutenden Menschen, die in meinem Leben eine Rolle spielen. (...) Vom Leben habe ich in dieser Zeit unendlich viel erfahren. Auch ausweglosen Tiefen philosophischen Denkens nachzuspüren. Auch: der irdischen Liebe meinen Tribut zu zollen.« [Ohff 1, S. 23] Im August 1915 schreibt sie ihm: »Sieh mal, ich habe *von jeher alle* Dinge, die mein Innerstes erfüllten und die ich liebte, und wie und was ich mit ihnen zu tun hatte, mit mir *ganz allein* abmachen müssen. Habe niemals (auch als Backfisch keine Freundin) irgend einen Menschen gehabt, dem ich hätte über meine inneren Angelegenheiten sprechen können und mögen und so kommt es, daß ich jetzt oft verwundert über mich selbst bin, nämlich, daß ich jetzt schon zuweilen aus mir heraus kommen kann. – Daß *Du* dies fertig bringen *kannst,* habe ich in den ersten Tagen, am allerersten Tag unserer Bekanntschaft schon gewußt, aber ich habe mich noch bis vor kurzem dagegen gewehrt und nicht wollen.« [Lebenscollage I/1, S. 122]

Hausmanns zeitgleiche Beziehung zu zwei Frauen gestaltete sich für Höch auf Dauer schwierig. Er schreibt an Höchs Schwester [→ 97] Grete im August 1917: »Liebe, einen Gruß von der Ostsee. (offenbar nachträglich eingefügte Randbemerkung von Höch: ›wo er meine Ferien mit seiner Frau verbringt. Hahaha.‹) (…) Ich hatte viele Auseinandersetzungen mit ihr – es ist aber unmöglich, das zu tun, was sie möchte, sie geht von ganz merkwürdigen Anschauungen aus. (Höchs Anmerkung: ›Ich will nur, daß diese Betrügereien endlich aufhören, und, daß er sich für mich, oder Jene entschließt, er aber will… hahaha.‹)« [Lebenscollage I/1, S. 292f.]
Hausmann schrieb für die Zeitschriften »Der Sturm« und »Die Aktion« und gehörte zu den prominenten Gründern der Berliner Dada-Bewegung. Die erste Dada-Soirée am 12. April 1918 entwickelte sich im überfüllten Sezessionssaal zu einer »unerhörten Sensation« [→ 123 Huelsenbeck] und einem »vollendeten Skandal« [→ 106 Hausmann]. Höch war nicht beteiligt. Eine heftige Auseinandersetzung mit Hausmann hatte sie in eine tiefe Krise gestürzt.

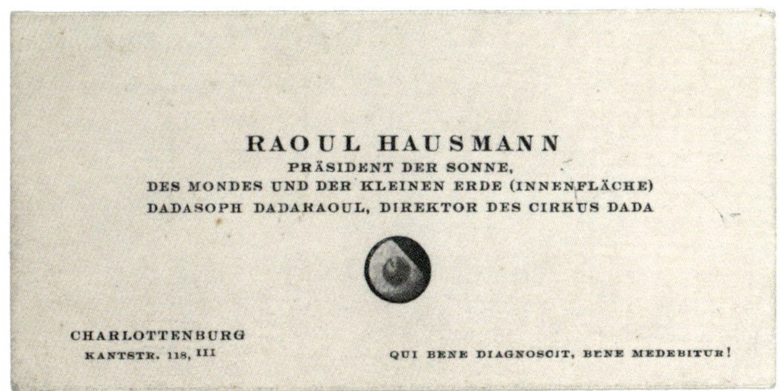

Visitenkarte Raoul Hausmann

Das im Saal verteilte und von Richard Huelsenbeck verfasste »Dadaistische Manifest« wirkte wie ein »Vulkan-Ausbruch«. Sein Vortrag war ein Plädoyer für die Erneuerung der Kunst. Die Zeitungen berichteten ausführlich von dem Spektakel. Neben der Publizität hatten die Dadaisten an dem Abend auch einen Gewinn von 500 Mark erzielt. Auf diesen kommerziellen Erfolg war Hausmann besonders stolz. In einem Brief vom Mai an Höch hoffte er, aus Dada etwas machen zu können wie den »Sturm«: »Jedenfalls bis jetzt steht Dada. Und bis zum Herbst wird es möglich sein, davon leben zu können. (…) Die Galerie dada wird gegründet – es ist wirklich eine neue Bewegung da.« [Lebenscollage I/1, S. 384] Er versuchte, Höch zu gewinnen: »Und es wäre für Dich auch ein so schönes Betätigungsfeld! Wie könnten wir zusammenarbeiten! Und wir wüßten wofür.« [Lebenscollage I/1, S. 384] Hausmann deutete hier an, dass er sie als Partnerin auch in der Kunst akzeptieren würde. Höch reagierte nur verhalten auf Dada und seine ästhetischen Experimente, was Hausmann kränkte. Auf ihre Vorbehalte erklärte er: »Bei dada gibt's keine ästhetischen Einwände.« [Lebenscollage I/1, S. 394] Wenig später schreibt er jedoch etwas desillusioniert (Juni 1918): »Du weißt, daß ich hoffte, mit dem Dadaismus etwas zu erreichen: Nun hat man das Manifest und das Heft (›Club Dada-Prospekt der Freien Straße‹, H.N.) beschlagnahmt. Hülsenbeck, der übrigens noch nicht Soldat ist, will sich aus Angst nicht mehr dadaistisch betätigen. Du kennst aber meine Idee (...) dazu brauche ich mehr Menschen als nur mich allein. Das ist also vorbei.« [Lebenscollage I/1, S. 398f.]

Im August 1918 fuhren Höch und Hausmann nach Heidebrink, einem Fischerdorf auf der Insel Wollin. Hausmann hatte sich endgültig von seiner Frau getrennt, kehrte später aber wieder zu ihr zurück –, nachdem Hannah Höch ihre Drohungen wahr gemacht und die Beziehung abgebrochen hatte. Durch seine Briefe, einer Mischung aus Vorwürfen, Selbstvorwürfen, psychoanalytisch gefärbten Erklärungsversuchen, Drohungen und Verzweiflungsausbrüchen erreichte er, dass Höch zu ihm zurückkehrte. Der Heidebrink-Aufenthalt war für Höch und die Dada-Bewegung noch aus

Hannah Höch und Raoul Hausmann, um 1918

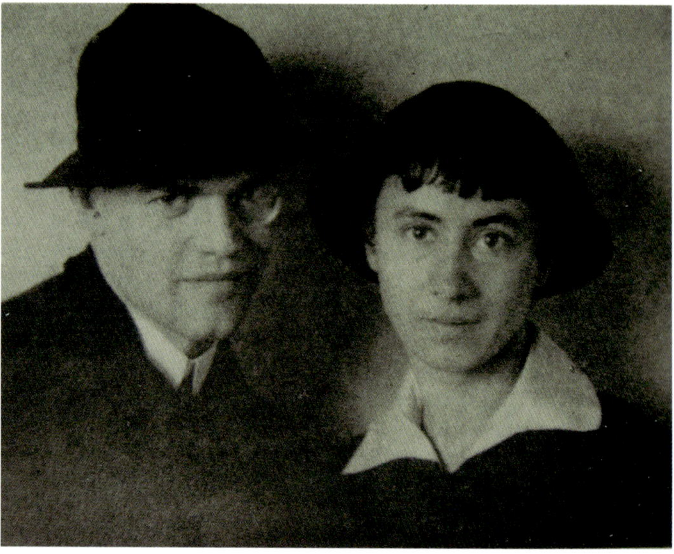

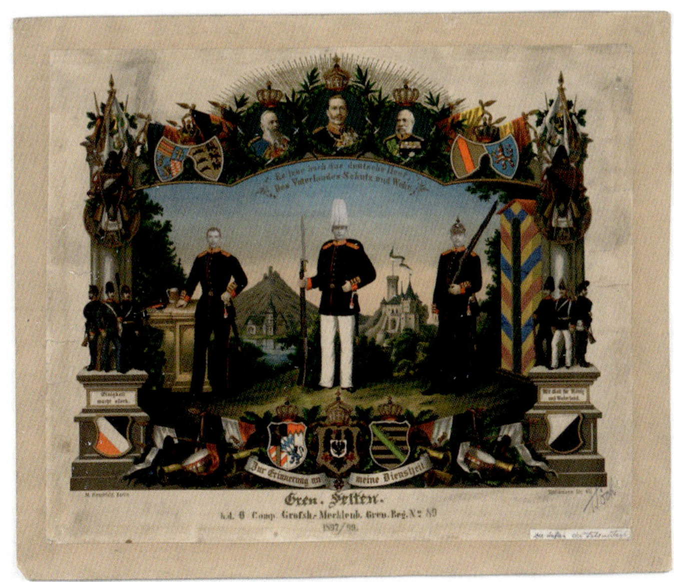

»Militär-Gedenkblatt« Fotomontage von Raoul Hausmann, um 1918

einem anderen Grund wichtig: Hier entdeckten beide das Prinzip der Fotomontage. »Wir (hatten) in einem Fischerhäuschen an der Ostsee einen uns amüsierenden Öldruck an der Wand hängen (...). Dieser zeigte (...) fünf stehende Soldaten in fünf verschiedenen Monturen – aber nur einmal fotografiert –, denen der Kopf des Fischersohnes fünfmal eingeklebt war.« [Höch 2, S. 207f.] Diese Art Erinnerung an die Militärzeit war weit verbreitet. In vorgefertigte Landschaften oder Szenen waren Männer in blitzblanker Uniform und heroischer Haltung gestellt, in die man jeweils die fotografierten Köpfe der Auftraggeber hineinmontierte. »Aber so etwas könnte man doch überhaupt mit Photos machen« [Ohff 1, S. 15], hatte Hausmann festgestellt, erinnerte sich Höch. Und sie selbst sagt: »Wir nannten die Technik Photomontage, weil dies unsere Aversion enthielt, den Künstler zu spielen. Wir betrachteten uns als Ingenieure, wir gaben vor, zu konstruieren, unsere Arbeit zu ›montieren‹ (wie ein Schlosser).« [Ohff 1, S. 16]

Nach ihrer Rückkehr eskalierte der Konflikt, Hausmann wurde gewalttätig. Sie versteckte sich bei ihrem Bruder [→ 63] Danilo. An ihre Schwester Grete schreibt sie (April 1918): »Es ist eine schreckliche Zeit für mich, ich komme aus der Todesangst nicht heraus.« [Lebenscollage I/1, S. 356] Hausmann drohte mit Selbstmord. Erst Mitte 1922 kam es dann zum endgültigen Bruch.

1956 schrieb er an [→ 123] Huelsenbeck: »Als richtiger Esel liess ich Alles liegen und stehen und ging mit einem kleinen Handkoffer los, in dem grade meine Wäsche und ein paar Schuhe Platz hatten. Meine Zeichnungen, Aquarelle und Oelsardinenbilder sowie Fotomontagen sind geblieben und sind noch bei Hanna Höch, die nie ein einziges Stück herausgeben wollte.« [Brief von Raoul H. an Richard H., 7.2.1956]. Hausmann korrespondierte mit Höch von 1915 bis 1921, von 1931 bis 1935 und von 1950 bis 1968.

Höchs Freundeskreis erweiterte sich nach der Trennung um die Ehepaare [→ 253] Helma und Kurt Schwitters sowie [→ 59] Nelly und Theo van Doesburg. Erst nach zehn Jahren, Höch war 1931 gemeinsam mit [→ 49] Til Brugman von Den Haag nach Berlin zurückgekehrt, initiierte sie erneut einen Kontakt mit Hausmann.

Nach der Liaison mit ihr hatte Hausmann die Malerin Hedwig Mankiewitz-Hausmann geheiratet und daneben ein Verhältnis mit der Schriftstellerin Vera Broido (1907 – 2004), alle drei wohnten in der Kaiser-Friedrich-Straße zusammen. Broido wurde seine Muse und das Modell einer berühmten Aktfotoserie. Das Treffen mit ihm empfand Höch aber als »sehr langweilig«: »Hausmann gefiel sich noch mehr in egozentrischen, oberflächlichen Bespiegelungen. Arbeit war keine – absolut keine entstanden in den 10 Jahren.« [Lebenscollage II/1, S. 71]

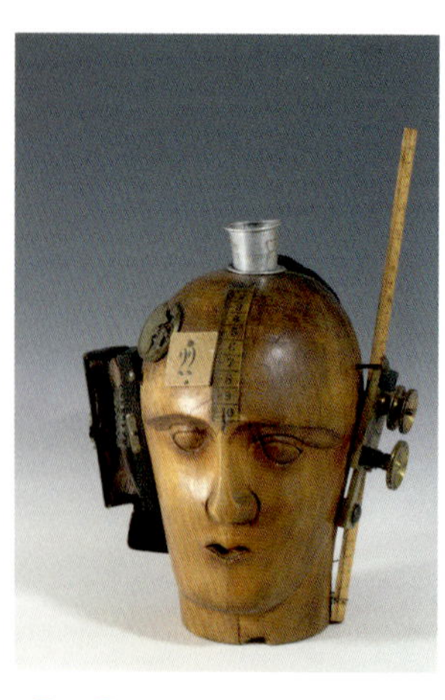

»Der Geist unserer Zeit (Mechanischer Kopf)«, Raoul Hausmann, 1919

Der » Der Geist unserer Zeit (Mechanische Kopf)«, eine 1919 entstandene Assemblage, zählt zu Hausmanns wichtigsten Dada-Arbeiten. Vielfach wurde sie als Ikone dadaistischer Kunst präsentiert. Die Assemblage gehörte Höch, bevor sie das Objekt, in einem Zornesanfall über einen seiner Briefe, an Hausmann nach Limoges (Frankreich) schickte.

Hausmann emigrierte mit seinen beiden Frauen im März 1933 nach Spanien. Von dort ging er 1936 nach Zürich, 1937 nach Prag, im folgenden Jahr nach Paris und schließlich über Peyrat-le-Château nach Limoges, wo er sich 1944 endgültig niederließ. Im September 1967 notiert Hannah Höch in ihrem Terminkalender: »Viele Stunden mit Hausmann Korrespondenz verbracht. Noch einiges festgestellt. Muss ihm wieder schreiben. Dieses Ungeheuer wird mich wohl bis zur letzten Stunde belasten.« [102, 142, 149, 155, 160, 164, 167, 631]

Heap, Jean, New York, 126 East 28th Street (1883 – 1964; amerikanische Verlegerin, Leiterin einer Galerie; »The Little Review«). Höch traf Heap 1925 in Paris auf der »Exposition Internationale des

Arts Décoratifs et Industriels Modernes«. Sie interessierte sich besonders für die Textilabteilung und notierte über ihre Begegnung: »Netter Tag mit ihr in der Ausstellung (Tunesn.).« [TK25] Eine Zeichnung Höchs in der Frühjahr/Sommer-Ausgabe von »The Little Review« 1926 zeigt Jean Heap. Das von der Kunstkritikerin vierteljährlich herausgegebene New Yorker Avantgarde- und Literaturmagazin genoss hohes Ansehen in der Kunstszene. Es stellte Maler, Bildhauer und Schriftsteller mit ihren Werken vor. Die Veröffentlichung von James Joyce' »Ulysses« trug ihr einen Prozess »wegen Obszönität« ein. In ihrer Little Review Gallery zeigte Heap Fotomontagen von Höch und Leihgaben aus dem Besitz von [→ 270] Tristan Tzara. [143]

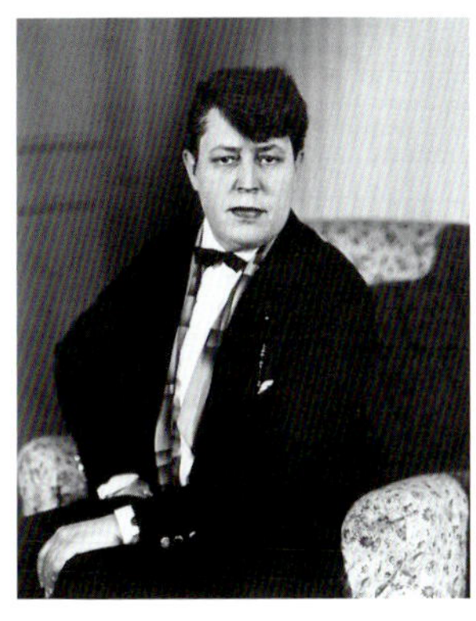

Jean Heap, 1928

Heartfield, Gertrud, Berlin, Friedrichstraße 129 (1910 Berlin – 1983?, geb. Fietz; kaufmännische Angestellte), verheiratet mit [→ 111] John Heartfield, seine dritte Ehe. Gertrud Heartfield (auch »Tutti« genannt) besuchte Höch 1974 und gab ihr einen Aufsatz von Wieland Herzfelde mit: »Auch ausführlich über DADA – wie er es sieht.« Als einzige Künstler nannte er in dem Fotomontage-Aufsatz seinen Bruder John Heartfield und George Grosz. Höch: »Es ist grotesk was die Männer so fertigbringen.« [TK74] John Heartfield lernte seine Frau in London kennen, wo sie als Emigrantin lebte. 1950 kehrten beide nach Deutschland zurück. Sie lebten in der DDR, zunächst in Leipzig, und zogen 1956 nach Berlin zurück. In der Friedrichstraße 129, Block D hatten sie eine Wohnung auf dem Gelände des ehemaligen Französischen Hospitals. Gertrud Heartfield verwaltete das nach dem Tod von Heartfield eingerichtete Archiv in der Akademie der Künste in Ost-Berlin. [481, 482]

Heartfield, John (Herzfelde, Helmut) (1891 Schmargendorf (Berlin) – 1968 Ost-Berlin; Maler, Grafiker, Fotomontagekünstler, Bühnenbildner), Bruder von Wieland Herzfelde. Höch besuchte 1969 mit [→ 294] Verena Wittwer Heartfields Ausstellung in der Jebensstraße. Aus Protest gegen die nationalistische England-Hetze hatte sich Helmut Herzfelde 1916 in John Heartfield umbenannt. Die Zeitschrift »Neue Jugend« wurde von Wieland Herzfelde zusammen mit ihm und George Grosz herausgegeben. Höch und [→ 106] Hausmann nahmen regen Anteil an der Entwicklung der Zeitschrift. 1920 trat Heartfield bei Veranstaltungen der Berliner Dadaisten auf, wegen seines blauen Monteuranzugs wurde er »Monteur-Dada« genannt. Er stellte auf der »Ersten Internationalen

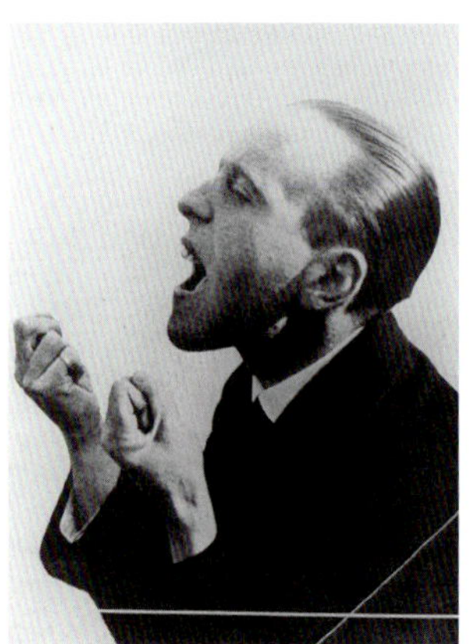

John Heartfield, Selbstporträt, 1920

Dada-Messe« zum ersten Mal eigene Arbeiten aus, zum Beispiel eine Puppe mit dem Eisernen Kreuz auf dem Hinterteil. Wegen Beleidigung der Reichswehr folgte auch gegen ihn eine Anklage. Schockierend wirkte Heartfields Schrei auf den Dada-Manifestationen, berichtete Hannah Höch. Wenn Grosz beispielsweise endlos »atemberaubende, erschwindelte Erlebnisse« [Pachnicke, S. 57] vor dem Publikum erzählte, dann »griff plötzlich John Heartfield ein, indem er einen markerschütternden Ton ausstieß – einen Urwaldschrei«. [Höch 4, S. 137]. Das Kabarett »Schall und Rauch« bot den Dadaisten ein Forum, bissige Zeitsatire mit dadaistischem Ulk zu verbinden. Heartfield beteiligte sich an der Gestaltung des Programms und der Hefte, die eine Mischung aus Programmheft und Zeitschrift darstellten. Auf dem Titelblatt und den Innenseiten des April-Heftes 1920 waren Höchs Dada-Puppen abgebildet. Heartfield machte in seinen Arbeiten nach der Auflösung der Dada-Bewegung in Berlin Anfang der zwanziger Jahre aus der dadaistischen Fotomontage ein Mittel politischer Agitation, meist veröffentlicht in der kommunistischen Wochenzeitung »Arbeiter-Illustrierte-Zeitung« (AIZ). Seine erste »Fotomontage zur Zeitgeschichte« »Väter und Söhne« zeigte er 1924 im Schaufenster der Malik-Buchhandlung in Berlin. Im Jahr 1933 entkam Heartfield der SA nach Prag, 1938 emigrierte er für elf Jahre nach London. Er lebte und arbeitete bis zu seinem Tod in Ost-Berlin, obwohl dort seine Technik der Fotocollage von offizieller Seite nicht gerade geschätzt wurde. [482]

Heister, Hans Siebert von (1888 Düsseldorf – 1967 Berlin; Maler, Schriftsteller). Heister war seit 1919 Mitglied der [→ 35] »Novembergruppe« und der Künstlervereinigung »Junges Rheinland«. Er schrieb an Höch 1921 und 1964. [141, 170]

Hendrichs, Hertha. Sie schrieb Höch im Januar 1960. Anlass war die Ausstellung »Kunst des 20. Jahrhunderts aus Berliner Privatbesitz« (Februar/März) im Haus am Waldsee. Dort zeigte Hendrichs als Leihgabe Höchs Aquarell »›Traumbild‹ aus den 20er Jahren«. [AB] Sie gehörte zu [→ 102] Hugo Härings Mitarbeiterinnen an seiner Reimann-Schule. Nachdem diese durch Bomben zerstört wurde, kehrte sie mit ihm in seine Heimatstadt Biberach zurück. Später wohnte Häring offenbar bei Hendrichs, die sich, wie Höch notierte, nach seinem Tod um den Nachlass des Architekten kümmerte (»hat Hugo Häring Hinterlassenschaft zum Teil«) [AB]. [164, 167]

Henning, Fritz (1888 Berlin – 1958 Berlin; Maler, verheiratet mit [→ 113] Ortega Henning) Potsdam. Henning war mit [→ 106] Raoul Hausmann und [→ 28] Johannes Baader befreundet. Besonders in den zwanziger Jahren beeinflusste seine Malerei die Berliner Künstler. Er lud Höch 1931 zu einem Vortrag über »Wissen, Glauben und Menschheit« ein [Einladung, NHH] und informierte Höchs damalige Partnerin [→ 49] Til Brugman über einen Vortrag im Januar 1932, veranstaltet von der »Gesellschaft zur Förderung der Welteislehre«. Für diese Lehre interessierten sich auch Baader und Hausmann. [141, 145]

Henning, Ortega (verheiratet mit [→ 113] Fritz Henning). Höch traf Henning 1932, zu einem Besuch kam es aber erst 1960. [149]

Hentschel, Dr. Ing. Georg Hentschel machte Bergwanderungen mit Höch und ihrem Ehemann [→ 178] Kurt Heinz Matthies. Er begleitete das Ehepaar 1939 auch zu einem Wochenende am Meer. Höch schreibt: »Seit Holland bin ich zum ersten mal wieder an der See. Landschaft hat Charakter. Es ist wunderschön.« [TK39] [186]

Herbst, Helmut (geb. 1934 Escherhof (Waldbröl); Filmemacher) Hamburg. Herbst drehte 1969 den Dokumentarfilm »Deutschland – Dada. Ein Alphabet des deutschen Dadaismus« (61 min.). Er schreibt in der Filmothek der Wochenzeitung »Der Freitag«: »Der Film beginnt mit dem Buchstaben Z = Zürich und besichtigt nach dieser Ordnung die in alle Welt verstreuten Bruchstücke und Splitter der dadaistischen Explosion, ohne sie an einer der Wäscheleinen der Kunsthistoriker aufzuhängen. Herausragend: Die Statements und Performances der damals noch lebenden Dadaisten Raoul Hausmann, Richard Huelsenbeck und Hans Richter.« Der Film erhielt den Bundesfilmpreis. [172, 173]

Hermesmeyer, Franz (verheiratet mit [→ 153] Annelise Kuki). Er besuchte Höch mit seiner Frau im August 1955, um Collagen zu fotografieren. Das wiederholte sich 1956 und von 1959 bis 1961. Hermesmeyer traf Höch auch im Mai 1961 auf der Geburtstagsfeier des Bildhauers [→ 105] Karl Hartung. [57, 164, 165, 653]

Herterich, Frank (geb. 1943 Regensburg; Enkel des Architekten [→ 172] Ludwig Mies van der Rohe; Sohn von [→ 226] Georgia van der Rohe und Fritz Herterich). Höch traf Herterich 1966 in der Akademie der Künste. 1970 besuchte er sie mit seiner Mutter. Ende der sechziger Jahre war Herterich in Frankfurt politisch aktiv. 1969/70 studierte er in Berlin und etablierte sich als Urbanist und

Stadtplaner. Von 1999 bis 2008 arbeitete er im Planungsstab des Auswärtigen Amtes. [166, 325, 514]

Herzfelde, Helmut [→ 111 Heartfield]

Herzog, Oswald (1881 Haynau – 1939 Teplice; Bildhauer). Herzog unterrichtete an der Reimann-Schule und war Mitglied der »Novembergruppe«. Nach 1933 galten seine Werke als »entartet«. [146]

Heydt, Eduard Freiherr von der, Berlin, Behrenstraße 8 (1882 Elberfeld – 1964 Ascona; Bankier, Kunstsammler, Mäzen). Durch die Ausstellung »Fotomontage« 1931 wurde der Kunstsammler und Mäzen von der Heydt auf Höch aufmerksam. Ab Mitte der zwanziger Jahre sammelte er ostasiatische und afrikanische Kunst und trug eine der weltweit größten Privatsammlungen asiatischer Kunst zusammen. Von der Heydt residierte im Hotel Esplanade am Potsdamer Platz. Für zwei ihrer Collagen nutzte Höch Bildvorlagen aus von der Heydts Sammlung. Als sie mit dem Mäzen auf der Ausstellungseröffnung ins Gespräch kam, lud sie ihn ins Atelier ein: »sg. H. Baron v.d.H. Mit Vergnügen entnahm ich Ihrem Brief ein weiteres Interesse an einigen meiner Foto-Montagen und ich teile Ihnen gerne mit, dass der Preis pro Blatt 75 Mk ist. Ich möchte Sie ausserdem bitten und es wird mir eine ganz besondere Freude sein meine ganze Sammlung ›aus einem ethnographischen museum‹ bei mir im Atelier einmal ansehen zu wollen«. [Lebenscollage II/2, S. 411] Nach dem Atelierbesuch kaufte von der Heydt offenbar zwei ihrer Arbeiten und bat sie, diese ins Berliner Nobelhotel zu schicken: »Es hat mir bei Ihnen und Ihrer Freundin sehr gut gefallen«, dankte er nach dem Besuch bei Höch und [→ 49] Til Brugman. [Lebenscollage II/2, S. 411]

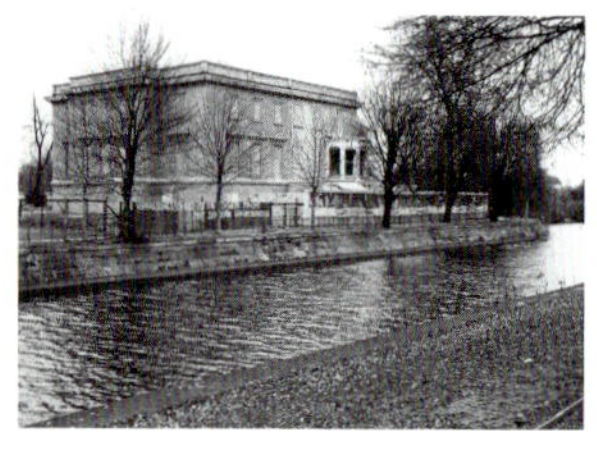

Villa von der Heydt, 1974 vom Landwehrkanal aus. Foto: Karl Heinz Schubert

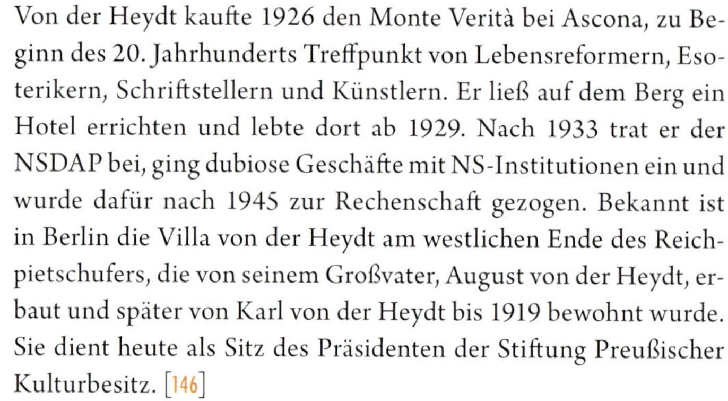

Von der Heydt kaufte 1926 den Monte Verità bei Ascona, zu Beginn des 20. Jahrhunderts Treffpunkt von Lebensreformern, Esoterikern, Schriftstellern und Künstlern. Er ließ auf dem Berg ein Hotel errichten und lebte dort ab 1929. Nach 1933 trat er der NSDAP bei, ging dubiose Geschäfte mit NS-Institutionen ein und wurde dafür nach 1945 zur Rechenschaft gezogen. Bekannt ist in Berlin die Villa von der Heydt am westlichen Ende des Reichpietschufers, die von seinem Großvater, August von der Heydt, erbaut und später von Karl von der Heydt bis 1919 bewohnt wurde. Sie dient heute als Sitz des Präsidenten der Stiftung Preußischer Kulturbesitz. [146]

Hilberseimer, Ludwig (1885 Karlsruhe – 1967 Chicago; Architekt, Stadtplaner). Der Maler [→ 80] Peter Foerster berichtet 1927 an

Höch: »Hilberseimer, der konsequente Puritaner, hat in der Emserstr. einen 4. Stock als Atelier und Junggesellenheim sehr schön ausgebaut. Er musste aus seiner früheren Wohnung heraus. Seine Frau (Anna) wohnt am Lietzensee.« [Lebenscollage II/2, S. 288]
Die Lebensgefährtin von Hilberseimer war Otti Berger (1898 – 1944), eine kroatische Künstlerin aus der Bauhaus-Weberei. Hilberseimer war Mitglied der [→ 35] »Novembergruppe« und lehrte ab 1929 am Bauhaus. 1938 folgte er [→ 172] Ludwig Mies van der Rohe nach Chicago an das Armour Institute of Technology, das spätere Illinois Institute of Technology (IIT). [141, 145, 154]
Hildebrandt, Prof. Hans, Stuttgart, Gerokstraße 63 (1878 Staufen im Breisgau – 1957 Stuttgart; Kunsthistoriker; verheiratet mit [→ 116] Lily Hildebrandt. Höch war mit Hildebrandt und seiner Frau befreundet. Das Ehepaar ging wie Höch nicht ins Exil. Noch während sie in den Niederlanden lebte, schickte sie (von [→ 235] Kurt Schwitters vermittelt) an Hildebrandt Abbildungsmaterial und einen Lebenslauf. Er plante ein Buch mit dem Titel »Die Frau als Künstlerin«, das 1928 erschien [NHH]. Höch empfahl ihm, auch [→ 49] Til Brugman als Schriftstellerin aufzunehmen. Das Buch konzentrierte sich aber nur auf die Bildende Kunst. Höch »aus Haag« ist in dem Band mit ihrem Aquarell »Traumbild« (auch »Der Sturz« genannt, 1923) vertreten, das ihrem Freund [→ 102] Hugo Häring gehörte. In ihren Arbeiten erkannte der Kunsthistoriker den »Trieb zum Geheimnisvollen, Traumhaften, Magischen, uraltes Erbteil germanischer Geistigkeit«, die auch »in den seltsam bestrickenden Schöpfungen Hannah Höchs« auftauchen, »deren Gebilde sich vor unseren Augen verwandeln und wieder verwandeln«. [Hildebrandt, H., S. 124]

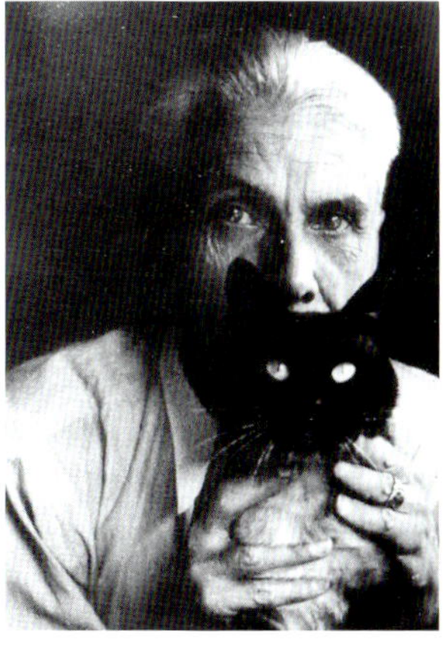
Hans Hildebrandt mit Kater Till, 1934

Hildebrandt schrieb in einer Rezension der Ausstellung »Film und Foto« (1929, Stuttgart) ein weiteres Mal über Höch. Dabei zog er der Fachzeitschrift »Photographische Rundschau« eine Linie von der neuen Kunst der Fotomontage von [→ 213] Man Ray und [→ 167] Moholy »bis zu den geistreichen, oft witzig grotesken, oft unheimlich abgründigen Traumphantasien der Holländerin (sic!) Hanna Hoech«. [Lebenscollage II/2, S. 387]
Lilly und Hans Hildebrandt, der 1937 von seiner Lehrtätigkeit an der Technischen Hochschule Stuttgart ausgeschlossen wurde, zählten zu den wenigen Bekannten, die Deutschland zur Zeit des Nationalsozialismus nicht verließen. In dieser Zeit intensivierte sich der Kontakt zwischen Hildebrandts und Höch. [143, 151, 153]

Hildebrandt, Lily, Stuttgart, Gerokstraße 63; Triberger Straße 5 (beim Sohn) (geb. Uhlmann, 1887 Fürth – 1974 Stuttgart; Malerin, Grafikerin, Glasmalerin; verheiratet mit [→ 115] Hans Hildebrandt). Im Jahr 1940 kam Lily Hildebrandt als Logiergast nach Berlin. Höch war nicht begeistert: »Sehr anstrengend dieser Besuch. (...) Sie passt in unsern Haushalt nicht. Zu anspruchsvoll und zu schlampig.« [TK40] Nach ihrer Abreise schrieb Höch von einer »himmlischen Ruhe«. Hildebrandt schrieb an Höch 1946, 1950 und 1953.
Das Ehepaar Hildebrandt war 1912 in die Gerokstraße 63 in Stuttgart gezogen. Ab 1919 wurde das Haus zum Treffpunkt der internationalen Avantgarde, u.a. waren regelmäßige Gäste: Max Bill, [→ 41] Willi Baumeister, Adolf Hölzel, [→ 246] Oskar Schlemmer, [→ 98] Walter Gropius, [→ 92] Carola Giedion-Welcker, Ida Kerkovius, Hannah Höch, [→ 235] Kurt Schwitters und [→ 225] Franz Roh. Hildebrandt wurde beschrieben als »die letzte Frau in Deutschland, die noch einen ›Salon‹ unterhielt, anknüpfend an die große Tradition der literarischen Salons im vorigen Jahrhundert«. [Hildebrandt, A., S. 11] Sie war Mitglied im »Verein Berliner Künstlerinnen«. Während der NS-Zeit hatte Lily Hildebrandt Berufsverbot, einige ihrer Werke galten als »entartet«. 1944 gab sie ihre künstlerische Tätigkeit ganz auf.
Höch besuchte Hildebrandt 1960 und traf sie 1963 auf der Ausstellung des »Deutschen Künstlerbundes« in Stuttgart. Im darauf folgenden Jahr besuchte Hildebrandt Höch mit dem Psychiater Dr. Wolff. Es folgten Besuche bis 1974, auch mit ihrer Familie. [106, 152, 153, 161, 166, 168, 310]

Hildebrandt, Dr. Rainer (1914 Stuttgart – 2004 Berlin; Historiker, Publizist; Sohn von [→ 115] Hans und [→ 116] Lily Hildebrandt). Hildebrandt besuchte Höch 1960 und von 1970 bis 1974, auch mit seiner Familie. Im Dezember 1973 rief Hildebrandt sie an, »hat mich weiter aufgeklärt über die erschreckenden scheusslich Seiten des R.H.« [→ 106 Raoul Hausmann] [TK73]. Hildebrandt hatte Kontakte zum Widerstand des 20. Juli, was zu seiner Inhaftierung führte. Er war Mitgründer der »Kampfgruppe gegen Unmenschlichkeit«, einer antikommunistischen Organisation, sowie Gründer des Mauermuseums am Checkpoint Charlie. [161, 482]

Hirschberg, Walther, Berlin, Nollendorfstraße 28; Paris, 4, rue de la Grange-Batelière, Hotel du Liban; Lyon, 20, Cours Général Giraud (bei (dem Bildhauer Georges) **Salendre); Berlin, Roscherstraße 7 Parterre** (1889 Berlin – 1960 Berlin; Komponist, Musikkritiker). Ein Bild von Höch zeigt ihren

Mann [→ 178] Kurt Heinz Matthies gemeinsam beim Schachspiel mit ihrem Freund Hirschberg. Auf einem gemeinsamen Musikabend spielte er dem Ehepaar »seine neuen Lieder (...) vor«. »Sie sind erschütternd schön«, kommentierte Höch. Hirschberg widmete ihr seinen Liederzyklus op. 47, in dem er Gedichte von Rainer Maria Rilke, Stefan George, Hugo von Hofmannsthal, Carl Zuckmayer und Hermann Hesse vertonte.
Während der Pogrome 1938 wurde Hirschberg von der Gestapo verhaftet. Höch notiert am 11. November: »Deutschland macht Judenpogrome. Die Synagogen brennen. Alle jüdischen Läden sind geplündert worden. Unzählige Juden sind von der Polizei abgeholt worden. Auch Walter H.« Hirschberg wurde für fünf Wochen in das Konzentrationslager Sachsenhausen verschleppt. Kurz vor Heiligabend, am 18. Dezember 1938, war das Ehepaar bei Freunden eingeladen. Dort traf es auch Hirschberg wieder: »Walter Hirschberg, der 5 Wochen im K.Z. war ist zurück, kam zu [→ 38] Bakels. Ist kein Mensch mehr, krank, Kopf kahl rasiert. Frostbeulen an den Händen. Er muss nun schnellstens hier raus. Es fällt ihm sehr schwer.« Und einen Tag vor Heiligabend schreibt sie: »Walter Hirschberg ist in einer Klinik. Ich mache Umschläge für Op. 47. Skizzen.« Nach den Pogromen wurden jüdische Patienten in Berlin nur noch im Jüdischen Krankenhaus im Berliner Wedding (Iranische Straße) behandelt. Hirschberg gelang es nach seinem Krankenhausaufenthalt, in letzter Minute nach Paris (Hotel Liban) zu fliehen. An den Skizzen für seinen Liederzyklus arbeitete Hannah Höch noch zwischen Weihnachten und Neujahr 1938. Walther Hirschberg überlebte den Zweiten Weltkrieg. Im Mai 1954 schrieb er aus Lyon einen Brief an Höch – er wohnte bei dem Bildhauer Georges Salendre. Im selben Monat besuchte Höch bei Hirschberg ein Hauskonzert. Er besuchte sie 1956 und 1958. Erst zwei Tage vor seinem Tod kehrte Hirschberg 1960 nach Berlin zurück. [150, 151, 152, 162, 166, 220, 290, 291]
Hjelle, Eivind Otto, Bekkestua, Oygardv(eien) **60** (geb. 1927 Oslo; Journalist, Rechtsanwalt). Hjelle hat mehrere Bücher über seinen Schwiegervater Rolf Nesch (1893 Oberesslingen am Neckar – 1975 Oslo) veröffentlicht, einen deutsch-norwegischen Maler und Grafiker, und verwaltet seinen Nachlass. 1956 wurde Nesch zum außerordentlichen Mitglied der Akademie der Künste ernannt, die 1966 eine große Ausstellung von ihm zeigte, deren Eröffnung Höch besuchte: »Habe mit ihm u. seiner Frau länger gesprochen – über

Norwegen.« / »Nesch ist schon sehr liebenswert.« [TK66] Zuvor besichtigte sie eingehend die Bilderschau: »Sehr schöne ›Selbst-Drucke‹. Sonst ein handwerklich-phantastisches Werk. Teil sehr schön. Nicht immer gefällt mir was er mit solchem immensen Aufwand von Zeit und Kraft macht. Manchmal strebt er humoriges an, was den Aufwand nicht rechtfertigt. Immer sehr schön die abstrakten Sachen und die naturhaften Auf alle Fälle eine bemerkenswerte Ausstellung«. [TK66] Höch traf Nesch erneut ein Jahr später während eines Essens in der Akademie der Künste. Nesch schrieb ihr 1971 und 1973.

Der Maler emigrierte 1933 nach Oslo. Er erweiterte die von ihm erfundene Technik der Durchätzung und reicherte seine Arbeiten mit Strandgut wie Glasstücken und Korken zu Materialbildern an. 1936 lernte er [→ 235] Kurt Schwitters kennen, der ebenfalls nach Norwegen emigriert war (»kam oft zu mir« [Nesch, S. 27]) und mit dem er sich befreundete. Ab 1951 lebte Nesch auf einem Bauernhof in Aal im norwegischen Halingdal, zwischen Oslo und Bergen. Bereits 1959 zeigte das Haus am Waldsee seine Arbeiten [Einladung, NHH]. [482, 526, 527]

Höch, Dipl. Ing. Arno (Studienrat). Er wohnte wie Hannah Höch in der Rubensstraße. [142]

Höch, Eva-Maria (Evchen) [→ 225 Rössner, Eva-Maria]

Höch, Hannah. Höch bedenkt auch sich selbst im Adressbuch und schreibt »ehemalige Adressen« auf: »Büsingstr. 16 II I. Portal später: Rubensstr. 89 (heutige Nummer. Geändert; früher 66 III jetzt wohnt da: Frau Johanning«. Höchs erste Wohnung befand sich in Friedenau, die zweite in Schöneberg. Hannah Höch wird im Berliner Adressbuch in der Büsingstraße als Kunstgewerblerin, in der Rubensstraße als Malerin geführt. In der Rubensstraße 66 wohnte zeitgleich der SS-Obersturmführer Erwin Jesionek. Nach dem Umzug nach Heiligensee, An der Wildbahn 33, erscheint Höchs Name nicht mehr im Berliner Adressbuch. Dort wird ihr Mann [→ 178] Kurt Heinz Matthies als Hauseigentümer genannt. [160, 162, 186]

Höch, Hans-Hermann (1920 – 1942; Hansi; Neffe; Sohn von [→ 118/119] Hede und Walter Höch). Höch notiert »Feldpostnummer«, ihr Neffe starb 22jährig im Zweiten Weltkrieg. [153]

Höch, Hedwig (geb. Woll, 1893 – 1976; Hede, verheiratet mit [→ 119] Walter Höch). Hede Höch zog 1970 von Essen nach Murnau. [144, 167, 169, 391, 397, 484]

Höch, Helene (»Lene«, Tante) Gotha [165]

Höch, Helmut(h) (1923 – 1944; Helmer; Neffe; jüngster Sohn von [→ 118/119] Hedwig und Walter Höch). Höchs Neffe Helmer war beim Reichsarbeitsdienst und starb 21jährig im Krieg. [153]

Höch, Margot [163]

Höch, Marianne (1904 – 1994, genannt Anni oder Nitte) Schwester. [→ 56 Carlberg-Höch, Marianne] [652]

Höch, Marlies, Kleinmachnow, Rotberg [155, 163]

Höch, Walter (1892 Gotha – 1958 Essen; Oberingenieur). Hannah Höchs Bruder war mit [→ 118] Hedwig (Hede) verheiratet. Er arbeitete als Maschinenbauingenieur bei den Luftfahrtwerken in Lindau am Bodensee und erhielt im Berliner Süden die Generalvertretung der legendären Automobilmarke Horch. Mit F. Engler besass er eine Autoreparatur-Werkstatt in Steglitz. Im Juni 1939 bekam Höchs Ehemann [→ 178] Kurt Heinz Matthies von Walter Höch das Angebot, den durch einen Unfall beschädigten Opel Super 6 gegen ein noch größeres Fahrzeug auszutauschen, einen Horch Achtzylinder. Doch schon auf einer Fahrt nach Braunschweig brach der riesige Wagen fast zusammen. Höch notiert:

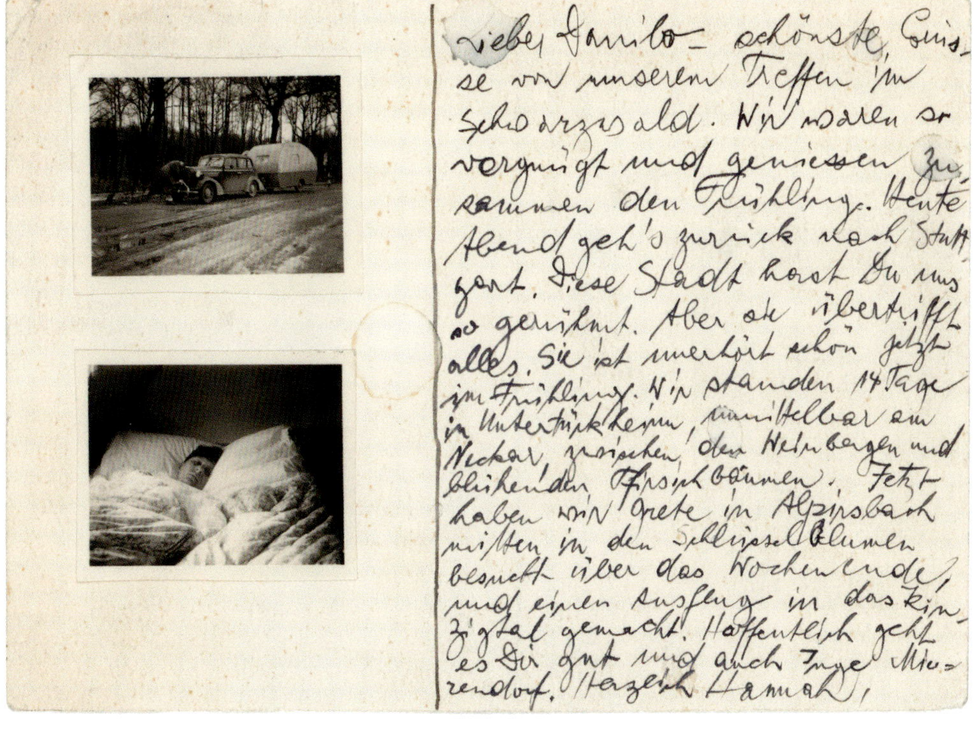

Lieber Danilo – schönste Grüsse von unserem Treffen im Schwarzwald. Wir waren so vergnügt und geniessen zusammen den Frühling. Heute Abend geh's zurück nach Stuttgart. Diese Stadt hast Du uns so gerühmt. Aber sie übertrifft alles. Sie ist unerhört schön jetzt im Frühling. Wir standen 14 Tage in Untertürkheim, unmittelbar am Neckar, zwischen den Weinbergen und blühenden Pfirsichbäumen. Jetzt haben wir Grete in Alpirsbach mitten in den Schlüsselblumen besucht über das Wochenende, und einen Ausflug in das Kinzigtal gemacht. Hoffentlich geht es Dir gut und auch Inge Mierendorf. Herzlich Hannah.

Postkarte an ihren Bruder Danilo von einer Reise in den Schwarzwald mit dem Wohnwagen, April 1939

»Horch nicht in Ordnung. Furchtbar laut« und »Ich finde es schlimm, dass wir unser liebes Opel-Zugtier nicht mehr haben. Alles ist zu gewaltig. Ich werde ihn nie fahren können. Ein furchtbarer Radaubruder. – Haben kurz vor Braunschweig auf der Autobahn übernachtet. Ganz deprimiert.« [TK39] Nach der knapp einwöchigen Dienstreise musste der Wagen bei der Firma Höch & Engler inspiziert werden. Auch ohne Führerschein setzte sich Höch lange Zeit hinter das Steuer. Erst im Oktober 1937 besuchte sie abends die Fahrschule Hermann Fitte in der Landsberger Allee in Lichtenberg und bestand an ihrem 48. Geburtstag die Prüfung. Sie schien als Autofahrerin zuverlässig und gut gewesen zu sein, im Gegensatz zu ihrem Ehemann: der verursachte in der Zeit ihres sechsjährigen Zusammenseins sechs Unfälle, mit zum Teil schweren Verletzungen. [141, 144, 150, 154, 162, 390, 391, 395, 397, 398]

Höch-König (König), Margarethe (1895 – 1991, genannt Grete(lein), Schwester) [→ 97 Gretelein]

Höhere Fachschule für das Graphische Gewerbe [→ 202 Omnibus] **Stuttgart** [284]

Höhne, Frau – Spitta und Leut. Höhne besuchte Höch im Februar 1955. Die Künstlerin stellte vom 25. Februar bis 19. März in dem Geschäft für Künstlerbedarf aus (»Aqua. u. Zeichnungen«), vermittelt durch den Kunst- und Theaterkritiker [→ 53] Albert Buesche. [58, 227]

Höllerer, Walter (1922 Sulzbach – 2003 Berlin; Schriftsteller, Literaturkritiker und -wissenschaftler). Höch notiert: »Im N.W.D.R. Zu ›Weh unser guter Kaspar ist tot…‹«. [TK59] Daneben klebt sie einen winzigen Ausschnitt aus einer Hörfunk-Programmzeitung: »–.50 Gedicht u. Gedanke. [→ 20] Hans Arp, interpretiert von Walter Höllerer.«

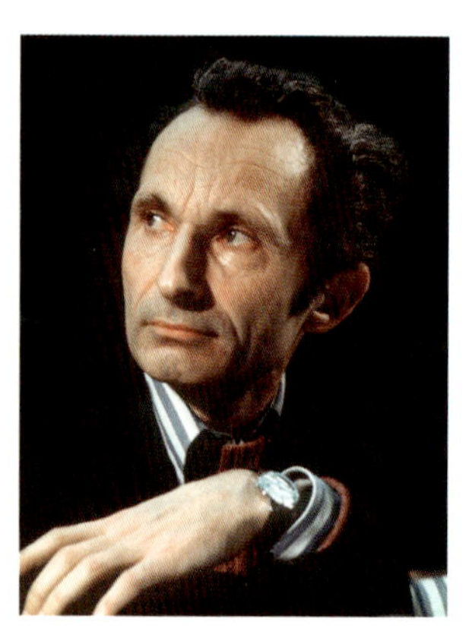
Walter Höllerer, 1973

Höllerer war nach 1945 der Wiederentdecker des Lyrikers Arp. 1953 gründete er mit Hans Bender die Literaturzeitschrift »Akzente« sowie 1961 die Zeitschrift »Sprache im technischen Zeitalter«. In den sechziger Jahren moderierte er Literatur-Fernsehsendungen im Sender Freies Berlin. Neben der wissenschaftlichen Arbeit veröffentlichte er Gedichte und Romane und galt als einer der wichtigsten Kritiker der Gruppe 47. Er gründete 1963 das Literarische Colloquium Berlin, Höch fragte 1967 nach Karten für Lesungen. Von 1959 bis zu seiner Emeritierung 1988 war er Professor für Literaturwissenschaft an der TU Berlin. Sein Literaturverständnis und seine literarischen Aktivitäten beeinflussten eine ganze Generation. [486]

Hofer, Prof. Karl Christian Ludwig, Berlin, Barstraße 9 (1878 Karlsruhe – 1955 Berlin; Maler, Mitglied der [→ 35] »Novembergruppe«). Höch notiert sich für den September 1946 eine Hofer-Ausstellung am Lehniner Platz. Im Mai 1947 hielt er einen Vortrag in Tegel. Er schrieb an Höch 1948 und 1953. Im Oktober/November 1956 zeigte die Galerie Rosen Ölbilder von ihm [Einladung, NHH]. Höch trägt im November 1965 in ihrem Terminkalender die Eröffnung seiner Ausstellung in der Akademie der Künste ein und 1968 eine weitere in der [→ 204] Galerie Pels-Leusden. Hofer war 1920 an die Hochschule für Bildende Künste in Charlottenburg berufen und ein Jahr später zum Professor ernannt worden (bis 1933). Dann wurde er seines Amtes enthoben. Nach Kriegsende war er am Wiederaufbau der Hochschule beteiligt, deren Direktor er ab 1945 war. Eine 1955 von dem Kunstkritiker [→ 98] Will Grohmann, ebenfalls an der HfBK beschäftigt, angestoßene heftige Kontroverse über Figuration und Abstraktion hatte seinen Rücktritt zur Folge. Bald darauf starb er an einem Schlaganfall. [155]

Hoffmann, Klaus (Kunstkritiker, Nolde-Stiftung Seebüll) Neukirchen. Höch schickte Hoffmann für eine Ausstellung im Schloß Gottorf in Schleswig 1968 eine collagierte Postkarte. Sie zeigt Jacques-Louis Davids Ölskizze des jungen Napoleon Bonaparte (1798). Die Ausstellung hieß »Napoleon 1969: Miniaturen nach J.L. David« [Ausstellungsführer, NHH]. 82 Maler aus Europa und den USA sollten das Bild Napoleons zum 200. Geburtstag des Franzosen-Kaisers künstlerisch bearbeiten oder ergänzen. [517]

Hofmann, Hans, München, Georgenstraße 40 (1880 Weißenburg in Bayern – 1966 New York; deutsch-amerikanischer Maler, Kunstprofessor). Hofmann war Vorstandsmitglied der »Münchener Expressionistischen Werkstätten«. Am 15. Mai 1920 schreibt er wegen der Ausstellung »Junge Kunst in Deutschland« in Chicago: »Wir hoffen, sehr geehrtes gnädiges Fräulein, daß Sie sich außer diesen Puppen vielleicht mit noch einigen Arbeiten an dieser ersten Ausstellung beteiligen.« [Lebenscollage I/2, S. 658f.] Höch hatte vier Jahre zuvor, 1916, vier gelenkige Puppen geschaffen. Sie nutzte dazu Materialien wie Metallfäden, Wolle, Stoffe, Bänder, Pappe und Perlen. Zwei von ihnen wurden als »Dada-Puppen« bekannt: Sie waren auf der »Ersten Internationalen Dada-Messe« ausgestellt. Höch besuchte Hofmann und die »Expressionistischen Werkstätten« im Oktober 1920 auf dem Weg nach Italien. 1932 übersiedelte Hofmann in die USA und hatte Einfluss auf die

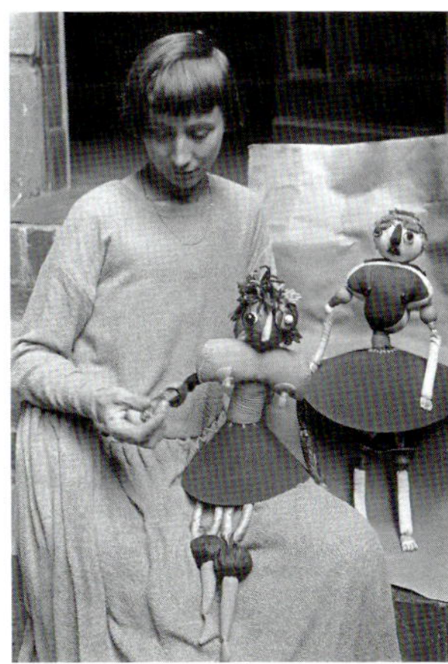

Hannah Höch mit ihren Dada-Puppen Pax und Botta, 1920. Foto: Willy Römer

abstrakten Expressionisten um Jackson Pollock. Seine Kunst galt unter den Nationalsozialisten als »entartet«. Höch traf Hofmann auch 1962, als die Berliner Kongresshalle seine Arbeiten zeigte. [Einladung, NHH]. [42, 142, 145, 154, 161]

Holander, Reimer Kay (1925 Berlin – 2013 Bredstedt; Architekt) und **Ute**. Holander besuchte Höch 1959: »Herr Holander war Schüler bei [→ 244] Scharoun und [→ 79] Heinz Fuchs, Reimannschule (...) Kennt [→ 162] Lee in Stuttgart«. 1960 kam er mit seiner Familie und [→ 74] Hilla Eser zu ihr. Höch schickte ihm im September 1960 ihr Bilderbuch für die Frankfurter Buchmesse und besuchte ihn 1961. Holander kam zu Höch noch einmal »überraschend« 1964. [166, 170]

Holitscher, Arthur (1869 Pest – 1941 Genf; Schriftsteller)
1907 übersiedelte Holitscher von Budapest nach Berlin, um sein »Golem«-Drama Theatern anzubieten. Er wurde Lektor in Cassirers Verlag und beteiligte sich an Pfemferts Zeitschrift »Aktion«. Als Autor hinterließ Holitscher ein umfangreiches Werk, das Romane, Novellen, Dramen, Essays, autographische Bücher, Reportagen und Kritiken umfasst. 1933 floh er nach Paris, später in die Schweiz. [142]

Homeyer, Lothar, Berlin, Westfälische Straße 31; Hannover, Hohenzollernstraße 16; Berlin, Olympische Straße 4; Berlin, Platanenallee 11e(?) (1883 Berlin – 1970 Berlin; Grafiker, Maler, Musiker) und **Ferry** (geb. Ausfeld). Höch besuchte den 76jährigen, inzwischen blinden Homeyer 1960. Er studierte anderthalb Jahre an der Unterrichtsanstalt des Kunstgewerbemuseums in Berlin, bevor er sich autodidaktisch weiterbildete. Er war jahrzehntelang mit [→ 75] Salomo Friedlaender/Mynona befreundet. Nach dem Ersten Weltkrieg trat er der [→ 35] »Novembergruppe« bei, an deren Ausstellungen er sich 1919 und von 1922 bis 1929 beteiligte. Von der Insel Rügen schreiben die Homeyers 1923 an Höch: »Nach dem schönen Abend bei Ihnen mit [→ 235] Schwitters und Anhang, sowie den beiden Doktors (vermutlich [→ 33] Dr. Adolf Behne und Dr. Salomo Friedlaender/Mynona, H.N.) haben wir uns nicht mehr gesehen. (...) Hoffentlich wird der Winter recht ertragreich an jeglichem Klamauk.« [Lebenscollage II/2, S. 125] Homeyers Frau Ferry leitete die Grafikabteilung von »Bahlsen Keks« in Hannover und besuchte Höch 1949. [42, 142, 145, 154, 161]

Huder, Dr. Walther (und Frau) (1921 Mladé Buky – 2002 Berlin; Germanist, Slawist, Exilforscher). Huder telefonierte 1959 mit Höch, sie notiert: »Ev. Einladung für Ehrengastaufenthalt in Villa Massimo, Rom. 1/4 Jahr, 1960«. Der Archivdirektor der Akademie der Künste (1959 – 1986) besuchte Höch 1972 [→ 75] (»Für Mynona-Ausstellung will er Material.«[AB]). [172]

Hülsenbeck, Charles [→ 123 Richard Huelsenbeck] [163]

Huelsenbeck, Dr. Richard, Berlin, Wilhelmshöher Straße 8; Berlin, Goßlerstraße 21; Berlin, Herkulesufer 15 IV; Berlin, Lessingstraße 2; Berlin, Giesebrechtstr. 12; Berlin, Kaiserin-Augusta-Allee 79; New York, 88 Central Park West; Minusio-Locarno, Via Borenco, Villa/Casa Orwal (1892 Frankenau – 1974 Muralto; Schriftsteller, Dramatiker, Psychoanalytiker), verheiratet mit Beate Huelsenbeck. Höch über ihren Freund Huelsenbeck: »Ein Mann, der wußte, was er wollte. Sich betont schneidig gebend, herausfordernd dabei, mit traurigen Augen.« Und: »So hat die wuchtige Persönlichkeit *Huelsenbeck* positiv wie negativ öfter auf mein Leben eingewirkt. Immer interessierte mich diese seltene Mischung von Weltschmerz und Feldherrntum, überdeckt von großer Klugheit. (...) Mißverständnisse spielten in unserer Beziehung öfter eine Rolle.« [Remmert, S. 18]

Seit 1914 lebte Huelsenbeck in Berlin. Nach zwei Jahren flüchtete er vor der Einberufung zum Kriegsdienst in die Schweiz (Locarno). In Zürich gründete er die Dada-Bewegung mit und beteiligte sich am »Cabaret Voltaire«. Weitere Teilnehmer waren die Exilanten Hugo Ball, Emmy Hennings, [→ 20] Hans Arp, Marcel Janco und [→ 270] Tristan Tzara. In wechselndem Programm wurden Lieder, Texte und Tänze vorgetragen. Das Ziel war eine radikale Erneuerung der Kunst und ein Protest gegen den Krieg in Europa. Die Vortragspraktiken brachen mit sämtlichen bis dahin geltenden Regeln. Das Publikum wurde von den »Cabaret Voltaire«-Mitgliedern, die sich mit Kostümen aus ungewöhnlichen Materialien verkleideten, in dadaistischen Lautgedichten verspottet und beschimpft oder gar »bruitistisch« angegriffen.

Huelsenbeck kehrte 1917 nach Berlin zurück, wo er sich dem Kreis um die Zeitschrift »Neue Jugend« anschloss, das geeignete Forum, seine durch Dada-Zürich gewonnenen Ideen und Erfahrungen auf unkonventionelle Weise zu verbreiten. Er gründete im Januar 1918 erneut eine Dada-Gruppe mit Franz Jung, George Grosz und [→ 114] Helmut Herzfelde, [→ 106] Raoul Hausmann war noch nicht dabei. Am 22. Januar funktionierte er einen Autorenabend im Graphischen Kabinett I.B. Neumann um. Neben Huelsenbeck nahmen unter anderem die Dichterin und Vortragskünstlerin Resi Langer und der expressionistische Schriftsteller

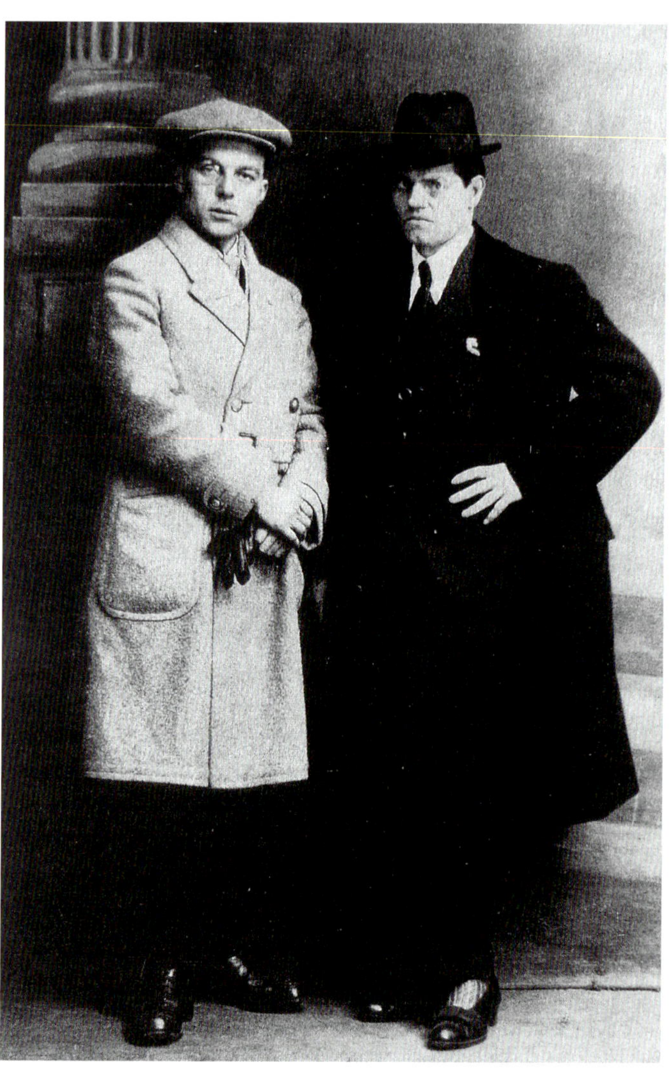

Richard Huelsenbeck mit Raoul Hausmann in Prag

Theodor Däubler sowie der Dichter Max Hermann-Neisse teil. Huelsenbeck hielt seine »Erste Dada-Rede« in Deutschland. 1918 schrieb er sein »Dadaistisches Manifest«, das von den meisten Dadaisten unterschrieben wurde; neben den Mitwirkenden am »Cabaret Voltaire« waren dies unter anderem Franz Jung, George Grosz, Gerhard Preiß und Raoul Hausmann.

Im Anschluß an die Dada-Messe gab Huelsenbeck im Berliner Erich-Reiß-Verlag den »Dada-Almanach« heraus. Mit der Herausgabe von »En avant dada« und »Dada siegt« (1920) entwickelte er sich zum wichtigen Chronisten des Dadaismus, distanzierte sich dann aber bereits in den nächsten Jahren. 1923 heiratete er die Malerin Beate Wolff (geb. Löchelt), die 1956 bei Wasmuth Collagen ausstellte und Höch 1957 besuchte.

Im Februar 1927 schreibt er vom Herkulesufer in Berlin aus an Hannah Höch in den Niederlanden: »Wovon lebst Du dort eigentlich, verkaufst Du Bilder oder Matjesheringe? Was macht das lustige Künstlervölkchen? Hier jagt ein Ball den anderen und die ganze Welt besteht nur aus ›Prominenten‹.« [Lebenscollage II/2, S. 287] Von 1920 bis 1930 schrieb Richard Huelsenbeck Hannah Höch dreimal. Später, von 1950 bis 1972, weitaus öfter. Er emigrierte 1936 nach New York, wo er unter dem Namen Charles R. Hulbeck als Psychiater und Psychoanalytiker arbeitete.

Huelsenbeck besuchte Höch zum ersten Mal wieder 1953. In seinen Briefen wiederholte er öfter, dass er von ihr, Hausmann und [→ 235] Schwitters gern Collagen kaufen wolle (»ich koennte mir (...) denken, dass Du die Ankunft amerikanischer Dollars nicht zu schief ansehen wuerdest«) [Brief von R.H. an H.H., 10.7.1954, NNH]. Höch aber lehnte ab und erklärte ihm, warum sie früher verkauft habe: »Wohl habe ich, bald nach dem Zusammenbruch, unter dem schlimmsten Druck von Hunger, einiges weggegeben. Auch – weil ich damals so elend war, dass ich annehmen mußte, dass ich selbst nicht mehr geordnete Verhältnisse erleben würde« [Brief von H.H. an R.H., 17.8.1954, NHH]. Im März 1957 rief [→ 31] Erich Buchholz die Künstlerin an, dass Huelsenbeck in Berlin sei und im Hotel am Steinplatz wohne. Höch ging zu seinem Vortrag, und er machte einen Gegenbesuch (»Dadasachen gezeigt.«). Im Mai schrieb er ihr: »Ich moechte nun gern bald, dass die Vorbereitungen fuer das geplante Buch ueber die Berliner Bewegung in Gang kommt. (...) Wie war der Nachhall meines Berliner Vortrags? Ich habe nicht mehr gehoert.« [Brief von R.H. an H.H., 28.5.1957, NHH] Das Buch ist nie erschienen. Im April 1958 beantwortete Höch ihm einen Brief und schilderte darin auch ihre »Betrübnis, dass ich in Ihrem (übrigens sehr guten Buch) ›Mit Witz, Licht und Grütze‹ noch immer nicht mal meinen Namen erwähnt fand. Schliesslich gehörte ich ja zu den sich activ beteiligt habenden in Berlin«. [Brief von H.H. an R.H., 3.4.1958, NHH] Auch Huelsenbeck setzte sich für ihre Berücksichtigung in der Dada-Chronik ein und schrieb ihr (sie kommentierte: »Sensation«) im Januar 1962 »einen versöhnlichen Brief«. Sie notiert: »Natürlich will er was. Die Dada-Dokumen-

te im Buch bei Rowolt!«. Für Rowohlt plante Huelsenbeck eine Herausgabe: »Was moechtest Du in diesem Buch veroeffentlicht haben? Gibt es Geschriebenes von Dir aus der Berliner Dadazeit. (...) Ich schreibe die Einleitung und werde so fair wie moeglich Dir die Rolle zuschreiben, die Dir Deinen Talenten und Deinem Koennen nach zukommt.« [Brief von R.H. an H.H., 29.1.1962, NHH].
1970 kehrte Huelsenbeck nach Europa zurück und lebte fortan im Tessin. Im Mai 1972 schrieb er ihr ein letztes Mal und kündigte einen Besuch an: »Dann gibt es kein Ausweichen mehr: die letzten Dadaisten müssen sich umarmen.« [Brief von R.H. an H.H., 4.5.1972, NHH] [141, 142, 145, 147, 150, 155, 163, 231, 349, 350, 484, 485]

Hulbeck, Dr. Charles R. M.D., [→ 123 Huelsenbeck, Richard] **New York, Locarno** [484]

Hunt, Sidney (1896 – 1940; britischer Zeichner, Maler, Dichter). Er gab in den zwanziger Jahren in London die Avantgarde-Zeitschrift »Ray« [nach → 213 Man Ray] heraus, in der er u.a. [→ 235] Kurt Schwitters, [→ 123] El Lissitzky und [→ 20] Hans Arp vorstellte. [143]

Huszár, Vilmos, Berlin, Martin-Luther-Straße 41II (bei Liebe); Voorburg, z.H. Weverslaan 30 (1884 Budapest – 1960 Harderwijk; ungarischer Maler, Grafiker). Huszár nahm 1923 am »Dada-Feldzug« in Holland teil. Im selben Jahr lernte er Höch in Berlin kennen. Im September meldete [→ 235] Schwitters Huszár als Logiergast bei Höch an. Auf der Bildseite der Postkarte von Huszár war die Puppe gezeichnet, die er als »Mechanisch tanzende Figur« in Holland vorführte, mit dem handschriftlichen Zusatz: »Ich würde mich sehr freuen wenn ich bei Ihnen wohnen könnte weil ich in Berlin sehr unbekannt bin.« Huszár war 1917 Mitbegründer der Gruppierung »De Stijl« und ein Freund [→ 59] Theo van Doesburgs. In Paris hatte er 1921 das Programm zur ersten »Exkursion der Pariser Dadaisten« mitveranstaltet. Sein direkt am Meer gelegenes Haus galt als besonders gastfreundlicher Künstlertreffpunkt. Mehrfach logierte Schwitters bei ihm, meistens mit seiner Frau [→ 253] Helma. Vor allem aber nahm Huszár Künstler aus seinem Heimatland auf, unter ihnen auch [→ 70] Lajos d'Ébneth. Dieser gestaltete die Wohnung von [→ 49] Til Brugman in der Haager Ligusterstraat 20, in die später Höch mit einzog. [141]

Hutton-Hutschnecker, Leonard (1902 – 1990; Leonhard Hutton Galleries) New York. Hutton besuchte Höch mehrfach 1962 und kaufte zwei Blätter: »Will Ausstellung machen. Um DADA.« / »hat ausgesucht Ölbilder. Klein-Aquarelle.« [TK62] [170, 172, 463]

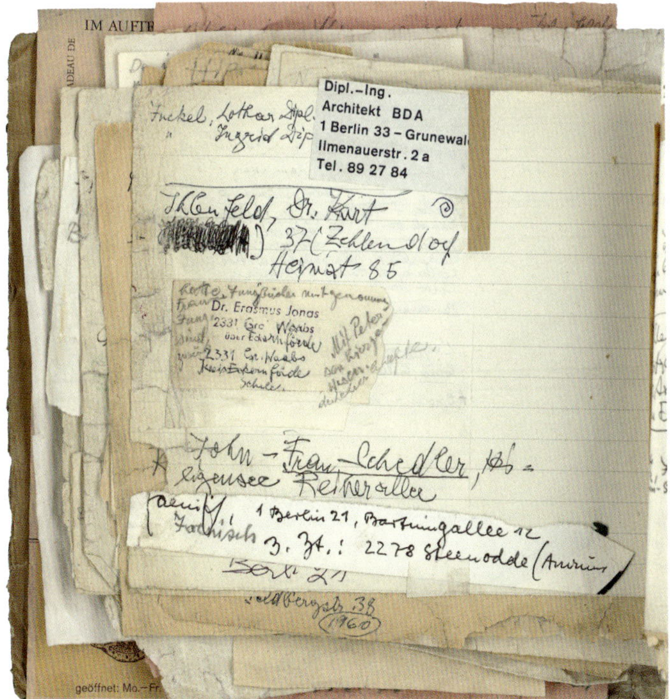

I/J

203 **Juckel, Dipl.-Ing. Lothar (und Ingrid), Berlin, Ilmenauerstraße 2a** (1929 – 2005; Architekt, Autor). Juckel schrieb an Höch von 1959 bis 1965 und besuchte sie 1966. Höch notiert: »Kunstschule«. Juckel arbeitete fast ausschließlich als Autor und publizierte über städtebauliche Themen und architekturtheoretische Fragestellungen, speziell zu Berlin. Er war 1957/58 als Assistent des Architekten [→ 244] Hans Scharoun an der Technischen Universität Berlin tätig. [199, 204, 489]

203 **Ihlenfeld, Dr. Kurt, Berlin, Heimat 85** (1901 Colmar – 1972 Berlin; Pfarrer, Schriftsteller; verheiratet mit [→ 129] Annie Ihlenfeld). Ihlenfeld, ab 1956 Mitglied der Akademie der Künste, besuchte Höch zum ersten Mal 1963: »Hat ›Traumschiff‹ Aqua, rot. Will auch Grösseres.« [TK63] Der Schriftsteller und die Künstlerin trafen sich bis 1972 etwa ein- bis zweimal im Jahr. Höch notiert: »Ihlenfelds – sehr sympatisch Er ein sprühender Gesellschafter, zur Schlemmerei neigend, Leben genießend, tolerant – mit seiner Frau zusammen ein Leben mit viel Geschmack aufgebaut.« Das Ehepaar war auch mit Hannah Höchs jüngerer Schwester [→ 56] Marianne »Anni« Carlberg-Höch befreundet. Ihlenfeld arbeite-

te von 1933 bis 1943 als Schriftleiter des Eckart-Verlages in Berlin und Herausgeber der gleichnamigen Kulturzeitschrift. Um Verlag und Zeitschrift gruppierte sich der Eckart-Kreis, eines der christlichen Zentren der inneren Emigration. [195, 636]

203 **Jonas, Dr. Erasmus, Großwaabs über Eckernförde** (1929 Berlin – 1986 Kiel; Schriftsteller, Historiker). Jonas, in der Nähe von Eckernförde lebend, besuchte Höch mit [→ 128] Jes Petersen und schrieb ihr 1964. Höch notiert: »Gast von Industrie Förderkreis. (…) Stiller Mann, sieht leidend aus.« [TK64]

203 **Jes Petersen, Berlin, Sodener Straße 94** (1936 Trögelsby bei Flensburg – 2006 Berlin; Galerist, Verleger). Petersen besuchte Höch mit seiner Frau Ilona 1963. Höch vermerkt, dass er [→ 106] Raoul Hausmanns »Sprechspäne« (1962) verlegt hat.

In Glücksburg gründete der Bauernsohn Jes Petersen (Höch: »der lehrerhafte«, [AB]) den Verlag Petersen Press, in dem er Bücher von Hausmann, Franz Jung und Oskar Panizza herausbrachte. Dessen Drama »Das Liebeskonzil« wurde nach Erscheinen wegen Pornographieverdachts verboten. 1963 schrieb er aus Flensburg an Höch und kam im selben Jahr nach Berlin. Dort wurde er eine der markantesten Figuren einer neuen, teils subversiven und sehr international orientierten Kultur in West-Berlin, zu der u.a. der Literaturhistoriker und Dramaturg [→ 282] Klaus Völker, der Fotograf [→ 103] Manfred Hamm, der Dichter [→ 84] Günter Bruno Fuchs und vor allem auch der »Literaturbeweger« [→ 120] Walter Höllerer beitrugen. Sie alle suchten den Kontakt zu Hannah Höch. Petersen besuchte sie mehrfach in Begleitung. Höch schreibt 1966: »2 jungen Hapening ›Machern‹ Koreaner er heisst: (Nam June, H.N.) Paik u. Amerikanerin, Charlotte Moormann? zwei sehr interessierte Leute. Diese Beiden sind hochbegabt. Sie spielt Cello, beide dichten. Er wollte mich durchaus kennen lernen. Sind auf grosser Turnée. Es war ein hübscher Abend.« [TK66]. 1972 kam Petersen erneut: »P. hat 2 Aquarelle von mir drucken lassen. Etwas vergrössert. Ich je 100 Exemplare signiert. Sind gut gedruckt«.

1973 kam es zu einem Besuch mit [→ 278] Wolf Vostell, seiner Frau Mercedes, Dick Higgins und seiner Tochter Hannah und dem Maler [→ 89] Johannes Geccelli. Petersen eröffnete 1977 in der Pestalozzi-/Ecke Grolmanstraße eine Galerie, präsentierte neben jungen Künstlern wie Martin Kippenberger und Hermann Nitsch auch Hannah Höch und avancierte zu einem der bekanntesten Galeristen West-Berlins. [296, 298]

203 **John – Frau Schedler, Berlin-Heiligensee, Reiherallee** (Nachbarin), eine Freundin von [→ 131] Helene John (Verwaltungsamt Heiligensee). Schedler besuchte Höch 1967, »mit dem Jungen: Armin, Hat Neger-Vater. Sudan. Ist ein Prachtstück.« [490, 558, 559]
203 **Jaenisch, Prof. Hans, Berlin, Bartningallee 12; Berlin, Holmstraße 12** (1907 Eilenstedt – 1989 Nebel (Amrum); Maler, Aquarellist). Jaenisch schrieb an Höch von 1964 bis 1977 und besuchte sie 1964 mit seiner Frau. 1966 schaute sich Höch seine Ausstellung in der Galerie Schüler an. 1967 traf sie ihn mit ihrer Freundin [→ 294] Verena Wittwer in der Hochschule der Künste: »Er nahm uns mit hinauf in sein Atelier. Hat' sehr viele neue Arbeiten. Schenkte mir sehr schönes Klein-Aquarell.« Jaenisch besuchte nie eine Akademie. Er war ein Schüler von [→ 190] Otto Nebel und Mitglied der »Berliner Secession«, des »Deutschen Künstlerbundes« und der [→ 35] »Novembergruppe«. Ähnlich wie Hannah Höch erprobte er jede Technik, von der er erfuhr. Außer ihr Werk dürfte es kaum eines geben, schreibt [→ 201] Heinz Ohff, das so wie das von Jaenisch derart viele Anregungen von außerhalb einbeziehe und doch eine eigene Handschrift bewahre. Jaenisch hatte von 1953 bis 1976 eine Professur an der Hochschule für Bildende Künste in Berlin, zu seinen Schülern zählte u.a. der »Junge Wilde« Rainer Fetting. Er hielt sich im Sommer regelmäßig auf der nordfriesischen Insel Amrum auf. [198, 204, 205, 280, 489]

Ihlenfeld, Annie (1905 – 1992, geb. Stuhlmann, verheiratet mit [→ 127] Kurt Ihlenfeld). Höch schrieb 1972 an Ihlenfeld, sie besuchte Höch mit Frau Hirschfeld (»War nett Eierpunsch«) 1974. [195, 636]
Index [→ 135 Kalivoda] [195]
Institut für moderne Kunst, Nürnberg. Höch notiert: »Roters Aufsatz Höch->Collage<«, »Prinzip Collage« [beide AB]. Sie meint den Aufsatz des Kunsthistorikers [→ 229] Eberhard Roters »Die historische Entwicklung in der bildenden Kunst«, in: Prinzip Collage, Neuwied/Berlin 1968. Das Institut wurde 1967 als Informations- und Dokumentationszentrum für zeitgenössische Kunst in Deutschland gegründet. [360, 528]
Intercolor Schlaich KG Fachlabor für Colorduplikate, Bernhausen. Höch notiert: »>Hier war: Haussprüche<, Ektacrom, zum Buch: Berlin-Kunst Wargin«. [AB] Höchs Fotomontage »Meine Haussprüche« (1922) reagiert künstlerisch auf die Trennung von [→ 106] Raoul Hausmann. Der Kunstkritiker [→ 201] Heinz Ohff beschreibt die

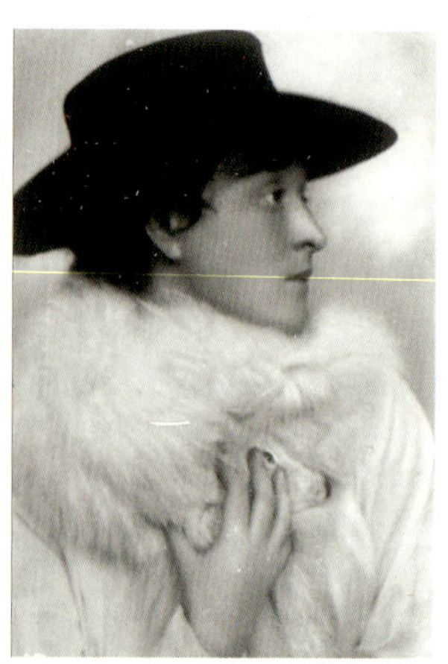

Annot Jacobi
Foto: Becker & Maaß

Arbeit als »Schlüsselbild der Berliner Dada-Bewegung«. Offenbar befand sie sich in dem Labor für eine Publikation Ben Wargins. [97]

Jacobi, Anna Ottonie, New York, 96, Fith Avenue; Cold Spring Harbor, The Spring (Annot, geb. Krigar-Menzel, 1894 Berlin – 1981 München; Malerin, Kunstschriftstellerin) und **Rudolf** (1889 Mühlhausen – 1972 München; Künstler des Expressiven Realismus). Zusammen mit ihrem Mann eröffnete die Malerin 1928 in Berlin eine Malschule. 1933 wurde beiden die Lehrerlaubnis auf Anordnung der Nationalsozialisten entzogen. Sie mussten die Schule schließen und emigrierten in die USA. Annot schrieb an Höch im Juni 1947 (»sehr lieber Brief«). Als am 12. Mai 1949 die Blockade Berlins endete, schrieb ihr Höch: »Das Wunder ist geschehen, dass wir nicht mehr zu hungern brauchen. Und Licht haben wir auch.« [Lebenscollage III/1, S. 65] [196, 197, 626, 658]

Jakimov, Annemarie von (geb. Kruse, 1889 Berlin – 1977 Heidelberg; Malerin), Tochter von Käthe Kruse, verheiratet mit [→ 130] Igor von Jakimov, Bad Homburg (nicht »Hamburg«). Während des Ersten Weltkriegs lebte von Jakimov (»schon alt«) mit ihrem Mann in Russland. Nach der Oktoberrevolution ließ sich die Familie 1918 in Berlin nieder und lebte ab 1931 in Heidelberg. [197]

Jakimov, Igor von (1885 Polotjobnoje – 1965 Heidelberg; russischer Bildhauer, Keramiker, Aquarellmaler; verheiratet mit [→ 130] Annemarie von Jakimov). Hannah Höchs Schwester [→ 121] Grete lebte eine Zeit lang bei von Jakimov im Jagdschlösschen La Rosée bei Mariabrunn. Im Haus der Bildhauerfamilie traf sich der Mariabrunner Kreis, der Selbstversorgung praktizierte und Feste veranstaltete. An einem nahm Höch im Oktober 1920 auf dem Weg nach Italien teil. [194]

Jannasch, Dr. Adolf (1898 Heidelberg – 1984 Berlin; Kunsthistoriker), verheiratet mit [→ 130] Alice Jannasch. Jannasch schrieb 1951 an Höch. Sie besuchte 1959 seinen Vortrag über den Maler Fernand Léger im Rathaus Reinickendorf. Jannasch fuhr mit seiner Familie 1961 und 1973 zu Höch, beide korrespondierten bis 1975. Jannasch war ab 1923 wissenschaftlicher Assistent bei den Staatlichen Museen zu Berlin. Von 1927 bis 1945 arbeitete er als Redakteur beim Propyläen Verlag. Ab 1945 leitete Jannasch das Amt für Bildende Kunst beim Magistrat bzw. Senat von Berlin. Ab 1955 leitete er die [→ 89] Galerie des 20. Jahrhunderts, deren Bestände später an die Neue Nationalgalerie übergingen. [199]

Jannasch, Dr. Alice (geb. Breu) [489]

Jensen, Knut W. (1916 – 2000; Museumsdirektor). Jensen gründete das Lousiana Museum of Modern Art in Humlebaek in der Nähe von Kopenhagen, das bedeutendste Museum für moderne und zeitgenössische Kunst in Dänemark.

Jezower, Ignaz (1878 Rzedzów – 1942 Riga; Kulturhistoriker, Übersetzer). Jezower war Lektor im Rowohlt-Verlag, Berlin, und arbeitete u.a. mit George Grosz und Franz Hessel zusammen. 1942 wurde er deportiert und in Riga ermordet. [194]

John, Helene (gest. 1961 Berlin-Hermsdorf; Verwaltungsamtmann Heiligensee), Nachbarin aus der Straße Hirschwechsel, einer Parallelstraße. John schrieb 1950 das Typoskript »Hoch der Höchsten Birne!« [NHH]. Im Oktober 1951 kam es in ihrem Garten zu einem Unfall: »Hornhaut schwer verletzt des rechten Auges« [TK51]. Das Unglück zog eine langwierige Behandlung bis Mitte 1952 nach sich, während der Höch in ihrer künstlerischen Arbeit stark beeinträchtigt war. Aus dem Nachlass von John bekam sie später 18 Arbeiten zurück. Die Malerin verschenkte kleinere Arbeiten an Freunde und Bekannte zu Geburtstagen, Weihnachten und Neujahr. Sie dokumentierte diese Geschenke aber mit detaillierten Beschreibungen und Miniskizzen. [202, 203, 490]

Johow, Ing., entfernter Nachbar. Johow wohnte in derselben Straße wie Höch. Seine Frau besuchte Höch 1967 und kaufte für ihren Sohn eine Arbeit: »bekam zu seiner (Sonntag) Konfirmation ein Aquarel ›Havel bei Heiligensee‹ von H. Höch« für 160 Mark [TK67]. [205]

Jung-Alsen, Kurt (1915 Tutzing – 1976 Ost-Berlin; DEFA-Regisseur). Höch lernte Jung-Alsen über [→ 82] Eugen Fischer-Baling kennen. Den Besuch bei ihm im Februar 1960 im »Ost-Sektor« sagte Höch kurzfristig ab, indem sie eine Grippe vortäuschte. Auch als er später anrief, um sie abzuholen, notiert sie: »Ich fahre auf keinen Fall mit, obgleich ich die Beiden wirklich gern mag. Habe keinen Mut. Immer noch ewige Angst – wie unter Nazis, Mist.« [TK60] Jung-Alsen besuchte im Mai 1960 Höch (»sammelt wie wild Kunst«). [TK60] [201]

Juryfreie (Vereinigung Bildender Künstler). Die »Juryfreie Kunstausstellung« war eine aus dem Verein Berliner Künstler heraus gegründete und nicht an Richtungen gebundene Vereinigung. Sie organisierte ab Oktober 1911 einen entsprechend unzensierten Bildermarkt, der schnell zum Forum der Moderne wurde. 1934 lösten die Nationalsozialisten die Vereinigung auf. [194]

K

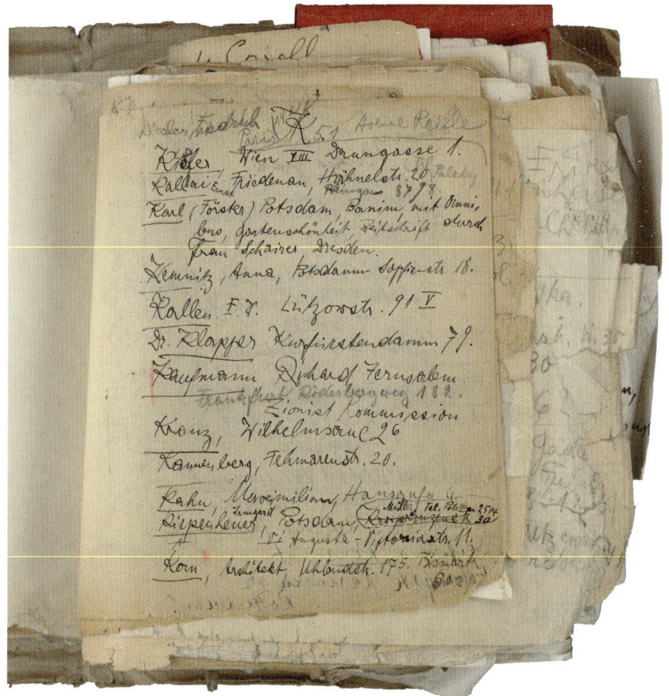

207 **Kiesler, Friedrich, Paris, 51, Avenue Reille; Wien, Daungasse 1** (1890 Czernowitz – 1965 New York; Architekt, Bühnenbildner). Kiesler schrieb im Februar 1925 an Höch. Wahrscheinlich hat sie ihn durch [→ 59] Theo van Doesburg kennengelernt und 1925 auch besucht. Kiesler hatte seinen künstlerischen Durchbruch 1923 in Berlin, wo er sich ab 1921 immer wieder aufhielt. Als der Regisseur und Theaterdirektor Eugen Robert die deutsche Erstaufführung von Karel Capeks Roboterutopie W.U.R. (R.U.R.) plante, bot Kiesler an, die Kostüme und ein elektromechanisches Bühnenbild zu entwerfen. 1924 organisierte er die »Internationale Ausstellung neuer Theatertechnik« auf dem Musik- und Theaterfest der Stadt Wien. 1925 war Kiesler auf der Pariser »Exposition Internationale des Arts Décoratifs et Industriels Modernes« bei den ausgestellten Bühnenentwürfen im Grand Palais mit einem Modell vertreten. Er organisierte eine Sonderausstellung über die zeitgenössische österreichische Theatertechnik, die seinen Ruf als origineller Architekt festigte. Sein Ausstellungsdesign, eine scheinbar frei im Raum schwebende Konstruktion, war zugleich das Modell einer visionären »Raumstadt«. Höch hat sein Thea-

termodell damals gesehen und zeichnete eine kleine »Bleistiftskizze der Raumanordnung«. Kieslers Installation fand großen Anklang unter seinen Künstlerkollegen. In einem Zeitschrifteninterview erzählte Kiesler später, dass er einen Tag nach der Eröffnung in die Ausstellung schlich, um seine »Raumstadt« zu sehen. Dort traf er auf Theo van Doesburg und [→ 169] Piet Mondrian, die seine Arbeit betrachteten. Van Doesburg beglückwünschte Kiesler mit Tränen in den Augen: »Du hast das getan, was wir hofften, eines Tages realisieren zu können. Du hast es geschafft.« [Zillner, S. 20] Kiesler zog 1926 nach New York.

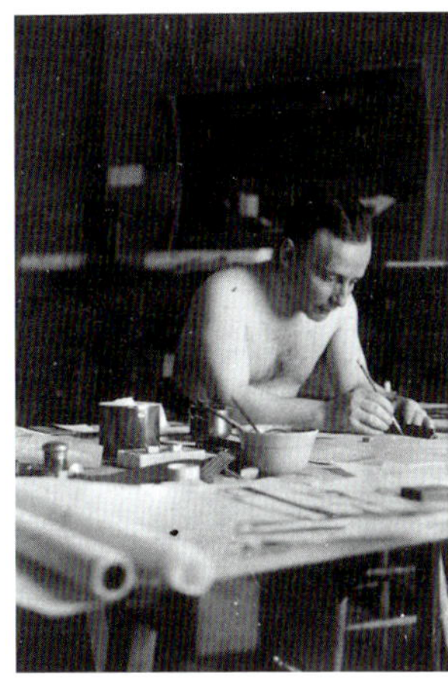

Friedrich Kiesler an seinem Schreibtisch in New York, 1926

207 **Kiesler, Stefanie** (Stefi) (geb. Frischer, 1897 Skotschau – 1963 New York; Autorin, Lektorin). Stefanie und [→ 132] Friedrich Kiesler heirateten 1920. Aus Wien kommend wollte sie sich 1925 mit Höch in Paris treffen und schrieb ihr. Unter dem Pseudonym Pietro de Saga veröffentlichte sie in verschiedenen Ausgaben der Zeitschrift »De Stijl« sogenannte »Typo-Plastiken«.

207 **Kállai, Ernst, Berlin, Hähnelstraße 20 (Frl. Palaky); Berlin, Schützenstraße 40** (1870 Szakálháza – 1954 Budapest; Publizist). Kállai hatte sich nach 1933 zumindest vorerst mit den Nationalsozialisten arrangiert. Im Mai 1934 schrieb er Höch und [→ 49] Til Brugman und fragte, ob sie ihn nicht auf der Ausstellung »Deutsches Volk – Deutsche Arbeit« am Kaiserdamm besuchen wollten. Doch dann durfte Kállai nicht mehr in Deutschland publizieren und kehrte 1935 nach anderthalb Jahrzehnten in Berlin nach Budapest zurück. Während seines Aufenthalts verfasste er für deutsche, ungarische, schweizerische und holländische Kunstzeitschriften Beiträge über [→ 167] László Moholy-Nagy, Lajos Kassák, George Grosz, das Bauhaus und den Konstruktivismus. [212]

207 **Karl Foerster, Potsdam, Bornim** (1872 Berlin – 1970 Bornim; Gärtner, Garten-Philosoph). Höch notiert: »Gartenschönheit, Zeitschrift« [AB]. Foerster gab die Publikation seit 1923 heraus. Höch bewahrte auch einen »Tagesspiegel«-Artikel von ihm auf: »Haus, Hof, Garten: Wintermärchen im Garten« vom November 1966 [NHH].

207 **Kemnitz, Anna, Potsdam, Sophienstraße 18**

207 **Kallen, Erna** (geb. Musolff), **Berlin, Lützowstraße 91V**

207 **Klapper, Dr. Siegfried, Berlin, Kurfürstendamm 79** (1918 Windhoek – 2012 St. Christol; Maler). Klapper studierte in den Kriegsjahren drei Monate an der Hochschule für Bildende Künste Berlin Malerei. Er arbeitete nach dem Krieg als freier Maler und zog Ende der sechziger Jahre nach Frankreich.

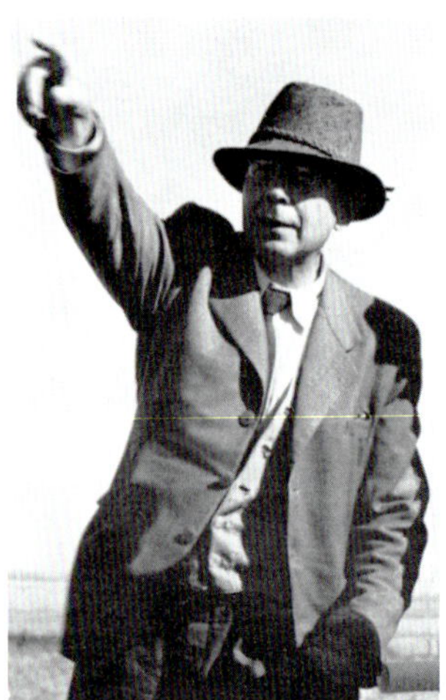

Richard Kauffmann

207 **Kauffmann, Richard, Jerusalem; Frankfurt am Main, Röderbergweg 182** (1887 Frankfurt am Main – 1958 Jerusalem; Architekt, Städtebauer). Höch lernte Kauffmann auf ihrer Italien-Reise 1920 in Venedig kennen. Von dort aus machte sich der Frankfurter auf den Weg nach Ägypten und dann weiter nach Jerusalem. Offenbar schienen beide sich näher gekommen zu sein, denn Kauffmann fragte im Oktober: »Weshalb schreibst Du mir nicht? Glaubst Du etwa, daß meine Beziehung zu Dir sich dadurch erledigt, so irrst Du, – und irgend ein mal, – wenn auch in Jahren – werde ich doch wieder bei Dir sein. Ich könnte gleich verstehen, daß Du nicht schreibst, wenn Du gar keine Beziehung zu mir hättest. In jedem andern Fall jedoch wäre das krampfhaft.« [Lebenscollage II/2, S. 80] Im selben Jahr wanderte Kauffmann nach Palästina aus und arbeitete dort als Architekt und Siedlungs- und Stadtplaner. Er war an der Planung neuer jüdischer Siedlungen beteiligt. Vor allem in Tel Aviv sind bis heute zahlreiche seiner Gebäude im Bauhaus-Stil erhalten. Im November 1920 schickte er aus Jerusalem eine Postkarte: »Seit 14 Tagen bin ich hier. Es ist viel zu schön. Zehn Augen müßte man haben und eben soviele Hände. Zum greifen und zeichnen.« [Lebenscollage I/2, S. 725] Sieben Jahre später, im September 1927, schreibt er noch einmal: »Ich bin wieder einmal im Lande, doch diesmal aus traurigem Anlass. Es sind einmal familiäre Gründe, und dann ist mein Büro in Jerusalem infolge der derzeitigen Krise aufgelöst worden, und wenn ich dort keine Arbeit finde, muß ich Palästina verlassen. (...) Schreibe mir doch bitte nach Frankfurt a/Main, Röderbergweg 182, ob Du in Berlin bist, oder wo Du Dich in der nächsten Zeit aufhältst.« [Lebenscollage II/2, S. 293] Im Jahr 1927 gab es in Palästina eine ernsthafte Wirtschaftskrise. Von ihr waren Architekten auf Grund des Baustopps in öffentlichen Bereichen, aber auch wegen fehlender privater Aufträge schwer betroffen. [208]

207 **Krantz, Ernst, Berlin, Wilhelmsaue 26; Berlin, Bechstedter Weg 3; Berlin, Livländische Straße 6; Berlin, Emser Platz 41** (1889 Bartenstein – 1954 Berlin; Maler, Metallbildhauer, Ausstellungsmacher) Krantz, Schüler von Lovis Corinth und Mitglied der [→ 35] »Novembergruppe«, entwarf 1920 die Umschlagzeichnung von Band 45/47 der Schriftenreihe »Die Silbergäule«: »Mynona: Unterm Leichentuch: Ein Lehrstück«. 1973 zeigte die [→ 204] Galerie Pels-Leusden Werke von Krantz (»Gemälde, Aquarelle, Handzeichnungen und Graphiken«) zusammen mit Arbeiten von Johannes Niemeyer [Einladung, NHH]. [213]

207 **Kannenberg, Richard, Berlin, Fehmarnstraße 20** (geb. 1888 – ?; Maler, Grafiker). Kannenberg lernte Lithographie und studierte von 1911 bis 1915 (zeitgleich mit Höch) und von 1919 bis 1923 an der Unterrichtsanstalt des Berliner Kunstgewerbemuseums, zuletzt als Meisterschüler bei [→ 199] Emil Orlik.

207 **Kahn, Maximilian, Berlin, Hansaufer 68**. Höch traf Kahn und seine Frau im Mai 1961 auf der Geburtstagsfeier des Bildhauers [→ 105] Karl Hartung.

207 **Kiepenheuer, Irmgard, Potsdam, Kronprinzenstraße 30** (heute: Feuerbachstraße); **Potsdam, Auguste-Viktoria-Straße** (heute: Nansenstraße) (geb. Funcke, 1887 Bremen – 1971 ?; Übersetzerin, Verlegerin). Den 31. März 1925 nannte Höch in ihrem Terminkalender »einen denkwürdigen Tag«: »Es fuhr mich [→ 172] Mies v. Rohe nach Potsdam« zu Kiepenheuer – [→ 59] van Doesburgs waren da, Nelly spielte Klavier, [→ 235] Kurt Schwitters las. Schon einen Monat zuvor waren beide gemeinsam in Potsdam aufgetreten: Schwitters trug seine Ursonate vor, Nelly van Doesburg spielte Kompositionen von Rieti, Honegger, van Domselaer und Satie.

Irmgard Kiepenheuer führte ein offenes Haus, in der Wohnung im Potsdamer Westen ebenso wie in der Fasanerie, einem Nebengebäude des Schlosses Sanssouci. Dorthin zog sie 1925 mit Verlag und Familie. Nach ihrer Scheidung 1920 war sie in den vom ehemaligen Kiepenheuer-Prokuristen [→ 171] Hans Müller im Jahr 1919 gegründeten Verlag eingetreten. Er wurde 1925 in Müller & Kiepenheuer umbenannt (ein Prospekt von 1931 befindet sich im Nachlass Hannah Höch [NNH]). Bis 1929 erschienen in dem Verlag literarische und kulturhistorische Werke in hochwertiger Ausstattung, Wiegendrucke und illustrierte Bücher zu Kunst und Architektur. Kiepenheuer besuchte Höch 1950.

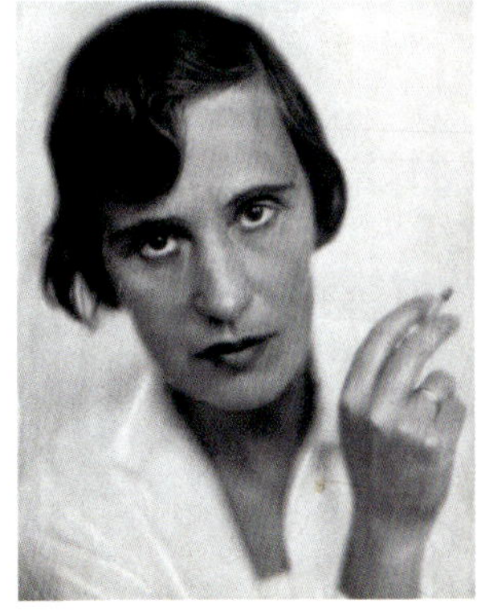

Irmgard Kiepenheuer, 1933. Atelier Robertson, Berlin

207 **Korn, Arthur, Berlin, Uhlandstraße 175; Berlin, Königsbacher Zeile 14** (1891 Breslau – 1978 Wien; Architekt, Stadtplaner). Korn zählte in den zwanziger Jahren zu den Exponenten des »Neuen Bauens«. Er studierte 1909 und 1911 an der Unterrichtsanstalt des Kunstgewerbemuseums Berlin. Seit 1922 war Korn selbständiger Architekt und arbeitete auch als Sekretär der Künstlervereinigung [→ 35] »Novembergruppe«. Er floh nach 1933 über Jugoslawien nach England. [499, 504]

Kalivoda, František, Brünn, Plotní 37 (1913 Brünn – 1971 Brünn; Architekt). Höch notierte: »Index«. Kalivoda, Herausgeber der mo-

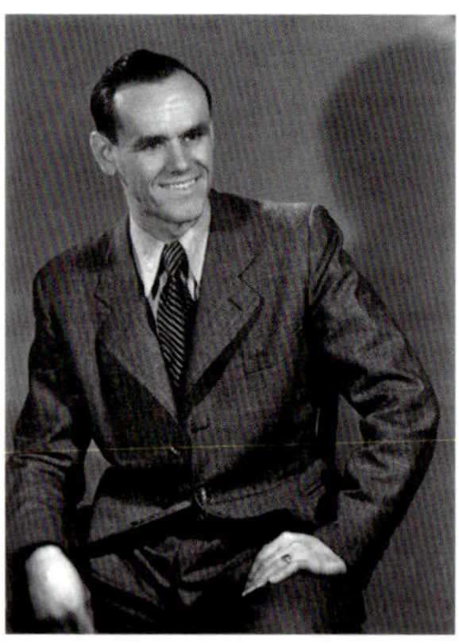

František Kalivoda

natlichen Film- und Fotozeitschrift »Ekran«, hatte Höch 1932 zu ihrer Haltung zur Filmzensur befragt. Unmissverständlich antwortete sie: »Es ist eine Schmach, dass sich die Filmzensur, die für Deutschland in der Nationalversammlung in Weimar, von ängstlichen Herren, beschlossen und bearbeitet wurde, sich bis heute unverändert oder sogar verschärft hat halten können.« [Lebenscollage II/2, S. 400] Höch beriet Kalivoda für »Ekran«, sie wurde als Autorin und Mitarbeiterin aufgeführt.

Während Höch nach 1933 an keinen Ausstellungsprojekten in Deutschland mehr teilnehmen konnte, hatte sie zumindest im Ausland Erfolg. Kalivoda richtete 1934 für sie im tschechischen Brno (Brünn) eine Einzelausstellung mit 42 Fotomontagen aus. Höch zeigte nahezu alle zentralen Fotomontagen der zwanziger

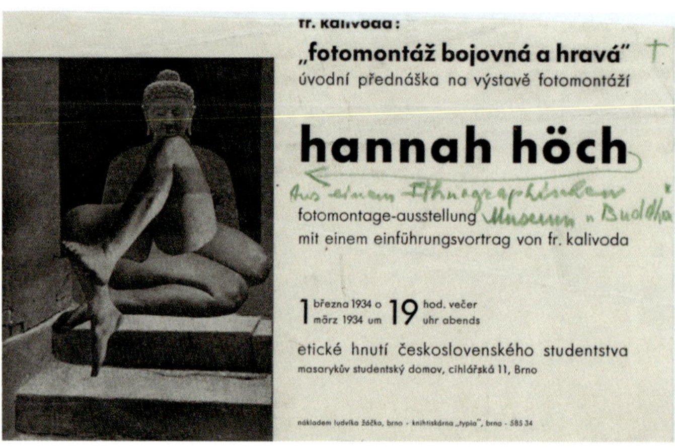

Fotomontage-Ausstellung. Brünn, Ankündigung, 1934

Jahre, darunter Blätter der Serie »Aus einem ethnographischen Museum«. Sie schrieb eine Einführung (»Die ersten Fotomontagen«) und setzte sich darin grundsätzlich mit dieser neuen künstlerischen Form auseinander. Sie erschien auf tschechisch im ersten Heft der neuen avantgardistischen Zeitschrift »Stredisko«.

Nach dieser Ausstellung plante Kalivoda für den Herbst schon eine weitere: »Wir müssen uns mit diesen sachen beeilen, denn der kulturelle faschismus bei uns verbreitet sich auch sehr stark und ich erwarte zeiten, wo auch bei uns alle künstlerische und kulturelle arbeit verboten sein wird.« [Lebenscollage II/2, S. 539] Es kam nicht mehr dazu.

In den sechziger Jahren setzte sich Kalivoda nachdrücklich dafür ein, dass die von [→ 172] Mies van der Rohe entworfene Villa Tugendhat in Brünn denkmalpflegerisch wiederhergestellt wurde. Er besuchte Höch unerwartet 1968: »Junggeselle. Schreibt auch. Macht Typographie. (...) ›R.H.‹ (Raoul Hausmann, H.N.) hat mal bei ihm 14 Tage gewohnt. (...) K. war vor allem mit [→ 167] Moholy sehr befreundet.« [TK68] [195, 213, 237b, 496]

Kampmann, Käthe »Kat« (Kathinka) (geb. Krischke, 1908 Schöneberg (Berlin) – 1997 Rangsdorf; Malerin). Kampmann zeigte 1972 Farbstiftzeichnungen, Radierungen und Federzeichnungen im Haus am Lützowplatz [Einladung, NHH]. Sie war ab 1930 freiberuflich tätig und entwarf Textilcollagen. Nach vielen Jahren traf Höch Kampmann 1960 wieder auf einem Empfang in der Orangerie des Charlottenburger Schlosses. [495]

Kampmann, Walter (1887 Elberfeld – 1945 Berlin; Maler, Bildhauer) Höch notiert: »Fachschule am Warschauer Platz«. Kampmann, Mitglied der [→ 35] »Novembergruppe«, lud 1936 aus Groß-Machnow (Rangsdorf) Höch ein »zur Besichtigung unseres Hauses (...), in dem wir auch unsere künstlerischen Arbeiten zeigen wollen« [Lebenscollage II/2, S. 566]. Seine Familie wohnte dort in einem von ihm entworfenen Atelier- und Wohnhaus. Kampmann verlor 1933 seine Anstellung an der Modeschule der Stadt Berlin, zog ein Jahr später mit seiner Frau Käthe nach Rangsdorf und ging wie Höch in die innere Emigration. [185, 210, 214]

Karsch, Florian, Berlin, Manfred-von-Richthofen-Straße 14; Berlin, Schulburgring 130 (1925 – 2015, Galerist, Galerie Nierendorf) Stiefsohn von Josef Nierendorf), Sohn von [→ 191] Meta Nierendorf). Höch wurde von der Galerie als Künstlerin vertreten. Im August 1960 erreichte sie ein Anruf von Florian Karschs [→ 140] Frau Inge: »Nierendorf rief an. Wollte mal hören wie es uns allen ging. Wollte vielleicht gern mal rauskommen – aber – ich habe sie nicht aufgefordert. Sie hätte sicher den Mann mitbringen wollen. Das kann ich nicht machen.« [TK60]. Diese Einstellung scheint sie wenig später fallen zu lassen.

Florian Karsch zählte zu den bedeutendsten und erfolgreichsten deutschen Kunsthändlern der Nachkriegszeit. Als Inhaber der Galerie Nierendorf in Berlin vertrat er schon in den frühen fünfziger Jahren Werke der von den Nationalsozialisten verfemten Künstler. Einige der großen Vertreter des Expressionismus lernte er noch persönlich kennen und pflegte freundschaftliche Beziehungen zu ihnen, wie zu Otto Dix, George Grosz, [→ 170] Conrad Felixmüller oder [→ 189] Otto Mueller – und eben Höch. Gegründet wurde die Galerie 1920 von seinem Stiefonkel Karl und sei-

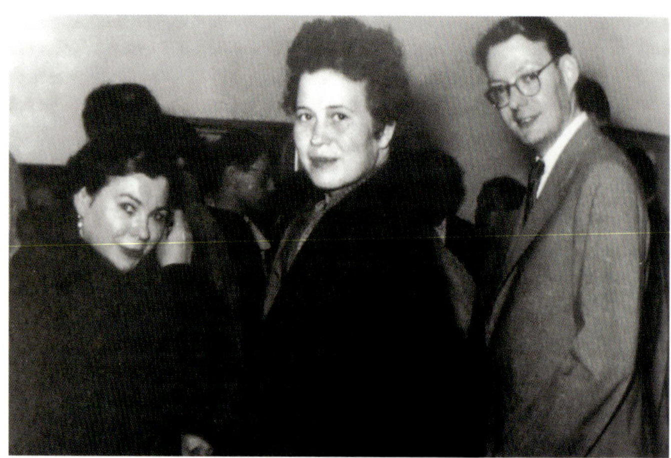

Von links: Inge, Meta, und Florian Karsch, um 1960

nem Stiefvater Josef Nierendorf in Köln. Nach drei Jahren hatte Karl Nierendorf das Graphische Kabinett von I.B. Neumann in Berlin übernommen. Gemeinsam mit seinem Bruder führte er es ab 1933 als Galerie Nierendorf.

Florian und Ingeborg Karsch eröffneten 1955 die Galerie neu unter dem Namen Meta Nierendorf in einem Raum der Buchhandlung von Josef Nierendorfs Witwe. 1963 zogen Galerie, Kunstverlag und -handel in die Hardenbergstraße 19 in Berlin-Charlottenburg. Als Galerie Nierendorf besteht sie dort noch heute. Florian Karsch, ehemals Biologe, machte die Galerie zu einer internationalen Adresse für die Kunst des Expressionismus und der zwanziger Jahre. Er war der Sohn des Künstlers Joachim Karsch und mit der Malerin Ingeborg Karsch (geb. Loewe, 1927 – 2013) verheiratet.

Die erste große Ausstellung der in ärmlichen Verhältnissen lebenden Hannah Höch bei Nierendorf brachte 1961 den Durchbruch. Karsch schrieb ihr im März nach Olévano Romano und sie notiert: »Will von mir Gesamtschau machen. Zum 1. Mai. Soll Holzschnitt für Katalog machen. Sofort zurückgeschrieben.« Karsch sagte: »Sie hat zum ersten Mal richtig Geld gesehen«. [»Tagesspiegel«, 11. März 2011; Grandt] Im Mai und im Juni richtete er eine Höch-Retrospektive aus, in der er Werke aus der Zeit von 1918 bis 1961 präsentierte. In den sechziger Jahren kaufte die Neue Nationalgalerie, vermittelt durch Karsch, die Fotomontage »Schnitt mit dem Küchenmesser Dada durch die letzte Weimarer Bierbauchepoche Deutschlands«.

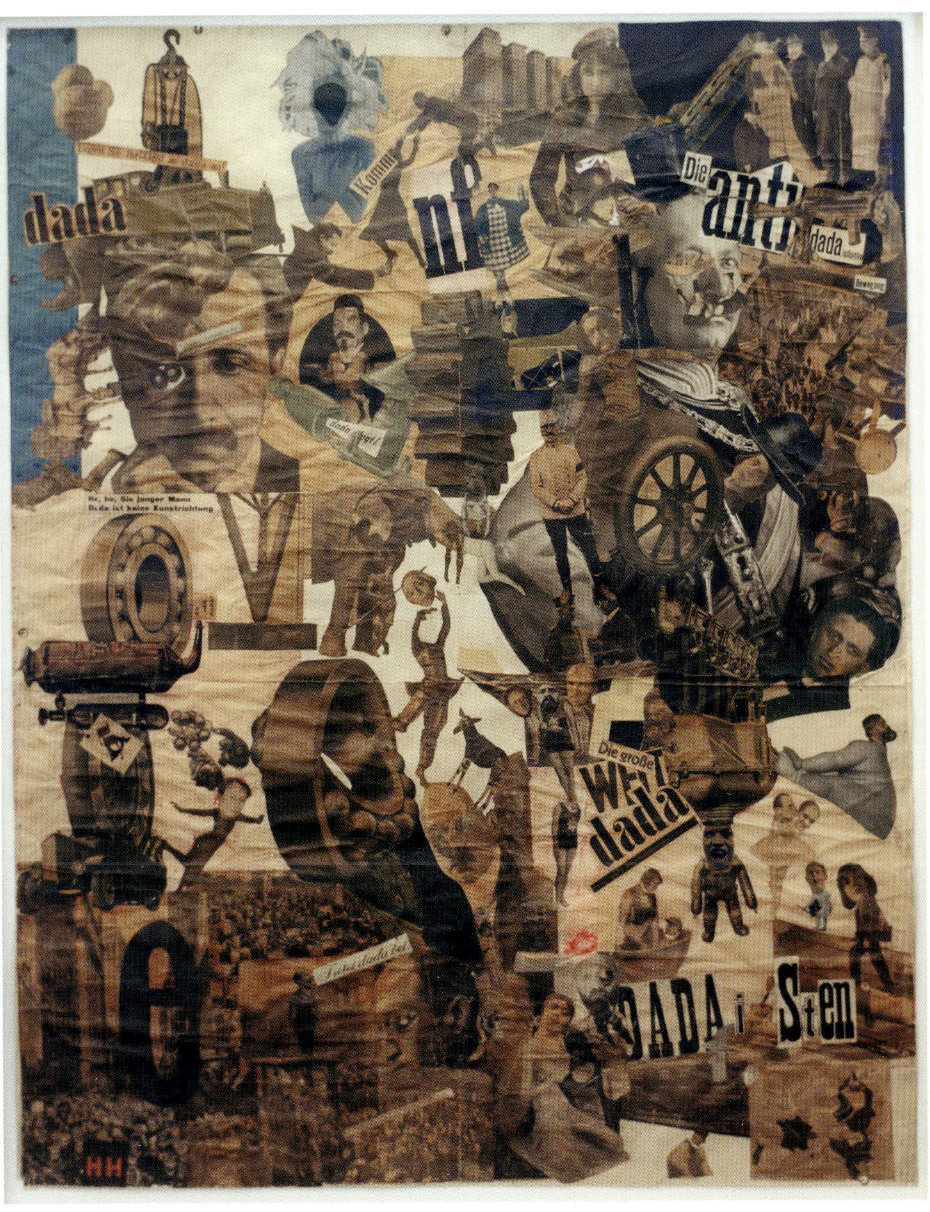

Hannah Höch: »Schnitt mit dem Küchenmesser DADA durch die letzte weimarer Bierbauchkulturepoche Deutschlands«, 1919/20. Fotomontage

Karsch organisierte auch eine Retrospektive Höchs in Italien im Mai/Juni 1963 in der Mailänder [→ 89] Galleria del Levante unter dem Titel »Dada – Hannah Höch – Dada«.
Zu Höchs 75. Geburtstag fand im November 1964 in der Galerie Nierendorf ihre bis dahin umfangreichste Retrospektive statt. Der Katalog enthielt fünf Linolschnitte aus den Jahren 1915 bis 1917, die sie zu diesem Anlass neu auflegte. Die Verkäufe aus der Ausstellung ermöglichten es ihr, die Schulden durch ihren Hauskauf zu begleichen und eine Zwangsvollstreckung zu verhindern.
Der Kontakt der beiden mit Höch war sehr intensiv. Das zeigen allein die vielen Besuche zwischen 1961 und 1976. Karschs begleiteten dabei mitunter die Ärzte [→ 255] Heinrich Sommer und Wilhelm Stockmann, Dietrich Kolbe oder die Maler [→ 216] Hans Richter und Josef Scharl. Im Dezember 1962 kam Karsch zu Höch mit einem Weihnachtspaket, das u.a. das Buch »Des Alleinseins müde« enthielt. Nach einem Theaterbesuch im April 1963 zogen die Karschs mit Höch noch um die Häuser: »Pulle und Mühlenhaupt-Kneipe« [TK63]. Die Bar »Volle Pulle« im Hotel am Steinplatz war ein Treffpunkt bekannter Künstler und Literaten. Der Malerpoet Kurt Mühlenhaupt hatte sein Lokal »Leierkasten« in Kreuzberg. [234, 237, 280, 496]

Karsch, Ingeborg (Inge, geb. Loewe, 1927 Rheinhausen – 2013 ?; Malerin), verheiratet mit [→ 137] Florian Karsch. Karsch studierte an der Kunsthochschule in Weißensee und an der Hochschule für Bildende Künste. 1957 heiratete sie und arbeitete danach als Kunsthändlerin in der Galerie Nierendorf. Höch widmete dem Galeristenpaar ihr groteskes Kraken-Blatt »Garten«. Höch und Karsch besuchten einander häufig von 1961 bis 1973. [234, 237]

Kassel, Kunstverein. Dr. Harald Heckmann, Kassel, Ständeplatz 16 (geb. 1924 Dortmund; Musikwissenschaftler). Bei Höch meldeten sich 1969 die »Herren vom Kassler Kunstverein« an. Sie zeigte im selben Jahr im Kulturhaus Ständeplatz »Ölbilder, Aquarelle, Collagen, Gouachen«. [→ 201] Heinz Ohff schreibt dazu: »Unvergeßlich unsere gemeinsame Reise zur Vernissage nach Kassel. Hannah Höch hatte eine Karte bei sich und behauptete, dort wo wir führen, verliefe gar keine Landstraße. ›Frau Höch‹, sagte meine Frau nach einem Blick auf das abgegriffene Meßtischblatt, ›Sie haben eine Karte von 1919!‹ Weggeworfen hat sie bis zuletzt nichts.« [Ohff 2, S. 82] Nach einem Abendessen mit der Familie von Heckmann besuchte Höch die Ausstellung: »Ich sehr überrascht. Sehr schöne

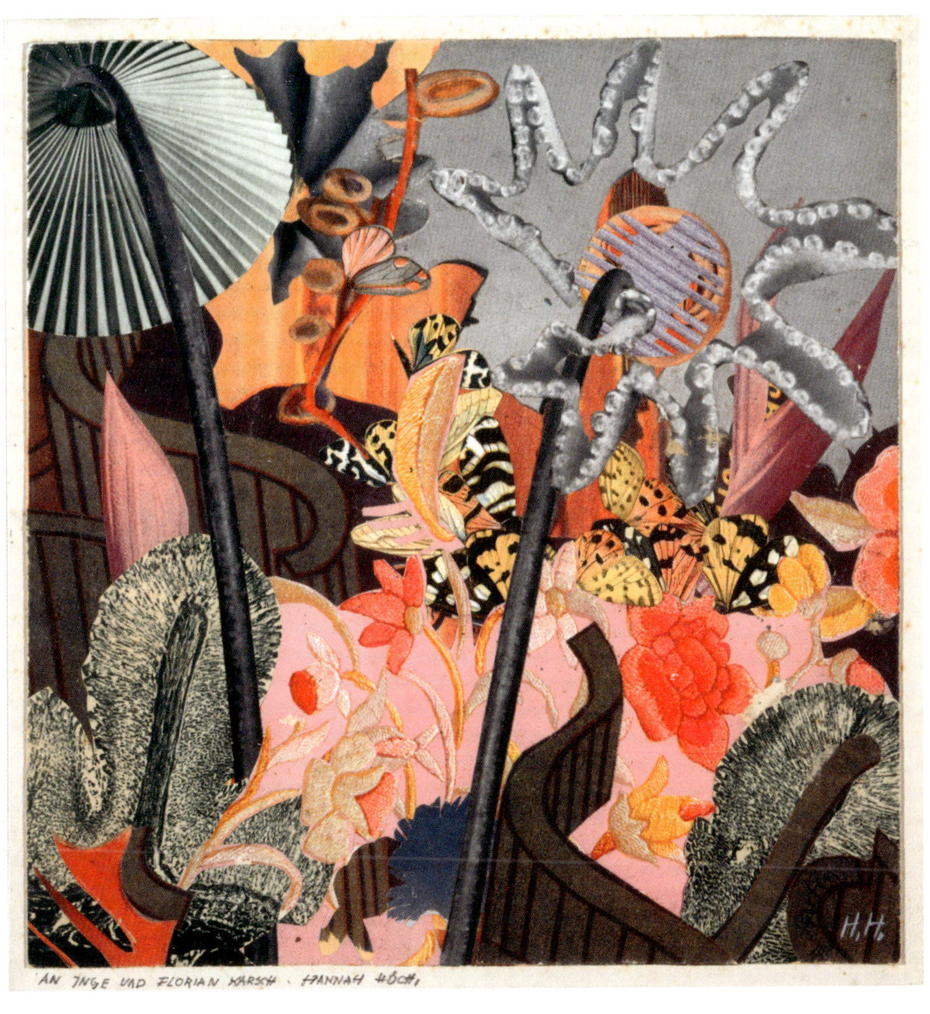

Hannah Höch: »Garten mit Schmetterlingen«,
1948.
Collage

Räume. Grossartig gehängt. Schöner, liebevoll gestalteter Katalog.« Zur Eröffnung saß der Oberbürgermeister von Kassel neben ihr: »Sagte mir viel Nettes: Ist von Dokumenta her Schlimmeres gewöhnt. – Ich musste dann viele Elogen hören.« [TK69] Heckmann leitete das Deutsche Musikwissenschaftliche Archiv Kassel, widmete sich aber auch den bildenden Künsten und der Kunstwissenschaft. [496]

Katsch, Dr. G. (Haus am Waldsee). Das Haus am Waldsee in Zehlendorf war in der Nachkriegszeit bekannt für prominent besetzte Ausstellungen der modernen Kunst und der von den Nationalsozialisten verfemten Künstlerinnen und Künstler. [227]

Kaus, Prof. Max und Sigrid (geb. Reinke) (1891 Berlin – 1977 Berlin; Maler, Grafiker). Höch traf Kaus und seine Frau 1961 auf der Geburtstagsfeier des Bildhauers [→ 105] Karl Hartung. Er traf sie auch 1963 auf der Ausstellung des Deutschen Künstlerbundes in Stuttgart. 1973 zeigte die [→ 204] Galerie Pels-Leuden eine Kaus-Ausstellung [Einladung, NHH]. Kaus ging 1945 an die Hochschule für Bildende Künste in Berlin, wo er unter [→ 121] Karl Hofer stellvertretender Direktor wurde. [495]

Kemény, Alfred (1895 – 1945; ungarischer Theoretiker, Kunstkritiker). Nachdem [→ 214] Thomas Ring Ende 1932 emigrierte, übernahm Kemény als Untermieter seine Wohnung in Berlin-Schöneberg, Steinmetzstraße 60. Rings Frau Gertrud schreibt im März 1933 aus Johnsbach in der Steiermark an Höch: »Wir werden wahrscheinlichst unsere Berliner Wohnung aufgeben müssen oder wollt Ihr sie nehmen? Unsere Untermieter sind stellungslos und können sie nicht halten: es stehen auf dem Boden noch Schachteln mit Pinseln, Farben, die Staffelei und einiges Rahmenzeug, was Du bitte zu Dir hin nehmen möchtest.«

Kemény kam 1922 zum Kongress der Konstruktivisten und Dadaisten in Weimar. Er lebte in Berlin, wurde 1924 Mitglied der Kommunistischen Partei. Auch gehörte er zur »Roten Gruppe«. Ab Herbst 1924 arbeitete Kemény als Kunstkritiker für das KPD-Zentralorgan »Rote Fahne«. Er war einer der führenden kommunistischen Kunstkritiker. [208]

Kessel, Dr. phil. Martin (1901 Plauen – 1990 Berlin; Schriftsteller). Höch traf Kessel »bei [→ 123] Richi Huelsenbeck«. Er besuchte sie 1946 und sie trafen sich 1951 auf der Abschiedsfeier des Essayisten [→ 48] Karl Friedrich Borée. Kessel schickte Höch seinen Erzählband »Eskapaden«. (Sie kommentiert: »Das ist ja nun nicht zimperlich«). [TK51] Er besuchte sie erneut 1960, auch mit [→ 260] Elfriede Stegemeyer. Zu den Obstmengen aus Höchs Garten, die es zu ernten und verteilen galt, »schrieb (er) einen entzückenden Brief. Auf meine Klage: ›die Äpfel – mehren sich weiter u. sind im Begriff mich aufzufressen‹ – eine Betrachtung über zu grossen Apfelsegen und: ›die Schuld dieser Äpfel ist ja auch begrenzt‹« [TK60]. Kessel, seit 1959 Mitglied der Berliner Akademie der Künste, blieb im literarischen Betrieb ein Außenseiter. [163, 233]

Kestner-Gesellschaft e.V., Hannover. Höch korrespondierte mit der Kestner-Gesellschaft wegen einer Schwitters-Ausstellung. 1956 schickte sie acht Leihgaben an den Kunstverein. [497]

Killy, Dr. Herta Elisabeth (geb. 1920 Bonn-Bad Godesberg; Kunsthistorikerin, Übersetzerin). Killy besuchte Höch 1967: »Aquas u. Collagen angesehen. Auch Zeichnungen.« [TK67] Beide korrespondierten wegen einer Ausstellung des Kunstsammlers [→ 143] Hans Kinkel und wegen der Ausstellung »Akademie 1968«, in der Höch vier Arbeiten zeigte. Sie und Killy besuchten sich gegenseitig auch noch 1970/71. [491, 497]

Kinkel, Hans (1929 Duisburg – 2015 ?; Kunstkritiker und -sammler, Fotograf) München. Kinkel besuchte Höch 1967, um sie zu fotografieren. Höch: »(war leider <u>sehr</u> dunkel.) arbeitet nicht mit <u>Blitz</u>)« / »er hat <u>sehr</u> gute Aufnahmen gemacht«. Kinkel porträtierte Menschen bei Interviews: »Ein verschlossener Mann. Sagt kaum etwas. Aber nicht unsympathisch. (...) Sammelt Zeichnungen.« [TK67] 1967 erschien sein Buch »14 Berichte: Begegnungen mit Malern und Bildhauern« [Buchexemplar, NHH]. 1968/69 zeigte Kinkel ihr Porträt in der Ausstellung »Künstler des 20. Jahrhunderts« in der Akademie der Künste und besuchte sie mit seiner Frau erneut 1968 und Weihnachten 1969. Von ihm stammt das Typoskript im Nachlass: »Arche Hoffnung: ein Besuch bei Hannah Höch« (1969/70). Kinkel und Höch korrespondierten von 1968 bis 1976. [491, 503]

Klasetzki. Höch notiert: »Nachbarin bei [→ 252] Schulwitz oben an meinem Zaun heisst: Frau Klasetzki? (wollte sich Kirschen pflücken)« [AB]. [479]

Klein, Prof. Bernhard, Berlin, Bonner Straße 10; Berlin, Brentanostraße 18 (1888 Hamburg – 1967 Berlin; Maler, Bühnenbildner; Bruder von [→ 144] César Klein). Höch traf Klein 1967 auf dem Richtfest der Nationalgalerie. Sie besuchte zwei Ausstellungen von ihm: 1963 im Rathaus Schöneberg und 1968 in der Galerie Nierendorf: »Gemälde, Aquarelle, Zeichnungen, Graphiken« [Einladung, NHH]. Ab 1915 arbeitete Klein selbständig als Illustrator. Er zählte 1918 zu den Gründungsmitgliedern der [→ 35] »Novembergruppe«, war sogar Schriftführer. Klein beteiligte sich von 1919 bis 1931 an ihren Ausstellungen, auch an denen der »Juryfreien« und der »Großen Berliner«. Von ihm stammt der Entwurf des Programmblattes »Die Kubische Kiste« zum Kostümfest der »Novembergruppe« am 20. März 1920. Es fand im Gartensaal des Zoos statt, mit einer großen Tombola und einem dadaistischen Kabarett. Zur Kostümierung sollten Kreppapier und bunte Lappen verwendet werden. Von 1919 bis 1921 unterrichtete Klein an der Reimann-Schule. Von 1929 bis 1933 arbeitete er als Bühnenbildner für die Staatstheater, die Oper und andere Berliner Bühnen. 1937 erhielt er ein Berufsverbot durch die NS-»Reichskunstkammer«. Von 1939 bis 1943 war Klein bei der Deutschen Zeichenfilm-Gesellschaft Berlin angestellt. Nach dem Krieg wurde er an die Meisterschule für das Kunsthandwerk in Berlin-Charlottenburg berufen. Als Leiter der Klasse für Bühnenbild arbeitete er dort bis zu seiner Pensionierung 1955. [212, 227, 234]

Klein, César (1876 Hamburg – 1954 Pansdorf, Ratekau; Maler, Grafiker, Bühnenbildner), Bruder von [→ 143] Bernhard Klein. Während der »Berliner Festwochen 1960« stellte das Kunstamt Reinickendorf Kleins Werk aus. Höch notiert zur Eröffnung: »Hier tauchte die Minni Stern-Sorgenfrei-Glaser-etc. auf. Ist die alte, plus südamerikanische Schminke.« 1918 war Klein Mitgründer der [→ 35] »Novembergruppe« sowie des »Arbeitsrats der Kunst«. Im selben Jahr wurde er als Lehrer an die Unterrichtsanstalt des Staatlichen Kunstgewerbemuseums berufen. 1933 folgte seine Entlassung, und er erhielt Malverbot. [208, 212]

Klein, Sylvia (Maria, geb. Steffen). Klein besuchte Höch nach dem Tod ihres Mannes [→ 143] Bernhard 1968 und 1969, auch mit dem Galeristen [→ 155] Werner Kunze und mit dem Rechtsanwalt von [→ 137] Karsch. Sie schrieb 1969 an Höch. [234, 494]

Kleiner, Dr. Victor, Utzenfeld, Oberboden. Höch besuchte 1938 Kleiner und seine Frau Elly: »Da auch Frau Albrecht. Nett gewesen. Frau A. ist eine intelligente Person. Frau Kleiner um so weniger.« [TK38] Kleiner schrieb an Höch 1944: »Meine Frau hätte sehr gerne ein Bild von Ihnen, und zwar ein Sonnenblumenbild. (...), da ich damit meiner Frau ein Weihnachtsgeschenk machen möchte.« Auch seine Frau schrieb ein paar Zeilen: »Von Ihrem

Mann haben wir gehört dass Sie jetzt auch noch eine Geflügelzucht haben.« [225]

Klesse, Dr. Maria Magdalena (geb. Semmler; 1892 – 1982; Ärztin, Nachbarin). Klesse führte als praktische Ärztin von 1934 bis 1959 die Praxis ihres Mannes fort. Höch besuchte sie im Mai 1947 »wegen Bindehautentzündung u. Herz. Abends noch Injektion. Nacht sehr elend.« [TK47]. Klesse wohnte zwei Straßen weiter (Am Hirschwechsel 32) und kam sehr oft zu Höch, sie gab ihr manchmal täglich Injektionen. 1959 kaufte Klesse von Höch eine Collage. Die Künstlerin schrieb ihr im Februar 1961 aus Rom: »kann die (Briefe, H.N.) aber alle noch nicht abschicken, weil ich Vatikanmarken aufgeklebt habe, die nehmen sie in Rom postalisch nicht an.« Der Eintrag im Terminkalender vom 10. Januar 1963 lautet: »Spritze – Herz, Opium genommen.« [229, 240, 477, 479, 488, 582]

Knick, Eva-Dorothea (Dorle) (Dorothy, geb. Rabich, 1923 – 2014; Kunstverein Berlin), verwandt mit Aenne Rabich, verheiratet mit Dipl. Ing. Ulrich Knick. Eva-Dorothea Knick schickte 1964 ein weihnachtliches Musikprogramm an Höch, in dem sie als Sängerin auftrat. Sie besuchte Höch erstmalig 1947 und dann wieder von 1954 bis 1976. [230, 232, 423, 495, 503]

Knoll, Alfred (Gärtner). Knoll arbeitete bei Höch im Garten und sägte zum Beispiel im Dezember 1964 Bäume (»Der schlesische Gärtner in Tegel hat die Maschine«). [TK64] Im November 1965 kam es zu einem »unheimlichen Schneefall«: »Den gröbsten Schnee macht, Gott sei Dank Herr Knoll weg.« [TK65] Auch im März 1968 lag noch die weiße Pracht: »Mk 40.- bezahlt für Schneeschippen«. [TK68] Als Dank schenkte Höch ihm Zigarren oder französischen Wein, zu Weihnachten »Steinhäger« und Engelchen. Zu Heiligabend 1963 fuhr sie sogar mit einem Geschenk zu ihm nach Tegel. [234]

Koehler, Bernhard (1849 Berlin – 1927 Berlin; Industrieller, Kunstmäzen). Höch notiert: »Freund von Macke, Meidner« [AB]. Der expressionistische Maler August Macke war sein Neffe. Kunstinteressierte konnten Koehlers Sammlung in seinem Berliner Wohnhaus in der Brandenburgischen Straße besichtigen. [208]

Kölnischer Kunstverein. 1928 lud der Kunstverein Höch ein, sich an der Ausstellung »Deutsche Künstler im Ausland« zu beteiligen, organisiert von der »Vereinigung für Junge Kunst« [Einladung, NHH]. Höch schickte aus Den Haag vier Arbeiten. [209]

König, Karin(a) (geb. 1922; Tochter von [→ 121] Margarethe König (geb. Höch), Nichte von Hannah Höch. Im August 1959 erhielt

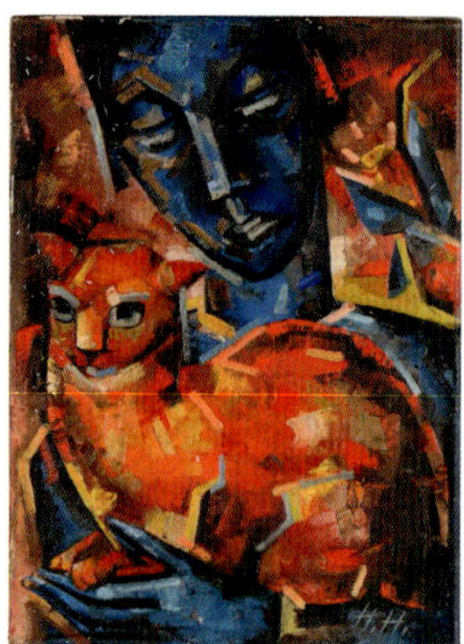

Hannah Höch, »Selbstbildnis mit Katze Ninn«, 1928. Foto: Hannes Cunze

Höch einen Anruf von König: »Ist für Trickfilmarbeit in Berlin, (5 Tage?).« [TK59] Die Nichte lebte in der zweiten Hälfte der sechziger Jahre in Loheland (Gemeinde Künzell), einer anthroposophischen Siedlung mit etwa siebzig Einwohnern. Als sie sieben Jahre alt war, fragte sie im August 1929: »WAS MACHT NINN? VIELE GRÜSSE KARIN«. Ninn war eine von Höchs Katzen, die sie mehrfach malte, »eine riesige bernsteinfarbene Angorakatze«. 1925/26 entstand ihr Porträt aus farbigen Papierschnipseln zusammengeklebt und 1927 ein Tuschebild. Höchs »Selbstbildnis mit Katze Ninn« von 1928 wurde bei Christie's im Februar 2018 auf 200 000 bis 300 000 Pfund taxiert (umgerechnet 220 000 bis 340 000 Euro). [28, 218, 226, 231, 232, 233, 235, 498, 499, 500]

König, Dipl.-Arch. Rainer (1926 Berlin – 2017 Berlin; Neffe von Hannah Höch, Architekt, Berlin-Fotograf), verheiratet mit Inge Pape-König; später mit Eva Johanna Rubin. 1970 übernahm König eine Professur für Ausstellungsgestaltung und Fotografie an der Hochschule für Bildende Künste in Berlin. Als Hannah Höch 1978 in Heiligensee starb, hat er dort am nächsten Tag alles sorgfältig fotografiert. [231, 237b, 499, 501]

König, Rudolf (Kaspar) (geb. 1943 Mettingen; Kunstprofessor, Direktor des Museums Ludwig) Münster, London. König (»sehr junger Mann«) besuchte Höch 1965 und mit einer Ankauf-Kommission 1974. [237]

Königseck, Astrid von. Damit »ist die Katze Pütt« von Höch gemeint. Wenn die Künstlerin verreiste, nahm ihre Schwester und ebenfalls Katzenbesitzerin [→ 97] Grete das Tier zu sich. [24]

Kogan, Moissey (1879 Orgejew – 1943 KZ Ausschwitz; russischer Bildhauer, Grafiker). Höch wollte sich telefonisch bei der russisch-deutschen Kleinkunstbühne »Der blaue Vogel« melden. [AB] Unter den russischen Emigrantentheatern war es das erfolgreichste, berühmt für seine avantgardistischen Bühnenbilder und Kostüme, gegründet 1921 in der Schöneberger Goltzstraße. Else Lasker-Schüler schrieb 1922 einen begeisterten Artikel über das Theater im Börsen-Curier. [→ 209] Xana Puni arbeitete an der Kleinkunstbühne mit. Die Werke von Kogan waren in den zwanziger Jahren in Ausstellungen der »Berliner Secession« zu sehen, 1929 zeigte die Galerie Alfred Flechtheim seine Arbeiten. 1933 erhielt Kogan ein Ausstellungsverbot. Er konnte nach Paris emigrieren, wurde dort aber 1943 verhaftet und nach Auschwitz deportiert, wo er wenig später umgebracht wurde. [43]

Kollwitz, Käthe, Berlin, Weißenburger Straße 25 (heute Kollwitzstraße 56a) (1867 Königsberg – 1945 Moritzburg; Malerin, Bildhauerin). Kollwitz spielte eine zentrale Rolle in der Ausstellung »Frauen in Not«, organisiert von [→ 192] Otto Nagel 1931 im Berliner Haus der »Juryfreien«. Sie hatte einen ganzen Saal gestaltet und hielt auch die Eröffnungsrede. Höch beteiligte sich mit den Arbeiten »Alte Frauen« (Aquarell), »Frau mit Kind« (Aquarell), »Alte Proletarierfrau« (Fotomontage) und zwei kleinen Zeichnungen. Sie kannte Nagel über [→ 33] Adolf Behne, der im Arbeitsausschuss der Ausstellung saß. Veranstalter war die »Internationale Arbeiterhilfe« (IAH), der kommunistischen Partei verbunden. Die Ausstellung wandte sich gegen das Abtreibungsverbot nach Paragraph 218, der mit mehrjährigen Zuchthausstrafen für Ärzte und betroffene Frauen drohte. Im Ausstellungsjahr erreichte die Auseinandersetzung um den Paragraphen einen Höhepunkt. 1933 wurde Kollwitz als Professorin an der Berliner Akademie der Künste entlassen und erhielt Ausstellungsverbot. [208]

Konnerth, Dr. Hermann (1881 Hermannstadt –1966 Berlin; Maler, Grafiker, Kunsthistoriker). Höch traf Konnerth 1951 bei der Politikerin [→ 53] Sascha Buchwald. Er studierte in Deutschland Theologie und Literaturwissenschaft, entschied sich aber für die Malerei und lebte seit 1921 in Berlin. [228]

Konrad, Prof. Dr. Hans René, mit [→ 42] Elfriede Behne befreundet. Höch traf Konrad 1938 auf dem Geburtstag ihres Bruders [→ 63] Danilo. Sie schreibt über ihn: »der jetzt in Riva an der Deutschen Hochschule ist. Ich freute mich sehr. Konnte ihn schon immer gut leiden. Verbrachten den Nachmittag sehr nett am Wasser. Abends Billardspielen die ganze Nacht durch. Nach 4 Uhr erst im Bett«. [TK38] Konrad besuchte Höch mit seiner Frau und Behne 1958 und 1966. Für eine Sendung des Süddeutschen Rundfunks kam er 1968 erneut zu ihr: »Es war interessant mit ihm«. Nach einer Woche fanden die Aufnahmen statt: »Waren 4 Mann hier: 2 Technik, 2 Redaktion. Ich glaube nicht, dass dieses Gespräch sehr gut geworden ist. Zu sprunghaft ging es zu und zu oberflächlich.« [TK68] Konrad besuchte Höch ein letztes Mal 1973: »Hat für seine Frau die kleine ›Halb-Collage‹ Rosa Blume gekauft 200.-«. [TK73] [217]

Koralle (Wochenillustrierte, Ullstein-Verlag). Die populärwissenschaftliche Zeitschrift »Koralle« existierte von 1925 bis 1944. [214]

Koref, Dr. Fritz (1884 Hanau – 1969 Aarau; Physikochemiker), verheiratet mit Gertrud Koref, Paris, Berlin. Höch notiert: »Fabrique Réunies de Lampe(s) Electriques« [AB]. Koref korrespondierte mit Höch intensiv von 1947 bis 1969. Er war später in der Glühlampenwerke Aarau AG beschäftigt. [290, 336]

Korn, Arnold und Frau (Zahnärztin). Höch bemerkt 1973: »Über den Zaun sprach mich Frau Korn, geb. Butz an. Sie (...) half mir mal in schwieriger ›Zahnlage‹. Sie hat Arbeiten von mir. Garten und Blumenstücke mit denen ich mir zu dieser Not-Zeit helfen konnte.« Am nächsten Tag fuhr Höch mit Korn nach Frohnau: »Ich bin sehr neugierig zu sehen was sie da haben.« Das Ehepaar besass noch ein Ölbild und vier Aquarelle. [230, 499, 504]

Kornfeld, Eberhard W. (geb. 1923 Basel; Schweizer Autor, Kunstsammler, -händler; Klipstein & Kornfeld, vorm. Gutekunst & Klipstein). Kornfeld und der Kunstsammler [→ 47] Hans Bolliger-Willener kamen 1956 zu Höch: »Ausgesucht für Ausstellung: DADA und vorher und später.« Kornfeld volontierte 1945 bei August Klipstein in Bern, der das Auktionshaus Gutekunst und Klipstein leitete. Nach dessen Tod 1951 übernahm Kornfeld die Leitung des Unternehmens 1952 und nannte es in Galerie Kornfeld um. Höch traf die Kornfelds im Oktober 1956 in Berlin und aß mit ihnen zu Mittag. Er besuchte Höch erneut 1968 und 1977: »war hier mit dem imitierten Hausmannkopf (...) – ›solange ich da Einblick hatte, ist er nicht von H. ([→ 106] Raoul Hausmann, H.N.) gemacht worden. Ob er ihn später noch mal machte weiss ich nicht.‹« Die Galerie existiert noch heute in Bern. [57, 232, 249]

Kornfeld, Lisbeth (Autorin, Verlegerin) Bern. Höch besuchte Kornfeld 1967 in der Herrengasse. In der »phantastischen« Wohnung lebte zuvor der Kunsthistoriker [→ 185] Franz Meyer. [497]

Kosina, Heinrich (1899 Wien – 1977 München; Architekt [→ 177 Mahlberg]). Kosina war Mitglied der [→ 35] »Novembergruppe« und ab 1921 Mitarbeiter von Erich Mendelsohn. Später war er an der Planung verschiedener Flughäfen beteiligt. [211]

Kosnick-Kloss, Jeanne (Hannah), Berlin, Hallesche Straße 12; Paris, 38, rue Bachesse (1892 Glogau – 1966 Paris; Malerin, Bildhauerin, Textilkünstlerin und Sängerin), liiert mit [→ 77] Otto Freundlich. Kosnick-Kloss besuchte Höch 1951. Später machte sie in ihrem Terminkalender Kosnicks Namen unkenntlich: »Hannah K wieder hier – 4 Nächte – 5 Tage. Ist für mich kaum zu ertragen. Prozess gegen ihre Geschwister. Anerkennung als Otto F.'s Frau trotzdem

sie noch mit K. verheiratet ist. Erst hat sie ihn tot erklären lassen – aber er lebt. Jetzt lässt sie ihn durch Detektive suchen. Dann will sie eine Otto Freundlichstr. im Ostsektor erreichen etc etc.«. [TK51]. Kosnick-Kloss besuchte Höch erneut 1953 und fuhr nach fünf Tagen nach Paris zurück.
Kloss heiratete 1920 in Berlin den Pianisten Heinrich Kosnick. 1929 trennten sich die beiden, sie zog nach Paris. Seit 1930 arbeitete und lebte sie mit [→ 77] Otto Freundlich zusammen.

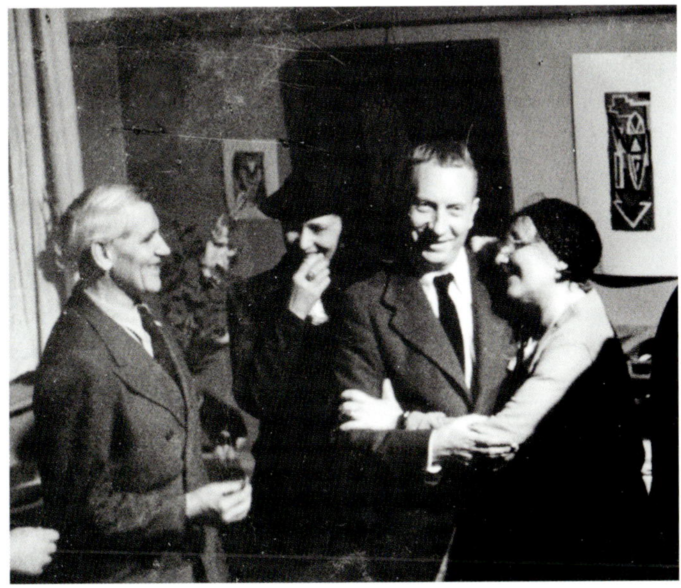

Otto Freundlich, Sophie Taeuber-Arp, Hans Arp und Jeanne Kosnick-Kloss im Studio von Willy Maywald

[→ 49] Nelly van Doesburg schrieb Höch im August 1931: »um kosnickenchen ist es traurig bestellt (...). sie ist verschiedene male zu mir zum essen gekommen und fragte immer wenn sie wegging: ›liebe petro (d.i. Nelly van Doesburg, H.N.) hast du vielleicht ein paar fränkelchen für das arme waisenkindchen‹, einmal kam sie mit otchen (freundlich), ihrem amant! Und dann versuchte sie otchen bei mir unterzubringen, wovon [→ 20] Arp mir dann sehr abgeraten hat, und er auch recht damit hat, denn einmal otchen und hänchen bei petrochen, dann ist für mich kein bestehen mehr. ich hab doch kein zuhaus für arme künstler. mit ihrem südamerikaner ist es natürlich nichts geworden. sie hat ruhig in berlin bleiben sollen, aber nun sitzt sie hier ohne einen cent, und da sie die zimmermiete nicht bezahlen kann, malt sie für den besitzer ihres hotels (...) das ganze treppenhaus.« [Lebenscollage II/2, S. 420]

Mit Freundlich leitete Kosnick-Kloss ab 1934 in ihrem gemeinsamen Atelier Rue Henry Barbusse in Paris die kleine Kunstschule »Le Mur«. Nach der Flucht nach Südfrankreich, der Internierung (Gurs), der Deportation und Ermordung von Freundlich (Majdanek) lebte sie nach der Befreiung 1944 wieder in Paris. [211, 228, 230]

Koval, Alexander (1922 Berlin – 1986 Berlin; Essayist, Übersetzer). Koval besuchte Höch mit [→ 222] Edouard Roditi 1962 und schrieb ihr 1964 und 1968. Er wurde als Herausgeber der Zeitschrift »Das Lot« bekannt. Mit [→ 48] Alain Bosquet und Roditi machte er sie zu einer Plattform internationaler avantgardistischer Lyrik in Deutschland. [234, 235]

Kremer, Dr. jur. Klemens (Ministerialrat; Leiter des Fachbereichs Recht und Inneres) Bonn-Bad Godesberg. Kremer besuchte Höch 1973 und 1974. Die Künstlerin fragte sich: »Volkswirtschafter bei der Regierung? Wollte er was kaufen? Wollte er Einblick (Theodor Heuss Stiftung?)? Von Kunst versteht er wohl nicht sehr viel? Aber: Aufgeschlossen für ›Klare und nicht oberflächliche Gedankengänge.« Höch notiert: »1975 hat er sein Buch geschickt.« [AB] Er besuchte sie erneut 1976 (»Weiß über meine Arbeit erstaunlich gut Bescheid??«) [TK76] [450, 500, 503]

Krenz, Hanns (1887 – 1969; Kunstsammler und -händler). Höch traf Krenz 1963 auf der [→ 246] Schlemmer-Ausstellung in der Akademie der Künste und besuchte ihn: »Herr Krenz hat erlesene Kunstgegenstände von allen Völkern der Erde. Auch Musikgegenstände, Gongs, Ost-asiatische, Tibet, Neger unbeschreibliche Auslese.« [TK63] Krenz war von 1924 bis 1930 künstlerischer Leiter der [→ 143] Kestner-Gesellschaft, Hannover. [235]

Krieger, Elfi (Elfriede), verheiratet mit [→ 150] Peter Krieger. Höch traf Elfi Krieger 1960 bei ihrer Schwester [→ 97] Grete. [503]

Krieger, Dr. Peter (Nationalgalerie, Staatliche Museen Preußischer Kulturbesitz). Krieger besuchte Höch zum ersten Mal 1956. Es folgten viele weitere gegenseitige Besuche bis 1977. Dabei wurde Krieger manchmal begleitet von seiner Frau, dem Maler [→ 178] Eberhard Marx, der Kunsthistorikerin [→ 204] Daniela Palazzoli, dem Journalisten [→ 255] Karl Heinrich Silex und seiner Frau, dem Kurator [→ 153] Hellmut Kuhnert und [→ 65] Barbara Dieterich und der Kuratorin [→ 205] Suzanne Pagé. Es gibt einen langjährigen Briefwechsel von 1957 bis 1976. Von Oktober 1975 bis November 1976 korrespondierte Krieger mit Höch wegen ihrer Ausstellung in der Neuen Nationalgalerie im selben Jahr. Höch notiert: »Diese Ausstellung ist vorzüglich gehängt. Ich habe mit grosser Freude einige meiner verschollen gedachten ›Kinder‹ wiedergesehen.«[TK76] Im September und Dezember 1976 schrieb er ihr wegen der geplanten Höch-Ausstellung im polnischen Łódź (3. Dezember 1976 – 9. Januar 1977). [48, 232, 234, 237, 503]

Kröller, Anton (1862 Rotterdam – 1941 Hoenderloo). Kröller lebte in Den Haag und war der jüngere Bruder des Rotterdamer Büroleiters der Reederei Wm. H. Müller & Co.. Höch besuchte 1939 mit ihrem Mann das von der Sammlerin Helene Kröller-Müller gestiftete gleichnamige Museum Otterlo, westlich des Naturparks Hoge Veluwe. Höch schwelgte: »Van Gogh, wie immer, tief erschütternd. Redon – herrlich – die Pointillisten. Hervorragend – Prachtvoll gehängt alles und wirklich ein Kunsttempel.« [TK39] [148]

Kröller-Müller Museum [→ 151 Kröller] Otterlo (Niederlande) [218]

Kronenberg, Prof. Paul (Teddy; gest. 1976; Chemiker). Höch traf Kronenberg, als sie 1957 ihre Collagen-Ausstellung in der Galerie Rosen besuchte: In »chinesischem Restaurant mit ihm gewesen« [TK57]. Einen Monat später kündigte er sich bei Höch zu einem Besuch an mit dem Keramiker [→ 47] Jan Bontjes van Beek und feierte mit ihr auch Silvester. Bis 1964 besuchte er Höch regelmäßig. Im Dezember 1959 schauten sich beide [→ 214] Thomas Ring zum Thema Astrologie im Fernsehen an – »in der Dorfaue in Alt-Heiligensee«, einer seit 1988 als Baudenkmal geschützten Gaststätte. Kronenberg war ab Beginn der zwanziger Jahre mit Thomas Ring befreundet. Dieser lernte ihn während einer Vorlesungsreihe zur organischen Chemie an der Technischen Universität Berlin kennen. Kronenberg half Höch im Garten, brachte einmal seine Freundin und seine Pflegetochter mit. Die beiden trafen sich zuletzt 1970 und 1973. [214, 235]

Kubícek, Prof. Juro, Berlin, Johann-Georg-Straße 25; Berlin, Uhlandstraße 11 (?) Ecke Kurfürstendamm, Gartenhaus II; Berlin, Uhlandstraße 179 Hof 4 Gartenhaus links (1906 Görlitz – 1970 Berlin; Maler). Im Januar 1953 besuchte Höch in der Galerie Bremer eine Ausstellung von Kubícek, der ein Jahr später Professor an der Hochschule für Bildende Künste wurde. Kubícek schrieb an Höch in den Jahren 1955, 1964, 1966 und 1969 und besuchte sie im August 1955. Ein Jahr später wurde er in der Rose Fried Gallery in New York neben Hannah Höch, [→ 291] Theodor Werner und Helmut Thoma als Vertreter der zeitgenössischen deutschen Collage präsentiert.

Ab 1933 war Kubícek vor allem als Gebrauchsgrafiker und Schaufensterdekorateur tätig, er hatte ein Mal- und Ausstellungsverbot. Nach 1945 gehörte er zu den »Berliner Fantasten«, die auf surrealistische Weise die Kriegsgeschehnisse zu verarbeiten versuchten. Zeitkritische Collagen für die Zeitschrift »Ulenspiegel« sowie seine Bilder in der Galerie Gerd Rosen führten zu Kontroversen. 1966 zeigte er »Bildmontagen und Fotozeichnungen aus den Jahren 1960-1966« in der Galerie Springer [Einladung, NHH]. [205, 227, 232, 249, 494]

Kubicki, Dr. Stanislaw Karol, Berlin, Onkel-Bräsig-Straße 46 (geb. 1926 Berlin; Mitbegründer der Freien Universität, Professor für Klinische Neuropsychologie). Kubicki besuchte Höch 1960: »Interessant. Nervenarzt für Gehirnoperationen. Frau Heilgymnastikerin gewesen. (...) Beide Maler gewesen. [→ 106] Hausmann hat 1923 beim Vater in Britz gewohnt mit [→ 260] Elfriede Stegemeyer.« [TK60] Kubicki traf Höch auch 1961 in ihrem Atelier mit dem Maler Henryk Berlewi. Sie besuchte ihn 1967 mit [→ 154] Victor Kuhr und [→ 152] Irmgard Kühn: »Ich sollte Arbeiten da zeigen. Wollte nicht Wurde fast dazu gezwungen: Collagen die letzten, Aquarelle, gingen also mit.« [TK67] Kubicki initiierte in den sechziger Jahren die Gründung des ersten Berliner Kunstvereins (»Neue Gesellschaft für Bildende Kunst«) und der Berlinischen Galerie. Er war vor 1945 als Schüler Mitglied einer Widerstandsorganisation, nach Kriegsende einer der Studenten, die gegen die Indoktrination der SED an der Berliner Unversität protestierten und dann die Freie Universität gründeten. [57, 233]

Kügler, Prof. Rudolf (1921 Berlin – 2013 Berlin-Frohnau; Maler, Grafiker). Höch traf Kügler bei dem Theaterregisseur [→ 164] Peter Löffler 1966 (»Harmonischer Abend«) und 1970 auf der Ausstellungseröffnung von [→ 294] Verena Wittwer. 1956 wurde er zum Professor an die Hochschule für Bildende Künste Berlin berufen, zunächst für die Emaille-Klasse. Dann übernahm er die Klasse für freie Malerei (bis 1986). Im Jahr 1956 fand seine erste Einzelausstellung in der Galerie Gerd Rosen, Berlin statt (weitere 1958 und 1959} [Einladungen, NHH]. Es folgten 1965 eine Ausstellung im Haus am Lützowplatz und ab 1967 mehrere in der Galerie Bremer. [496]

Kühn, Irmgard. Kühn (»die unbekannte«) besuchte Höch mit dem Neurologen und Kunstwissenschaftler [→ 152] Stanislaw Karol Kubicki und dem Orthopäden [→ 154] Victor Kuhr 1967. Weitere Besuche bis 1976, häufig mit Kuhr, auch mit dem Leiter des Kunstamtes

Reinickendorf [→ 207] Georg Pinagel, einmal auch »ohne Anmeldung – in die größte Unordnung u. Schafferei«. [TK76] [491, 497]

Kuki (Kuhk, Anneliese) (1913 – 2001; Malerin, Surrealistin), verheiratet mit [□113] Franz Hermesmeyer. Mit Höch verband Kuki eine Freundschaft, »die nicht über das Stadium des ›Siezens‹ hinausging« (Kuhk). Sie besuchten sich zwischen 1954 und 1968. Kuki brachte dabei auch ihren Mann, die Autorin [→ 256] Katharina Spann oder Susanne Riese mit. In den achtziger Jahren übernahm Kuki von Höch die Collage- und Montage-Technik. Die Malerin besaß am Lietzensee eine Atelierwohnung, wo eine kleine Bohème-Szene über Philosophie und Literatur debattierte. In den dreißiger und vierziger Jahren stickte und webte Kuki Paramente, Stadtansichten und Gobelins. Während des Nationalsozialismus ging sie wie Höch in die innere Emigration. In den fünfziger Jahren erhielt sie viele Aufträge für Kunst am Bau in Berlin, es entstanden Mosaike und Wandbilder. Kuki war später mit dem Journalisten Michael Stone verheiratet, den sie 1963 kennenlernte und der 1993 starb. [57, 164, 494]

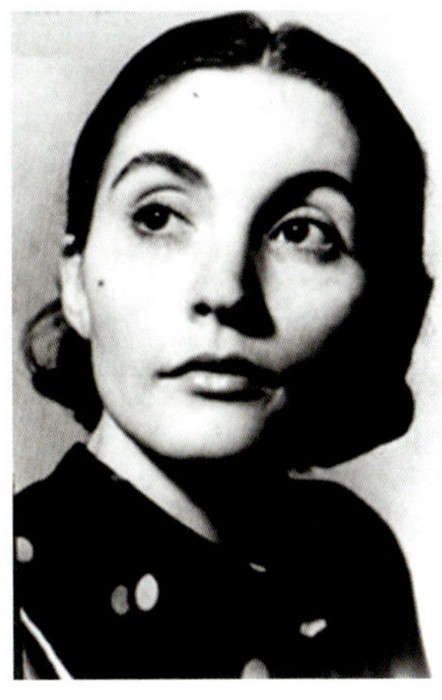
Anneliese Kuhk

Künstlerbund, Deutscher (Eberhard Seel, (1900 – 1978; Kunsthistoriker, Galerist), verheiratet mit **Alexandra von Reitzenstein**, geb. von Gernet, 1900 – 1965, Galeristin). 1957 stellte Höch erstmals mit dem »Deutschen Künstlerbund« aus. Sie besuchte Eberhard Seel im selben Jahr. Nachdem sie dreimal auf Ausstellungen vertreten war, akzeptierte sie die ihr angetragene Mitgliedschaft. Im Mai 1963 besuchte Höch die Ausstellung des Künstlerbundes in Stuttgart, auf der zwei Bilder (»gut gehängt«) von ihr zu sehen waren: »Abends ein sogenanntes Fest. Stinklangweilig.« [TK63]

Seel war von 1950 bis 1972 Geschäftsführer des »Deutschen Künstlerbundes«, ab 1966 geschäftsführendes Vorstandsmitglied. Mit dem 1903 gegründeten »Deutschen Künstlerbund« bildete sich zum ersten Mal ein überregionaler Verband, der über die bisher bestehenden Sezessionen hinausging. Motivation war das gemeinsame Vorgehen gegen die Abhängigkeit vom staatlichen Kunstbetrieb. [231, 349]

Kuhnert, Prof. Dr. Hellmut, Berlin, Mansfelder Straße 32 (geb. 1898; Jurist, Kurator; Goethe-Institut), Vater von Eva Lohmeyer-Kuhnert). Kuhnert besuchte Höch ein erstes Mal 1971 mit der Malerin [→ 47] Eva Böddinghaus, viele weitere Besuche folgten bis 1976: »Der Dr K. ist so ein gehobener Beamtentyp. War 1963 Ehrengast in der [→ 278] Villa Massimo. Lange über Rom gesprochen«. [TK76] Das Goethe-Institut in Kyoto veranstaltete 1974 die umfassende Ausstellung »Hannah Höch. Das künstlerische Schaffen einer Malerin des Dada« im Nationalmuseum für Moderne Kunst. Diese Ausstellung hatte Kuhnert im Jahr zuvor angeregt und mit dem Deutschen Kulturinstitut realisiert. Da Höchs inzwischen schlechter Gesundheitszustand eine Anreise verhinderte, wurde im Katalog ihr »Gruß an Japan (...) über Kontinente und Meer hinweg« abgedruckt. Kuhnert stand ab 1974 mit ihr in Briefkontakt. Er korrespondierte mit ihr auch wegen der Höch-Ausstellung »Collagen, Gemälde, Gouachen, Aquarelle, Zeichnungen« 1976 im A.R.C. 2, Musée d'Art Moderne de la Ville de Paris. Die Bilder wurden anschließend in der Nationalgalerie Berlin gezeigt. Auf seinen Besuchen wurde er auch begleitet von seinem Sohn Thomas, Gerhard Böddinghaus, [→ 162] Eva Ledig, [→ 150] Peter Krieger, [→ 65] Barbara Dieterich und [→ 229] Eberhard Roters. Höch besuchte Kuhnert umgekehrt nur einmal 1975. Er schrieb an Höch 1976 und 1977 wegen der New Yorker Höch-Ausstellung im darauffolgenden Jahr. [502]

Kuhr, Prof. Fritz (1899 Lüttich – 1975 Berlin; Künstler). Kuhr besuchte Höch mit seiner Frau 1974. Von 1928 bis 1930 war er Lehrer am Bauhaus für gegenständliches Zeichnen sowie für Akt und Porträt beziehungsweise Figur. 1930 zog Kuhr als freier Maler nach Berlin. Er ging in die innere Emigration und arbeitete bis 1945 freischaffend. Von 1946 bis 1949 sicherte er seinen Lebensunterhalt mit typografischer Arbeit für die Zeitschrift »Ulenspiegel«. 1948 wurde er als Professor an die pädagogische Abteilung der Hochschule für Bildende Künste Berlin berufen. Frau Kuhr besuchte Höch mit ihrer Schwägerin 1975, »brachte mir ein Bild von ihm, vor seinem Tod für mich bestimmt«. [TK75] [212, 500, 501]

Kuhr, Dr. med. Victor (Orthopäde). Kuhr besuchte Höch mit [→ 152] Stanislaw Karol Kubicki und [→ 152] Irmgard Kühn ein erstes Mal 1967. Es folgten weitere Besuche bis 1976. Kuhr »soll schon seit vor dem Krieg mit Kubicki u. Mutter Hausmann, bekannt sein. (...) Ganz nette Leute. Natürlich malt der Herr Dr. med. (...) hat [→ 106] Hausmann 1929 kennen gelernt« / »›fühlt sich vor allem als Maler‹ Dillettant, minus«. [TK67] Kuhr stellte 1971 in der Graphothek Berlin in der Stadtbücherei Tegel aus [Einladung, NHH]. [491, 497, 498, 507]

Kulvianski, Issai (1892 Janova – 1970 London; litauischer Künstler) und **Susi** (geb. Offenbacher; gest. 1996). Issai Kulvianski schrieb

1955 an Höch. Ab 1920 zählte er zur [→ 35] »Novembergruppe«. In Berlin lernte er die Berliner Dadaisten und [→ 111] John Heartfield kennen. 1933 emigrierte Kulvianski nach Palästina und leitete 1934/35 eine eigene Kunstschule in Tel Aviv, gemeinsam mit dem Bildhauer [→ 163] Georg Leschnitzer. 1968 zog er nach Berlin zurück, siedelte aber schon nach zwei Jahren nach London um. Im Juni/Juli 1974 wurde seine erste Retrospektive im Haus am Waldsee, Berlin, gezeigt. Susi Kulvianski schrieb an Höch 1976. [496]

Kunze, Werner (Galerist). Kunze besuchte Höch 1964. Er kam mit der Malerwitwe[→ 144] Sylvia Klein 1968 und 1969. Höch notiert: »er will Grafikbuch herausbringen. Ich abgelehnt zu beteiligen. Er will die ganze Druck-Graphik soll signiert werden. (…) Das ist so eine Masche um zu Original-Arbeiten zu kommen. Buch erscheint dann eben nicht. Das habe ich nun schon öfter erlebt.« [TK69] Kunze besuchte Höch auch mit dem Maler [→ 186] Fritz Mikesch 1970 und 1971 (»Garten gearbeitet«). Als er 1973 vorbeischaute, no-

Hannah Höch in ihrem Garten in Heiligensee, 1967. Foto: Horst Siegmann

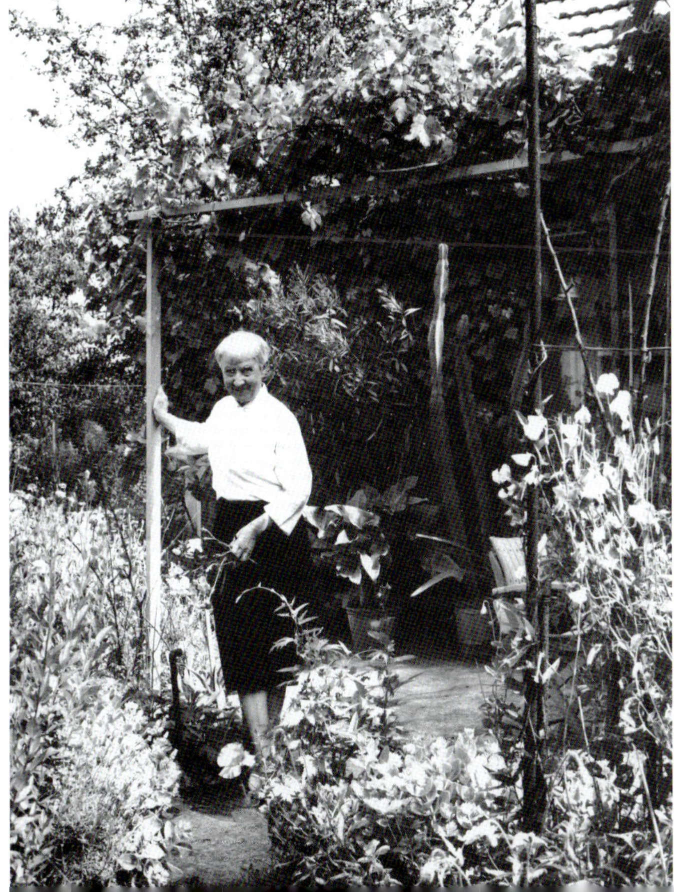

tiert sie: »Hat Uralt Linolschnitt, Gotha, im Hintergrund die ›Weisse Wand‹ mitgenommen. Will ihn drucken. Macht Mappe von alten Stöcken der 20er und Vor-20er Jahre. Mein Stock hatte schon austrocknungs Sprünge.« [TK73] Ein letztes Mal besuchte er Höch 1974 mit einem Freund. Die Berliner Galerie Werner Kunze war spezialisiert auf die zwanziger Jahre und bekannt für ihre Mappendrucke. [237, 495, 499]

Kupferberg, Dr. Christian Adalbert (1901 – 1985; Verleger) Mainz. Höch notiert: Kupferberg »will meine Aufzeichnungen rausgeben«. Sie schrieb an Kupferberg 1967 wegen der Neuauflage des [→ 167] Moholy-Buchs.

Florian Kupferberg gründete 1797 den gleichnamigen Verlag. 1939 wurde er von seinem Urgroßneffen in Berlin wieder ins Leben gerufen. Schwerpunkt waren Veröffentlichungen zur Kunstgeschichte (in den sechziger Jahren u.a. die Reihe »Bauhausbücher«). [498]

Kupoch, Herr. Höch notiert: »hat den Ölofen sauber gemacht«; »2 mal sogar«; »2 x ohne Erfolg« [alle AB]. [676]

Kuschnerus, Sigurd (geb. 1933 Berlin; Maler und Grafiker). Kuschnerus besuchte Höch »unangemeldet« mit Gerda Landam 1972: »K. kenne ich von Gal. Nierendorf u. Portrait ›Meta‹ Es war sehr anregend. K. hat Auftrag für ein Wandmosaik für neues Kultur-Centrum-Tegel (Tegel-Center).« [TK72] Er besuchte Höch 1973 erneut mit einer Fotografin. Im November 1973 sendete der Sender Freies Berlin ein Filmporträt von ihm über Hannah Höch. [25, 252, 280, 498, 507]

Kutscher, Prof. Dr. Gerdt (1913 Berlin – 1979 Berlin; Lateinamerikanist). Höch traf den Ethnologen Kutscher 1965 während eines Abends bei [→ 150] Kriegers und 1967. Im Radio (»Rias II Nachmittags«) berichtete er über Peru oder die Indianer, die Malerin schrieb mit. Kutscher besuchte sie 1971 mit dem Literaturprofessor Gordon Brotherston (England; »Spezialist: Indianer Schrifttum«) und seiner Frau (»Waren hier sehr interessiert. (...) Es war nett und wichtig.«). [TK71] [615]

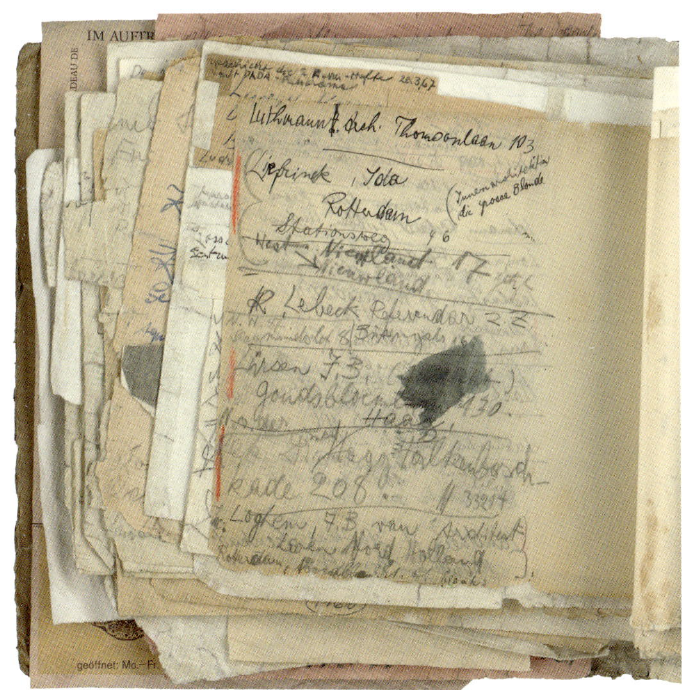

L

243 **Luthmann, Julius, Den Haag, Thomsonlaan 103** (1890 Maastricht – 1973 Den Haag; Architekt). Luthmann besaß seit 1923 ein eigenes Architekturbüro.

243 **Liefrinck, (Ida) Liv Falkenberg-, Rotterdam, Stationsweg 46; Rotterdam, Westnieuwland 17; Falkenthal** (Löwenberger Land), **Stov.** (?) **164; Frankfurt a.M., Schneidhainer Straße 9; Dresden, Am Grünen Zipfel 78; Amsterdam, Amstel 22** (1901 Arnheim – 2006 Berlin; Innenarchitektin). Für Höch war Liefrinck »die große Blonde« [AB]. Sie zählte zu den wenigen Frauen, die sich mit dem »Neuen Bauen« beschäftigten. Von 1926 bis 1928 arbeitete sie im Architekturbüro von [→ 198] J.J.P. Oud in Rotterdam. Liefrinck schickte ihm als Bewerbung ein Telegramm, er fand das modern und engagierte sie sofort als Praktikantin. Durch Oud wurde sie mit der Kunstrichtung »De Stijl« vertraut und entwarf in seinem Auftrag die Kücheneinrichtung für die legendäre Weißenhofsiedlung in Stuttgart. Oud habe, so Liefrinck, »die Auffassungen von [→ 169] Mondrian und [→ 59] van Doesburg in das Dreidimensionale übertragen.« [Kühnel, S. 42] Im Jahr 1931 begann sie eine Lehre als Möbeltischlerin in den Deutschen Werkstätten in Dresden/Hellerau. Sie heiratete 1933 den

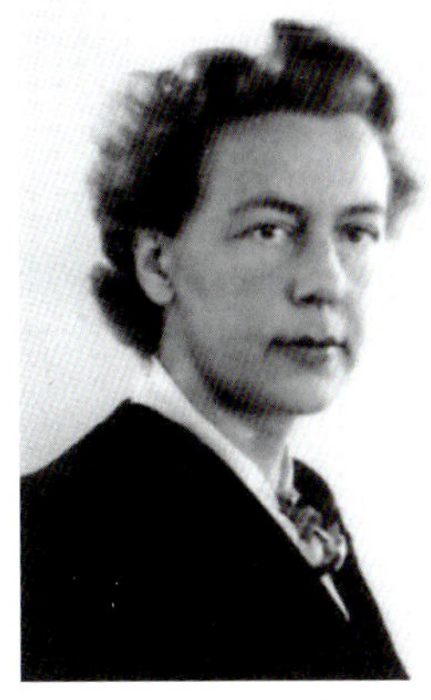

Liv Falkenberg-Liefrinck

Elektro-Ingenieur Otto Falkenberg. Das Ehepaar floh im selben Jahr vor den Nationalsozialisten nach Amsterdam, wo Liefrinck bis 1946 arbeitete. Im September 1940 wurde Falkenberg verhaftet, nach Deutschland gebracht, verurteilt und später im KZ Sachsenhausen interniert. Im Juni 1946 kehrte Liefrink nach Dresden zurück. Ihr Mann wurde 1948 Minister für Industrie und Landwirtschaft des Landes Brandenburg. 1948 zog das Ehepaar nach Potsdam-Bornstedt, 1952 nach Berlin-Biesdorf und vier Jahre später in die Ost-Berliner Stalinallee 164. [244, 245, 246, 249, 422]

243 **Lebeck, R., Berlin, Büsingstraße 16 (z.Zt.)**. Höch notiert: »Referendar« [AB].

243 **Lürsen, Joan Barend, Den Haag, Goudsbloemlaan 130** (Architekt). Lürsen leitete mit [→ 54] Jan Buijs von 1920 bis 1955 ein Architekturbüro in Den Haag. [10]

243 **Leck, Dr. med. Nel van der, Den Haag, Falkenboschkade 208; Den Haag, Kwikstaartlaan 3**. Höch notiert: »Arztehepaar«, Nel van der Leck war mit Bert van der Leck verheiratet. [246, 422]

243 **Loghem, Johannes Bernardus van, Laren, Rotterdam, Noordblaak 81a; Den Haag, van Montfoortlaan 13; Haarlem, Spaarnelaan 38** (1881 Haarlem – 1940 Haarlem; Architekt, Sozialist). Loghem eröffnete am 7. September 1929 die Gemäldeausstellung von »Frau Hannah Höch, Österreich (sic!)« in Rotterdam. Er gehörte zum veranstaltenden »Rotterdamse Kunstkring«. In einer Rezension aus dem »Nieuwe Rotterdamsche Courant« (17. September 1929) heißt es zu Höchs Arbeiten wenig anerkennend: »Die Photomontagen sind letztlich nicht viel mehr als die Trick-Photos unserer Jahrmärkte, auf denen ehrbare Familienmitglieder mit dem Körper einer schlanken Schwimmerin oder eines Clowns abgebildet sind. Man kann eben auch das Photo eines Kopfes in zwei Hälften schneiden, um es dann mit einem anderen Gesicht dazwischen wieder aufzukleben. Als geistreiche ›Spielereien‹ sind diese Photoschneidereien zu würdigen, aber – es sei denn, man wolle dem Sprachgebrauch Gewalt antun – mit Kunst haben sie nichts zu tun.« [Lebenscollage II/2, S. 376]
Dagegen beurteilte er Höchs Fotomontagen in der Ausstellung der Galerie [→ 27] d'Audretsch (Den Haag) im November 1935 positiv: »Nun, da sie ihre Ausdrucksmittel durch die Photographie erweitert hat, weiß sie daraus sofort Möglichkeiten zu schöpfen, wie niemand vor ihr. Die Photographie, das gänzlich photographische Bild, muß im Gegensatz zu einem Gemälde für einen so universell fühlenden Menschen wie Hannah Höch zu viel Oberfläch-

liches und zu wenig innerlich Seelenvolles enthalten. Aber in dem Moment, da sie die Defizite der Photografie entdeckt, hat sie die Bilder auch schon zerschnitten und so zusammengefügt, daß aus dem neu entstandenen Bild sofort eine neue Welt spricht. Die einmalige Erscheinungsform, wie die Photographie sie abbildet, wird zu einem kosmischen Bild, wird zu einer Geschichte menschlicher Tragödie, in der sich plötzlich Jahrhunderte und Welten einander nähern, um zu einem allgemeinen Symbol zu werden.« [Fotomontage, S. 267 f.] Im März 1934 schreibt Loghem an Höch: »Folgende Woche wird jetzt die Ausstellung im Haag statt finden. Sie haben leider nicht alle Bilder genommen und sogar einige sehr schöne hinterlassen. Vom Verkauf erwarte ich nichts, aber es werden welche geben, die Freunde von Ihr (sic!) werden, wenn Sie die Arbeit gesehen haben.« [Lebenscollage II/2, S. 514] [245, 246, 247, 422]

Lach, Prof. Dr. Friedhelm (geb. 1936 Bochum; Maler; Université de Montréal). Lach wollte Höch 1969 besuchen, sie aber lehnte ab. 1970 kam der Herausgeber von [→ 235] Schwitters Werken dann doch mit seiner Familie zu ihr (»Bringt Schwitters unveröffentlichte Manuskripte raus.«). 1971 folgte ein Anruf: »War wieder bei Dumont Schauberg. Wollen Buch machen mit Werkverzeichnis.« [»Das literarische Werk: Band 1-5«]. Lach besuchte sie mit seiner Frau »unangemeldet«. Er plante ein weiteres Buch, diesmal über Höch, bei dem sie hätte zuzahlen sollen. [509]

Landheer, Hugo (1896 Schiedam – 1995 Bentveld; niederländischer Künstler, Dozent). Höch vermerkt: »Maler, der mich besuchte« [AB]. Landheer aus Den Haag war mit Otti van der Vies-Heyting, genannt Pop (holländisch für »Puppe«) verheiratet, der Tochter der Haager Galeristin De Bron [→ 280 Vies-Heyting]. [242]

Lang, Margarete, Berlin, Lohmeyerstraße 14 (Herausgeberin Ullstein-Handarbeitsbücher). Beim Ullstein-Zeitungsverlag in der Kochstraße nahm Hannah Höch von 1916 bis 1926 für wöchentlich drei Tage von 9 bis 15 Uhr eine Stelle als Illustratorin für Handarbeitshefte an. Sie wollte von ihren Eltern finanziell unabhängig sein und ein geregeltes Einkommen haben. Höch hatte in der Handarbeitsredaktion einen eigenen Zeichentisch und fertigte Vorlagen für Seidenstickereien, Häkelspitzen oder Druckstoffe. Die Entwürfe wurden zum Teil als Muster ausgeführt und dann als konkretes Beispiel in den verschiedenen Frauen- und Modezeitschriften mit Ausführungsanweisungen abgebildet (»Die praktische

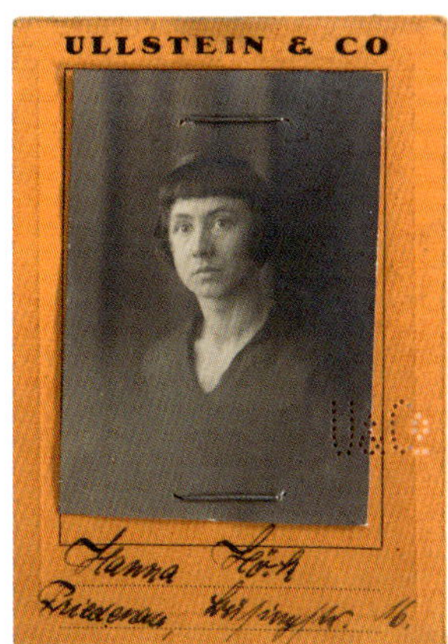

Hannah Höch, Dienstausweis des Verlags Ullstein & Co., 1926

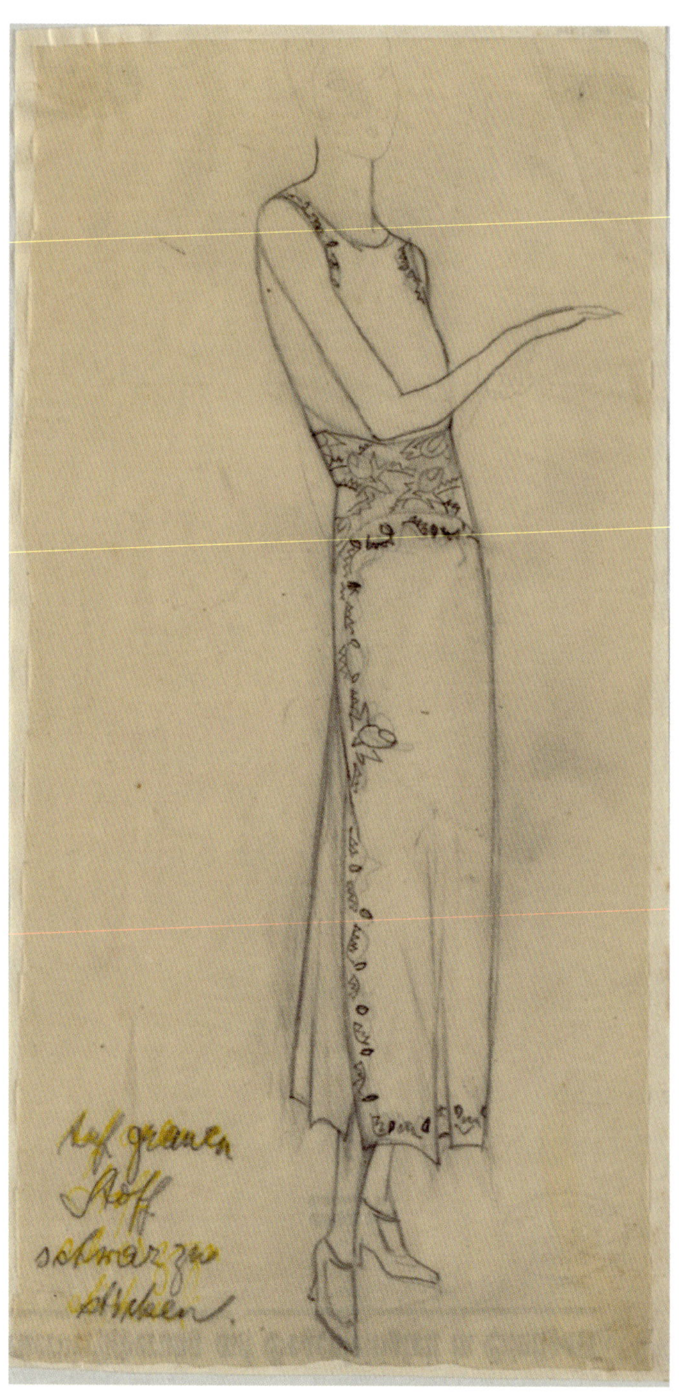

Margarete Lang, Kleid mit Stickerei, Damenkleidentwurf für den Ullstein-Verlag gezeichnet von Hannah Höch

Berlinerin«, »Die Dame«, »Die Woche« oder in Sonderheften). Zum Teil konnten die abstrakten, figürlichen oder floralen Muster von Bögen aufgebügelt oder nach exakten Vorgaben nachgestickt werden. Kissen, Tischdecken, Tücher, Läufer, Vorhänge, Kleider und Blusen, aber auch bemalte Gegenstände entstanden so. Höch: »In der ›Praktischen‹ erscheinen jetzt öfter mal liebliche Richelieu-Kleider etc. von mir und in der ›Dame‹ bemalte Kästen und so. Ich habe auch noch einen Nachmittagsnebenverdienst, indem ich durch [→ 199] Orlik, bei einer Frau von Kardoff, seidene Stoffe für Lampenschirmzwecke und so mit Blumen, Schmetterlingen etc. bemale« [Lebenscollage I/1, S. 195f.]. Bei Ullstein arbeitete Höch bis zu ihrem Umzug in die Niederlande 1926. Für die Zeitschriften verfasste sie auch Texte.

Durch die Tätigkeit bei Ullstein hatte Hannah Höch Zugriff auf viele Publikationen des Verlags, darunter die »Berliner Illustrirte Zeitung«, [→ 211] »Der Querschnitt« und »Uhu«. Sie nutzte diese als Motivquellen für ihre Collagen. Auch feine Papiermuster und grafische Entwürfe fanden in den zwanziger Jahren Eingang in ihre künstlerischen Arbeiten. [242]

László, Carl (1923 Pécs – 2013 Basel; ungarisch-schweizerischer Kunsthändler, Autor). László schrieb 1962 und 1963 an Höch aus Paris. Seine Sammlung umfasste europäische Malerei der Moderne, Pop Art und Fotos. Im Nachlass Hannah Höch befindet sich das Programm einer Veranstaltung der Basler Surrealistengruppe »Panderma« vom Februar 1957. Im Jahr 1962 eröffnete László in Basel seine Kunstgalerie. Über den Surrealismus und den Jugendstil entdeckte er den Dadaismus und den Konstruktivismus. [202, 249]

Laux, Werner (1902 Berlin – 1975 Berlin; Maler). Höch notiert: »Kollwitzschule« in Berlin-Reinickendorf. Laux war Mitglied der Künstlergruppe »Neue Brücke« und schrieb an Höch 1947. Als Mitglied der KPD, dann SED, arbeitete er später als Funktionär und Professor auf mehreren Posten in der DDR-Kunstpolitik. [248]

Lebeau, Chris (1878 Amsterdam – 1945 Konzentrationslager Dachau; Künstler, Anarchist; Co-Direktor der Avantgarde-Galerie De Bron) Den Haag, verheiratet mit [→ 280] Vies-Heyting. Höch wurde 1929 zu einer Ausstellung von Lebeau mit Glas-Kunsthandwerk in der Galerie De Bron eingeladen [Einladung, NHH]. Lebeau malte 1933 ein Porträt von Höch, die auf einem Stuhl von Cornelis van der Sluys sitzt. Höch traf das Malerehepaar, als sie 1939 erneut

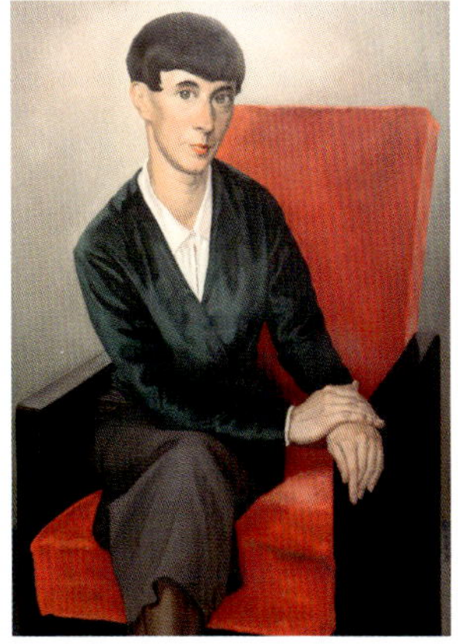

Hannah Höch, porträtiert von Chris Lebeau, 1933

Holland besuchte. 1944 wurde Chris Lebeau verhaftet und deportiert, weil er verfolgten Juden geholfen hatte. [245, 422]

Lebensmittelkartenstelle (Herr Bayer). Mit Beginn des Zweiten Weltkriegs wurden Lebensmittel, Kleidung, Kohlen und andere Waren des täglichen Bedarfs rationiert und durften nur gegen Vorlage einer Lebensmittelkarte oder -marke ausgegeben werden. Auch in der Nachkriegszeit gab es weiter Lebensmittelkarten, in West-Berlin bis zum Herbst 1950. [248]

Ledig, Eva (Leiterin Goethe-Institut München, Zentralverwaltung, Kulturprogramm). Ledig schrieb 1967 an Höch wegen der Dada-Ausstellung im Goethe-Institut in Rom. Sie besuchte die Künstlerin mit dem Kurator [→ 153] Hellmut Kuhnert 1973 und in einer Delegation 1975. Ledig korrespondierte mit Höch bis 1977, auch wegen einer Ausstellung im National Museum of Modern Art in Tokyo. [468]

Lee, Chen Kuen, Berlin, Andornsteig 1; Stuttgart, Hainbuchenweg 24 (1914 Zhejiang – 2003 Berlin; deutscher Architekt chinesischer Herkunft). Höch schenkte Lee zwei Arbeiten, darunter »Dunkler Mond« (1956). Der Architekt war von 1937 bis 1943 Schüler und Mitarbeiter von [→ 244] Hans Scharoun, verließ dann Berlin wegen des Krieges und kehrte auf Scharouns Bitte zu ihm zurück (1947-1953). Gemeinsam mit ihm und [→ 102] Hugo Häring gründete Lee den »Chinesischen Werkbund« (1941-1943), der einen Beitrag zum interkulturellen Austausch zwischen chinesischer und deutscher Architektur leisten sollte.

Lee gilt als Vertreter der Organischen Architektur innerhalb der Bewegung des »Neuen Bauens«. Er zog 1930 nach Berlin, setzte 1934 sein in Braunschweig begonnenes Architekturstudium an der Technischen Hochschule Berlin fort (bis 1937). Im August 1949 und Oktober 1950 besuchte er Höch. Nach der Arbeit für Scharoun gründete Lee 1953 sein eigenes Büro, bevor er ein Jahr später nach Stuttgart übersiedelte. Den Schwerpunkt seiner Arbeit bildeten die Entwürfe von Einfamilienhäusern bzw. Villen. In den sechziger Jahren beteiligte er sich jedoch auch an Bauten in der Berliner Großsiedlung Märkisches Viertel. Er besuchte Höch erneut im Oktober 1964. Im Sommer 1985 ging er nach Taiwan, kehrte aber 1997 nach Berlin zurück. Bis zu seinem Lebensende wohnte er im Märkischen Viertel. [249, 250]

Lemm (Gärtnerei). Höch notiert zu einer Baumfällung im August 1972: »dieser hat meinen alten Nussbaum getötet. Weil – wie er sagte: Strassenbaum vor Gartenbaum gehe!!« Lemm besuchte Höch 1974: Ein Nuss- und ein Ahornbaum waren ineinander gewachsen: »Dieser Nussbaum war der älteste in Heiligensee und sollte unter Denkmalschutz gestellt werden. Mindestens 60 Jahre alt« [beide AB]. [680]

Leschnitzer, Georg (1885 – 1947; Künstler, Innenarchitekt). Leschnitzer machte sich in den zwanziger Jahren mit dem Ausbau mehrerer Berliner Kinos, u.a. dem »Mozartsaal«, einen Namen. Nach seiner Emigration gründete er 1934 eine Kunstschule in Tel Aviv, gemeinsam mit dem Maler [→ 154] Issai Kulvianski. [242]

Lewis, Edouard (Journalist) Buckinghamshire (Großbritannien). Lewis besuchte sie in Begleitung des Verlegers [→ 38] Anthony C. Bakels, »waren Arbeiten ansehen« [AB]. [247]

Licht, Lieselotte, Henningsdorf. Licht kommt für [→ 227] Roll im Januar 1956 als Prüferin des Sozialamtes [TK56]. [249, 512, 513]

Lier, C. van, Amsterdam. In etwas holprigem Deutsch schreibt die Galerie 1929 an Höch, um ihre Ausstellung vorzubereiten: »Ich habe immer gerne etwas mehrere Stücke hier, als wir hängen können. Sind dann eventuele Käufer da, die noch etwas mehr sehen möchten so können wir noch etwas apart zeigen. Ist Ihr Selbstporträt in Öhl schon gelungen?« [Lebenscollage II/2, S. 356f.] Die Ausstellung wurde vom 28. September bis zum 18. Oktober 1929 gezeigt. [244]

Lissitzky, El (Eliezer), **Moskau, Arbat, Gagarinsky Panlok 14, K7** (1890 Potschinok – 1941 Moskau; Avantgardist). Lissitzkys Prinzipien strenger typografischer Gestaltung übersetzte Höch in ihre Fotomontagen. In dem von [→ 20] Hans Arp und ihm 1925 herausgegebenen Buch »Die Kunstismen«, einem Überblick über die Avantgardeströmungen von 1914 bis 1924, sind unter dem Stichwort Dada die Werke zweier Künstlerinnen abgebildet: eine Marionette von [→ 24] Sophie Taeuber zu »König Hirsch« und darüber Höchs Gemälde »Die Etiketten wollen sich hervortun« von 1922. In dem Buch werden auf jeweils ein oder zwei Seiten Exponenten der verschiedenen Kunstrichtungen und exemplarische Werke vorgestellt.

Lissitzky war der wichtigste Künstler und Theoretiker des Konstruktivismus. Ende 1921 reiste er ein erstes Mal nach Berlin, wo er in den Kreisen russischer Intellektueller verkehrte. Anfang 1922 kam er erneut und wurde schnell in Höchs Freundes- und Bekanntenkreis aufgenommen. Seine ersten fotografischen Experimente, die Fotocollagen zu [→ 72] Ilja Ehrenburgs »6 Erzäh-

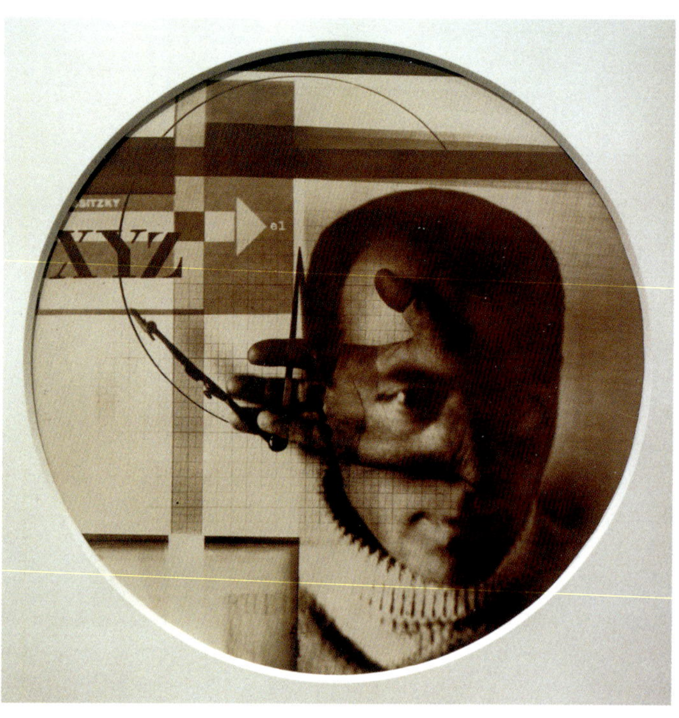

El Lissitzky, »Selbstporträt« 1924. Fotomontage (Ausschnitt)

lungen mit leichtem Schluß« waren inspiriert durch seine neuen Freunde unter den Dada-Künstlern. Lissitzky besuchte regelmäßig das Gemeinschaftsatelier von [→ 167] László Moholy-Nagy und [→ 235] Kurt Schwitters, wo er neben Höch auch [→ 106] Raoul Hausmann und [→ 216] Hans Richter kennenlernte. Er beteiligte sich 1922 an der »Ersten Russischen Kunstausstellung«, die im Herbst in der Berliner Galerie Van Diemen stattfand. Als Mitglied der [→ 35] »Novembergruppe« präsentierte er im Frühjahr 1923 auf der »Großen Berliner Kunstausstellung« seinen »Prounenraum« (aus Pro + Unowis = Projekte für die Begründung des Neuen) und war auf deren Ausstellungen bis 1929 vertreten. Seit 1925 lebte er wieder in der Sowjetunion. [242]

Löffler, Dr. Peter (und Margret) (1926 Zürich – 2015 Zürich; Theaterregisseur und -leiter) Zürich, Kassel. Höch traf die Löfflers im April 1966 zum ersten Mal während einer Museumseröffnung (»Sind sehr nett.«). Peter Löffler leitete von 1968 bis 1970 die Berliner Festwochen. Das Ehepaar besuchte Höch von 1966 bis 1971, es korrespondierte mit ihr bis 1976. Höch besuchte beide im August 1967. Der Nachlass Hannah Höch enthält mehrere Zeitungsartikel über seinen politisch erzwungenen Abgang als Theaterdirektor des Schauspielhauses Zürich im Dezember 1969. Sein Dramaturg [→ 282] Klaus Völker musste damals ebenfalls gehen. [252, 510, 511, 512, 513]

Lomnitz, Alfred Abraham (1892 Eschwege – 1953 London; Maler, Designer). Lomnitz kam 1912 nach Berlin. 1919 hatte das Mitglied der [→ 35] »Novembergruppe« in der Galerie Neumann seine erste eigene Ausstellung. 1933 emigrierte er nach England. [41, 242]

Lousiana Museum of Modern Art [→ 131 Knut W. Jensen] [508]

Lublinsky, Ida. Herr Lublinsky aus Hermsdorf besuchte Höch vermittelt durch [→ 177] Ludolf Friedrich Freiherr von Maltzan. Er »kaufte kl. Aquarell (2 Boote am Heiligensee) 75,- Dauerte etwa 10 Minuten. Frau sass solange draussen im Wagen!!«. [242]

Lucian [→ 44 Bernhard, Lucian] [246]

Luckhardt, Dr. Ing. Wassili, Berlin, Fabeckstraße 48 (1889 Berlin – 1972 Berlin; Architekt, Mitglied der [→ 35] »Novembergruppe«), verheiratet mit [→ 165] Hedja Luckhardt-Freese. Höch traf Luckhardt 1960 auf einem Empfang im Charlottenburger Schloss und 1966 in der Akademie der Künste. Sie besuchte auch den Architekten: »Luckhardt noch immer ein Grand seigneur. (...) Haus u. Grundstück grosszügig, stilstreng – sehr schön. Ein ästhetischer Genuss. Sie waren sehr nett.« Luckhardts besuchten ein Jahr später Höch: »Collagen gezeigt, Auch die letzten. Sie (seine Frau, H.N.) gefällt mir immer besser.« Im selben Jahr besuchte Höch ihn zum Tee: »Da war auch (der Maler Georg, H.N.) [→ 188] Muche.« Hedja Luckhardt-Freese besuchte Höch noch einmal 1975.

Die Brüder Wassili und Hans Luckhardt waren in den zwanziger Jahren ehrgeizige junge Architekten in Berlin, den Prinzipien des »Neuen Bauens« verpflichtet. Nach 1933 erhielten sie Arbeitsverbot. 1954 begannen sie mit dem Bau eines Wohn- und Geschäftskomplexes am Kottbusser Tor in Berlin. 1955 wurde Luckhardt Mitglied der Akademie der Künste. Er knüpfte bei seinem 1956/57 erbauten Haus, einem breit gelagerten Bungalow mit Flachdach, an seine Entwürfe der zwanziger Jahre an. [253, 510, 512, 513]

Luckhardt-Freese, Hedja (1905 St. Petersburg – 1988 ?; Mosaikkünstlerin, Malerin). Luckhardt-Freese schrieb 1970 und 1974 an Höch. Sie war zunächst mit dem Stadtbaurat Hans Freese (gest. 1952) in Düsseldorf verheiratet. 1959 heiratete sie den Architekten [→ 165] Wassili Luckhardt. [510, 512, 513]

Luckner, Heinrich Graf von (1891 Kolberg – 1970 München; Maler, Grafiker) München. Höch traf Luckner 1959 in der Galerie Rosen

»zum Besichtigen«. 1960 zeigte er Arbeiten im Haus am Waldsee und 1969 Handzeichnungen und Aquarelle in der Galerie im Schinkelsaal in Berlin-Tegel, die Höch besuchte. 1974 folgte eine Ausstellung im Rathaus Reinickendorf [Kataloge und Einladungen, NHH]. Luckner erhielt 1949 einen Ruf als Professor für Pädagogik an der Hochschule für Bildende Künste in Berlin. Er war ab 1956 Mitglied der Akademie der Künste. [250]

Ludwig, Prof. Eduard, Berlin, Händelallee 26 (1906 Mühlhausen/Thüringen – 1960 Berlin; Architekt). Höch besuchte Ludwig 1958 (»Zauberhaft das Haus«), und er kam kurz danach auch zu ihr. 1959 besuchte Höch ihn erneut: »Da war noch Frau Dr. [→ 86] (Käthe) Gläser. Sind noch zu mir gefahren, den dunklen Garten besichtigen.« [TK59] Im selben Jahr traf Ludwig »mit Amerikaner Prof. Dr. Schaefer« in der Galerie Rosen Höch »zum Besichtigen«. Er kam nach Heiligensee »mit Nichte, Frl. Kahlert, Aus Rom [→ 206] Perilli u. Frau. Viel gezeigt. Collagen 1957 u. 1959 (Rosen) Aquarell u. Die neuen Ölbilder.« 1960 besuchte Ludwig Höch auch mit Gläser und kaufte für 150 Mark die Collage »Knallen und kein Ende« (1959). Im selben Jahr verunglückte er tödlich: »Auf der Avus mit dem Porsche-Sportwagen«. [TK60]
Zum Wintersemester 1928/29 schrieb Ludwig sich am Bauhaus in Dessau ein und war bis 1932 Schüler von [→ 172] Ludwig Mies van der Rohe. Ab 1947 betrieb er neben seiner Professur für Architektur an der Hochschule für Bildende Künste in Berlin ein eigenes Architekturbüro. Bekannt ist sein Luftbrückendenkmal in Berlin-Tempelhof. [249]

Lüthge, Frau [→ 89 Galerie des 20. Jahrhunderts] [135]

Lüttwitz, Lidy (Baronin) von (1902 Berlin – 1996 Altenhohenau bei Wasserburg am Inn; Bildhauerin). Von Lüttwitz schrieb Höch von 1950 bis 1966. Im selben Jahr war von Lüttwitz bei Höch zu Besuch. »Arbeitet auch noch. Stomps, Driessen u. Lüttwitz sind nun bei München versammelt. Fahren alle 3 Motorrad.« [→ 261 Stomps und → 68 Driessen]. Von 1920 bis 1924 studierte von Lüttwitz Malerei und Bildhauerei in Berlin und Paris, ab 1929 bei Prof. Dietrich an der Hochschule für Bildende Künste. Nach 1947 zeigte sie ihre Werke u.a. in den Galerien Gerd Rosen, Springer und in Berlin-Reinickendorf. 1952 war sie Kunstpreisträgerin der Stadt Berlin. 1959 zog Lidy von Lüttwitz nach München und 1970 nach Altenhohenau bei Wasserburg um. [140, 248, 250, 510, 610]

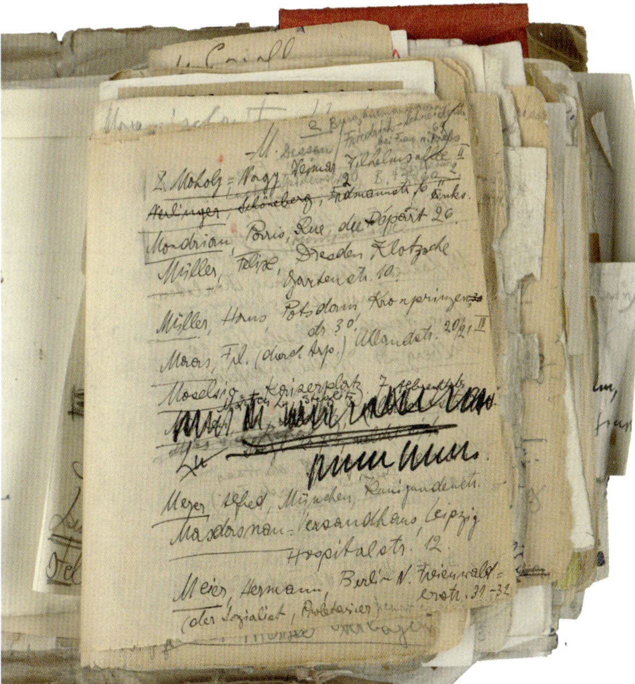

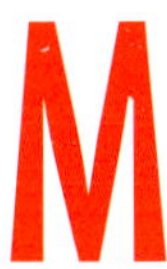

254 **Moholy-Nagy, László** (Ladislaus), **Weimar, Wilhelmsallee 2; Dessau, Friedrich-Schneider-Straße 69 (bei Frau v. Riebs); Dessau, Burgkühnauer Allee 2, Berlin, Spichernstraße 20; Berlin, Fredericiastraße 27; London, 167, Strand; Chicago,** (163 E) **Walton Place,** (Millenium) **Knicker**(bocker Hotel Chicago) (1895 Bácsborsód – 1946 Chicago; Maler, Fotograf, Bühnenbildner). Höch war mit Moholy-Nagy befreundet, beide verband vor allem das Interesse am Film.

Anfang 1920 kam Moholy-Nagy über Wien nach Berlin, stand in Kontakt mit den Dadaisten [→ 235] Kurt Schwitters, Hannah Höch und [→ 106] Raoul Hausmann sowie mit Herwarth Walden, dem Betreiber der Galerie und Zeitschrift »Der Sturm«. Von 1923 bis 1928 war er Lehrer am Bauhaus, Leiter des Vorkurses und der Metallwerkstatt. Höch besuchte ihn gleich im Mai des ersten Jahres. Mit [→ 98] Walter Gropius publizierte er bis 1930 die ersten »Bauhausbücher«. Eines der wohl wichtigsten Bücher, das achte aus der Reihe »Malerei, Photographie, Film« gab Moholy-Nagy 1925 allein heraus. Er schreibt an Höch: »Dein Profil und enface Portrait ist auch schon drin, auch dein Dada Kleb«. [Lebenscollage II/2, S. 208] Sie ist auf einem doppelt belichteten Foto zu sehen. Höch schenkte

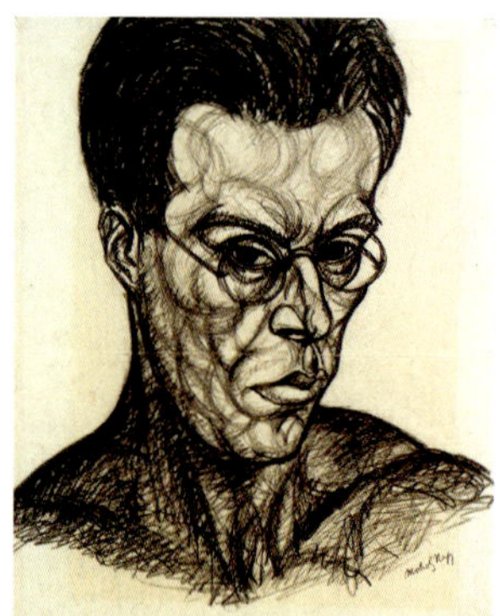

László Moholy-Nagy, »Selbstbildnis«, 1919/20. Kohle auf Papier

ihm ein »Klebebild«, eine Fotomontage (»Hochfinanz«), die er unter dem Titel »Der Milliardär« veröffentlichte.

Nach seinem Weggang aus Weimar nahm sich Moholy-Nagy ein Atelier in Berlin. Höch erzählt: »Mit ihm kam eine wärmeausstrahlende Kameradschaft in mein Leben, die, durch die Umstände – er ging an das Bauhaus in Weimar, ich nach Holland – nicht regelmäßig gepflegt, doch mehr als 15 Jahre lang da war. Über Kunst sprachen wir immer sehr ernsthaft. Er war ja Konstruktivist, was ich gar nicht sein wollte. Aber zum Beispiel im Verfolgen und Beurteilen des sich in neuen Formen entwickelnden Films ergänzten sich unsere Meinungen immer. Auch, daß die ästhetischen Gesetze nie außer acht gelassen werden sollten, spielte eine Rolle in unseren Anschauungen.« [Ohff 1, S. 27f.] Ihrer gemeinsamen Liebe zum Film huldigten beide durch regelmäßige Kinobesuche: »Dokumentarfilme, die ersten, ließen uns den Atem anhalten, wenn sich da etwa Kristalle, das Wachsen der Pflanzen etc. enthüllten. Zeitraffer und Zeitlupe brachten die neuen Aspekte. Aber wir sahen auch Nurmi (Paavo Nurmi, der legendäre finnische Langstreckenläufer und neunfache Olympiasieger, H.N.) rennen. Ich sah mit Moho mein erstes und letztes Fußballspiel. Wir entzückten uns an den Künsten der Wiener Reitschule und sahen den ersten Jazz aus Amerika. (...) Moholy war ein großzügiger, weitherziger Mensch, sicher ein sehr guter Lehrer. Mit den Männern konnte er leicht in Streit geraten.« [Lebenscollage II/2, S. 229] Moholy-Nagy erhielt 1933 in Deutschland Berufsverbot. Er emigrierte 1934 zunächst nach Amsterdam, dann nach London (1935–1937) und später nach Chicago. [237b, 257, 258, 265, 270]

254 **Nerlinger, Oskar, Berlin, Erdmannstraße 6II links; Berlin, Dernburgstraße 25; Berlin, Bismarckstraße 5; Bern, Weißenbühlweg 15** [→ 190 Nebel] (1893 Schwann bei Pforzheim – 1969 Ost-Berlin; Maler, Grafiker). Nerlinger war ein Mitschüler Höchs: Von 1912 bis 1915 besuchte er die [→ 199] Emil-Orlik-Klasse in der Unterrichtsanstalt der Kunstgewerbeschule, zur gleichen Zeit wie Ernst Oskar Albrecht, Paul Fuhrmann, George Grosz, Karl Hubbuch, Alice Pfeffer (spätere Lex-Nerlinger), [→ 214] Thomas Ring und eben Höch.

Seit 1919 war Nerlinger in Berlin ansässig und arbeitete als Zeichenlehrer an Schulen in Berlin-Lankwitz und Köpenick. 1921 trat er der Künstlervereinigung »Sturm« bei. Im September 1923 schreibt er an Höch: »Wir warteten zur verabredeten Stunde vergeblich auf Ihr Kommen oder auf Nachricht und sind dann mit

Wut im Bauch wo anders feiern gegangen. Am Sonnabend abend sind nun einige unserer Bekannten, die ja auch die Ihrigen sind, bei uns. Wenn Sie Lust haben, kommen Sie doch auch. Diesmal brauchen Sie weder ja noch nein zu schreiben.« [Lebenscollage II/2, S. 127] Ab 1926 begann Nerlinger Fotografien in seine typografischen Arbeiten einzubeziehen. Dabei verwendete er zunächst vorgefundenes Fotomaterial aus Zeitschriften und Zeitungen. Nach dem Machtantritt der Nationalsozialisten wurde die Familie zeitweise verfolgt und lebte illegal in der Stadt. Höch wollte ihn im August 1946 besuchen, aber sie war am Ende »nicht dagewesen. Herzkrampf«. Nach Kriegsende war Nerlinger bis 1951 als Professor an der Hochschule für Bildende Künste tätig. Danach übersiedelte er in die DDR und unterrichtete von 1955 bis 1958 als Professor an der Hochschule für bildende und angewandte Kunst in Berlin-Weißensee. [277, 279]

254 **Mondrian, Piet, Paris, 26, rue du Depart** (1872 Amersfoort – 1944 New York; niederländischer Maler). Höch kam 1924 zum ersten Mal nach Paris, die [→ 59] van Doesburgs luden sie zu »Thee und Essen« ein. Dort lernte sie Mondrian kennen, der von Nelly van Doesburg am Klavier begleitet leidenschaftlich tanzte. Im selben Jahr erhielt er Besuch von Höch, nachdem sie sich in ihr Reisetagebuch den genauen Weg notierte: »direkt am Bahnhof lang / Bou-

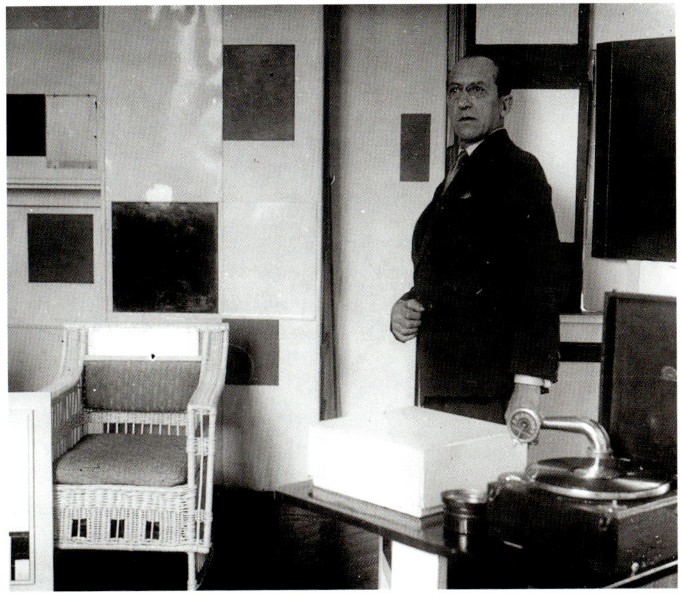

Piet Mondrian in seinem Studio, Paris, Rue de Départ, 1929

lev. du Montparnasse«. Sie beschreibt ihn als »trocknen Bursch«: »Er war ein Zwangsneurotiker und konnte Unordnung und Verwirrung nicht ertragen. Zum Beispiel litt er schwer darunter, wenn der Tisch nicht mit absoluter Symmetrie gedeckt war. Mit ihm im Restaurant zu essen, zählte zu den seltsamsten Erlebnissen. Ich habe immer festgestellt, daß ein so geordneter Kunststil (...) nur in Holland entstehen konnte, wo sogar die Tulpenfelder eine Ordnung aufweisen, die die Begriffe eines deutschen Gärtners weit übersteigt (...). Ich konnte Mondrians Kunst wohl schätzen, fühlte jedoch niemals Verlangen nach einem so rationellen Stil. Ich brauche mehr Freiheit.« [Roditi, S. 66] Im Jahr 1925 erschien in der Reihe der »Bauhausbücher« eine deutsche Übersetzung von »Le néoplasticisme« unter dem Titel »Die neue Gestaltung«, eine Sammlung von Mondrians Aufsätzen.

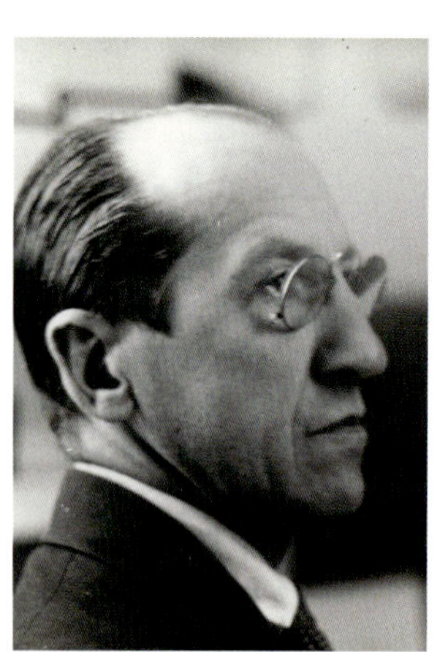

Piet Mondrian, um 1926

Mondrian zog schon 1911 von Amsterdam nach Paris und mietete im Mai 1912 ein Atelier in der Rue du Départ 26 auf dem Montparnasse. 1913 stellte er auf dem »Ersten Deutschen Herbstsalon« in Berlin aus. 1915 begegnete Mondrian erstmalig Theo van Doesburg und gründete mit ihm 1917 die »De Stijl«-Bewegung. Im Juli 1919 zog er wieder nach Paris zurück, 1938 nach London und 1940 wegen der Kriegsereignisse nach New York.

254 **Müller, Konrad Felix, Dresden (Klotzsche) Gartenstraße 10** (oder: **Conrad Felixmüller**; 1897 Dresden – 1977 Berlin; Maler). [→ 106] Raoul Hausmann schreibt an Höch: »Bei Meidner ist der Maler Felix Müller aus Dresden zu Besuch, er will eine neue Gruppe gründen und ich sollte ihn kennen lernen (...). Das ganze Männchen ist 18 Jahre alt, aber sicher begabt, und recht nett.« [Lebenscollage I/1, S. 126] Der junge Mann versuchte Kontakt zum Kreis um den expressionistischen Maler Ludwig Meidner zu knüpfen. In regelmäßigen Abständen traf sich seit 1913 ein lockerer Kreis von Literaten und Künstlern in dessen Atelier in der Wilhelmshöher Straße in Berlin-Friedenau. Sie trugen Texte vor und diskutierten miteinander.

Felixmüllers erste nennenswerte Ausstellung zeigte das grafische Kabinett von Israel Ber Neumann 1914 in Berlin. Eine weitere folgte ein Jahr später in der Galerie von Franz Pfemfert. Im Herbst 1917 fanden in seinem Atelier in Dresden zahlreiche Soireen statt. Aus ihnen entwickelte sich die »Expressionistische Arbeitsgemeinschaft Dresden«, die u.a. von Hausmann gegründet wurde. Im selben Jahr machte Felixmüller eine Bleistiftzeichnung mit einem Bildnis von Höch. Nach einer schlecht besuchten Dada-Matinée 1918 beklagte sich Hausmann bei Höch: »Du weißt, was ich von Dada erhoffte: das ist in den letzten Tagen zum Teufel gegangen – und Leuten wie F. Müller – denen gelingt alles«. [Lebenscollage I/1, S. 397] Seit 1919 war der Maler Mitglied der [→ 35] »Novembergruppe«. Die Nationalsozialisten verfolgten ihn nach 1933 und zerstörten eine große Anzahl seiner Werke. 1949 wurde er Professor an der Universität Halle, bis er 1967 aus der DDR nach West-Berlin übersiedelte. Die Galerie Nierendorf zeigte 1965 eine Ausstellung mit frühen Arbeiten, zu der Höch eingeladen war. 1973 wurden in der ehemaligen Nationalgalerie und im Verein Bildender Künstler in Berlin erstmals eine Gesamtschau des malerischen Werks Felixmüllers gezeigt [Einladungen, NHH].

254 **Müller, Hans, Potsdam, Kronprinzenstraße 30**. Höch vermerkt in ihrem Adressbuch: »Klische(e)s«. Der ehemalige Kiepenheuer-Prokurist Hans Müller gründete 1919 einen Verlag, der 1925 in Müller & Kiepenheuer umbenannt wurde.

254 **Maas, Fräulein, Berlin, Uhlandstraße 20/21III**. Der Kontakt zu Fräulein Maas kam »durch [→ 20] (Hans) Arp« zustande.

254 **Moselsio, Simon, Kaiserplatz 7** (heute: Bundesplatz) (1890 Russland – 1963 USA; Bildhauer). Zeitweise lebte Moselsio zum Studium an der Kunstgewerbeschule in Berlin.

254 **Märten, Lu, Berlin, Albrechtstraße** (72c) (Louise Charlotte, 1879 Berlin-Charlottenburg – 1970 Berlin-Steglitz; Schriftstellerin, Kunstkritikerin, Frauenrechtlerin). Märten wandte sich 1921 und 1923 an Höch. Im Januar 1928 schrieb sie aus der Albrechtstraße: »Mein Buch – das Letzte grosse – hatte bis nach Japan seinen ideellen Erfolg, nicht den geringsten materiellen bei alledem. Einige junge Japaner aus Tokio kamen daraufhin hier auch zu mir und nehmen bei mir Unterricht in allen möglichen Wissenschaften, Dialektik, Geschichte etc. und in den Zwischenzeiten habe ich mich durch Stunden an Ausländer andrer Länder so durchgekrebst. Momentan habe ich tausend Pläne, aber nicht viel Kraft zum Tun, denn die Müdigkeit nach dem Bürodienst ist garzugross.« [Lebenscollage II/2, S. 310] Neben Frauenrechtsfragen widmete sich Märten vor allem der Kunsttheorie und -soziologie. 1914 heiratete sie den Bildhauer [→ 218] Wilhelm Repsold. Zwischen 1929 und 1932 arbeitete sie in der Berliner Stadtbibliothek. Höch traf 1946 Märten und die Bildhauerin [→ 261] Louise Stomps auf einer Ausstellungseröffnung des Bezirksamtes Wilmersdorf. [168]

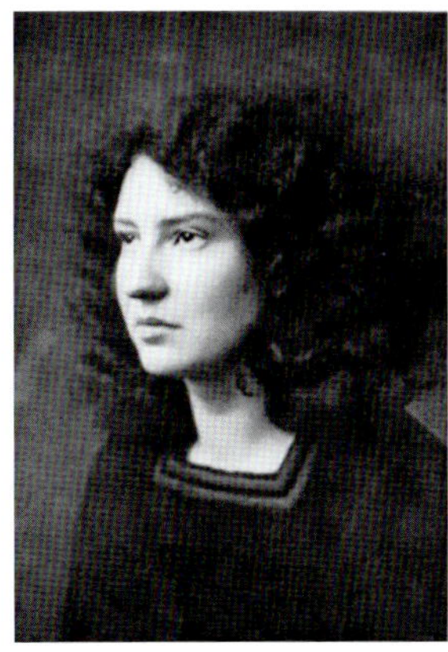

Lu Märten, um 1900

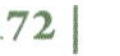

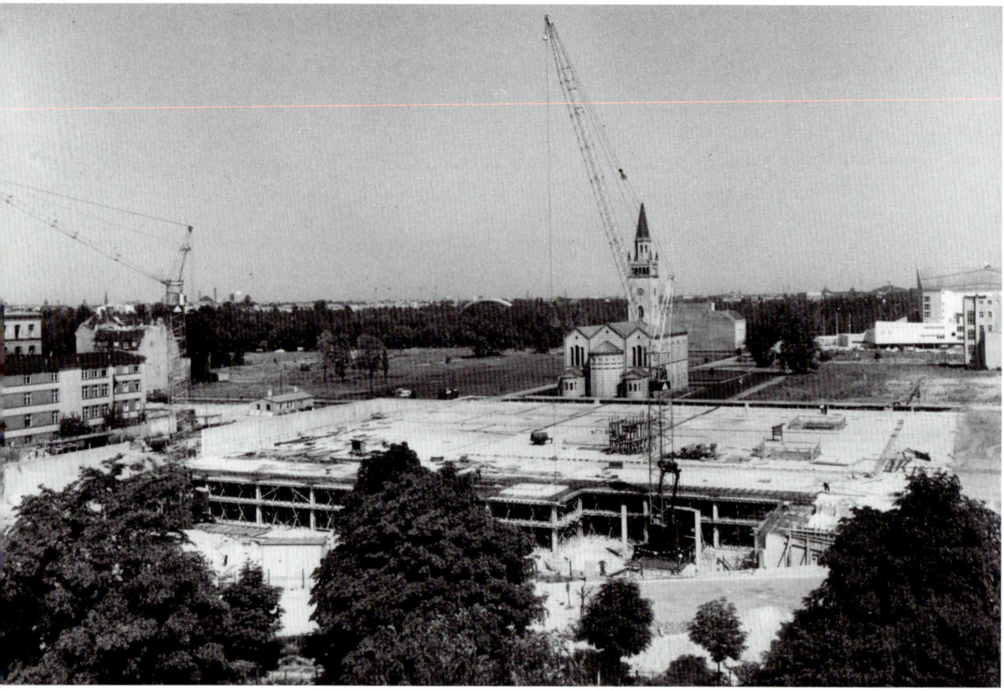

Neue Nationalgalerie im Bau, Potsdamer Straße 50, im Hintergrund die Matthäus-Kirche, Tiergarten, 19. August 1966. Foto: Ludwig Ehlers

254 **Mies van der Rohe, Ludwig, Berlin, Karlsbad 24** (1886 Aachen – 1969 Chicago; Architekt (Vater von [→ 226] Georgia van der Rohe; Großvater von [→ 227] Frank van der Rohe). Als van der Rohe im Oktober 1964 wegen des Baus der Neuen Nationalgalerie nach Berlin kam, besuchte er (inzwischen gelähmt) überraschend Höch in Heiligensee. Die Künstlerin schreibt: »Grosse Freude bei mir. (...) Kaffee getrunken. Ich natürlich, ganz unvorbereitet, etwas gehemmt. Und so vieles blieb unberührt – was mir in der Hetze nicht einfiel. Aber schön war es.« [TK64] Im April 1967 traf sie ihn kurz auf dem Richtfest der Nationalgalerie: »Dieses Dach, in einem Stück, gewaltig, Eisen, verspricht einen überaus eindrucksvollen Bau.« [TK67] Im August 1968 fand zu Mies van der Rohe eine Ausstellung in der Akademie der Künste statt, im September wurde die Nationalgalerie eingeweiht. Höch notiert: »Viele Leute hier. 1500 Eingeladene waren da. Randalierer forderten zu der Feier Einlass für Jedermann. 2 Beat-Kapellen donnerten unentwegt, man verstand sein eigenes Wort nicht, konnte sich also auch nicht verständigen mit den Gästen die man viele Jahre nicht gesehen hatte. (...) Der bau Ist grossartig. Mies war nicht da. Ist krank.« [TK68]

1905 kam Mies van der Rohe nach Berlin und bewarb sich mit Erfolg bei dem Architekten [→ 206] Bruno Paul. Er besuchte seine Vorlesungen an der Kunstgewerbeschule Berlin und der Hochschule für Bildende Künste. 1912 folgte van der Rohe einer Einladung nach Den Haag, um einen Gebäudekomplex zu entwerfen. Auch Hendrik Petrus Berlage reichte einen Entwurf ein. Höch schreibt: »Mies bei Berlage aber nicht mit ihm gearbeitet. (Ich habe alle der Berlage-Bauten mit [→ 45] Ida Bienert besucht. Auch [→ 198] Oud und Skelett u. Haut war nun sein Ziel.« Mies van der Rohe betrieb von 1913 bis 1938 ein eigenes Architekturbüro. Er nahm am 30. Juni 1920 an der Eröffnung der »Ersten Internationalen Dada-Messe« teil. 1921 schloss sich Mies der [→ 35] »Novembergruppe« an, war deren Vorsitzender von 1923 bis 1925 und organisierte die Architekturbeiträge dieser Gruppe in der jährlichen »Großen Berliner Kunstausstellung«. Von 1930 bis 1933 war er Direktor des Bauhauses in Dessau und in Berlin. Er emigrierte 1938 in die USA und wurde dort Architekturdirektor des Chicagoer »Illinois Institute of Technology«.

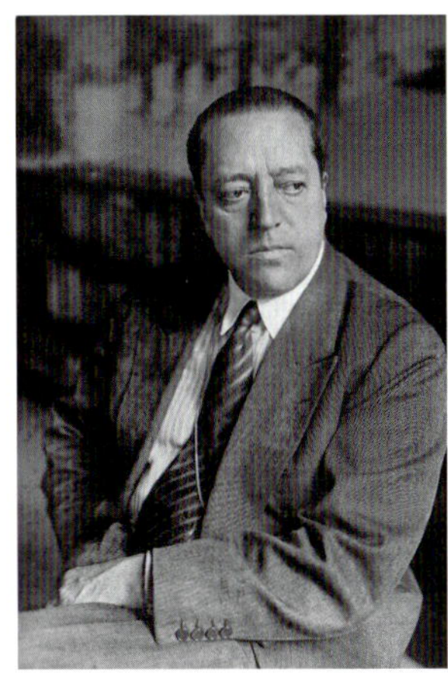

Mies van der Rohe, 1931.
Foto: Willy Römer

Gemeinsam mit ihrer Schwester [→ 97] Grete und deren Freundin, der Schweizer Schriftstellerin Regina Ullmann, brach Höch 1920 zu einer Italien-Reise auf. Zu dritt wanderten sie zu Fuß von München nach Rom. »Ich war mit einem modischen roten Mäntelchen angetan und trug einen großen Rucksack. Eine unmögliche Erscheinung.« [Ohff 1, S. 16] Die drei Frauen beschlossen, die noch vom Krieg her so gut wie geschlossenen Grenzen gen Süden zu überschreiten. Für Höch war die Reise auch wie eine »Flucht«: sie wollte Abstand von [→ 106] Raoul Hausmann gewinnen. Durch die Vermittlung von Mies van der Rohe erhielt sie ein Einreisevisum. Der Architekt hatte Verbindungen zum damaligen Berliner Nuntius Pacelli, dem späteren Papst Pius XII..

Mies van der Rohe erkannte die Bedeutung der beiden Höch-Gemälde [→ 174] »Roma« und [→ 175] »Journalisten« (1925) für die Kunstgeschichte. In beiden Bildern, »klassisch« in Öl gemalt, übertrug Höch formale Prinzipien ihrer Fotomontagen in die Malerei. Mies schlug der städtischen Ankaufskommission vor, beide Gemälde aus dem dafür von der Stadt Berlin vorgesehenen Etat zu erwerben, »aber Herr Balluschek redete davon ab«. Hans Baluschek war ein sozialpolitisch engagierter Maler und seit 1924 Vorsitzender der »Großen Berliner Kunstausstellung«. [255, 267]

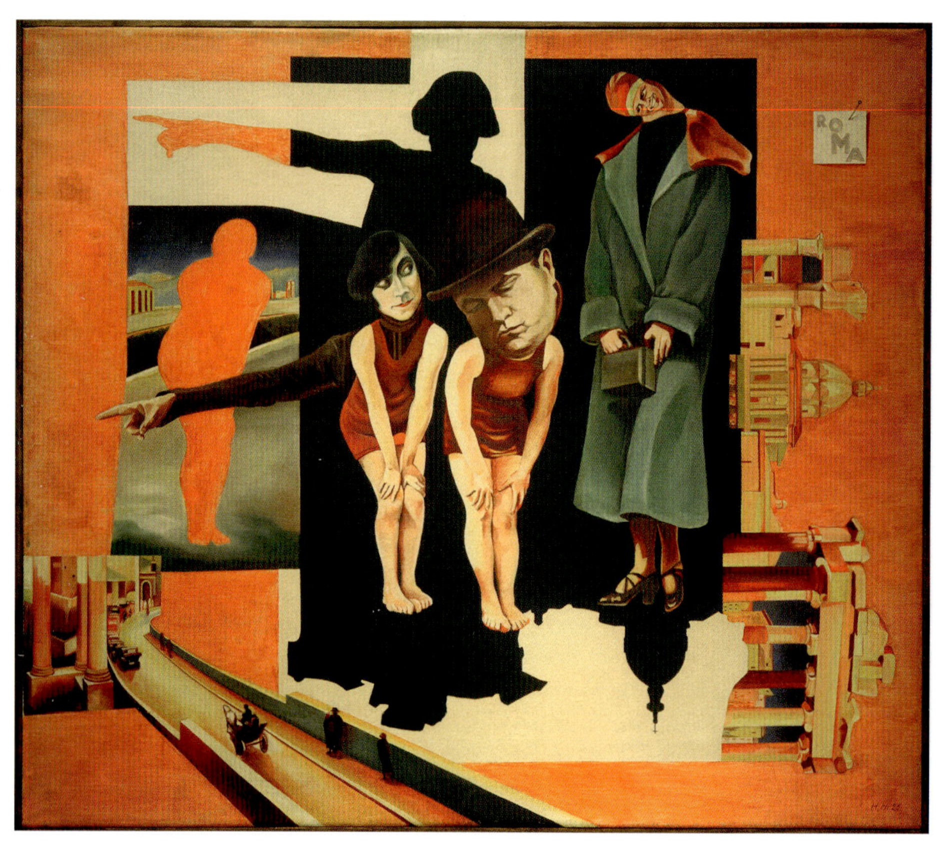

Hannah Höch, »Roma«
1925.
Öl auf Leinwand

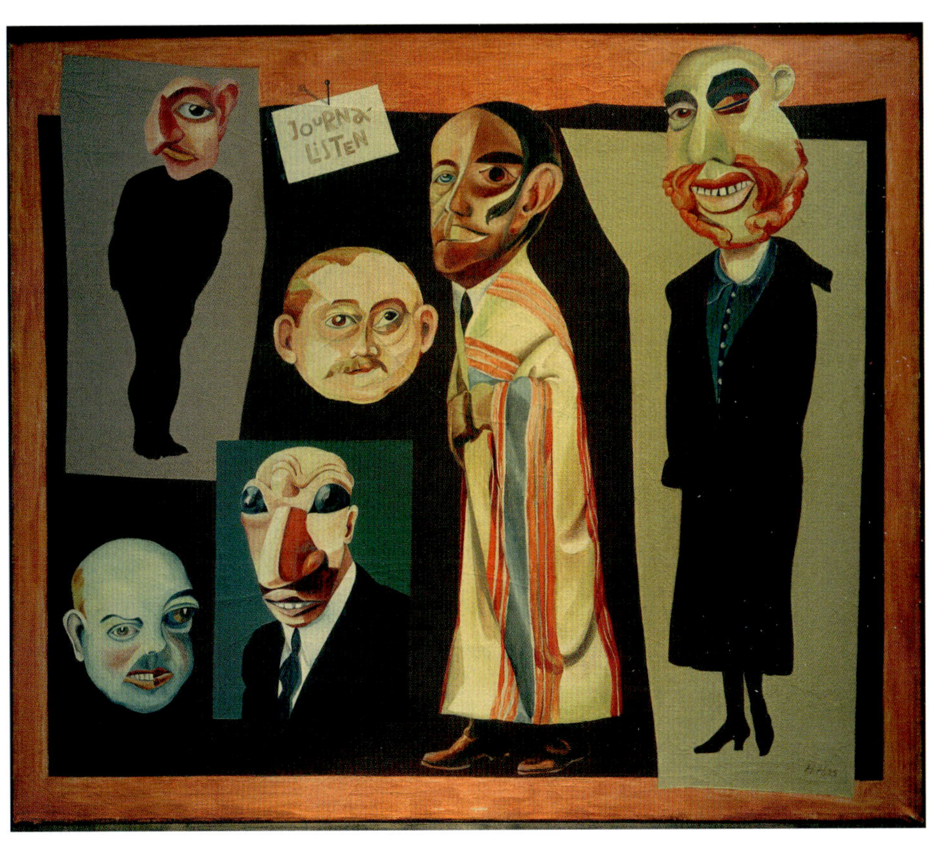

Hannah Höch, »Die Journalisten«
1925.
Öl auf Leinwand

254 **Meyer, Alfred Richard alias »Munkepunke«, München, Kunigundenstraße (29)** (1882 Schwerin – 1956 Lübeck; Schriftsteller, Verleger). Auf dem Weg nach Italien reiste Höch 1920 zunächst nach München. Sie übernachtete bei Meyer und schrieb ins Gästebuch: »Dada ist kein Bluff. Wenn nichts in dieser Zeit Zukunft hat, so wird unser Lachen vielleicht noch Zukunft haben.« »Munkepunke« verstand sich als Bohémien. Er konferierte 1920 in dem Kabarett »Schall und Rauch«. Höch veröffentlichte in seiner Programmzeitschrift. Meyer war im Oktober 1933 einer der 88 Schriftsteller, die das »Gelöbnis treuester Gefolgschaft für Adolf Hitler« unterzeichneten.

254 **Mazdaznan Versandhaus, Leipzig, Hospitalstraße 12.** [→ 106] Raoul Hausmann schreibt im Juli 1918 an Höch: »Ich empfehle Dir das Mazdaznanheft, das ich beilege, zu lesen, weil immerhin wertvolle Dinge darin stehen. Es wird darin die antagonistische Gleichwertigkeit gezeigt, und ein harmonisches Leben durch die Beherrschung des magnetisch-elektrischen Rapports. Außerdem wird darin gezeigt, daß die Frau, wie ich immer sagte, auch heute noch das stärkere, realere Wesen besitze. Somit den Mann lenken kann. Aber: wenn Du in Deinem Brief von vor 14 Tagen schreibst, Du wärst die Stärkste von uns Dreien – so mußtest Du sehen, daß die Stärke nicht in der Flucht oder dem AufDichSelbstZurückziehen liegen kann. Auch der O.Z. Ha'nish kennt die Frau als Beherrscherin der Familie – aber derer, die sie sich selbst schuf, nicht so wie Du in Abhängigkeit von dem Ideal der Familie, aus der Du herkommst. Nur eine Ablösung von *der* kann zu einer neuen ›Familie‹ führen – diese fortwährende Erneuerung heißt aber besser: Leben in Beziehungen.« [Lebenscollage I/1, S. 416]

Die seit 1907 durch Dr. Otoman Zar-Adusht Ha'nish in Deutschland verbreitete Mazdaznan-Lehre verband zarathustrische, christliche und hinduistische Ideen und fand am Bauhaus in Weimar in Johannes Itten einen vehementen Vertreter. [→ 188] Georg Muche leitete abwechselnd mit Itten, der in seinen Unterricht Regeln und Riten des Mazdaznan einbezog, den Vorkurs des Bauhaus. Um die beiden Lehrer bildete sich bald ein enger Kreis von Schülern, die ebenfalls nach den Prinzipien dieser religiösen Lehre lebten. Sie stellten ein eigenes, beinahe klösterliches Zentrum der Bauhausgemeinschaft dar. Man fürchtete aber die Gefahr des Sektierertums, und es kam deswegen zu einer Machtprobe zwischen [→ 98] Walter Gropius und Johannes Itten. Letzterer verließ 1923 das Bauhaus.

254 **Meier, Hermann, Berlin, Freienwalder Straße 31-32** (Klempner). Höch im Adressbuch: »(der Sozialist, Proletarier) nennt er sich selbst« [AB].

Maewede [→ 178 Marwede, Gabriele]
Mahlberg, Dr. Paul (1889 Düsseldorf – 1970 Essen; Architekt). [→ 235] Kurt Schwitters schreibt im März 1925 an Höch: »Wir wollten nach Berlin kommen für einen Auguste Bolte Abend bei Malberg. Nun schreibt mir Malberg ab. (...) Nun bitte ich Dich, ob Du am 12., 13. oder 14. März mir wohl einen Abend bei Dir veranstalten kannst und willst. Entweder Märchen, oder A. Bolte, oder Märchen und Sonate, oder Revolution und Sonate.« [Lebenscollage II/2, S. 205] Mahlberg führte von 1922 bis 1925 mit [→ 148] Heinrich Kosina das Architekturbüro »Bau und Einrichtung«. Nach ihren Entwürfen wurden die Flugzeughallen des Zentralflughafens Berlin-Tempelhof errichtet. [255, 259, 268]
Maltzan, Ludolf Friedrich Freiherr von (gest. 1959 Riegsee) verheiratet mit **Elisabeth (Ilse) Freifrau von Maltzan**, Haus Eichholz, Riegsee. Freiherr von Maltzan schrieb Höch 1949 und 1950. Er besuchte sie 1950 mit [→ 297] Erna Zeeck. Um für sie den Druck des »Bilderbuchs 1945« zu vermitteln, sprach von Maltzan 1951 bei den Verlagen Bruckmann, Desch und Auer vor. Höch schrieb, dass das Kinderbuch »eine Zweck-Arbeit ist, die 1946 gemacht, etwas Brot ins Haus bringen sollte«. [Briefentwurf an Hans Eckstein, 5.8.1961, NHH] Von Maltzan schrieb an Höch bis 1957. Seine Frau schrieb ihr von 1954 bis 1962. Die Malerin schrieb ihr 1961 aus Rom und besuchte sie 1967. [228, 269, 270, 271]
Marcks, Gerhard (1889 Berlin – 1981 Burgbrohl; Bildhauer, Grafiker) Köln. Marcks stellte 1956 Holzschnitte und Kleinplastiken in der Galerie Rosen aus. 1971 zeigte er frühe Druckgrafiken, Handzeichnungen und Plastiken in der Galerie Nierendorf, eine weitere Ausstellung folgte dort 1974 [Einladungen und Katalog, NHH].
Marcks leitete 1919 am Bauhaus in Weimar die Töpferklasse. 1925 wurde er Leiter der Bildhauerklasse in der Kunstschule Burg Giebichenstein. Nach 1933 galt er als »entarteter Künstler« und wurde entlassen. 1937 zog er nach Berlin und war ab 1955 Mitglied der Akademie der Künste. [519]
Marder, Dr. med. Richard. Höch wollte Marder 1937 auf ihrer Reise durch Südwest- und Süddeutschland besuchen. Der Käufer eines ihrer Bilder war aber verzogen. Vier Monate später versuchte sie es erneut und wieder vergeblich, diesmal in Bad Wiessee. [256]

Martinsohn (»Adressen in Kassel zum Wohnen«). 1938 übernachtete Höch mit ihrem Mann [→ 178] Kurt Heinz Matthies bei Martinsohns. Am Nachmittag fuhren sie »nach Wilhelmshöhe, Herkules«. Ihr Mann war zu ihr »sehr eklig«. Zwei Tage später aber war Höch glücklich: »Heinz hat mir einen wunderbaren Wintermantel bauen lassen bei dem Sohn der Frau Martinsohn Schneider im Haus.« [TK38]. [216]

Marwede, Gabriele, Lehrte, Rosenstraße 7 (geb. 1925, Bildhauerin), verheiratet mit [→ 295] Joachim Wolff. Marwede war im selben Jahr wie Höch 1961 Stipendiatin in der [→ 278] Villa Massimo in Rom. Sie kümmerte sich um Höch, als es ihr dort gesundheitlich nicht gut ging (»Ganz gross! Hat nächtelang bei mir geschlafen. Alles besorgt. Lieb und geduldig«) [TK61]. Marwede und Höch korrespondierten von 1961 bis 1977. 1962 kam sie zu Besuch: »eine schöne, selbstbewußte Frau und Künstlerin«, hat aber »problematischen Mann«. [TK62] Marwede traf Höch 1963 auf der Ausstellung des Deutschen Künstlerbundes in Stuttgart wieder und besuchte sie erneut 1964 und 1965, dann auch mit ihrer Tochter Natascha. 1971 wurden »Erinnerungen an Rom aufgewärmt. Sie macht jetzt Köpfe in Bronze. (...) Eigentlich Kugeln mit Durchbrechungen«. Ein letztes Mal kam Marwede 1973 zu Höch. [273]

Marx, Eberhard (geb. 1951 Dresden; Designer, Maler) Bonn. Marx besuchte Höch 1959 (»Macht Ausstellung: Berliner Bilder aus Privatbesitz«). Er korrespondierte mit ihr ein Jahr später und besuchte sie 1961 erneut mit [→ 150] Kriegers. Marx war von 1962 bis 1976 Direktor des Kunstmuseums Bonn. [274]

Mataré, Ewald (1887 Burtscheid – 1965 Büderich; Bildhauer, Maler). Höch notiert: »zelten«. Mataré war Mitglied der [→ 35] »Novembergruppe«. Er wurde 1932 zum Professor an die Düsseldorfer Kunstakademie berufen, 1933 aber wieder entlassen und später zur »Entarteten Kunst« gezählt. 1946 übernahm er an der Akademie wieder die Bildhauerklasse. [262]

Mattern, Prof. Hermann (1902 Hofgeismar – 1971 Greimharting; Landschaftsarchitekt). Mattern war ein Mitarbeiter des Garten-Philosophen [→ 133] Karl Foerster. Im Jahr 1964 begleitete er den Architekten [→ 162] Chen Kuen Lee zu Höch. [274]

Matthies, Dr. Kurt Heinz, Berlin, Kaiser-Friedrich-Straße 66; Berlin, Leibnizstraße 58 (geb. 1910 Berlin; Handelsvertreter), seit 1938 verheiratet mit Höch. Im Frühherbst 1935 fuhr Höch zu einer Erholungsreise in die Dolomiten. Dabei lernte sie Matthies während einer Wande-

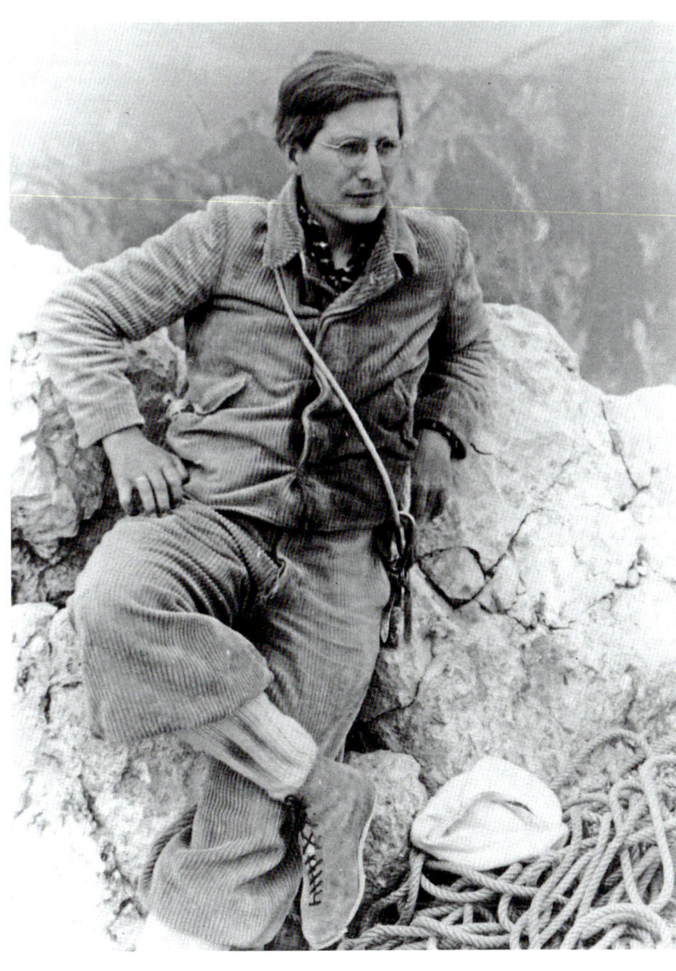

Kurt Heinz Matthies, 1935

rung kennen. Die Ehe dauerte sechs Jahre, von 1938 bis 1944. Ein »gefährdeter Mann« (Höch), der bald von ihr abhängig war: »Ich brauchte ein Kind, er brauchte eine Mutter.« [Lebenscollage II/1, S. 306] Matthies trat an die Stelle ihrer Lebensgefährtin [→ 49] Til Brugman: Diese zog am 4. Mai 1936 aus der gemeinsamen Wohnung in der Berliner Rubensstraße 66 aus – und Matthies ein.

Als sich die beiden das erste Mal begegneten, war Matthies gerade 25 Jahre alt, Höch war 46. Der Volkswirtschaftler hatte promoviert, war ein leidenschaftlicher Bergsteiger und strebte gleichzeitig eine Pianistenlaufbahn an. »Heinz Matthies war der einzige Sohn einer alleinerziehenden Mutter. Mit ihrem Zigarrenladen ermöglichte sie ihm ein Jura-Studium. Was Matthies anfing, brachte er bald zu einer Meisterschaft, sei es am Billardtisch, beim Kartenspielen, Radrennen, Klavierspielen, bei Fremdsprachen oder auch beim Klettern!« [Lebenscollage II/1, S. 333], sagte 1994 sein Bergfreund [→ 113] Georg Hentschel. Eine Zeit lang konnte Matthies von seinem Klavierspiel leben. Als Höch mit ihm zusammen war, arbeitete er als Vertreter für die Firma Gussolit, einem Hersteller von Schweißelektroden zum Aluminiumschweißen – eine neue technische Entwicklung, die besonders in der Rüstungsproduktion gefragt war.

Matthies war ein polizeibekannter Exhibitionist, wurde 1937 während einer Vertreterreise in Nürnberg verhaftet und zu neun Monaten Gefängnis verurteilt (die Strafe fiel vermutlich deswegen niedrig aus, weil Matthies sich freiwillig kastrieren ließ). Nach seiner Freilassung, um die sich Höch sehr bemüht hatte, heirateten sie am 16. September 1938. Die Künstlerin hieß nun Hanna(h) Matthies-Höch.

Kurz nach Beginn des Zweiten Weltkriegs zogen sie in den Norden Berlins, nach Heiligensee. Am Stadtrand kaufte Höch mitten in einem ausgedehnten Gartengelände ein ehemaliges Flugwärterhäuschen. Damit begann für sie eine eigene innere Emigration.

Kurt Heinz Matthies und Hannah Höch mit ihrem Hund Punta in Heiligensee, 1940

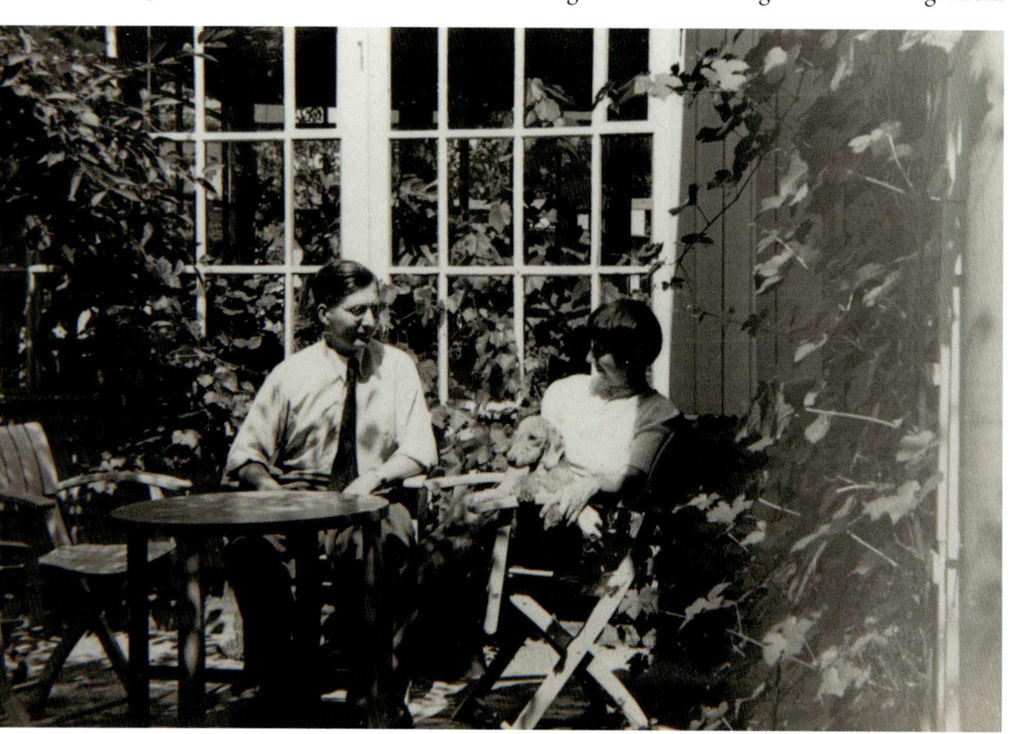

Höch im Gespräch mit [→ 222] Edouard Roditi, 1959: »In Friedenau, wo ich jahrelang gewohnt hatte, war ich zu bekannt; ich fiel zu sehr auf, um während des Naziregimes in Sicherheit leben zu können. Ich wusste, dass ich beobachtet und von eifrigen oder bösartigen Nachbarn angezeigt wurde. (...) Zu jener Zeit hätte ich mich überall in Berlin einsam gefühlt. Alle, deren man sich als ›Kulturbolschewistin‹ erinnerte, standen auf der Schwarzen Liste und unter Aufsicht der Gestapo. Jeder von uns vermied es, selbst mit den ältesten und liebsten Freunden und Kollegen zu verkehren, aus Furcht, sie in Ungelegenheit zu bringen.« [Rodiiti, S. 60]
Die Ehe mit Matthies war von vornherein nicht besonders glücklich. Er befand sich häufig auf Dienstreise. Höch begleitete ihn, sooft sie konnte, einmal bis Holland, ein andermal, schon im Krieg, bis nach Italien. Im eigenen Wagen, später auch mit einem Wohnanhänger, fuhren sie kreuz und quer durch deutsche und angrenzende Lande.
Als die Ehe im November 1942 zerbrach – Matthies verließ sie mit ihrer holländischen Freundin [→ 71] Nell d'Ébneth –, wurde Heiligensee für Höch zu einem Ort extremer Einsamkeit. Trotz der Trennung schrieben sie sich weiter. Höch: »Er war ein überaus wissensdurstiger, aber auch abenteuerhungriger und unsteter Mensch von hoher Intelligenz.« [Lebenscollage II/1, S. 306] Im Schutz ihres bescheidenen Häuschens überlebte ihr Archiv versteckt unter dem Dach. An diesem abgelegenen Ort gelang es Höch, sowohl ihre eigenen Werke als auch die zahlreichen in ihrem Besitz befindlichen Arbeiten der Freunde und Dokumente aus der gemeinsamen Dada-Vergangenheit vor dem Zugriff der Nationalsozialisten zu bewahren. »Heute frage ich mich zuweilen«, sagte sie in der Nachkriegszeit, »wie ich so mutig und töricht sein konnte, dieses Beweismaterial während all der schrecklichen Jahre in meinem Haus zu behalten. Der Schrank, in dem ich meine Zeichnungen aufhebe, enthielt genug, um mich und alle in Deutschland lebenden früheren Dadaisten an den Galgen zu bringen.« [Roditi, S. 62] Im Jahr 1951 schreibt Höch an [→ 123] Richard Huelsenbeck: »Zwölf Jahre eines unheimlichen Alleinseins In Angst, Not und Öde ist auch für einen Eigenbrödler wie ich es bin – viel – und hat hungrig auf die, doch ziemlich seltenen *Menschen* gemacht.« [Brief von H.H. an R.H., 13.2.1951, NNH]
Im Jahr 1963 kam Matthies für Höch offenbar unerwartet noch einmal nach Heiligensee: »H.M. stand an der Tür. Krank sieht

er aus, beunruhigend, wie gehetzt. Ich sehr aufgewühlt, war nicht mehr als eine Stunde hier.« 1965 rief »K.H.M.« sie an. »Er war für 2 Tage in Berlin. Ich lud ihn nicht ein zu kommen. Er schien enttäuscht. Ich erfuhr nichts über: Wo – wie – was. Wollte es auch nicht. Er scheint noch in Südamerika zu sein.« [TK65]. Mitte der sechziger Jahre brach ihr Kontakt zu Matthies ab. Er war in die USA, vermutlich nach Philadephia, ausgewandert. Was aus ihm wurde, ist nicht bekannt. [219, 265, 269]

Maur, Prof. Dr. Karin Frank-von (geb. 1938; Kunsthistorikerin) Stuttgart. Sie organisierte Ausstellungen u.a. zu [→ 246] Oskar Schlemmer, [→ 72] Max Ernst, Ernst Ludwig Kirchner und besuchte Höch 1970: »Energische, kultivierte 30gerin. Rotblond. Schreibt: Schlemmerbuch.« [TK70] Höch schenkte der Kunsthistorikerin die Collage »In der Wüste«. 1976 schickte sie ihren Text: »Im Banne des schwarzen Königs: eine Fotografie als Bildanstoß für Oskar Schlemmer und Max Ernst« [NHH]. [516, 520]

Mayer, Wanda. Auch Mayer war eine Kollegin von Höch im Ullstein-Verlag, »die liebe (pedantische.)« In ein Notizheft schreibt sie 1922 einige typische Satzfetzen von ihr: »›nein, nein Herr Trojanus, ich lege alle Papiere an einen gewissen Ort.‹ / ›Ich suche gerade Muster raus, Herr Ullstein.‹ / Als die Todesnachricht von einem Holzschneider eintraf sagte sie nur: Ach Gott, und der hat doch den Holzstock mit den Kinderkrägelchen noch zu Hause. / Als sie Herrn Michelson auf der Strasse zufällig traf: ach ich bin rot geworden, aber sie brauchen sich nichts drauf einzubilden, ich werde es immer.« [Lebenscollage II/2, S. 100f.] [255]

Mehring, Walter, Ascona, Casa St. Pietro (1896 Berlin – 1981 Zürich; Schriftsteller, Lyriker und Kabarett-Texter). Höch: »Geschliffenen Geistes piekte und pickte er nur so um sich herum. (...) Der ewig Unruhige ist nur in den Caféhäusern der Welt zu fassen und – da man das jeweilige nicht kennt – faßt man ihn nie.« [Ohff 1, S. 25] Mehring war mit George Grosz befreundet und 1919/20 Mitgründer der Berliner Dada-Bewegung. Er arbeitete an verschiedenen ihrer Zeitschriften mit, nahm an den Berliner Soireen und 1919 an der ersten Ausstellung bei I.B. Neumann teil. Mehring hatte über [→ 123] Richard Huelsenbeck Kontakt mit dem Zürcher Dada. 1921 ging er nach Paris und freundete sich mit den Pariser Dadaisten und Surrealisten an. Ab 1929 lebte er wieder in Berlin.

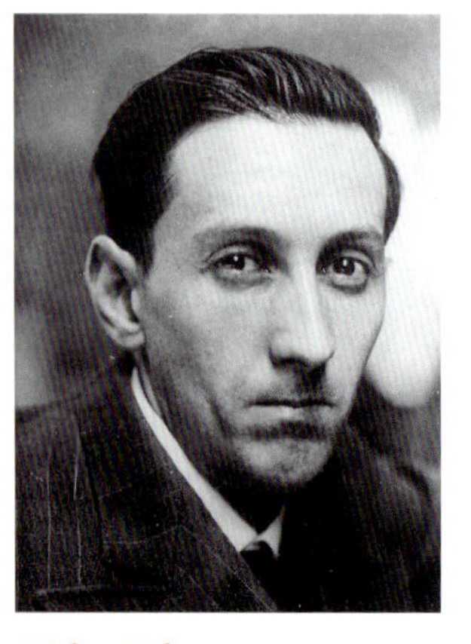

Walter Mehring, 1929

1933 flüchtete Mehring zunächst nach Paris, dann nach Marseille. 1939 interniert, gelang ihm 1941 die Flucht nach Amerika.

1950 war er zum ersten Mal wieder in Berlin. Er kehrte 1953 nach Deutschland zurück und lebte von 1958 bis 1964 in Ascona. 1958 schickte Mehring aus Rom eine Karte an Höch mit einem Zusatz von [→ 206] Achille Perilli. Er schrieb ihr bis 1966 und schickte ihr sein Buch »Verrufene Malerei«. Seine Chronik »Berlin Dada« erschien 1959 im Zürcher Verlag Die Arche, zu der Höch Fotos beisteuerte. Für das Buch reflektierte sie über die mit Dada geborene Technik der Collage: »Von Anfang an schwebte mir vor, daß man nicht nur tendenzträchtige Dinge damit machen sollte, oder angewandte Kunst, wie die Gruppe um den Malik-Verlag es tat, sondern sie als Ausdrucksmöglichkeit schlechthin betrachten könne und zu rein ästhetischen Arbeiten damit kommen müßte. (...) Bis heute versuche ich konsequent, das Foto auszubeuten. Ich benutze es wie die Farbe, oder wie der Dichter das Wort.« [Mehring, S. 91f.]
Mehring schrieb in dem Buch sehr treffend: »Als das einzige weibliche Wesen wirkte im ›Berlin-Dada‹, der (...) ein ausgesprochen exklusiver Männerbund war, die ephebische Malerin Hannah Höch; sieben Jahre lang [→ 106] Raoul Hausmanns Lebensgefährtin, beeinflußt von ihm, doch weitaus graziöser in ihren Photomontagen und ›collages‹, aus denen sie, Dada-treu bis in die jüngste Zeit, eine versponnene, phantasiereiche Textur entwickelt hat.« [Mehring, S. 43f.] Höch sah Mehring ein letztes Mal 1967 in der Akademie der Künste: »Enttäuschend. Er tat mir leid. Und doch hat mich die Begegnung gestärkt. Nämlich in der Bejahung meiner eigenen Lebensgestaltung, die mir wieder sehr bewusst wurde.« [273]

Meier zu Borsten (richtig: Meyer zu Borgsen). Höch notiert 1939 während einer Fahrt mit dem Wohnwagen von Deutschland nach Holland: »Stehen wundervoll bei einem Gut – Meier-Borgsen bei Melle bei Bielefeld, ganz nah am Teutoburgerwald. Mitten im Kornfeld, unter ganz alten Buchen u. Eichen. Bekommen Milch u. Wasser bei den Damen. Zu Meier-Borgsen, Schweine besuchen uns und ein Fohlen und auch die Damen.« [TK39] [268]

Melamed, Mrs. Abraham (Kunstsammler, Hope and Abraham Melamed Collection, Milwaukee, USA). Höch notiert: »Wollen mich bei Europa-Trip besuchen« [AB]. Melamed und Höch korrespondierten 1960. [273]

Meller, Paul [→ 86 Pali Meller]

Meller, Pila (das ist [→ 86] Pali Meller), Den Haag. Höch schrieb Meller (»über [→ 49] Til«) 1948. [269, 283]

Meller Marcovicz, Digne (geb. Bontjes van Beek; 1934 Berlin – 2014 Berlin; Fotoreporterin, Journalistin), Tochter von [→ 47] Jan Bontjes van Beek, verheiratet mit [→ 184] Pali Meller Marcovicz, Hannover, Hamburg, München. Meller Marcovicz gilt als eine der wichtigsten Foto-Porträtistinnen der sechziger bis achtziger Jahre. Sie arbeitete für deutsche Zeitschriften und Verlage, von 1964 bis 1985 war sie »feste freie« Foto-Journalistin beim Nachrichtenmagazin »Der Spiegel«. Als Filmemacherin arbeitete sie für verschiedene Fernsehsender, u.a. mit Alexander Kluge. [272, 273]

Meller Marcovicz, Pali, Den Haag, De Ruyterstraat 54; Den Haag, Geraniumstraat 235; Rotterdam, Mathenesserplein 30a; Berlin, Kantstraße 30b; Berlin, Kleiststraße 13; Falkensee, Anschützstraße 21; Siegburg, Abtei Michaelsberg; Berlin, Weingartenweg 7 (1930 – 2002; Werbefachmann, Kunstsammler), verheiratet mit [→ 184] Digne Bontjes van Beek. Hannover, Hamburg. Meller suchte Informationen über seinen Vater, den Architekten [→ 86] Pali Meller, der 1942 verhaftet und im Konzentrationslager umgebracht wurde. Deswegen besuchte er auch Höch, die er bereits seit seiner Kindheit kannte. Er traf sie zunächst 1946 in der »Fantasten«-Ausstellung in der Galerie Gerd Rosen. Bei einem Besuch in Heiligensee erhielt er von ihr die Adressen der Freunde, von denen er sich Auskunft über seinen Vater erhoffte. 1948 besuchte Meller den früheren Stadtarchitekten von Rotterdam, [→ 198] Johannes Jacobus Pieter Oud. Am nächsten Tag schreibt er an Höch: »Welch ein herrlicher Mensch! (...) Er lässt dich sehr grüssen. Er hat noch ein Bild von dir.« [Lebenscollage III/1, S. 103 und 105] Im Monat zuvor hatte er den Architekten [→ 54] Jan Buijs besucht: »Er war ganz aufgeregt vor Freude von Dir zu hören (...) ›Ich hoffe, daß Sie eine anständige politische Meinung haben, von einem Freund von Hannah Hoech ist nichts anderes zu erwarten!‹ sagte er. (...) Er hat sehr schöne Bilder. Auch einige von Hannah Höch. Auch ein kleines Relief«. [Lebenscollage III/1, S. 103f u. 105] Dabei handelte es sich vermutlich um die Holzplastik »Geburt«. Im Februar 1956 besuchte Höch die Familie von Meller in Hannover. Seine umfangreiche Korrespondenz mit ihr von 1947 bis 1969 zeigt die Freundschaft zwischen seiner Familie und der Künstlerin. Höch versuchte mit der Unterstützung des jungen Mellers, die Verbindungen zu Oud, Buijs und ihrer früheren Lebenspartnerin [→ 49] Til Brugman wiederherzustellen. [272, 273]

Merkert, Dr. Jörn (geb. 1946 Wesermünde; Kunsthistoriker). Höch traf Merkert 1969 auf der Eröffnung der Whistler-Ausstellung in der Nationalgalerie. Sie unterhielten sich über die erste Mondlandung des Menschen, die erst gut zwei Monate zurücklag und Höch sehr beeindruckte. Merkert besuchte Höch ein Jahr später mit dem Kunsthistoriker [→ 101] Werner Haftmann (sein »junger Assistent«). Von 1971 bis 1979 war Merkert Assistent in der Nationalgalerie Berlin, um anschließend bis 1984 als wissenschaftlicher Sekretär in der Akademie der Künste, Abteilung Bildende Künste zu arbeiten. Danach wurde er stellvertretender Direktor der Kunstsammlung Nordrhein-Westfalen und leitete von 1987 bis 2010 die Berlinische Galerie. [525]

Mertineit-Schnabel, Hans (1907 – 1979; liiert mit [→ 49] Til Brugman) Amsterdam, Berlin. Höch notiert: »hat meine 2 grossen Bilder: Gewächse und: Ohne Namen. Nach Tils Tod.« [AB]. Und weiter: »schickte Fotos von Person Höch aus Tils Besitz: Leider hat sie meine Bilder, die ich Til auf Lebenszeit überliess (...) verauktionieren lassen ohne mir auch nur ein Wort zu melden. Nicht mal Fotos habe ich von den Arbeiten.« Mertineit-Schnabel schrieb 1959 an Höch: »Will Daten von Til wissen für ein Jahrbuch der Niederländischen Literatur«. Eine Karte folgte nach einem Monat: »Will Tils Manuskripte einsehen.« Sie besuchte Höch 1959: »Sie hat mir Zeichnungen (von Til) von mir angeboten zu schicken.« Mertineit-Schnabel lebte ab 1938 mit Brugman zusammen, die im Juni 1939 noch einmal ihre frühere Lebenspartnerin Hannah Höch traf und im selben Jahr in die Niederlande zurück zog. Wegen akuter Geldnot musste Brugman in den fünfziger Jahren einen großen Teil ihrer Kunstsammlung verkaufen. [274, 352]

Meyer, Adolf (1881 Mechernich – 1929 Baltrum; Architekt, Designer) Rotterdam. Auch Meyer, der von Januar bis Mai 1922 mit [→ 198] J.J.P. Oud korrespondierte, reichte mit [→ 98] Walter Gropius einen Entwurf für das Haus Kallenbach ein. Er schrieb das »Bauhausbuch«: »Ein Versuchshaus des Bauhauses« [NHH]. [258]

Meyer, Dr. Franz (1919 Zürich – 2007 Zürich; Schweizer Kunsthistoriker). Höch traf Meyer im Oktober 1956 in Bern »zum Thee«. Von 1955 bis 1961 war er Direktor der Kunsthalle Bern. [272]

Michaelsohn, Else (befreundete Kollegin aus dem Ullstein-Verlag) [→ 106] Raoul Hausmann bat Michaelsohn im April 1918 um ein vermittelndes Gespräch, nachdem seine Beziehung zu Höch beendet schien. Höch bekam »einen furchtbaren Schreck« [Lebenscollage I/1, S. 356], Michaelsohn lehnte ein Treffen ab. [255]

Michel, Robert (1897 Vockenhausen – 1983 Titisee-Neustadt; Typograf, Grafiker, Architekt), verheiratet mit [→ 43] Ella Bergmann-Michel, Schmelzmühle(n), Eppstein im Taunus. Michel besuchte Höch mit seiner Frau 1974. Die Künstlerin schreibt danach: »Dieser Besuch war ein hartes Stück« [TK74] – vermutlich, weil sie sich nach einer Krankheit noch sehr schwach fühlte. [257, 516]

Mikesch, Fritz (1939 Innsbruck – 2009 Berlin; Maler). Höch besuchte eine Ausstellung von Mikesch (»Seriöse Arbeit.«): Er stellte Arbeiten aus den Jahren 1967 bis 1969 in der Galerie im Rathaus Tempelhof aus [Katalog, NHH]. Mikesch besuchte Höch mit dem Galeristen [→ 155] Werner Kunze 1970 und 1971 (»Garten gearbeitet«). [514]

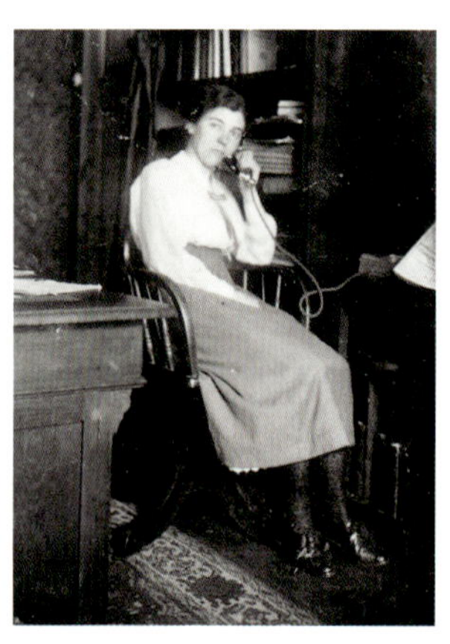

Lena Milius, 1918

Milius, Helena (Lena) (1889 Zwolle – 1968 ?). Milius war eine Bekannte von Höch aus Den Haag. Die Verlagsangestellte und Mitarbeiterin der Zeitschrift »De Stijl« war von 1917 bis 1921 [→ 59] van Doesburgs zweite Frau. Er lernte sie 1914 in Tilburg kennen und ließ sich später von ihr wegen [→ 59] Nelly scheiden. Milius schrieb an Höch 1931 und 1934. Im Sommer 1934 erhielt sie von Milius eine größere Geldsumme für die Behandung ihrer Schilddrüsenerkrankung. [255, 263, 423]

Moderna Museet (Nationalmuseum), Stockholm. 1966 zeigte das Museum für Moderne Kunst eine Dada-Ausstellung. Ein Museumsvertreter schrieb an Höch 1967. [275]

Möller, Otto (1883 Schmiedefeld – 1964 Berlin; Maler, Grafiker), Bruder von [→ 186] Rudolf Möller. Höch besuchte die »schöne« Möller-Ausstellung 1964 in der Galerie Nierendorf. Von 1919 bis 1932 war Möller Mitglied der [→ 35] »Novembergruppe« und nahm an allen Ausstellungen teil, von 1920 bis 1940 war er als Lehrbeauftragter tätig. Er beteiligte sich an der Neugestaltung der Kunsterziehung im »Zentralinstitut Berlin«. 1930 heiratete er Margarete Selma Uhlmann, die Schwester des Bildhauers [→ 273] Hans Uhlmann. Von 1933 bis 1945 lebte er zurückgezogen in Berlin, gegen Kriegsende in Thüringen. Möller war von 1946 bis 1955 Professor an der Hochschule für Bildende Künste, Abteilung Kunstpädagogik. [256, 260]

Möller, Prof. Rudolf (1881 Schmiedefeld – 1967 Lörrach; Maler, Grafiker), Bruder von [→ 186] Otto Möller. Der Maler schrieb 1955 an Höch, besuchte sie im selben Jahr und erneut 1958. Zusammen mit seinem Bruder Otto absolvierte er eine Ausbildung an der Königlichen Kunstschule in Berlin. Möller war als Zeichenlehrer tätig und auch Mitglied der [→ 35] »Novembergruppe« [260]

Moholy, Lucia, Berlin-Grunewald, am Königssee (Eternit) (zu Besuch); Zürich, Nüschelerstraße 45; Zollikon, Rotfluhstraße 10 (geb. Schulz, 1894 Prag – 1989 Zürich; Fotografin, Kunsthistorikerin), verheiratet mit [→ 167] László Moholy-Nagy. Seit 1920 lebte Lucia Schulz in Berlin, wo sie bei Freunden den jungen, ungarischen Künstler Moholy-Nagy kennenlernte. Sie heirateten 1921. In den Jahren 1923/24 absolvierte sie ein Fotografie-Praktikum und nahm Unterricht in Leipzig. Moholy schrieb an Höch im Mai 1923, nachdem ihr Mann im März an das Bauhaus berufen worden war: »Donnerstag, sind wir nicht in Weimar, bitten Sie also, erst am Freitag oder Sonnabend zu kommen. Es wäre am besten, wenn Sie gegen mittag kämen und dann gleich bei uns – oder mit uns – mittag essen; und so weiter.« [Lebenscollage II/2, S. 122]
Moholy wurde vor allem durch ihre Bauhaus-Fotografien bekannt: Bis zu ihrem Wegzug nach Berlin 1928 fotografierte sie systematisch Arbeiten, Gebäude und Persönlichkeiten und wurde so zur »Hausfotografin« der Schule. Mit ihrem Ehemann László arbeitete sie außerdem auf dem Gebiet der experimentellen Fotografie. 1929 trennte sich das Paar. Lucia Moholy emigrierte 1934 nach London.
1950 war sie wieder zu Besuch in Berlin: »Frau Moholy? 8-9 anrufen Hôtel Bristol« [TK50], das am Boulevard Unter den Linden lag. Später wohnte sie bei Prof. Vogler. Moholy traf Höch erneut 1957. Nach ihrer Pensionierung ließ sie sich 1959 in Zollikon (Schweiz) nieder. Dort gab sie Biografien heraus und schrieb als freie Korrespondentin für Kunstzeitschriften, u.a. für das »Burlington Magazine« und als freie Kunstkritikerin. In Berlin-Grunewald (s.o. Adresse) übernachtete sie im Eternit-Gästehaus, das Paul G.R. Baumgarten 1955/56 erbaut hatte. Moholy besuchte Höch mit [→ 221] Leopold Reidemeister 1967: »(Keine Arbeiten gezeigt.) (Thee. Rumtopf nicht gegeben.)« [TK67] [272, 273, 275]

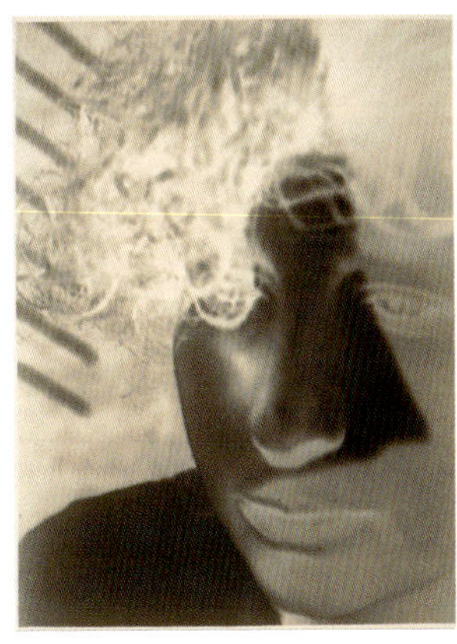
Lucia Moholy, zwanziger Jahre, Negativdruck.
Foto: László Moholy-Nagy

Molzahn, Johannes (1892 Duisburg – 1965 München; Maler, Fotograf). Höch besuchte Molzahn 1925 mit [→ 235] Kurt Schwitters und sehr viel Gepäck: »Wir waren in Magdeburg. Und da waren auch schon Hände schüttelnde Menschen – die sich über nichts wunderten – auch nicht über die Katz, auch nicht über das Theater, auch nicht über den ganzen lebenden und inventaren Zuwachs. Moltzans (der Maler) empfingen uns. (...) Am Abend waren die Magdeburger Honoratioren zu einem Fest geladen und wir tanzten, tranken und waren vergnügt, als Kürtchen – es war 1.15

Nachts, wieder mal plötzlich – sagte: In einer Viertelstunde geht unser Zug.« [Lebenscollage II/1, S. 142] Höch besuchte 1936 eine Ausstellung von Molzahn in Berlin. Er war Mitglied im »Arbeitsrat für Kunst« und in der [→ 35] »Novembergruppe«. 1923 wurde er in Magdeburg Zeichenlehrer an der Kunst- und Handwerkerschule. 1938 emigrierte er in die USA und kehrte 1959 zurück. Im August 1973 zeigte das Rathaus Charlottenburg seine Arbeiten [Einladung, NHH). [258]

Moses, Stefan (1928 Liegnitz – 2018 München; Fotograf). Moses stellte 1966 mit drei weiteren Fotografen im Rathaus Reinickendorf aus (Ost+West-Fotoreportagen) [Einladung, NHH]. Er besuchte Höch 1974 und nochmal 1976 mit dem Journalisten Heiko Gebhardt. Höch: »Ich habe viel und sehr aufrichtig erzählt, Herr G. nach der Methode: wenn man viel wissen will – muss man nicht fragen.« Gebhardt veröffentlichte eine fünfseitige Reportage in der Illustrierten »Stern«: »Ein Leben lang im Gartenhaus: (...) die große alte Dame der einstigen Protest-Kunst Dada« (22. April 1976). Moses arbeitete zunächst als Theaterfotograf, später für Magazine und publizierte eigene Fotobücher. Bekannt wurde er für seine Porträts. [519]

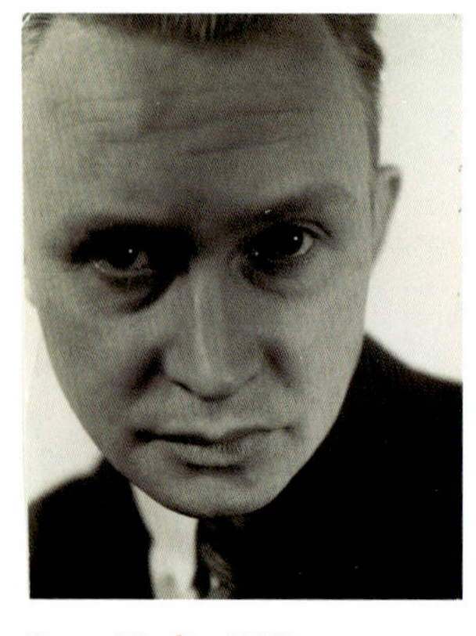

Georg Muche, 1927.
Foto: László Moholy-Nagy

Muche, Prof. Georg, Berlin, Guerickestraße 29 (Atelier: Konstanzer Straße 14a); Breslau-Grüneiche, Uchritzweg 2b; Berlin, Landauer Straße 2; Krefeld, Ostwall 106; Krefeld, Dammstraße 6; Krefeld, Bismarckstraße 53; Lindau, Degelsteinweg 11 (1895 Querfurt – 1987 Lindau; Maler, Textildesigner, Hochschullehrer, [→ 82 Franke]). Höch traf ihren Freund und Kollegen Muche 1923 in Weimar, wo er die Webereiklasse am Bauhaus leitete. In einem Brief vom Juni versuchte sich Höch im Merz-Ton: »Weimar habe ich besucht. Stadt mit 40000 Einwohnern, Ehemaliger Wohnsitz eines (oder mehrerer) Deutscher Dichter. Namen habe ich vergessen. Jetzt 20 Jahre jünger, Sitz einer künstlerisch-malerischen Krankheit. GeMohoRöhlt (Wortspiel mit den Namen – László und Lucia – [→ 167] Moholy-Nagy und – Karl Peter und Alexa – [→ 219, 225] Röhl, H.N.) habe ich, Klee den wir auf der Schillerstrasse trafen hatte Hunger. Die Feiningerische Seite war verreist und Kandinsky (kaute) kaufte semmeln. Wie ein Schemen tauchte Muuuuuche auf und verschwand wieder, das sind die Muster derjenigen von Dichter die als die Besten betrachtet werden.« [Lebenscollage II/2, S. 134]

1916 fand in der »Sturm«-Galerie eine erste Ausstellung von Muche mit 22 Bildern statt, gemeinsam mit [→ 72] Max Ernst. Im Frühjahr begann seine Tätigkeit als Ausstellungsorganisator im

»Sturm«. Nach seiner Militärzeit lebte Muche ab August 1919 wieder in Berlin. Er lernte Mitglieder der [→ 35] »Novembergruppe« und der Dadaisten kennen. Von 1920 bis 1927 leitete er abwechselnd mit Johannes Itten den Vorkurs am Bauhaus; gleichzeitig war er als Formmeister für die Weberei zuständig. Danach lehrte Muche an der Reimann-Schule und übernahm von 1931 bis 1933 eine Professur für Malerei an der Staatlichen Akademie für Kunst und Kunstgewerbe in Breslau. Auch er galt nach 1933 als »entarteter Künstler«. Nach Berlin zurückgekehrt, unterrichtete er bis 1938 an der von [→ 102] Hugo Häring geleiteten Schule. 1939 gründete Muche an der Höheren Fachschule für Textile Flächenkunst in Krefeld die Meisterklasse für Textilkunst, die er bis 1958 leitete. Höch wollte Muche 1939 mit ihrem Mann besuchen: »Die Flächenkunstschule hatte aber Ferien – Muches verreist«. 1952 besuchte sie seine Ausstellung in der Berliner Galerie Springer, zwei Jahre später eine weitere bei Wasmuth. 1955 reiste Höch mit der Familie ihres Bruders [→ 119] Walter ins Rheinland, wo sie Muche traf: »Turm am Rhein ist die Textilschule von Krefeld. Phantastisch gelegen.« [TK55] Muche schrieb Höch von 1954 bis 1968. Im Jahr 1973 zeigte das Bauhaus-Archiv Zeichnungen und Druckgrafik von ihm [Einladung, NHH]. [106, 217, 259, 261, 266, 268, 271, 272, 275]

Mühle, Anna-Maria. Mühle besuchte Höch 1970. Sie »war (kurz) Charlottenburger Kunstschule (wie Höch in der Klasse Bengen, H.N.)« [AB]. Mühle wohnt in einem »Altersheim 2 Zimmer Küche« und »hat noch zu malen begonnen«.[TK70] [516]

Mueller, Otto (1874 Liebau – 1930 Obernigk; Maler und Lithograf). Die Galerie Nierendorf zeigte 1957 Aquarelle, Bilder und Grafik von Mueller und 1960 das grafische Werk [Einladungen, NHH]. Mueller ist einer der wichtigsten Maler und Zeichner des Expressionismus und vor allem für seine Mädchenmotive berühmt. [256]

Mutzenbecher, Franz (1880 Hamburg – 1968 Berlin-Wannsee; Maler). 1912 zog Mutzenbecher nach Berlin, wurde später Mitglied der [→ 35] »Novembergruppe« und durch Wand- und Deckengemälde, Glasmalereien und Mosaiken bekannt. [255]

Muzeum Sztuki w Łodzi [→ 258 Ryszard Stanisławski]. Das Museum im polnischen Łódź widmet sich der modernen und zeitgenössischen Kunst. Vom 3. Dezember 1976 bis 9. Januar 1977 wurde dort eine Höch-Ausstellung gezeigt. [511]

N

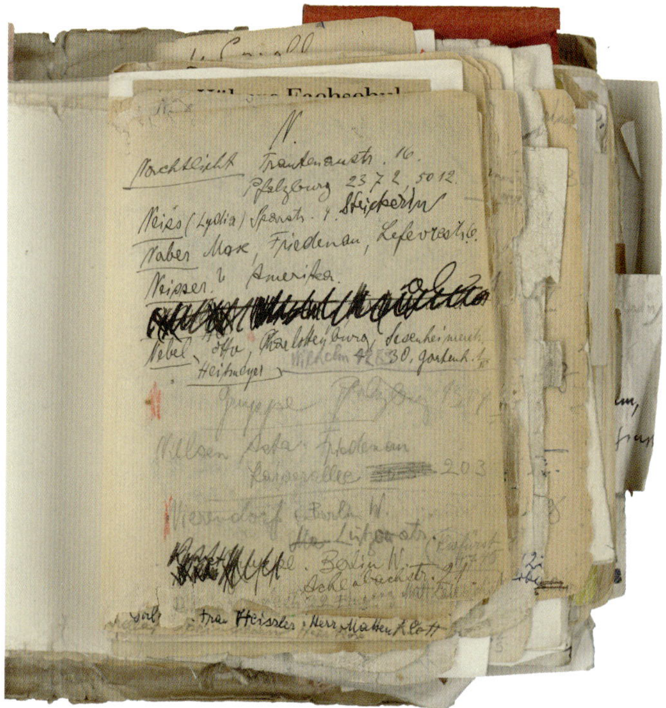

276 **Nachtlicht, Leo, Berlin, Trautenaustraße 16** (1872 Bielitz – 1942 Berlin; Architekt, Kunstsammler). Nachtlicht studierte in Berlin an der Kunstschule, der Kunstgewerbeschule und der Technischen Hochschule Charlottenburg, an der er später auch lehrte. Ab 1904 hatte er ein eigenes Atelier in Berlin und entwarf Villen und Inneneinrichtungen. Nach 1933 erhielt er Berufsverbot, eine geplante Emigration scheiterte. Er starb, wahrscheinlich nach einem Selbstmordversuch, im Jüdischen Krankenhaus in Berlin. Seine Frau Anna wurde deportiert und in Riga ermordet.

276 **Neiss, Lydia, Berlin, Sparrstraße 4**. Höch meint offenbar »Stickerin« (statt »Steickerin«). [AB]

276 **Naber, Max, Berlin, Lefèvrestraße 6** (Naber, F., Privatiere).

276 **Neisser?** Höch ist sich unsicher, notiert zusätzlich: »Amerika« [AB].

276 **Nebel, Otto, Sesenheimer Straße 30, Gartenhaus 1 IV; Muntelier, Haus 53 (Bopp); Bern, Weißenbühlweg 15** [→ 168 Nerlinger] (1892 Berlin – 1973 Bern; Maler, Schriftsteller, Schauspieler) und (Margarete) Hilda (Hildegard) Nebel (geb. Heitmeyer; 1886 – 1974). Nebel war ein Freund Höchs und Lehrer des Malers [→ 129] Hans Jaenisch. Von 1919 bis 1926 war Nebel in Berlin »als Maler, Schriftsteller, Spre-

cher neuer Wortkunst (an ›Sturm‹-Abenden) und Kunstlehrer« tätig. Höch: »Jedem, der sie hörte, werden seine Vortragsabende unvergessen sein. Er sprach meistens seine eigenen, gewaltigen Wortschöpfungen ›Unfeig‹ und ›Das Rad der Titanen‹, die er faszinierend vortrug.« [Ohff 1, S. 26] Nebel war unter anderen auch mit [→ 37] Rudolf Blümner, [→ 188] Georg Muche, [→ 214] Thomas Ring und [→ 235] Kurt Schwitters befreundet. Im Februar 1925 stellte er gemeinsam mit Schwitters in der »Sturm«-Galerie aus. Von 1926 bis 1928 gab es längere Aufenthalte u.a. im schweizerischen Ascona, damals ein Anziehungspunkt für viele Avantgardekünstler.

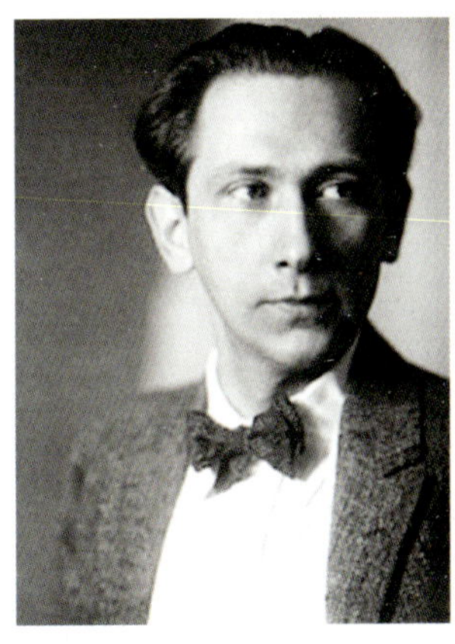

Otto Nebel, 1924

Im Mai 1933 emigrierte er mit seiner Frau nach Bern: »Auswanderung in die Schweiz wegen der braunen Pest«. Später schrieb er: »Wenn man so in seinem Adresskalender blättert, findet man eine Menge durchgestrichene Anschriften, – die Namen sind mit der Völkerwanderung verschwunden aus dem ›alten Kreise‹.« [Lebenscollage II/1, S. 549] Höch begleitete Nebel zum Bahnhof, obwohl er ihr ausdrücklich davon abgeraten hat. Für den Freundschaftsdienst dankt er ihr, kurz nachdem er mit seiner Frau (sechs Tage nach der Bücherverbrennung) in die Schweiz eingereist war: »Wie konnten Sie ›trotz allem‹ so unfolgsam sein! Und Sie hätten diesen Weg beinahe noch vergebens gemacht! Im letzten Augen-Blicke sah Hilda Sie noch grade. Haben Sie innigen Dank, liebste, beste Freundin!« [Lebenscollage II/2, S. 484] Als Flüchtlinge lebten Otto und Hilda Nebel in der Schweiz unter schwierigsten Bedingungen. Eine ständige Aufenthaltsbewilligung erhielt das Ehepaar nicht. Wegen des Arbeits- und Erwerbsverbots war es ihnen fast unmöglich, ein Auskommen zu finden. 1956 reiste Höch nach Bern und traf dort auch Otto Nebel. Zehn Jahre später, 1966, traf sie ihn wieder in der Galerie Nierendorf. Während des anschließenden Essens las Nebel aus seiner »Runenfuge«. Höch besuchte Nebels noch einmal 1967 in Bern und notierte: »Erfreut, wie gut es ihnen geht. Er schöne Arbeiten. Eine Mappe Gross-Aquarelle, die grossartig sind.« [TK67] Nebel schrieb an Höch von 1932 bis 1935 und 1956 bis 1972. [198, 212, 278, 280, 284]

276 **Heitmeyer, Hilda** (Hildegard, 1886 – 1974, verheiratet mit [→ 190] Otto Nebel). Heitmeyer und Nebel lernten sich Silvester 1923 kennen. Sie war die engste Mitarbeiterin der Bauhaus-Meisterin Gertrud Grunow, die ab 1920 »Harmonisierungslehre« in Weimar unterrichtete. [278, 280, 284]

276 **Nielsen, Asta, Berlin, Kaiserallee 203** (heute: Bundesallee) (1881 Kopenhagen – 1972 Frederiksberg; Schauspielerin). In das Gemälde [→ 174] »Roma« (1925) hat Höch einen Schattenriss von Asta Nielsen gemalt. Nielsen weist den Diktator Benito Mussolini mit ausgestrecktem Arm aus der Ewigen Stadt. Höch war eine dezidiert politische Künstlerin und positionierte sich schon früh gegen den Faschismus. Im Frühjahr 1912 beschloss Nielsen, ihren Wohnsitz von Kopenhagen nach Berlin zu verlegen, bis sie 1936 nach Dänemark zurückkehrte.

276 **Nierendorf, Karl, Berlin, Lützowstraße** (32) (Galerie); **Berlin, Kaiserdamm 20; Berlin, Lützowufer 19a** (Galerie); **Berlin, Magdeburger Straße 5** (geb. 1889 Köln – 1947 New York; Kunsthändler und Verleger, Gründer der gleichnamigen Galerie). Die Brüder Karl und Josef Nierendorf begannen 1920 in Köln mit Kunsthandel und Ausstellungen. Drei Jahre später übernahm Karl Nierendorf das Graphische Kabinett von I.B. Neumann in Berlin. 1925 gründete er die Galerie Neumann-Nierendorf und führte sie gemeinsam mit seinem Bruder ab 1926. Im September 1933 wurde die Galerie umfirmiert in Galerie Nierendorf. Karl Nierendorf reiste im Mai 1936 nach New York und eröffnete dort 1937 die »Nierendorf Gallery«, wo er Ausstellungen mit deutschen Künstlern veranstaltete, die wachsende Erfolge verbuchen konnten. Er wurde amerikanischer Staatsbürger. Nach seinem Tod 1947 schloss die Galerie. Sein Nachlass wurde, da kein Testament vorhanden war und es nur deutsche Erben gab, vom Staat New York beschlagnahmt. Unter nie ganz geklärten Umständen gelang es der Guggenheim-Foundation, den größten Teil der Kunstwerke unmittelbar vom Staat zu erwerben. [277, 279, 280]

276 **Nierendorf, Meta** (geb. Correns, gesch. Karsch, 1899 – 1981; Buch- und Kunsthändlerin), Mutter von [→ 137] Florian Karsch, verheiratet mit Josef Nierendorf. Nierendorf und Höch besuchten sich gegenseitig von 1961 bis 1969, manchmal kam Nierendorf auch mit [→ 255] Sommers nach Heiligensee. 1962 feierte Höch mit Karschs bei Nierendorf Heiligabend. In erster Ehe war Nierendorf von 1924 bis 1929 mit dem Bildhauer Joachim Karsch verheiratet. Ihr gemeinsamer Sohn Florian wurde 1925 geboren. Nach der Scheidung eröffnete sie 1931 in Berlin-Tempelhof eine Buchhandlung in der Manfred-Richthofen-Straße. 1936 heiratete sie den Galeristen Josef Nierendorf, den Bruder von Karl. Nachdem der Galerie die Räume gekündigt wurden, lagerte er 1939 die Bestände in ihrer Buchhandlung ein. Bei Kriegsausbruch wurde er zur

Wehrmacht eingezogen. Er stirbt 1949, kurz bevor er die Galerie von dem Buchladen seiner Frau aus wieder weiterführen konnte. 1955 eröffnete ihr Sohn Florian Karsch zusammen mit seiner Frau [→ 140] Ingeborg die Galerie dort neu unter dem Namen »Galerie Meta Nierendorf«. Beiden gelang es, eine der bedeutendsten Galerien für die Kunst der zwanziger Jahre zu etablieren. 1963 zogen sie in die Hardenbergstraße 19. Dort ist die Galerie noch heute ansässig. [280, 281, 526]
276 (November)**Gruppe** (Geschäftsstelle); **Berlin, Achenbachstraße 21** (Geschäftsführer [→ 96] Hugo Graetz) [→ 35 Belling]

Nagel, Otto, Berlin, Turiner Straße 10 (1894 Berlin-Wedding – 1967 Berlin-Biesdorf; Maler). Höch stellte im Herbst 1924 auf der »Ersten Allgemeinen Deutschen Kunstausstellung in Sowjet-Rußland«

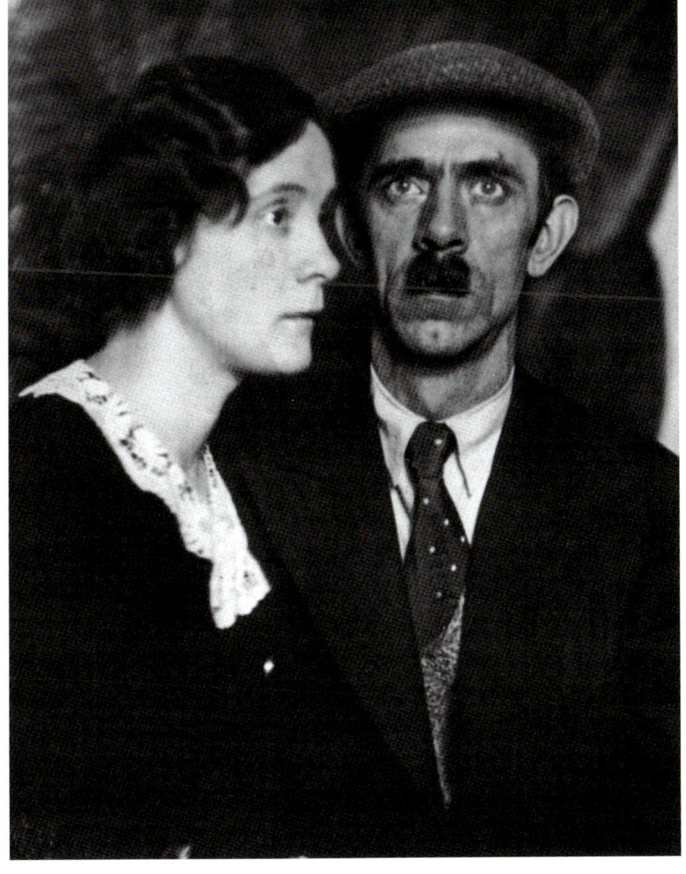

Der Maler Otto Nagel mit seiner Frau Walentina, 1926

im Historischen Museum am Roten Platz in Moskau aus. Die von Otto Nagel und Eric Johansson zusammengestellte Schau wurde von der Künstlerhilfe der »Internationalen Arbeiterhilfe« initiiert (IAH). An der Ausstellung waren 126 Künstler beteiligt, ausgewählt aus 13 Künstlervereinigungen mit insgesamt 501 Exponaten. Hannah Höch zählte dabei nicht zum Künstlerverband der Dadaisten, sondern war als Mitglied der [→ 35] »Novembergruppe« mit zwei Arbeiten vertreten: einem Ölbild [→ 281] (»Die Mücke ist tot«) und einem Aquarell (»Er und sein Milieu«). Nagel stellte 1931 auch die Ausstellung »Frauen in Not« zusammen, die im Berliner Haus der »Juryfreien« stattfand. Hannah Höch schickte zwei Aquarelle, ein Klebebild und zwei kleine Zeichnungen ein und wurde unter der Rubrik »talentvolle Neulinge«präsentiert. Nach 1933 gehörte Nagel zu den verfolgten Künstler, wurde verhaftet und erhielt Malverbot. Nach 1945 war er Mitglied der SED und später der Volkskammer der DDR, von 1956 bis 1962 Präsident der Akademie der Künste in Ost-Berlin. [277]

Nakov, Dr. Andréi Boris (geb. 1941 Sofia; bulgarischer Autor) Sarreguemines (Frankreich), Paris. Nakov schrieb und besuchte Höch 1970: »Dozent in New York (augenblicklich) wollte über [→ 77] Otto Freundlich Material – aber dann suchte er Konstruktivisten aus den 20er Jahren Will Ausstellung in Amerika machen. Ist etwa 30 Jahre.« [TK70] Nakov besuchte Höch 1973 erneut »unangemeldet« und teilte ihr mit, dass er ein Buch über [→ 28] Johannes Baader veröffentlichen wolle. Er gilt als Spezialist für die russische Avantgarde in den zwanziger Jahren. [524]

National-Galerie, Staatliche Museen zu Berlin (Ost). In der Nationalgalerie auf der Museumsinsel fand 1975 die Ausstellung »Deutsche bildende Künstlerinnen von der Goethezeit bis zur Gegenwart« statt. Sie zeigte drei Arbeiten von Höch: das Gemälde »Schwebende Formen«, das Aquarell »Der Block« und die Collage »Schutzengel«. [527]

National Museum of Modern Art Kyoto [→ 153 Kuhnert]. Das Museum zeigte 1974 eine Höch-Ausstellung. [502]

Neue Deutsche Hefte [→ 99 Günther] [468]

Neue Jugend [279]

Neue Linie [279]

Neuhaus, Gert (geb. 1939 Berlin; Maler). Höch notierte: »Freund von [→ 282] Klaus Völker?«, »soll mir die Blätter ›Vampir‹ zurückbringen« [AB]. Neuhaus studierte ab 1956 Grafik an der Hochschule für Bildende Künste in Berlin. Ab 1962 gestaltete er verschiedene Ausstellungen und war zeitweise auch als Galerist aktiv. Seit den siebziger Jahren arbeitet er als Giebelmaler und Fassadenkünstler in Berlin, wo viele seiner Wandbilder zu sehen sind. [388]

Neumann, Alfred (1895 Lautenburg – 1952 Lugano; Schriftsteller) Hennickendorf (Rüdersdorf). Neumann veröffentlichte in den »Neuen Blättern für Kunst und Dichtung« (1918-1921) und in der Zeitschrift »Der Weg« (1919). Im Jahr 1926 erhielt er den Kleist-Preis für seinen Roman »Der Teufel«. 1933 emigrierte er zunächst nach Italien, dann nach Frankreich und in die USA. Seit 1949 lebte er in Florenz. [186]

Neusüss, Floris Michael (geb. 1937 Remscheid; Fotograf) München. 1962 besuchte Neusüss Höch und fotografierte sie. Der Kontakt kam über Heinrich Brauer (Nationalgalerie) zustande. 1960 hatte Neusüss das Studium der Fotografie an der Hochschule für Bildende Künste Berlin abgeschlossen, später war er Professor für Fotografie in Kassel. [281]

Niemczyk, Käthe und Viktor. Das Ehepaar übernahm für Höch von 1972 bis 1978 Arbeiten im Haushalt und im Garten, vor allem Käthe Niemczyk. Beide wohnten in Heiligensee, Schulzendorfer Straße, nicht weit von Höch entfernt. Im Juni 1972 hatte Viktor Niemczyk zum Beispiel »Platten gekauft für Garten«. Seine Frau »brachte Lebensmittel« im März 1977. Sie kam »etwas putzen helfen« im April, besuchte Höch im Mai und »half im Garten«. [TK77] [526]

Noack, Dr. Detlef Michael (1925 Berlin-Spandau – 2014 Prien am Chiemsee; Fotograf, Kunsthistoriker). Höch schreibt: »Holt DADA-Material zum fotocopieren«. [TK57] Noack studierte in Berlin Malerei, Kunstgeschichte und Philosophie. Von 1975 bis 1977 war er Gründungspräsident der Hochschule der Künste (HdK) in Berlin. [280]

Nochlin-Pommer, Prof. Linda, New York, 33 West, 42th Street (1931 New York – 2017 New York; Kunsthistorikerin). Nochlin besuchte Höch 1975: »Sie will in Los Angeles u. dann weiter in Chicago u Boston eine Frauen-Ausst. machen. Über 200 Jahre hinweg, bis 1950. Sprach nicht Deutsch – habe ihr aber eine Menge gezeigt.« [TK75] Die Ausstellung umfaßte aber einen Zeitraum von 400 Jahren. Nochlin legte 1971 mit ihrem Essay »Why Have There Been No Great Women Artists?« den Grundstein für eine feministische Kunstgeschichtsschreibung. Bald nach dessen Veröffentlichung kuratierte sie mit Ann Sutherland Harris (geb. 1937; britische Kunsthistorikerin) die Ausstellung »Women Artists: 1550-1950« (21. Dezember 1976 bis 13. März 1977). Sie wurde im Los Angeles County Museum of Art eröffnet und wanderte im Folgejahr durch die USA. Höch stellte dabei ihre Collagen »Schneiderblume« und [→ 197] »Dompteuse« aus. [527]

Nündel, Prof. Dr. Ernst (Autor, Pädagogikdozent) Holzminden, Deutsch Evern. Nündel und Höch korrespondierten 1968 und 1969. Er besuchte sie im April 1969 (»Rundschädel, sanfte Stimme. Pädagoge.«) [TK69] und 1974: »Ist jetzt in Nürnberg am Institut für Sozial-Wissenschaft tätig 3 Tage der Woche. (...) Ich ihm von meiner Beziehung zur ganzen [→ 235] Familie Schwitters (...) erzählt.« [TK74] Nündel verfasste eine Monographie über Schwitters und gab dessen Briefe aus fünf Jahrzehnten heraus unter dem Titel: »Wir spielen, bis uns der Tod abholt« (1974). [281]

Nyirady, Christine, Bludenz, (Österreich) **(B)**eim **Kreuz 26** (Collagen, Strukturbilder). Nyirady schrieb 1976 an Höch. Die »Arztfrau« (Höch) ließ sich in Grafik und Fotografie in Zürich fortbilden. 1968 entstanden ihre ersten Fotocollagen, Holztafelbilder, Objekt- und Textbilder. In den frühen siebziger Jahren wurde die Autodidaktin durch ihre Collagen bekannt. 1972 folgte sie einer Einladung von Hannah Höch nach Heiligensee, wo sie »zur Begrüßung durch ihren zauberhaft verwachsenen Garten führte und locker mit mir zu plaudern begann, als würden wir einander schon ewig kennen.« [Nyirady, S. 35] Nyirady weiter: »Nachdem sie mir neben ihrem übergroßen, mit Schriftstücken, Mustern, Papierrollen und Büchern vollbeladenen, nahezu die ganze Zimmerlänge einnehmenden Schreibtisch einen Stuhl zugewiesen hatte, bat sie mich, ein Glas aus der Vitrine zu nehmen und mir ein Glas Sherry einzuschenken. Wie eine Königin saß sie mir gegenüber, gute drei Meter entfernt, und bat mich, ihr genau zuzuhören, ohne sie zu unterbrechen – das würde sie zu sehr anstrengen!« [Nyirady, S. 35] Höch meinte: »Da hungert ein Talent« und wurde von 1972 bis 1977 ihre Mentorin und »stille Freundin«. Sie »schenkte mir (...) in langen Telefongesprächen bereichernde Hinweise zu den ihr gesandten Fotos neuer Arbeiten. Sie war keine, die lobte, aber eine, die trotz streng prüfendem Auge das Gefühl vermittelte, dass ich auf dem rechten Weg war«. [Nyirady, S. 37] In den Jahren 1974/75 stellte Nyirady erstmals in der Galerie am Dom in Innsbruck aus [Einladung, NHH]. [527]

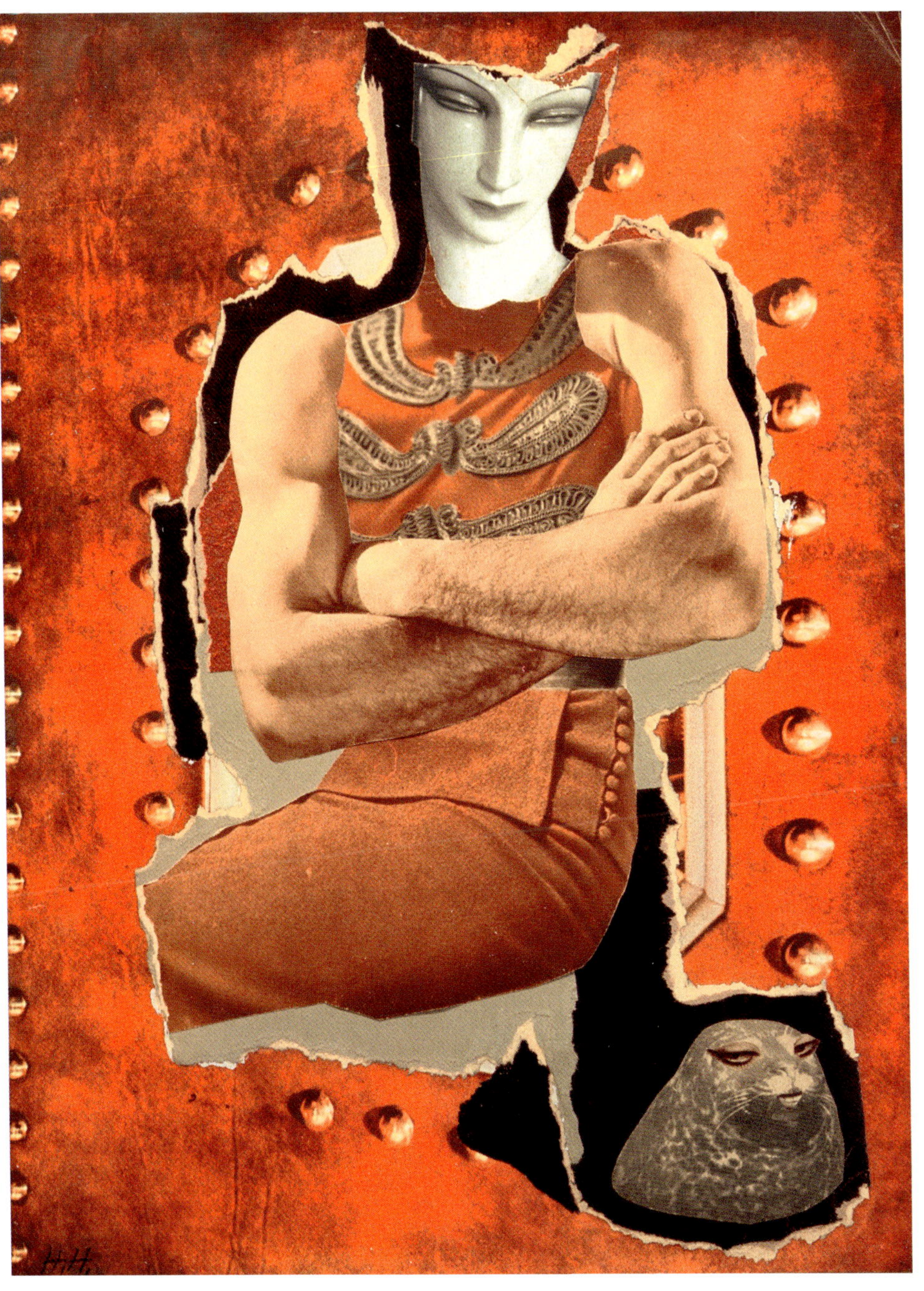

Hannah Höch, »Dompteuse«, um 1930.
Fotomontage mit Collage

O

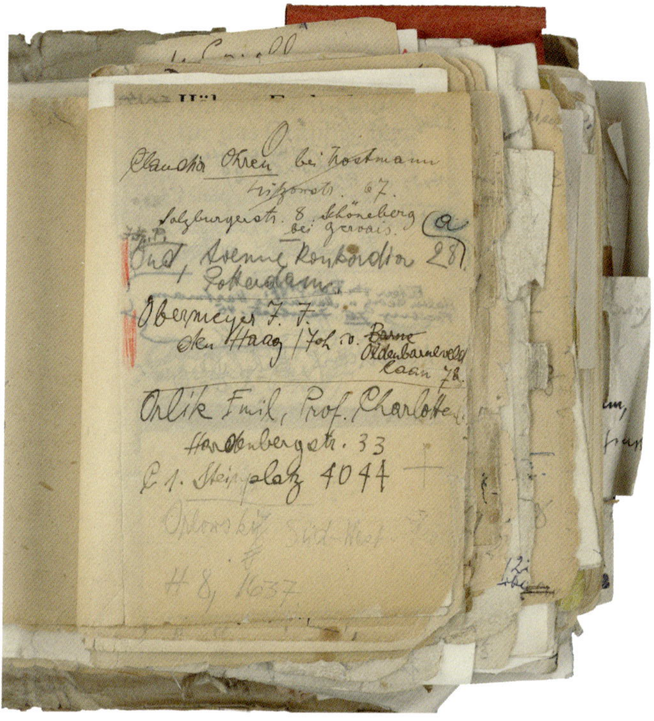

282 Ohren, Claudia, Berlin, Lützowstraße 7 (bei Trostmann); Berlin, Salzburger Straße 8 (bei Gervais)

282 Oud, Jacobus Johannes Pieter, Rotterdam, Avenue Concordia 28a; Rotterdam-Hillergersberg, Burgemeester de Ville Neuvesingel 29 (1890 Purmerend – 1963 Wassenaar; Architekt, Autor). 1916 hatte Oud erste Kontakte zu [→ 59] Theo van Doesburg, im Jahr 1917 gründete er mit ihm »De Stijl«. Gründungsmitglieder waren auch [→ 169] Piet Mondrian, [→ 126] Vilmos Huszár und Antony Kok. Der Architekturkritiker [→ 33] Adolf Behne stand in regelmäßigem Kontakt mit dem Rotterdamer Architekten und regte ihn im Oktober 1921 an, den Entwurf eines »kleine(n) Haus(es) für eine musikinteressierte Dame« in Berlin-Grunewald einzureichen. Wegen des Wettbewerbs für das sogenannte Kallenbach-Haus reiste Oud ein erstes Mal nach Berlin. Höch spazierte mit ihm 1922 durch die Stadt und beide begegneten zufällig [→ 167] László Moholy-Nagy, dem künstlerischen Berater Kallenbachs. Auf dessen Empfehlung wurden neben Oud auch [→ 98] Walter Gropius, [→ 185] Adolf Meyer und [→ 114] Ludwig Hilberseimer aufgefordert, Entwürfe auszuarbeiten. Oud brach noch im selben Jahr mit van Doesburg und verließ die

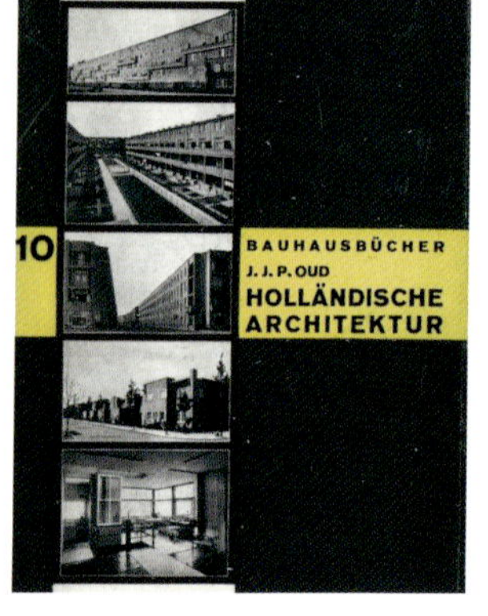

»Bauhausbuch« von Jacobus Oud, München, 1926

»De Stijl«-Gruppe. Mit den Aufsehen erregenden Dada-Spielereien van Doesburgs wollte er nicht identifiziert werden, vielleicht auch seines Amtes wegen: Von 1918 bis 1933 war er Stadtbaumeister von Rotterdam.

Wegen des Kallenbach-Projekts wurde Oud zu einer weiteren Besprechung im Februar 1922 nach Berlin gebeten. Er schrieb an Höch 1949 aus Hillegersberg. Der Nachlass Hannah Höch enthält sein Buch [→ 198] »Holländische Architektur« (Bauhausbücher 10, 1929). [283, 423]

282 **Obermeyer, J.J, Den Haag, Johan van Oldenbarneveltlaan 78**

282 **Orlik, Prof. Emil, Berlin, Hardenbergstraße 33** (1870 Prag – 1932 Berlin; Maler, Zeichner, Fotograf). 1914 musste Höch noch einmal zu ihren Eltern nach Gotha zurückkehren, weil die Kunstgewerbeschule nach Kriegsbeginn schloss. 1915 kam sie nach Berlin zurück und setzte ihr Studium an der Staatlichen Lehranstalt des Kunstgewerbemuseums fort. Anders als ihre erste Ausbildungsstätte genoss diese Institution einen progressiven Ruf. Höch wurde in die von 1906 bis 1932 von Emil Orlik geleitete Klasse für Graphik und Buchkunst aufgenommen.

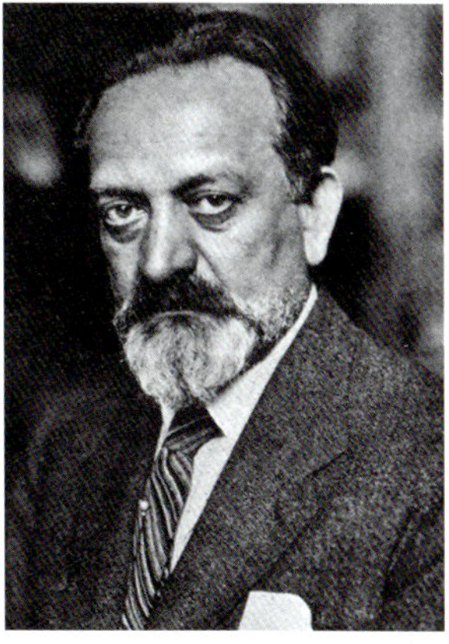

Emil Orlik, 1932

Orlik, wegen seiner pädagogischen Fähigkeiten sehr geschätzt, war ein anregender, vielseitiger und experimentierfreudiger Künstler. Er galt als »der« Kunsterzieher Berlins, und es war eine Auszeichnung, Schüler in seiner Klasse zu sein. Höch: »Mein Streben ging nun nach neuen und erweiterten Lernmöglichkeiten. (...) Direkt angeschlossen war dem ›Museum‹ (der Staatlichen Lehranstalt, H.N.) die Kunstbibliothek und die Lipperheidesche Kostümbibliothek, sowie ein herrlicher alter Park (...). Allein diese Vorzüge machten das Studium in diesem großzügigen Haus schon zu einer großen Freude.« [Ohff 1, S. 11] George Grosz, den Höch persönlich erst einige Jahre später als »Dada-Marschall« kennenlernte, gehörte seit 1913 ebenfalls zu Orliks Klasse: »Hier wehte ein freier Geist. Orlik war ein verständiger und sehr weltmännischer Lehrer, der den begabteren Schülern freie Entwicklung ließ. Eigentlich konnte man tun und lassen was man wollte. Orlik hatte Ahnung von modernem Leben und Kunst, war weitgereist und war nicht einer der üblichen alten Akademiebeamten. Ein bißchen ›laisser faire‹, aber das war gerade gut so. Orlik hatte wohl aus Paris den 5-Minuten-Croquis (Skizze, H.N.) eingeführt. Hier war außerdem Hinweis auf die Praxis des Kunsthandwerks und oft direkter Anschluß an Industrie- und Zweckgebrauch. Unnüt-

zes Kunstgekomponiere hielt man möglichst fern. Was natürlich nicht hinderte, daß dieses oder jenes Wunderkind sich darin versuchte. Alles in allem war diese Zeit sehr nützlich und vertrieb romantische Grillen leichter.« [Schiffer, S. 8]
Schon bald stellte Orlik seine Schülerin Hannah Höch als Assistentin ein. Ihr Kommilitone [→ 290] Walter Wellenstein erinnert sich: »Orlik hatte sein Atelier in der Hochschule selbst. (...) Er war sehr lebhaft, klein und mit einem gepflegten Vollbart versehen. Für seine Portraits bekam er damals im Durchschnitt 3000 Mark und verfügte stets über ziemliche Mittel. Von seinen großen Reisen, die ihn bis nach Japan führten, hatte er unendlich viele Kunstgegenstände mitgebracht, die teils in seinem Atelier und teils in seiner Wohnung am Lützowplatz untergebracht waren. (...) Er war ein richtiger Premieren-Tiger und zeichnete alles, was im damaligen Berlin in kulturellen Kreisen Rang und Namen hatte. (...) Jedenfalls war Orlik ein vorzüglicher Lehrer. Er verstand es ausgezeichnet, junge Menschen richtig anzufassen.« [Nungesser, S. 18]. Orlik schätzte die Arbeit seiner Schülerin. Es war eine besondere Auszeichnung, dass sie seine Zeichnungen in Holzstiche übertragen durfte. Bereits während ihrer Ausbildung bei ihm hatte sie sich mit dem Collage-Verfahren beschäftigt. Aus den Resten von Schnittmusterbögen entstand 1916 ihr erstes Klebebild »Weiße Wolke«. 1917 zeichnete Orlik mit Tinte ein Porträt von Höch, als seine Klasse einen Ausflug zum Müggelsee unternahm.
Die Schule befand sich in der Prinz-Albrecht-Straße 7 (heute: Niederkirchnerstraße). Die Lehrer und Studenten standen in engem Austausch mit der künstlerischen Avantgarde der Zehner Jahre. Im April 1915 lernte Hannah Höch in der Bibliothek des Kunstgewerbemuseums ihre erste große Liebe, [→ 106] Raoul Hausmann, kennen.

282 **Orlowski, Hans, Berlin, Südwestkorso 47** (1894 Insterburg – 1967 Berlin; Maler, Holzschneider) und **Marianne** (geb. Krimmer; gest. 1970). Höch schreibt, als sie seine Todesanzeige erhält: »Mein ältester Bekannter, (Künstler), Bengenklasse 1912. Wir begannen unser Studium am selben Tag.« [TK67] Orlowski besuchte die Kunstgewerbeschule Charlottenburg von 1911 bis 1915 und zählte zu den Mitschülern, mit denen Höch befreundet blieb. 1920 stellte er in der »Freien Secession Berlin« aus. Er war selbst von 1921 bis 1945 Lehrer und ab 1931 Professor an der Kunstgewerbeschule. Danach wurde er an die Hochschule für Bildende Künste Berlin be-

rufen. Er leitete dort bis 1967 die Klasse für Wandmalerei, Fresko, Sgrafitto und Glasmalerei. 1959 ging Höch zu einer Ausstellung in der Galerie Rosen (Holzschnitte 1948-1958) [Einladung, NHH]. 1966 traf sie Orlowski während einer Museumseröffnung. [284]

Özdemir-Karsch, Ergün (geb. 1954; seit 2012 Leiter der [→ 192] Galerie Nierendorf). Özdemir-Karsch besuchte Höch Weihnachten 1975 mit [→ 140] Inge Karsch. Er war 1994 von [→ 137] Florian und Inge Karsch adoptiert worden. [528]

Ohff, Dr. Heinz, Berlin, Babelsberger Straße 52; Berlin, Jenaer Straße 17 (1922 Eutin – 2006 Berlin; Kunstkritiker, Autor), verheiratet mit der Fotografin **Christiane Hartmann-Ohff**. Ohff arbeitete von 1961 bis 1987 im Feuilleton des Berliner »Tagesspiegels«. Höch traf das Ehepaar 1962 auf einer Ausstellungseröffnung bei Nierendorf, und es besuchte sie 1967 (»Er schreibt das Buch: Höch. Viele Abbildungen.«). Im November schickte Ohff an Höch ein 55seitiges Typoskript: »Hannah Höch – die Dadaistin mit der Äolsharfe«. Sie notiert: »Also so sieht man mich. Er hat mit Fleiss-, Spürsinn, – wenn auch mit Takt, so doch für seine Partei wirken wollend – eine Menge Material zusammengebracht, von dem mir noch nicht klar ist, wo die Quelle ist. (…) Natürlich sind auch viele Ungenauigkeiten u. Missverständnisse unterlaufen.« [TK67]
Diese erste Monographie »Hannah Höch« erschien Ende 1968. Ohff sagt rückblickend über seine Arbeit an dem Buch: »Eine Weile saßen meine Frau und ich jeden Sonnabend und Sonntag von morgens bis mitternachts im ehemaligen Flugwärterhäuschen in Heiligensee. Hannah Höch bestand darauf, daß ich jede der dort gestapelten Arbeiten von ihr zur Hand nahm, es müssen mehrere tausend Aquarelle, Gouachen, Collagen, Photomontagen gewesen sein, zu schweigen von den Ölbildern. Weniger freigiebig erwies sie sich bei den Dokumenten. Ihre Tagebücher, Briefe und sonstigen schriftlichen Unterlagen, in verheißungsvollen Kartons mit großen Aufschriften untergebracht, blieben für mich verschlossen. Ehe ich kam, wurde der Karton mit Briefen von [→ 235] Schwitters sogar von ihr versteckt, und sie machte nicht einmal einen Hehl daraus, denn ich hatte gebeten, dort einmal hineinsehen zu dürfen.« [Lebenscollage II/1, S. 305] Anfang der siebziger Jahre war das Häuschen An der Wildbahn 33 zum Pilgerziel geworden: »Mitunter riefen mich Bekannte und Unbekannte an, um zu fragen, was man bei der schwierigen alten Dame zu beachten habe. Ich sagte

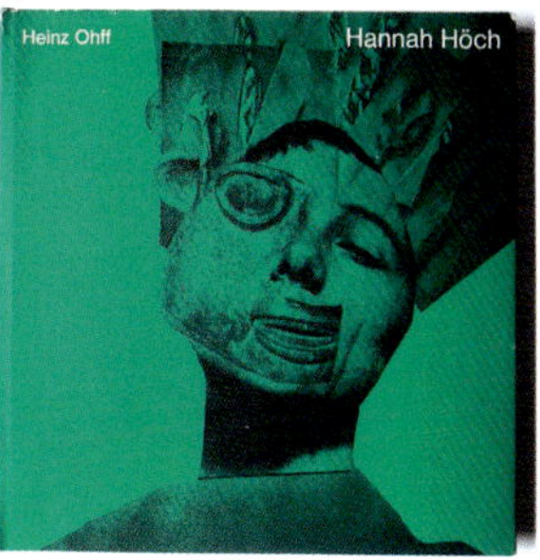

Heinz Ohff, »Hannah Höch«, Gebrüder Mann Verlag, Berlin, 1968

dann: ›Eigentlich nichts. Sagen Sie oft liebe Frau Höch, das hat sie gern, und vermeiden Sie drei Wörter: Hexenhäuschen, Dada und Dornröschen.‹« [Ohff 2, S. 75]
Ohff besuchte Höch bis 1978, auch mit [→ 229] Eberhard Roters. 1968 hielt Ohff die Eröffnungsrede zu ihrer Ausstellung in Tegel (»Launig, und sehr nett«). Im Januar 1969 kam er zu ihr, »um mir ›mein Buch‹ zu überreichen«: »Ist schön geworden. Dezent aussen. Druck hervorragend. Farbfotos sehr schön. Grosszügig gemacht. Druckspalten mit Weiss durchsetzt Sehr gut angeordnet Ich kann zufrieden sein.« [TK69] Höch besuchte umgekehrt Ohff 1969 (»herrliche Atelierwohnung«) und 1975: »war sehr interessant und gelöst. Haben es sich wunderschön gemacht. Sehr schöne u. sehr viele Bilder. Bis in's letzte geformt – durchdacht und kostbar. Ein ästhetischer Genuss. Und sie waren beide sehr nett.« [TK75] [48, 283, 284, 534]
Okubanjo, Dotun (Fotograf; »Ministry of Information«) Lagos (Nigeria). Okubanjo besuchte Höch mit [→ 90] Renate Gerhardt und ihrem »Helfer« Herrn Neumann 1962: »Ein gewandter, englisch sprechender Mann, mit besten Manieren. Hat mit Rollyflex viele Aufnahmen gemacht von Zeichnungen, Aquas und Ölbilder (alte u. neue), schenkte mir als Gastgeschenk ein Krokodiltäschchen, handgenäht.« [TK62] [283]
Omnibus, Stuttgart. Höch notiert: »Annis junge Freunde« [AB], also Freunde ihrer Schwester [→ 56] Marianne Carlberg-Höch. »Stuttgarter Omnibus« hieß die studentische Zeitschrift an der Hochschule für das Graphische Gewerbe. Im Heft Nr. 2 aus dem Jahr 1965 sind drei Arbeiten von Höch zu sehen: Auf dem Titel die »Zeichnung auf schwarzem Grund« (1921), die Collage »Entführung« (»Aus einem ethnographischen Museum«) und eine den Studenten gewidmete Zeichnung [NHH]. [284]
Oppenheim-Zweigenhaft, Annemarie (Malerin) Lugano (Schweiz). Oppenheim-Zweigenhaft besuchte Höch mit [→ 83] Heinz-Ludwig Friedlaender 1972. Die gebürtige Berlinerin war auf der Kunstgewerbeschule in Charlottenburg, dann in der Reimann-Schule in der Meisterklasse bei Hermann Sandkuhl. 1925 war sie Schülerin von [→ 241] Arthur Segal bis zu seiner Emigration 1933. Oppenheim-Zweigenhaft selbst emigrierte 1939 nach Südafrika und kehrte erst 1952 nach Europa zurück. [285]
Orgel-Köhne, Liselotte, Berlin, Kamillenstraße 12; Berlin, Ahornallee 38 (geb. Purper, 1918 Straßburg – 2002 Berlin) und **Armin** (beide Fotografen).

Das Ehepaar Orgel-Köhne war 1971 bei Höch: »Wollen Bildband machen mit [→ 82] Herrn Freisel zusammen.« / »Ganzen Tag Fotos u. Dias gemacht. Sehr tüchtige Leute. Machte Spass. Experimentierfreudig.« [TK71] Orgel-Köhnes besuchten Höch mit ihrer Tochter und »mit dem Collage-Material« 1972: »Mit dem Buch wird wohl nichts – aber ich mache die Collage für sie.« Eine von Höchs letzten Fotocollagen »Lebensbild« entstand so 1972/73. Im März 1973 durfte das Ehepaar das fertige Werk sehen (»Kuchen kommt mit«). Höch notiert: »›Collage-Enthüllung‹ fand statt. Auch besprochen wie ich es mir gedacht hatte. Sie waren sehr beeindruckt.« [TK73] Es handelt sich um eine Fotocollage mit Schwarz-Weiß-Fotografien und Farbpapier aus Zeitschriften auf einer Holzplatte. Höch benutzte Fotografien ihrer Arbeiten und Aufnahmen von sich selbst, ihrer Familie, ihren Freunden aus verschiedenen Lebensphasen, die das Fotografenpaar für sie vergrößerte. So entstand ein dichtes Netz aus Bildern mit vielen Bedeutungsebenen. Diese größte Fotomontage Höchs (130 x 150 Zentimeter) ging in den Besitz des Paares über. Orgel-Köhnes besuchten Höch 1973 und 1974, im selben Jahr unternahm sie einen Gegenbesuch.

Unter der Überschrift »Was-Wo« legte Höch in ihrem Haus eigene Findebücher an. Unter »Z« war vermerkt: »Orgel-Köhne-Zahnbürste ist bei den fremden Brillen (Telefon-Regal).«

Lieselotte Orgel-Köhne war Bildberichterstatterin für nationalsozialistische Presse- und Propaganda-Einrichtungen gewesen. Nach 1945 arbeitete sie in Ost-Berlin unter anderem für die »Neue Berliner Illustrierte Zeitung« und war Mitglied des »Kulturbunds zur demokratischen Erneuerung Deutschlands«. [285, 286, 534]

Ortega, Frau, verheiratet mit [→ 113] Fritz Henning. [145]

Orzechowski, Lothar (1932 – 2003; Kritiker der Hessischen Niedersächsischen Allgemeinen). Kassel Orzechowski besuchte Höch 1969: »Konnte nicht zur Eröffnung in Kassel sein. War hier, zur Theaterwoche. Junger Mann, beweglich, nett.« [TK69]. Am 29. Mai schrieb er eine Rezension zu Höchs Ausstellung in Kassel (»Manhattan im Pokal«; NHH]. [284, 285, 286]

P

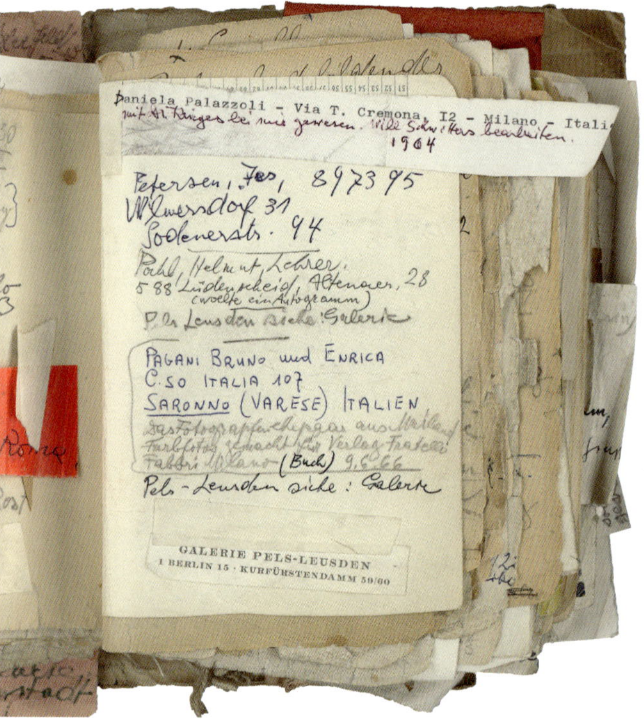

298 **Palazzoli, Daniela, Mailand, Via T**(ranquillo) **Cremona, I2** (italienische Kunsthistorikerin; Galleria Blu). Palazzoli besuchte Höch mit [→ 150] Peter Krieger 1964: »Schwitters will sie bearbeiten. Sehr Hübsche zarte Person. Spricht Deutsch. Galerie-Inhaber.« [TK64]

298 **Petersen, Jes** (WH)

298 **Pahl, Helmut, Berlin, Ceciliengärten 33; Lüdenscheid, Altenaer Straße 28** (Lehrer). Höch notiert: »wollte ein Autogramm« [AB]. Pahl schrieb an Höch 1964. [289]

298 **Pels-Leusden, Hans** (1908 Lüdenscheid – 1993 Berlin; Maler, Galerist, Kunsthändler [→ 204 Galerie Pels-Leusden].

298 **Pagani, Bruno Emile und Erica, Saronno, C.so Italia 107** (Fotograf). Höch schreibt: »Das Fotografenehepaar aus Mailand. Farbfotos gemacht für Verlag Fratelli Fabbri Milano (Buch)« [AB]. Die Paganis besuchten Höch 1966: »Sehr nette junge Leute. Erwarben 2 Kleinstaquas.« [TK66]

298 **Galerie Pels-Leusden, Berlin, Kurfürstendamm 59/60** (Pels-Leusden, Hans, 1908 Lüdenscheid – 1993 Berlin; Maler, Antiquar, Kunsthändler). Höch notiert im Januar 1966: »Hier war ein Herr Tieme (...) Und holte 3 Handzeichnungen von mir ab. Für Ausstellung

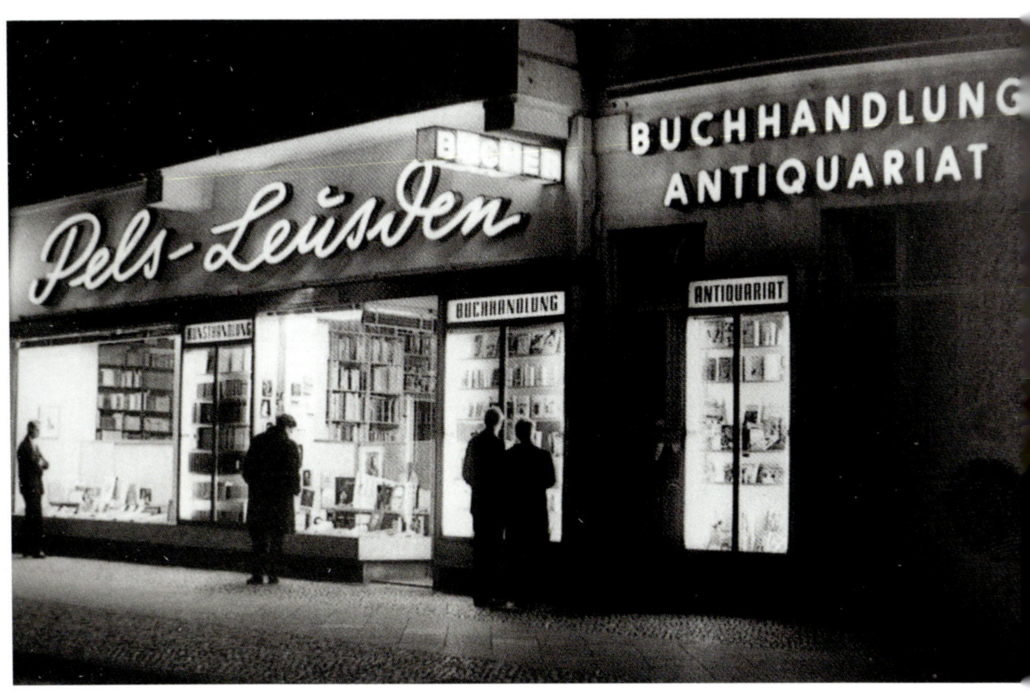

Pels-Leusden Buchhandlung und Antiquariat, Kurfürstendamm 59-60, Fensterfront zur Leibnizstraße, um 1960. Fotograf: Unbekannt

im März.« [TK66] Pels-Leusden übernahm 1950 ein Antiquariat in einer Ruine am Olivaer Platz, Kurfürstendamm 181. Es entwickelte sich zur Kunsthandlung und zum Treffpunkt der Berliner Kunstszene. 1960 mietete er auf der anderen Straßenseite weitere Räume an (Kurfürstendamm 59/60). Im Jahr 1965 begann Pels-Leusden selbst Kunst auszustellen. 1970 wurde eine zweite Galerie im benachbarten Haus Nr. 58 eröffnet. [137]

Pagé, Suzanne (geb. in Rennes, Kuratorin und ab 1973 Direktorin des Musée d'Art Moderne de la Ville de Paris). Pagé besuchte Höch 1975 mit Mitarbeitern (»ich furchtbar viel gezeigt«) und im selben Jahr mit [→ 150] Peter Krieger und [→ 65] Barbara Dieterich. Häufig wurden in ihrem Museum Retrospektiven von Künstlern der Gegenwart gezeigt, so auch 1976 von Hannah Höch. Im Nachlass findet sich ein Fragenkatalog zum Interview, das Pagé 1975 mit Höch führte, mit 26 Notizzetteln von ihr und dem elfseitigen Interview. Ein Auszug: »Mich hat (...) nicht so sehr die emanzipierte Frau interessiert, sondern mehr die leistungsfähige Frau, und die habe ich immer irgendwie präsentieren und festhalten wollen, weil ich die Werte suche und mein ganzes Leben gesucht habe. Und dazu gehört die Leistung auf jedem Gebiet. Eine Leistung, ob nun als Schauspielerin oder Tänzerin oder als Malerin, das würde ich ganz gleich werten.« [Herold, S. 147] [48]

Paul, Bruno (1874 Seifhennersdorf – 1968 Berlin; Architekt, Karikaturist, Möbeldesigner, Inneneinrichter). Ab 1906 leitete Paul die Unterrichtsanstalt des Kunstgewerbemuseums Berlin, an der auch Hannah Höch studierte, und entwickelte sie zum Anziehungspunkt für junge Leute aus ganz Europa. 1907 gründete er den Deutschen Werkbund mit. Ab 1924 leitete er die Vereinigten Staatsschulen für freie und angewandte Kunst, 1933 wurde er entlassen. Nach 1945 arbeitete er in Frankfurt/Main und Düsseldorf, 1957 zog er wieder nach Berlin. [87, 289, 622]

Perilli, Achille, Mailand, Via (Alessandro) **Manzoni 45, Galleria del Naviglio; Rom, Vicolo San Nicolo da Tolentino 13; Rom, Largo Arenula 34** (geb. 1927 Rom; Maler, Herausgeber »L'Esperienza moderna: Rivista di cultura contemporanea«). Perilli ist ein »junger Maler« [AB], der Höch 1955 mit [→ 257] Rudolf Springer besuchte und noch zwei weitere Male 1959 und 1962. Der Nachlass Hannah Höch enthält Exemplare der Zeitschrift »L'Esperienza moderna« aus den Jahren 1957 und 1959. Höch notiert: » [→ 106] Hausmann ganz abstrakt Merz-Nummer« [AB]. Perilli besuchte Höch 1961 bei ihrem Aufenthalt in der [→ 278] Villa Massimo in Rom, und sie machte einen Gegenbesuch: »Viele Arbeit gesehen. Sgrafitto macht er jetzt hauptsächlich. Hat mir kleines, aber sehr schönes Sgrafitto-Bild geschenkt.« [TK61] Perilli besuchte Höch ein weiteres Mal 1962 in Berlin: »Will Ausstellung in Rom: Enaudi machen Berlin – DADA u. auch von mir Collage Ausstellung. Hat hier auf Industriemesse gearbeitet. Für Steuvessant (sic!) Zigaretten.« [TK62] [A 56, 202, 296, 297, 653]

Perlstein, Sylvio (belgisch-brasilianischer Sammler moderner Kunst, u.a. auch Dada), Antwerpen. 1971 schrieb Perlstein an Höch und besuchte sie mit seiner Frau: »Er hat (in England) erworben von mir von 1918 Collage u. Zeichnung mit den Knöpfchen. (…) wollte er kleinst Ölbilder kaufen von mir. Habe aber keine ›Schaut Schöne‹ 500.« [TK71] Seinen Brief legte Höch in ihrem Ordner »Kuriositäten« ab. Teile der Sammlung Perlstein wurden immer wieder ausgestellt. [537, 538]

Peter, Ingo (Freund von[→ 296] Hans Zeeck). Höch notiert: »Kakteenrausposteur«. Peter besuchte Höch mit [→ 297] Erna Zeeck und ihrem Neffen Karl Quack 1965 (»sehr hilfsbereit«) und viele weitere Male bis 1977. Peter, Quack und Zeeck bildeten die »Kakteenträger«, von Höch auch das »Team Zeeck« genannt. Im Mai trugen sie die Pflanzen in den Garten und im Oktober ins Haus. Im Dezember dienten die Kakteen als Weihnachtsbaum, zum Beispiel 1965, als Höch Heiligabend allein verbrachte: »Kakteen geschmückt«, schreibt sie. Im Oktober 1967 vermerkt sie über ihre stacheligen Gefährten: »Ist jetzt schon eine richtige Plage. Schon alle bis zur Decke. Aber schön sind sie und immer mehr Platz beanspruchen sie.« [TK67] Peter schenkte Höch zum 80. Geburtstag mit seiner Frau ein Sammelalbum mit Zeitungsausschnitten: »Hannah Höch im Spiegel der Presse« [NHH]. [300]

Petersen Press [→ 128 Jes Petersen] Flensburg [296]

Pfefferkorn, Dr. Rudolf (Autor, Kunstamt Reinickendorf; Senatsverwaltung für Wissenschaft und Kunst), verheiratet mit [→ 39] Jubel Bartosch-Pfefferkorn. Pfefferkorn hielt 1956 einen Vortrag über den Maler Graham Sutherland und 1963 über den Bildhauer Henry Moore [Einladungen, NHH]. Er besuchte Höch mit seiner Frau 1967 (zum Thema »Berlin – 20er Jahre«) und 1970. [316]

Pferdekamp, Willi (Wilhelm; 1901 Düsseldorf – 1966 Freiburg; Schriftsteller, Übersetzer) verheiratet mit Modeste zur Nedden-Pferdekamp, Niederweiler, Müllheim (Baden). »Willi Pferdekamp besucht [→ 235] Kurt Schwitters« heißt ein Typoskript aus dem Jahr 1968 [NHH]. Pferdekamp war Autor von Reiseberichten, lebte zeitweise in Mexiko, trat der NSDAP bei und arbeitete im NS-Außenministerium. [598]

Pierre, José (1927 Bénesse-Maremne – 1999 Paris; Kunstkritiker, Erzähler). Pierre schrieb 1964 an Höch und schickte ihr sein Buch »Le Futurisme et le Dadaisme« (1967) sowie eine Grafik. Beide korrespondierten 1966 und 1967. Pierre beschäftigte sich intensiv mit den Surrealisten um André Breton und Philippe Soupault. [299, 300]

Pinagel, Georg, Berlin, Zerndorfer Weg 62 (Bezirksamt Reinickendorf von Berlin, Leiter des Kunstamts). Im Dezember 1945 nahm Höch erstmals seit 1931 wieder an einer Ausstellung in Deutschland teil: »Reinickendorfer Künstler stellen aus!«, organisiert vom Volksbildungsamt des Bezirks. 1953 bewilligte die Deputation für Volksbildung und Kunst der Malerin finanzielle Hilfe bei der Materialbeschaffung. Dafür musste sie Werke in lokalen Ausstellungen präsentieren und arbeitete auch an einer Serie mit Reinickendorfer Motiven. Pinagel war der Nachfolger von [→ 207] Rudolf Pfefferkorn. Er besuchte Höch von 1966 bis 1978, auch mit dem Volksbildungsstadtrat [→ 65] Horst Dietze und [→ 152] Irmgard Kühn. 1971 kam er mit dem Leiter des Hochbauamtes Herfort zu ihr und suchte nach einem Geschenk: »Wollen kleines Blatt für Bausenator Scheper (Schwedler, H.N.) (...) kl. Aquarell 150.-«. [TK71] Im Jahr 1977 begleitete ihn Stadtrat Dombritzky: »Mussten den Teetisch mit decken« / »Wollen von einem Bildhauer eine Büste von mir machen lassen. Ich zeigte mich keineswegs begeistert.« [TK77] Im Mai 1978 schrieb Höch an Pinagel wegen ihrer Ausstellung »Aquarelle« im Haus Kunst und Bildung im Tegel-Center/Graphothek, die einen Tag später endete. Das war der vorletzte Brief vor ihrem Tod. Ihren letzten schrieb sie drei Tage später an Anneliese Knorr vom Kulturamt Gelsenkirchen, wo die Höch-Ausstellung »Ein Leben mit der Pflanze« in der Städtischen Kunstsammlung stattfand. Hannah Höch starb am 31. Mai 1978 im Alter von 88 Jahren in Berlin. [193, 536, 547]

Poppe, Siegfried (und Gesche) (1913 – 1992; Malermeister, Kunstsammler und Mäzen) Hamburg. Poppe (auch »Pinsel-Poppe« genannt) traf Höch 1961 in der Galerie Nierendorf. Er schrieb ihr im Jahr darauf und traf sie erneut 1962 auf einer Ausstellungseröffnung bei Nierendorf und 1966 und 1967 bei [→ 137] Karschs. Poppe und Höch korrespondierten bis 1969. Sie begegnete ihm ein weiteres Mal im Mai 1969 bei ihrer Ausstellungseröffnung in Kassel. Die Kunstsammlung von Siegfried Poppe und seiner Frau enthält auch Arbeiten von Höch. [297]

»Porza« Künstlergemeinschaft, Atelier Bryks [→ 31 Bryks, Arthur] [287]

Prampolini, Enrico, Berlin, Magdeburger Platz 11(?) **(bei Wazari**(?)**)** (1894 Modena –1956 Rom; Maler, Bühnenbildner). In Rom knüpfte Höch 1920 Kontakte mit den dort lebenden, an Dada beteiligten Künstlern. Sie tauschte sich vor allem mit Prampolini aus, den sie bei seinen Eltern in der Via Tanaro 89 traf und der ihr die neuesten Kunstzeitschriften (Futuristische Manifeste) schenkte. Mit seinem Freundeskreis gab er die Zeitschrift »ATYS« heraus. Höch erhielt einige Exemplare, auch von der von ihm herausgegebenen Zeitschrift »noi« [NHH]. Kurz nach ihrer Ankunft in Rom ging die von Filippo Tommaso Marinetti und Prampolini organisierte [→ 35] »Novembergruppen«-Ausstellung (»Espositione Espressionisti«) zu Ende. »Ich nicht dabei – weil ich schon vorher nicht in Berlin war.« Höch begegnete beiden auch 1925 auf der »Exposition Internationale des Arts Décoratifs et Industriels Modernes« in Paris. [287]

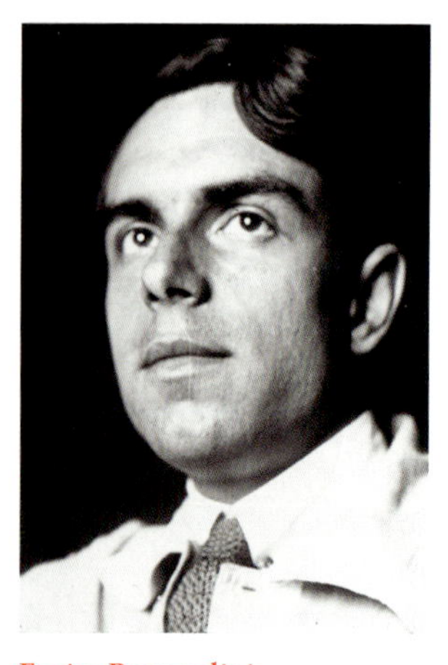

Enrico Prampolini

MOVIMENTO FUTURISTA DIRETTO DA MARINETTI PUBBLICA
"NOI"
RIVISTA D'ARTE FUTURISTA
MENSILE ILLUSTRATA
DIRETTORE: ENRICO PRAMPOLINI
(36) ROMA VIA TRONTO, 89 ROMA (36)
nº 1
MANIFESTO FUTURISTA AL GOVERNO FASCISTA, di F. T. MARINETTI
OPERE di: BALLA • BOCCIONI • DEPERO • DE PISTORIS • MARASCO • MARINETTI
MARCHI • PALADINI • PANNAGGI • PRAMPOLINI • ARCHIPENKO • BELLING
DONAS • GLEIZES • LEGER • VAN DOESBURG • ZATKOVA • ZALIT
NOTE di: LETTERATURA • ARTI PLASTICHE • TEATRO • LIBRI E RIVISTE, di V. ORAZI
SERIE II - ANNO I - N. 1 - APRILE 1923 Conto corrente postale UN FASCICOLO Lire 3

»Noi. Rivista d'Arte Futurista«, Nr. 1, April 1923

Pumptow, Dr. med. Joachim (Augenarzt). Höch suchte den Arzt 1970 auf: »Schlimm. Das linke Auge, das bis zum vergangenen Jahr, bessere, ist verloren. ¾ der Sehkraft ist schon weg.« [TK71] Sie ging zwei Monate später erneut zu ihm und kaufte sich beim Optiker eine Lupe. Höch besuchte weiterhin Ausstellungen, zum Beispiel 1971 die des Malers Edvard Munch in der Nationalgalerie: »Mit Lupe u. Weitbrille bewaffnet auch noch ein schönes Erlebnis gehabt. Auch meine eigene Collage von 1920 habe ich nocheinmal sehen können – bis auf die obere Partie.« [TK71] [535]

Puni, Iwan Albertowitsch, Berlin, Kleiststraße 12; Paris (1892 Kuokkala – 1956 Paris; »Jean Pougny«, russischer Maler) und **Xana** (Xenia) (geb. Boguslawskaja, 1892 Nowgorod – 1973 Paris, russische Malerin). 1924 schrieb Xana Puni aus Paris an Höch. Mit einem von Xana geschriebenen Kärtchen wurde Höch für Montag, den 28. April, zum Nachmittagscafé in ihr Atelier in der Rue Moulin-Vert 51 eingeladen. Sie verabredeten sich mehrmals, um Paris zu erkunden. In Berlin entwarf Xana Puni Stickereivorlagen und Bekleidung für »Die Dame« und führte Textilentwürfe für das Modehaus Baruch aus.

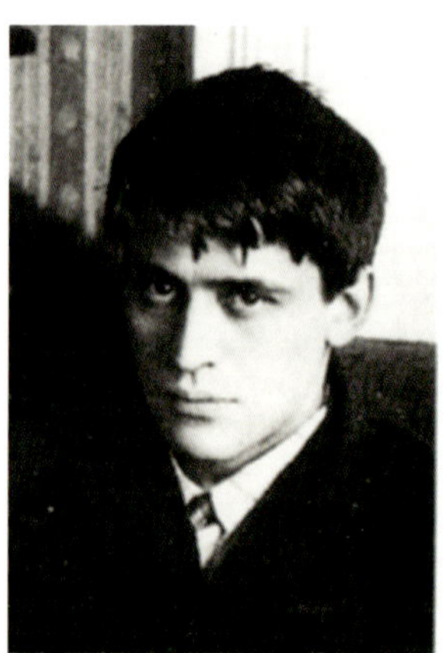

Iwan Puni (Jean Pougny), um 1920

Iwan Puni zählte zur russischen Avantgarde und war ein Vertreter des Futurismus. Er lebte zunächst ab 1920 in Berlin. In seinem Atelier in der Kleiststraße 12 trafen sich regelmäßig die Freunde aus Russland, auch andere Künstler wie [→ 35] Rudolf Belling, [→ 167] László Moholy-Nagy, [→ 59] Theo van Doesburg, [→ 69] Viking Eggeling und [→ 216] Hans Richter. Puni zeichnete Illustrationen für Zeitungen und entwarf Bühnenbilder und Theaterkostüme, »fast umsonst, für ein Frühstück«. Außerdem schrieb er Artikel und hielt Vorträge im Haus der Künste. Nach mehreren Erkundungsreisen ließ sich Puni 1923 in Paris nieder: aus Iwan Puni wurde Jean Pougny. [287]

Punta. So hieß Höchs Bedlington-Terrier, den sie ab 1939 besaß – » aber er ist noch nicht stubenrein – eine fürchterliche Geschichte«. [TK39] Im Jahr 1947 konnte Höch die Hundesteuer nicht bezahlen, erzählte sie Mitte der sechziger Jahre, als sie [→ 201] Heinz Ohff frühe Objektmontagen von [→ 20] Arp und [→ 235] Schwitters zeigte. Höch flüsterte: »Aber sie gehören mir nicht mehr. Ich habe sie verpfändet!« [Ohff 2, S. 79] Damals erschienen zwei Beamte bei ihr und fragten nach Wertstücken. Höch zeigte ihnen ihre tatsächlich höchsten Werte: Arbeiten von Arp, [→ 106] Hausmann und Schwitters. Gutmütig erließen die Beamten der älteren Dame für eine pro-forma-Abtretung der seltsamen Holzgebilde die Jahresrate. Im Juli 1952 hat Höch ihren Hund im Alter von 13 Jahren »vergiften lassen« [TK52]. Eine Tafel im Garten erinnert an ihn und den Hund von [→ 131] Helene John. [295]

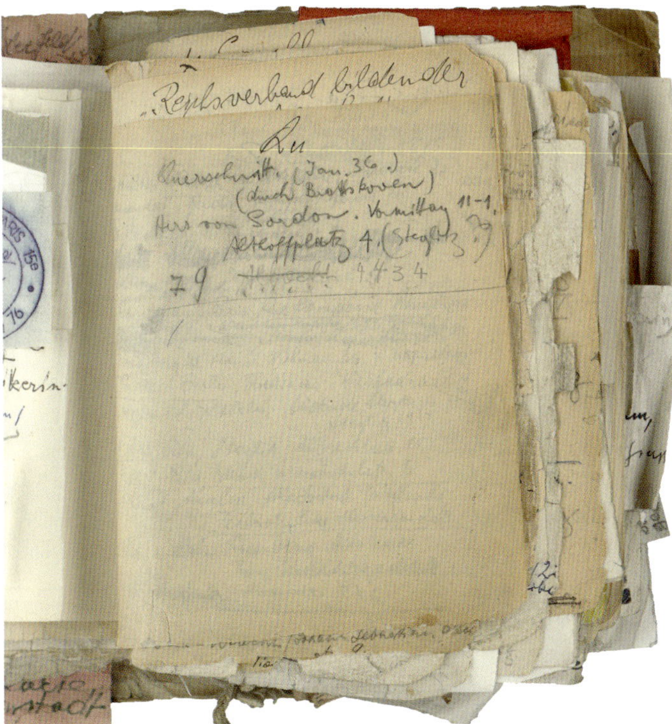

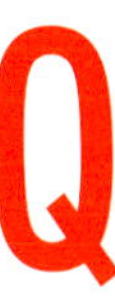

301 **Querschnitt** (Zeitschrift; [→ 289 Wedderkop]. Höch notiert: »Jan. 36.«, empfohlen offenbar »durch [→ 49] (Otto) Brattskoven«. »Der Querschnitt« war ein literarisch und ästhetisch anspruchsvolles Monatsmagazin, das in den zwanziger und dreißiger Jahren teilweise großen Erfolg hatte und mit bekannten deutschen und internationalen Autorinnen und Autoren glänzte, u.a. mit Ernest Hemingway, Else Lasker-Schüler, Gottfried Benn oder James Joyce. 1933 bis 1935 erschien »Der Querschnitt« im renommierten Kurt-Wolff-Verlag, wurde aber im Oktober 1936 verboten. [301]

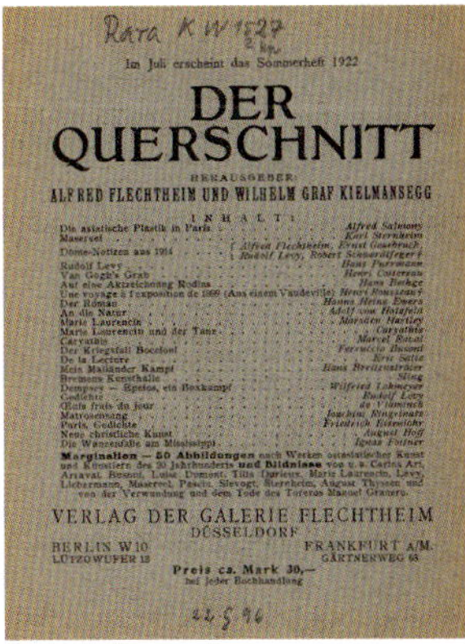

Im Juli erscheint das Sommerheft 1922

DER QUERSCHNITT

HERAUSGEBER:
ALFRED FLECHTHEIM UND WILHELM GRAF KIELMANSEGG

INHALT:

Die asiatische Plastik in Paris	Alfred Salmony
Masereel	Karl Sternheim
Dôme-Notizen aus 1914	Alfred Flechtheim, Ernst Goesbruch, Rudolf Levy, Robert Schmerdtfeger †
Rudolf Levy	Hans Purrmann
Van Gogh's Grab	Henri Costereau
Auf eine Aktzeichnung Rodins	Hans Bethge
Une voyage à l'exposition de 1889 (Aus einem Vaudeville)	Henri Rousseau †
Der Roman	Hanns Heinz Ewers
An die Natur	Adolf von Hatzfeld
Marie Laurencin	Marsden Hartley
Marie Laurencin und der Tanz	Caryathis
Caryathis	Marcel Raval
Der Kriegsfall Boccioni	Ferruccio Busoni
De la Lecture	Eric Satie
Mein Mailänder Kampf	Hans Breitensträter
Bremens Kunsthalle	Sling
Dempsey — Epstos, ein Boxkampf	Wilfried Lohmeyer
Gedichte	Rudolf Levy
Œufs frais du jour	de Vlaminck
Matrosensang	Joachim Ringelnatz
Paris, Gedichte	Friedrich Eisenlohr
Neue christliche Kunst	August Hoff
Die Wasserfälle am Mississippi	Ignaz Fottner

Marginalien — 50 Abbildungen nach Werken ostasiatischer Kunst und Künstlern des 20. Jahrhunderts **und Bildnisse** von u.a. Carlos Arl, Arzaval, Busoni, Luise Dumont, Tilla Durieux, Marie Laurencin, Levy, Liebermann, Masereel, Pascin, Slevogt, Sternheim, August Thyssen und von der Verwundung und dem Tode des Toreros Manuel Granero.

VERLAG DER GALERIE FLECHTHEIM
DÜSSELDORF

BERLIN W 10 LÜTZOWUFER 13 — FRANKFURT A/M. GÄRTNERWEG 63

Preis ca. Mark 30,—
bei jeder Buchhandlung

Titelseite »Der Querschnitt«, 1922

R

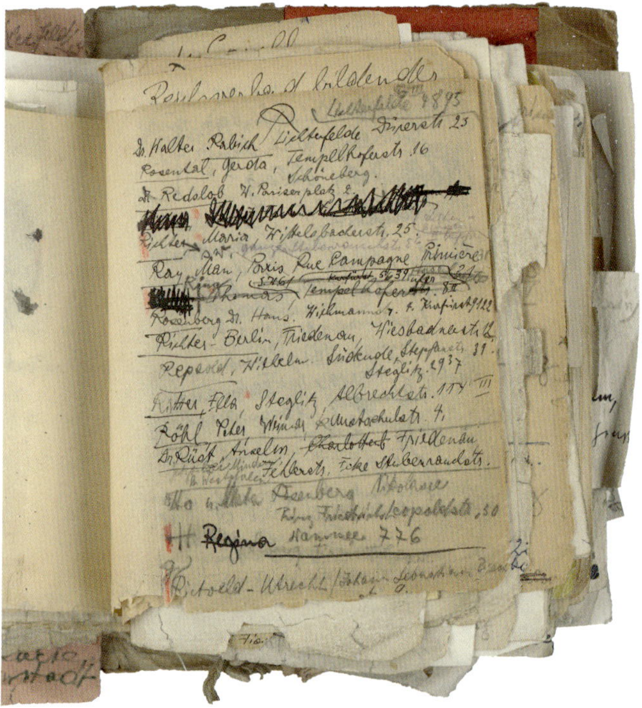

303 **Rabich, Dr. phil. Walter, Berlin, Dürerstraße 23** (Oberstleutnant a.D.)
303 **Rosenthal, Gerda, Berlin, Tempelhofer Straße 16** (Rosenthal, Wilhelm; Kaufmann, Vertreter)
303 **Redslob, Dr. Edwin, Berlin, Pariser Platz 2** (1884 Weimar – 1973 Berlin; Kunsthistoriker, Kulturpolitiker). Am 1. Februar 1946 wurde in der Galerie Rosen die »Fantasten«-Ausstellung eröffnet, »bei der ich«, heißt es in Höchs Terminkalender, »10 Phantastische Aquarelle habe«. Von ihr stammt auch der Katalogtext. Redslob hatte in seiner Rezension im »Tagesspiegel« lediglich Stephen Alexander, Hans Thiemann, [→ 265] Heinz Trökes und Mac Zimmermann erwähnt. Deswegen schrieb Höch verärgert auf den Zeitungsausschnitt: »Wir waren 5 bei dieser ersten Ausstellung Herr R« – was auch wieder nicht stimmte, denn auch [→ 273] Hans Uhlmann war noch beteiligt.

Organisiert durch das Volksbildungsamt Steglitz fand vom 16. März bis Ende Mai 1946 die »Frühjahrsausstellung in der Kamillenstraße« statt. An ihr war Höch laut Katalog mit elf Aquarellen beteiligt. In allen Presseberichten wurden ihre Arbeiten gelobt, und Redslob schrieb nun reuevoll: »Jeder Besucher (...) wür-

de uns vorwerfen, wenn wir (...) Hannah Höchs phantastische Traumaquarelle übersehen hätten.« [Lebenscollage III/1, S. 48]
Von 1920 bis 1933 war Redslob Reichskunstwart der Weimarer Republik. Da er bis 1945 in einen erzwungenen »Ruhestand« versetzt wurde, arbeitete er u.a. als Übersetzer. 1945 Mitbegründer und -herausgeber des »Tagesspiegel«, lehrte er ab 1946 Kunstgeschichte an der Technischen Universität in Berlin und war 1948 Mitbegründer und 1949/50 Rektor der Freien Universität. Dort hatte er auch bis 1954 eine Professur inne.

303 **Richter, Maria, Berlin, Wittelsbacherstraße 25; Berlin, Stubenrauchstraße 56; Berlin, Eosanderstraße 11 (bei Fischmann)** (Malerin) [304]

303 **Ray, Man, Paris, 31bis, rue Campagne Première; Paris, 2bis, rue Férou** (1890 Philadelphia – 1976 Paris; Fotograf, Filmregisseur, Objektkünstler). Höch besuchte Man Ray 1924 am letzten Tag ihrer Paris-Reise gemeinsam mit [→ 59] Nelly van Doesburg (»Sehr interessant«). Für einen weiteren Paris-Aufenthalt im Folgejahr notierte sie sich seine Adresse in der Rue Campagne Première 31 (»wo das russische Restaurant«). Sein Studio wurde schnell zu einem beliebten Treffpunkt von Malern und Schriftstellern.
Mit [→ 68] Marcel Duchamp und Francis Picabia, die er 1915 kennenlernte, gründete Man Ray die New Yorker Dada-Gruppe. Er ging 1921 nach Paris und lernte über Duchamp die meisten Akteure von »Dada Paris« kennen. 1940 floh er über Portugal in die USA. Im September 1958 posierte Höch in Düsseldorf mit Man Ray und

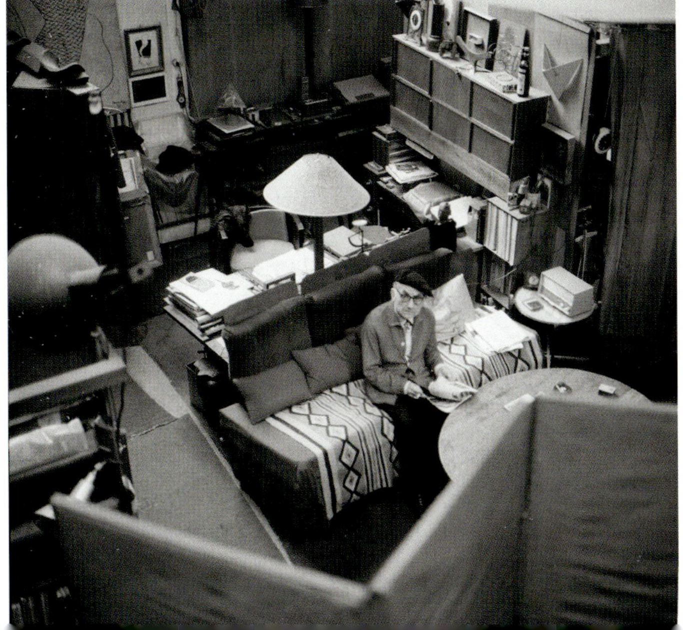

Man Ray in seinem Pariser Studio, 1960

[→ 216] Hans Richter für ein Erinnerungsfoto vor einer lebensgroßen Abbildung Hugo Balls. Sie war Ehrengast auf der Vernissage der ersten umfassenden Dada-Retrospektive in Deutschland (»DADA. Dokumente einer Bewegung«). Die Ausstellung zeigte 21 Werke von Höch. Im Katalog beantwortet Man Ray mit dadaistischer Dialektik die Frage, ob Dada jemals beerdigt wurde: »Now, we are trying to revive Dada. Why? Who cares? Who doesn't care? Dada ist dead. Or is Dada still alive? We cannot revive something that is alive just as we cannot revive anything that is dead. Is Dadadead? Is Dadalive? Dada is. Dadaism.« [Lebenscollage III/1, S. 131] Man Ray schickte Höch 1959 den Katalog seiner Londoner Ausstellung. Sie schrieb ihm 1960, er revanchierte sich im nächsten Jahr mit einer Karte, collagiert mit zerrissener Schwarzweißfotografie und einer Visitenkarte. [263, 272, 315]

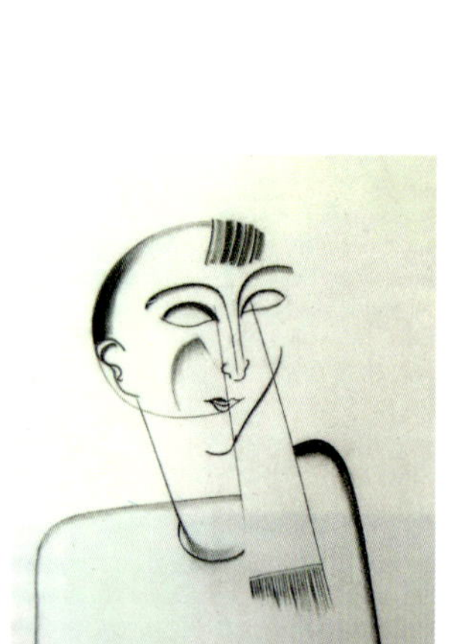

Thomas Ring, Hannah Höch, Sibirische Kohle auf Papier, 1926

303 **Ring, Thomas, Berlin, Tempelhofer Ufer 8II; Graz, Paulustorgasse 17; Burg Stettenfels** (Stettenfels 4, 74199 Untergruppenbach) (1892 Nürnberg – 1983 Schärding; Maler, Astrologe). Höch lernte Ring 1914 während seiner Ausbildung an der Kunstgewerbeschule (seit 1911) in der Klasse von [→ 199] Emil Orlik kennen. Höch: »Ein Freund von Anbeginn.« [Ohff 1, S. 26] Ab 1919 beteiligte sich Ring als Randfigur an der Berliner Dada-Bewegung und an der [→ 35] »Novembergruppe«. 1933 waren die meisten Freunde Höchs bereits ins Ausland gegangen. Sie wagten es nicht, eine Verbindung aufrechtzuhalten – vor allem, um die Adressatin nicht zu gefährden. Eine Ausnahme bildete das Ehepaar Ring. Es setzte sich Ende 1932 zunächst nach Österreich ab, Ring war KPD-Mitglied. Seinen Unterhalt versuchte er mit Horoskopen und dem Schreiben von Astrologie-Lehrbüchern zu verdienen. Ring und Höch korrespondierten von 1922 bis 1942 und später von 1966 bis 1977.

Der Ort Baden bei Wien war 1932 Rings erster Wohnort. Er schreibt von dort: »Liebes Hannchen, Hanneken, Hannerl oder wie Du Dich am besten zur zärtlichen, jungfräulichen Verkleinerung kleinkriegen läßt – eingeschneit am warmen Ofen im Hause eines Weinbauern am Wiener Wald gedenken wir Dein, wobei ich Dich verstohlenerweise und für eine Mimosenjungfrau kostenlos küsse mit meinem für diese Zwecke bereit gestellten Mund aus Ideoplasma, der Dir kein aufgelegtes Lippenrot abwischt. Eccolo. Wir wohnen hier mit Hahn (der Rechtsanwalt Dr. Otto Hahn hatte wesentlich zur Flucht der Familie Ring nach Österreich beigetragen, H.N.) zusammen sehr schön und die Zusam-

menarbeit – soweit es infolge Brotarbeit und Hahns zur Aufführung fertigzustellenden Komödie dazukommt – läßt sich gut an. Wäre mehr Geld im Haus, so wäre es schöner, aber wir sind doch froh, diese Änderung gewagt zu haben.« [Lebenscollage II/2, S. 462]
Ende September 1934 zogen die Rings nach Graz. Thomas Ring schreibt im Juli 1934 an Höch: »Wir leben noch. Manchmal hoppla, manchmal so so, aber immerhin, wir leben und die Leberwurst des Lebens ist noch längst nicht aufgegessen. Steckst Du in Holland, steckst Du in der Frieden-Au (Rings Anspielung bezieht sich auf die im Zentrum Friedenaus befindliche Backsteinkirche »Zum guten Hirten«, H.N.), wo die Kirche zum guten Hirten steht, weil die Jejend so belämmert ist? Malst Du, liebst Du, liebst und lebst Du? Also wir bleiben noch in Johnsbach, aber nicht mehr lang, da der Plan besteht, wegen Erps (der Sohn, H.N.) weiterer Ausbildung nach Graz zu ziehen. Aber wie gesagt, erst Plan.« [Lebenscollage II/2, S. 521]
Ring wurde 1943 an das Psychologische Institut der Reichsuniversität Straßburg berufen, einer fanatisch nationalsozialistisch ausgerichteten Universität. Der wohlhabende Verleger und Mäzen der Reichsuniversität, Friedrich Spieser, hatte für ihn einen Direktorenposten in dem eigens für Ring gegründeten Paracelsus-Institut geschaffen, das der philosophischen Fakultät angegliedert war. Die Rings hatten sich schon vorher mit dem Nationalsozialismus arrangiert. Höch hat die politische Wandlung des Ehepaars genau beobachtet. In ihrem Kalender notiert sie im Mai 1938 über Rings Frau (geb. Schröder, 1897 – 1945, Buchhändlerin): »Abends – grosse Überraschung kam Gertrud. Verändert bis zum Nichtzurückerkennen in geistiger Beziehung??? Politisch? Umgeschwenkt!« [Lebenscollage II/2, S. 599].
1942 besuchten Thomas und Gertrud Ring für zehn Tage Berlin. In dieser Zeit zeichnete Thomas Ring Höch mehrfach.
Wegen seiner Tätigkeit an der Straßburger NS-Universität nahmen die Alliierten ihn nach der Befreiung des Elsass fest und brachten ihn 1944 mit seiner Frau in ein Internierungslager. Gertrud Ring starb in einem Lager bei Toulouse. Thomas Ring zog 1962 zu seinem ehemaligen Gönner Spieser auf die Burg Stettenfels bei Heilbronn. Er besuchte Höch erneut 1967: »Thomas macht noch viele Horoskope. Betätigt sich wohl erfolgreich als Phychoterapeut (sic!): Er hat – vor allem in der Zeit mit Gertrud ein verwirrend chaotisches Leben geführt. Auch politisch. Daran

hatte den Hauptanteil Gertrud Ring. Er ist nun Östreicher (sic!) geworden. Er schreibt weiter seine Bücher«. [308, 310, 313, 321, 543, 544]

303 **Rosenberg, Dr. Hans, Berlin, Wichmannstraße 4** (Facharzt für innere Krankheiten)

303 **Richter, Prof. Hans, Berlin, Wiesbadener Straße 12; Connecticut, Southbury, Maple** (Tree) **Hill**(s) **Road; Ticino, Ascona** (antonaccio?), **La Casetta** (Restaurant?); **Locarno, via Bustelli 2** (1888 Berlin – 1976 Minusio; Maler, Grafiker, Filmkünstler). Höchs Kontakt zu Richter war eher distanziert. Sie nannte ihn einen »Wichtigtuer«. Richter beschreibt, wie Höch in den Kreis der Dadaisten gelangte: »An den ersten Dada-Veranstaltungen in Berlin hat sie außer mit ihren Collagen kaum teilgenommen. Ihr Stimmchen wäre sowieso von dem Tosen ihrer männlichen Kommilitonen überdröhnt worden. Aber als Vorsteherin der Atelier-Abende bei Hausmann war sie unentbehrlich, sowohl durch den grellen Kontrast ihrer leicht klösterlichen Grazie zu dem Schwergewichtsanspruch ihres Meisters, als auch durch die belegten Brötchen mit Bier und Kaffee, die sie trotz Geldmangels auf irgendeine Weise hervorzuzaubern verstand. An solchen Abenden durfte auch sie ihre kleine, aber sehr präzise Stimme erheben und, wenn Hausmann die Anti-Kunst proklamierte, für die Kunst und für Hannah Höch in die Bresche springen«. [Richter, S. 136] Das »kleine Mädchen, das sie war«, so Hans Richter, gab bei den Ausstellungen und Vorträgen »ihrer kleinen Stimme Gewicht durch die Ernsthaftigkeit ihres Wesens« [Ohff 1, S. 14]

Richter kam Ende 1916 nach Zürich und nahm vor allem als Vorkämpfer für den avantgardistischen Film an der Dadabewegung teil. Dort lernte er auch [→ 69] Viking Eggeling kennen, der ebenfalls mit dem Medium Film experimentierte. 1922 kam er wieder nach Berlin zurück. Angeregt durch [→ 59] Theo van Doesburg gab er von 1923 an die Zeitschrift »G« mit dem Untertitel »Material zur elementaren Gestaltung« heraus (bis 1926). Im Jahr 1933 emigrierte er in die Niederlande und die Schweiz (Ascona, Locarno), 1940 in die USA (Conneticut), wo er ab 1942 das Filminstitut des City College in New York leitete.

Die erste umfassende Dada-Retrospektive nach 1945 fand unter dem Titel »Dada-Dokumente einer Bewegung« 1958 in Düsseldorf statt. Bei der Eröffnung im September trafen sich Höch und Richter, später auch in Berlin. Höch notiert: »Sehr schön dann bei Schlichter gegessen, [→ 244] Scharoun mit Frau, [→ 98] Grohmann mit Frau, [→ 95] Werner Graeff mit Frl Hirsch aus Essen u. Assistent

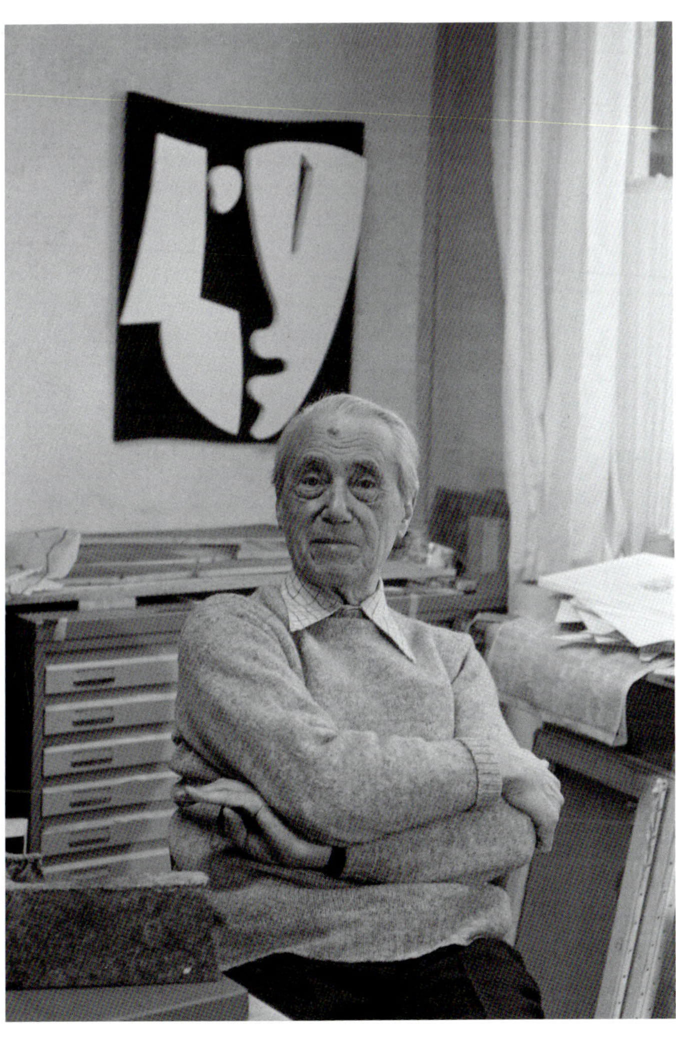

Hans Richter in seinem Atelier in Locarno, 1975
Foto: Maren Heyne

von Scharoun [→ 127] Lothar Juckel mit Frau Juckel?« [TK58] Der Bruder des Malers Rudolf Schlichter, Max, gründete das bekannte Feinschmeckerrestaurant in der Lutherstraße in Berlin-Schöneberg. Es war ein Treffpunkt von Künstlern und Filmleuten. Richter besuchte Höch mit seiner Frau im Oktober 1958. Sie sah ihn erneut im selben Monat, als in der Hochschule für Bildende Künste seine Retrospektive eröffnet wurde. Richter schrieb Höch im Mai 1959, sie notiert: »Will DADA-Buch im Arche-Verl. herausbringen u. Fotos von mir haben, und ›Marginalie‹ zu mir soll heißen: Die tapfere Hannah.« An[→ 182] Walter Mehring schrieb Richter im selben Jahr, dass er, obwohl in Berlin geboren, »nie eine Zugehörigkeit zu dem Berlin-Dada gefühlt habe«, aber: »Ich kannte sie, die Berliner Dadaisten schon vor dem Krieg: Die vier furchtbaren H, [→ 123] Hülsenbeck, [→ 106] Hausmann, [→ 111] Heartfield, Herzfelde, die sanfte H.H., Hannah Höch, Grosz und Dich.« [Mehring, S. 89] Im Jahr 1961 schrieb Höch an Richter aus Rom und traf ihn später in einem Berliner Hotel. Er besuchte sie wiederum 1962, um Dokumente für ein Buch im Verlag Dumont Schauberg zu sichten (»wollte Material – aber ich will nichts geben«). Seine kunstgeschichtlich wichtigen Erinnerungen an die Dada-Zeit formulierte Richter in dem Werk »Dada-Kunst und Antikunst: Der Beitrag Dadas zur Kunst des 20. Jahrhunderts« (1964). Im Jahr 1973 schrieb er das Buch »Begegnungen, von Dada bis heute«. [87, 315, 317, 320, 324, 544, 551]

303 **Repsold, Dr. Wilhelm, Berlin, Stephanstraße 34; Berlin, Thorwaldsenstraße 37** (1885 Hamburg – 1969 Dießen am Ammersee; Bildhauer, Illustrator). Im Atelier von Repsold fand im Juli 1921 ein Kostümfest in der Stephanstraße in Berlin-Moabit statt. Neben Hannah Höch und der Schriftstellerin [→ 171] Lu Märten nahm daran unter ande-

Kostümfest in Wilhelm Repsolds und Lu Märtens Atelier, 1921. Hannah Höch rechts stehend

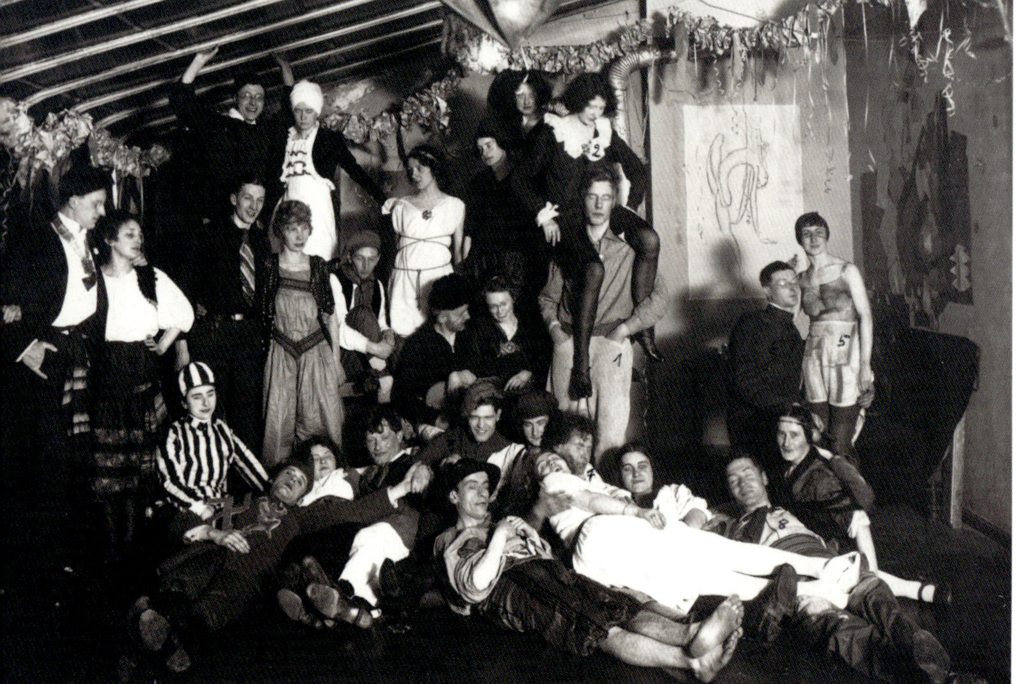

ren auch [→ 106] Raoul Hausmann teil. Repsold war von 1914 bis 1928 mit Lu Märten verheiratet. [307]

303 **Ritter, Ella, Berlin, Albrechtstraße 114III; Berlin, Sternstraße 5 (bei Fuchs)** (heute: Kadettenweg) [306]

303 **Röhl, Karl Peter, Weimar, Kunstschulstraße 4** (heute: Geschwister-Scholl-Straße) (1890 Kiel – 1975 Kiel; Maler, Grafiker), verheiratet mit [→ 225] Alexandra Röhl. 1910/11 verließ Röhl seine Heimatstadt Kiel, um die Unterrichtsanstalt des Kunstgewerbemuseums Berlin zu besuchen. Der konstruktivistische Maler war von 1919 bis 1921 Studierender, dann Jungmeister am Staatlichen Bauhaus Weimar. Röhl begegnete 1921 [→ 59] Theo van Doesburg, dem Organisator der Gruppe »Weimarer Stijl« und beteiligte sich auch an Dada-Aktionen. Nach 1945 arbeitete er als Kunstlehrer in Kiel.

303 **Ruest, Dr. Anselm, Berlin, Fehler-/Ecke Stubenrauchstraße; bei Minden** (Ernst Samuel; 1878 Kulm – 1943 Carpentras; Publizist, Philosoph).[→ 106] Raoul Hausmann schreibt 1918 an Höch eine Charakterisierung ihrer Schrift: »Dr. Ruest (…) sagte *(ohne etwas von Dir zu wissen)* ein Mensch, der sehr gefährlich ist durch seine Neigung, sich selbst auszustreichen, asketisch, dabei aber von Machtwillen erfüllt und sich selbst ganz verborgen; lebt gewissermaßen nur als Astralleib. Eine Frau die etwas Zerschmetterndes hat, selbst keine Gefahr direkt scheut, eher sogar sucht. Handelt verkehrt, aber nicht aus *kleiner* Schläue; außer dem Sichselbstverborgensein wertvoll und natürlich, eine fortwährende Gefahr zu Wahnsinn oder Selbstmord. Ein sehr merkwürdiger Mensch, der Andre zerbrechen kann, wenn diese nicht sehr auf der Hut sind, ein Zusammenleben mit dieser Frau ist ein Kampf auf Tod und Leben und man muß schon sehr stark dazu sein. Wenn es gelänge, beruhigend und ablenkend zu wirken, *vielleicht* durch Erfüllung eines Ehrgeizes künstlerischer Art könnte diese Frau zu einem Ausgleich gebracht werden. Ein tragischer Fall. Wegen der unleugbar vorhandenen Werte, die Hemmungen könnten nur durch größte Aufopferung gelöst werden.« [Lebenscollage I/1, S. 461]

Ruest korrespondierte unter anderem mit [→ 28] Johannes Baader. Im Jahr 1933 emigrierte er nach Frankreich, wo er ab 1939 mehrmals interniert wurde.

303 **Rosenberg, Otto und Meta, Berlin, Prinz-Friedrich-Leopold-Straße 30** (Holzgroßhändler). Höch vermerkt 1950 in ihrem Terminkalender: »Rosenbergs? nicht gekommen??«. Der Betrieb, 1932 gegründet, wurde 1935 »arisiert« und ein Jahr später liquidiert.

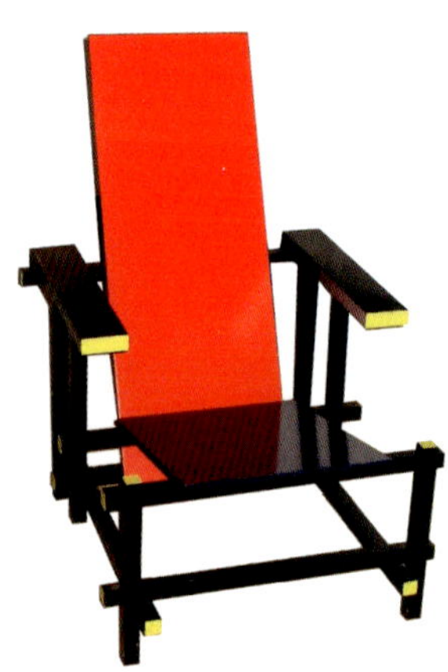

Gerrit Rietveld, »Rot-Blauer Stuhl«, 1918. Foto: Ellywa

303 **Regina Hendel**. Hendel besuchte Höch 1973 mit [→ 278] Wolf Vostell. [387]

303 **Rietveld, Gerrit, Utrecht, Johann Sebastiaan Bachstraat 9** (1888 Utrecht – 1964 Utrecht; Architekt, Designer). Rietveld war mit [→ 70/71] d'Ébneths befreundet. Höch notierte sich seine Adresse vermutlich 1926 auf einer seiner Visitenkarten. Bekannt wurde Rietveld als Mitglied der Künstlergruppe »De Stijl«, deren Zeitschrift 1919 Möbel von ihm (der »Rot-Blaue Stuhl«) zeigte. Die ersten Exemplare seines Stuhls gab es in verschiedenen Farben. Eine weiße Version entstand 1923 im Auftrag von [→ 49] Til Brugman für ihr Musikzimmer in der Ligusterstraat, daneben ein Beistelltisch. Die weiße Farbe paßte gut zu den grau, schwarz und weiß gemalten Rechtecken auf der Wand vom »De Stijl«-Künstler [→ 126] Vilmos Huszár. In einem Brief schrieb Brugman an Rietveld über einen Irrtum: Sie habe nur einen Stuhl bestellt, aber zwei Exemplare erhalten. Der zweite war für den Künstler [→ 163] El Lissitzky bestimmt, der sich im Frühjahr 1923 in den Niederlanden aufhielt.

Rabenpresse [→ 293 Winkler; → 261 Stomps] [309]

Rathke, Dr. Ewald, Stuttgart, Hangleiterstraße 3; Frankfurt a.M., Schumannstraße 57 (Kunsthistoriker) Stuttgart, Frankfurt a.M.. Rathke besuchte Höch mit [→ 100] Karl-Heinz Hering 1958 (»Dada durchgesehen.«). Mit ihm kuratierte er die erste umfassende Dada-Retrospektive in Deutschland für den »Kunstverein für die Rheinlande und Westfalen«: »DADA. Dokumente einer Bewegung« in der Düsseldorfer Kunsthalle. Beiden gelang es, die Internationalität der Bewegung, die verschiedenen bildnerischen Erscheinungsformen und die einzelnen Dada-Zentren darzustellen. Dada sei keine Kunstrichtung mit stilistischen Verbindlichkeiten gewesen, schrieb Rathke, sondern »eine geistig künstlerische Konzeption, eine Haltung«. [Kunstverein, S. 119] Höch trat für die Ausstellung als großzügige Leihgeberin auf und stellte sechs Aquarelle, 14 Collagen und eine Zeichnung aus ihrer Sammlung zur Verfügung. [315, 325]

Reichskammer der bildenden Künste (Reichskunstsammler). Höch notiert: »seit April 37«. Die Reichskunstkammer war im Nationalsozialismus eine Institution zur Förderung der bildenden Kunst. Mit dem Ziel der »Gleichschaltung« wurden alle Richtungen unterdrückt, die dem Kunstbegriff der Nationalsozialisten widersprachen. Wer nicht Mitglied war, hatte Arbeits- und Ausstellungsverbot. Auf einem Fragebogen der Reichskammer gab Höch 1942 an, dass sie seit ihrem Bestehen einen kammerpflichtigen Beruf ausübe und Mitglied im Reichsverband der bildenden Künste sei. Sie hoffte, auf Bezugsschein Malutensilien zu erhalten. [309]

Reichsverband bildender Künstler Deutschland. Höch war seit November 1932 Mitglied des Berufsverbandes. Er existierte bis 1933. [305]

Reidemeister, Prof. Dr. Leopold, Berlin, Reichshofer Straße 6 (1900 Braunschweig – 1987 Berlin; Kunsthistoriker, Museumsdirektor). Reidemeister besuchte Höch mit [→ 86] Käthe Gläser 1960, und sie traf ihn im selben Jahr auf einem Empfang im Charlottenburger Schloss. Er erwarb 1961 aus der Höch-Ausstellung in der Berliner Galerie Nierendorf zwei Werke für die Nationalgalerie: »Das Sternfilet« und »Schnitt mit dem Küchenmesser Dada durch die letzte Weimarer Bierbauchkulturmetropole Deutschlands«. Reidemeister baute die von den Nationalsozialisten stark reduzierte Sammlung wieder auf und erweiterte sie mit rund 250 Neu- oder Rückerwerbungen. Erst im Februar 1963 sah Höch ihr Opus magnum erstmals im Museum hängen: »Morgens mich kurz entschlossen mal in die National-Galerie, (Charlottenburger Schloss) zu gehen. Hatte da meine grosse Collage ›Schnitt mit dem Küchenmesser DADA‹ noch nicht gesehen. Hängt sehr schön, und sieht auch tatsächlich noch anständig aus. Meine Angst, dass es nicht bestehen würde wuchs und wuchs. Aber dann war ich doch recht erleichtert. Und bei allen Besuchern, die in der Viertelstunde, die ich mich in der Nähe hielt, war das Interesse ganz ausgesprochen gross für diese Arbeit. Und zu meiner Befriedigung wirkt sie nicht mal sensationell, sondern ruhig und ausgeglichen. Seit einem Jahr etwa schon brachte ich nicht den Mut auf hinzugehen.« [Burmeister, S. 51]

Reidemeister war ab 1957 zehn Jahre lang Generaldirektor der Staatlichen Museen und Direktor der Nationalgalerie in Berlin, damals noch in der Orangerie des Schlosses Charlottenburg untergebracht. Er sprach sich mit [→ 98] Will Grohmann und [→ 130] Adolf Jannasch für den Bau der Neuen Nationalgalerie durch [→ 172] Mies van der Rohe aus, gegen die Bedenken des Kultursenators Adolf Arndt. Reidemeister besuchte Höch 1967 ein zweites Mal mit [→ 187] Lucia Moholy. Die Nationalgalerie in Berlin richtete 1976 gemeinsam mit dem Musée d'Art Moderne de la Ville de Paris die bis dahin umfangreichste Höch-Retrospektive aus. Das Pariser Museum kaufte im Anschluss die Collage »Mutter« und eine Schrift-Collage von [→ 28] Johannes Baader für 1.800 Mark. [TK76] [320]

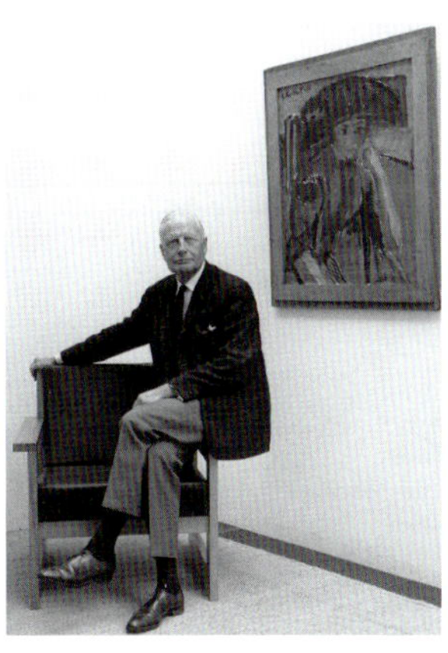

Leopold Reidemeister.
Foto: Horst Siegmann, 1967

Reindl, Ludwig Emanuel (1899 – 1983; Journalist, Schriftsteller). Höch notiert: »Zeichnungen«. Reindl war ab 1935 Chefredakteur von »Die Dame«, einer wöchentlich erscheinenden Berliner »Illustrierte Mode-Zeitschrift« (Untertitel). Sie berichtete erfolgreich über Kultur, Mode und Gesellschaft, erschien von 1911 bis 1943 (bis 1937 im Berliner Ullstein-Verlag). »Die Dame« war anspruchsvoll und unterhaltend, auch noch nach 1933 veröffentlichten namhafte Autoren. Auch Höch arbeitete für die Zeitschrift. [454]

Reissert, Dr. Paul (1906 St. Petersburg – 1975 Hamburg; Fotograf, Künstler). Reissert besuchte Höch von 1949 bis 1965, auch mit [→ 90] Renate Gerhardt. Er beschäftigte sich mit konstruktivistischen Collagen und übersetzte Bücher aus dem Russischen. [198, 311, 314]

René, Denise (1913 Paris – 2012 ?; französische Galeristin und Ausstellungsmacherin) Düsseldorf. Höch traf René 1959 während der [→ 20] Arp-Ausstellung in Essen. Die Galeristin zeigte auf der Kunstschau »Berlin now contemporary art 1977« in New York auch Arbeiten von Höch. In den fünfziger Jahren organisierte sie auch Ausstellungen zu [→ 72] Max Ernst und [→ 169] Piet Mondrian. [472]

Restaurant »Haus Dannenberg am See«. Der historische Landgasthof liegt zwischen Havelufer und Dorfaue Alt-Heiligensee und existiert bis heute. Die Zimmer des Gasthofs mietete Höch für ihre Gäste. [669]

Richter, Friedel, verheiratet mit [→ 216] Hans Richter, Locarno. Richter traf Höch 1958 bei der Vorbesichtigung der Ausstellung »Dada-Dokumente einer Bewegung« in Düsseldorf. [544]

Richter, Luise, Essen, Höch notiert: »da ist mein Bild, Öl, Herbst in der Jungfernheide« [AB]; »hatte ich Walter geschenkt, Hede gab es (als sie von Essen wegzog, an Frau Luise Richter«. [→ 119] Walter ist Höchs Bruder, verheiratet mit [→ 118] Hede (Hedwig). Höch schreibt weiter über Richter: »Hat keine Erben, vielleicht einen Neffen? (ich könnte versuchen es zurückzuerwerben??)« [TK75] Richter schrieb 1975 an Höch. [551]

Roch, Herbert (1907 – 1978; Herausgeber, Übersetzer). Roch kaufte im Juli 1947 aus der Ausstellung »Phantasie und Illustration« im Bezirksamt Reinickendorf die Höch-Arbeit »Affen« für 200 Reichsmark. Noch im selben Monat besuchte er Höch. [311]

Roditi, Edouard, Paris, 6, rue Grégoire de Tours (1910 Paris – 1992 Cádiz; Schriftsteller, Kunstkritiker). Roditi besuchte Höch 1959, sie notiert: »Kennt alles, weiss alles. Will über mich schreiben.« Und später: »Klug. Versnobt. Etwas undurchsichtig.« [TK59] Im November 1959 erschien sein Text »Hannah Höch und die Berliner Dadaisten« in der Zeitschrift »Der Monat«. Höchs Biograf [→ 201] Heinz Ohff schreibt, dass »so recht eigentlich erst« Roditi die Malerin wiederentdeckt habe. Er machte sich auf, »die verbliebenen ›Großen Alten‹ der europäischen Moderne aufzusuchen, und (gerät) dabei auch nach Heiligensee«. [Ohff 1, S. 9] Roditi: »An diesem heißen Julinachmittag war es, als schliefe alles ringsumher so tief wie im Märchen. Doch als ich klingelte, eilte Hannah Höch sogleich durch den Garten herbei. In der schlanken Gestalt der lebhaften, grauhaarigen Frau… schien sich die ganze Energie dieser verschlafenen Gegend konzentriert zu haben.« [Roditi, S. 60] Roditi war ein in Paris geborener amerikanischer Dichter und Kritiker, der in London und Paris lebte. Er sprach fließend sieben Sprachen. Bekannt wurde er vor allem durch seine Interviews mit Künstlern der Moderne (»Dialogues on Art«).

Das Interview mit Hannah Höch zog heftige Reaktionen nach sich, vor allem von [→ 123] Richard Huelsenbeck, der seine Rolle in der dadaistischen Bewegung nicht ausreichend gewürdigt sah. Höch notiert im Dezember 1959: »Huelsenbeck u. Beate haben Schimpfbriefe geschrieben, weil Panne im Monat. Name Huelsenbeck kommt nicht vor. Tut mir selber leid.« [TK59]. Beate Huelsenbeck schreibt: »Es ist kein Ruhmesblatt fuer Ihren Charakter (…). Ich zerbreche mir hier den Kopf, was Sie wohl veranlasst haben kann, diese unfairness zu begehen, diesen Dolchstoss in den Ruecken, dieses unmoegliche Vorgehen gegen einen alten Kameraden.« [Brief von B.H. an H.H., 10.12.1959, NHH] Auch [→ 106] Raoul Hausmann kam noch zwei Jahre später (im Juni 1962) auf den Vorfall zurück und machte Höch schwere Vorwürfe. In einem Schreiben an Huelsenbeck erklärte sie die Situation: »Mit Ihrem Protest haben Sie ganz recht. Es wäre ja lächerlich an der Tatsache vorbeigehen zu wollen, Sie nicht als tragende Figur des Dadaismus zu sehen und auch nennen zu wollen. Darum ist mir diese Panne sehr fatal. Mein Interviewer hat unsere völlig zwanglose Unterhaltung nach dem Gedächtnis – und nicht mehr in Deutschland – und – soviel ich weiß, – in einer anderen Sprache, die dann erst übersetzt wurde, frei wiedergegeben. Auf die Fassung hatte ich keinerlei Einfluss. Ich wurde selbst überrascht von dem, was bei ihm geblieben war.« [Briefentwurf von H.H. an R.H., 14. Dezember 1959, NHH] Was eigentlich nicht stimmen kann: Am 23. Oktober 1959 hält sie in ihrem Terminkalender fest: »Manuskript Roditi gelesen u. korrigiert. Abends noch nach Nachtbriefkasten: U Bahnhof Seestr., gebracht.« Höch schrieb an Roditi am 8. November 1959. Später versuchte sie erfolglos eine Überarbeitung des Textes zu erwirken, bevor er in seinem Buch abgedruckt wurde. »Roditi hat das gemacht und gewollt wie sich an den späteren Veröffentlichungen klar herausstellte« [TK59]. Er besuchte Höch erneut im Juni 1960 (»Buch mit unserem Interview erscheint im Insel-Verl.«). Das Buch schickte er ihr zum Geburtstag und »ein schönes spanisches Ölkännchen«. Es folgten noch weitere Besuche zwischen 1961 und 1972. Er wurde mitunter begleitet von dem Kameramann Peter Berg, dem Essayisten [→ 150] Alexander Koval oder den Galeristen [→ 155] Werner Kunze und [→ 82] Reinhard Franz. 1966 notiert Höch einen Wunsch von Roditi: »Will Buch über mich schreiben« und 1972 erfuhr sie: »Sein Buch kommt neu, als Taschenbuch – heraus (ob ich ev. Korrektur habe).« Roditi schrieb zuletzt 1976 und 1977 an Höch. [234, 235, 316, 318]

Roedern-Lindenberg, Dolina Gräfin von, Schulzendorf (1887 – 1966; Bildhauerin, Pianistin). Höch notierte im April 1949: »Abends Dr. Lindenbergs?«. Gräfin von Rödern war die Frau des russisch-deutschen Arztes und Schriftstellers Wladimir Lindenberg (1902 – 1997). Im Jahr 1953 hielt er den Vortrag »Der religiöse und säkularisierte Mensch in der heutigen Zeit« im Schloss Tegel und 1961 einen weiteren über seine Jugenderlebnisse in Russland [Einladungen, NHH]. Höch schreibt: »Er ist zweifellos mit einer Strahlung (auf Menschen) ausgestattet.« Ihr Nachlass enthält auch einen Prospekt zu Lindenberg aus dem Ernst Reinhardt Verlag (München, 1964). Im Jahr 1953 fand ein Klavierabend der Gräfin von Roedern statt [TK53]. 1956 besuchte Höch ihr Konzert im Schloss Tegel.

Wladimir Lindenberg war von 1941 bis 1945 als Forschungsleiter der pharmazeutischen Fabrik »Diwag« in Berlin-Waidmannslust tätig. Nachdem seine Wohnung bei Luftangriffen zerstört worden war, zog das Ehepaar 1944 von Wilmersdorf nach Schulzendorf um. Er wohnte in einem ausgebauten Behelfsheim, über Jahrzehnte ein Zentrum für kritische Künstler und Intellektuelle. Höch besuchte dort im April 1947 eine Lesung von Heinz Ulrich (»schön«). Mit seinem Heiligenseer Arztkollegen Dr. Max Klesse – beide sprachen russisch – ritt Lindenberg mit weißen Fahnen der Roten Armee nach ihrem Einmarsch in Heiligensee entgegen und verhinderte so, dass es bei der Einnahme des Ortes und Schulzendorf zu weiteren Gewalttaten kam. Mit seinen Russischkenntnissen konnte er vielen Einwohnern beistehen. Kurze Zeit arbeitete Lindenberg 1946/47 als Referatsleiter in der Deutschen Zentralverwaltung für das Gesundheitswesen (der Sowjetischen Besatzungszone). 1947 wurde er Leiter der Hirnverletzten-Abteilung des Waldkrankenhauses Spandau, wo er bis 1959 tätig war. Anschließend praktizierte er als Arzt für Neurologie und Psychiatrie. Lindenberg schrieb etwa vierzig Bücher. [311]

Röhl, Alexandra (Alexa) (geb. Gutzeit; 1899 Friederikenruh – 1976 Buchen; Malerin, Modistin, Schriftstellerin), verheiratet mit [→ 219] Karl-Peter Röhl. Höch lieferte für einen Aufsatz von Röhl über Mode drei Zeichnungen [undatiert; NHH]. Die Bauhaus-Schülerin nahm 1922 am Kongress der Konstruktivisten und Dadaisten in Weimar, Jena und Hannover teil. [87, 305, 306]

Roeingh, Rolf (gest. 1962; Herausgeber der Archivarion-Kunstbibliothek (mit zeitgenössischen Künstlern), Deutscher Archiv-Verlag). Höch besuchte den Verlag 1949 zu einer Besprechung über die Ausstellung »Frauen«. Sie wollte zu einem Jour fixe von Roeingh gehen. 1950 brachte Höch Zeichnungen zu Archivarion und besuchte den Verlag erneut 1952. [25, 312]

Rössner, Prof. Dr. Dieter (geb. 1945 Gotha; Rechtswissenschaftler und Kriminologe; Großneffe) Backnang, Tübingen. Rössner schrieb Höch 1976. [547]

Rössner(-Höch)**, Eva-Maria** (Evchen) (geb. Höch; Nichte Höchs), Tochter von Fritz [→ 63] (Danilo) und Luise (Liese) Höch) Gotha, Backnang, Schloss Lindach (Schwäbisch Gmünd). [92, 165, 479, 546, 547]

Rössner, Heiner (Heinrich), Backnang [547]

Rössner, Helmut (geb. 1957; Fachanwalt für Familienrecht; Großneffe) Backnang [547]

Roh, Dr. Franz (1890 Apolda – 1965 München; Kunsthistoriker, Fotograf). Roh schrieb an Höch zusammen mit dem Typografen Jan Tschichold 1929 und bat sie um Erlaubnis, das Foto »Von oben« (1926/27) aus der Ausstellung »Film und Foto« in Stuttgart zu reproduzieren. Roh plante die Publikation »Foto-Auge: 76 Fotos der Zeit«. Erschienen 1929, ist sie neben [→ 167] Moholy-Nagys »Bauhausbuch« die erste Veröffentlichung über experimentelle Fotografie. Roh war regelmäßig im Haus [→ 115/116] Hildebrandt zu Gast. In den frühen zwanziger Jahren begann er, experimentelle Fotografien und später auch Collagen anzufertigen. Er war

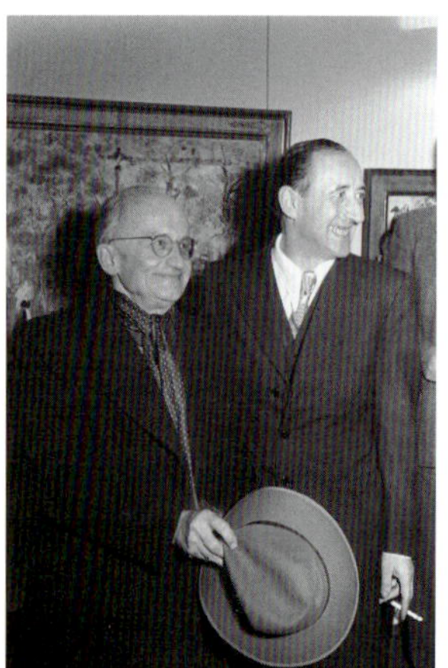

Finissage der Ausstellung von Erwin von Kreibig, München, 1952. Links: Franz Roh. Foto: Felicitas Timpe

verheiratet mit der Kunsthistorikerin und -schriftstellerin **Dr. Juliane Roh** (geb. Bartsch, 1909 Duisburg – 1987 München). Roh hatte teilweise Kontakt zu [→ 72] Max Ernst, Hannah Höch, László Moholy-Nagy, [→ 106] Raoul Hausmann, [→ 235] Kurt Schwitters, George Grosz, deren Collagen er kannte. Er selbst fotografierte und machte Fotomontagen. Nach einer vorübergehenden Inhaftierung 1933 wegen seines Engagements für »Entartete Kunst« ging Roh in die innere Emigration. Er zog sich in sein Haus am Stadtrand von München zurück. Da ihm die Möglichkeiten zu publizieren fehlten, entstanden wieder Collagen. Höch schrieb ihm nach vielen Jahren, 1963. [232, 310, 311]

Rohe van der, Georgia, München, Brabanterstraße 14; New York, 20 Beckman Place (geb. Mies, 1914 Berlin – 2008 Berlin; Tänzerin, Schauspielerin, Filmregisseurin; Tochter von [→ 172] Ludwig Mies van der Rohe, Mutter von [→ 227] Frank van der Rohe). Höch traf van der Rohe von 1966 bis 1968, zuletzt zur Einweihung der Nationalgalerie. In ihrer Autobiographie schreibt van der Rohe: »Ihr Domizil war wie ein verwunschenes Museum, angefüllt mit den Dingen ihres Lebens. Die Stunden bei ihr waren wie ein unwirkliches Märchen. Sie erzählte, wie in den letzten Kriegstagen die Berlin erobernden Russen rund um ihr Grundstück herum vorrückten, als wäre es eine friedliche Oase. Niemand tat ihr etwas zuleide.« [van der Rohe, S. 261] Van der Rohe besuchte Höch mit ihrem Sohn Frank auch 1970 (»Ist Gartenliebhaberin«). Sie zog 1971 von München nach New York, von wo sie weltweit Filmprojekte realisierte. Von dort schrieb sie an Höch 1977. [325, 388, 514, 545]

Blick in Hannah Höchs Wintergarten. An der Wildbahn 33, Berlin-Heiligensee. Foto: Harald Neckelmann

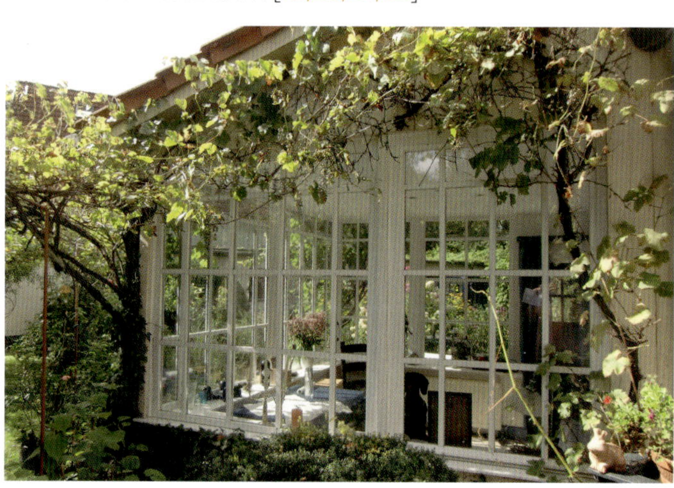

Rohe van der, Frank [→ 113 Herterich, Frank]

Roll, Frau, Henningsdorf. Höch notiert: »Sozialamt«, »Prüfer in Heiligensee« und »Gärtnerei«. Seit Oktober 1953 besuchte sie Höch einmal in der Woche und kümmerte sich auch um deren Wäsche. [314, 401]

Rosen, Gerd, Berlin, Landhausstraße 44 (1903 Berlin – 1961 Berlin; Buchhändler, Kunstantiquar, Gründer der gleichnamigen Galerie). Im Februar 1946 nahm Höch an einer Gruppenausstellung in der Galerie Rosen teil. Damit begann ihre späte Karriere als international anerkannte Künstlerin. Rosen selbst kaufte dabei die Höch-Arbeit »Über dem Wasser«. Höch organisierte im Dezember für die Galerie die Ausstellung »Fotomontage von Dada bis heute«. Neben ihren eigenen zeigte sie auch Arbeiten von [→ 106] Raoul Hausmann, [→ 28] Johannes Baader und [→ 151] Juro Kubícek. Der Katalog enthält Höchs Artikel »Die Fotomontage«, eine überarbeitete und ergänzte Version des Aufsatzes »Die ersten Fotomontagen«, den sie für die Ausstellung 1934 in Brno verfasst hatte. Rosen gründete die Galerie 1945 als erste private deutsche Kunstgalerie nach dem Zweiten Weltkrieg, gemeinsam mit dem Kunstsammler Max Leon Flemming und dem Maler [→ 265] Heinz Trökes. Als Kunstgalerie der avantgardistischen Kunst des 20. Jahrhunderts bestand sie bis 1962. Höch zählte zu den von der Galerie vertretenen Künstlern. Es freute sie, dass sie »nach 12 Jahren völligem Abseitsstehen… einen Zettel erhält, auf dem steht: ›namhafte Künstlerin‹.« [Notizzettel 23 Blatt; NHH]. Die Galerie eröffnete in einem ehemaligen Militärutensilienladen am Kurfürstendamm 215 mit einer Ausstellung von noch kurz zuvor als »entartet« bezeichneten Künstlern. Die Organisation der Ausstellungen und die Auswahl der Künstler lag in den Händen der jeweiligen künstlerischen Leiter, die bis auf eine Ausnahme [→ 257 Rudolf Springer] stets selbst Künstler waren. Trökes wurde ihr erster künstlerischer Leiter, ihm folgte der Bildhauer [→ 273] Hans Uhlmann, danach kamen Rudolf Springer (der später eine eigene Galerie eröffnete) und der Künstler Wolfgang Frankenstein. Gerd Rosen war ein Fachmann für Bücher, weniger jedoch für Bildende Kunst. Zu den Ausstellungen wurden kunsthistorische Vorträge und Ansprachen organisiert (u.a. von [→ 212] Edwin Redslob, Heinz Trökes, Hannah Höch und Werner Heldt). Trökes erinnert sich: »Die Diskussionen und Vorträge (…) fanden in ungeheizten Räumen statt, aber die Wände trieften buchstäblich vom Atem der vielen

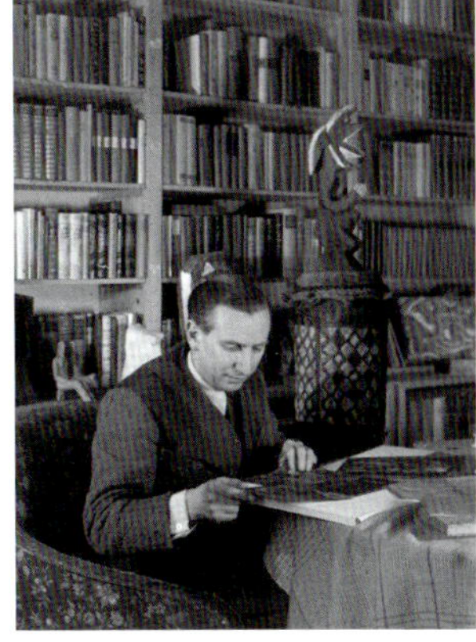

Gerd Rosen, Berlin, 1949.
Foto: Liselotte und Armin Orgel-Köhne

Zuhörer, denn an solchen Abenden waren die Räume immer überfüllt. Alles mußte stehen und war dick in Schals und Mäntel verpackt.« [Höcker, S. 99]

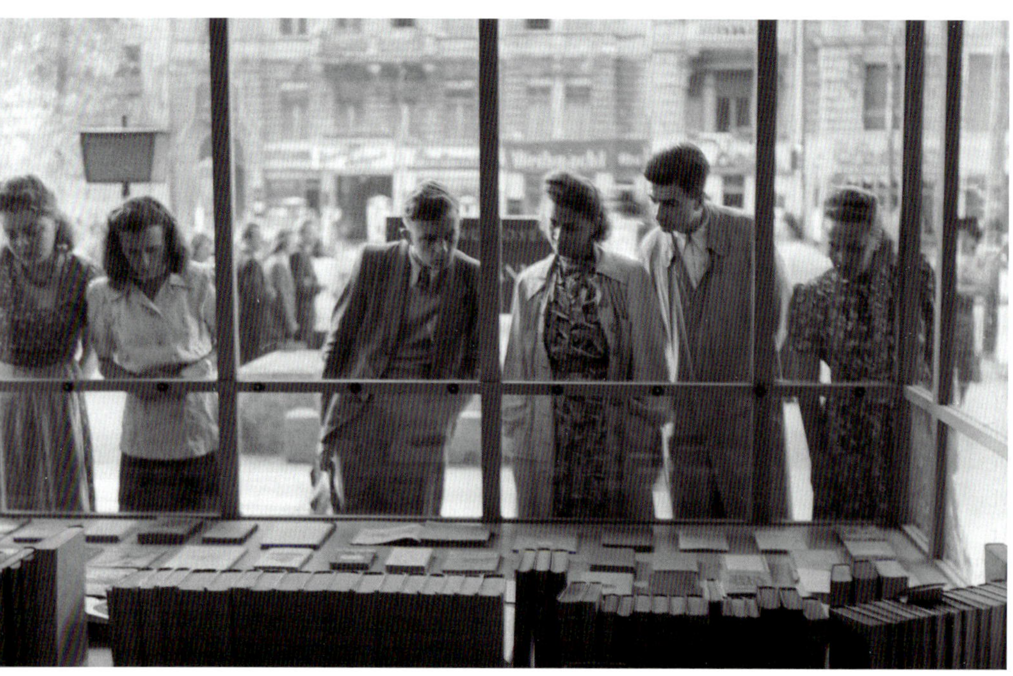

Buchhandlung und Galerie Gerd Rosen am Kurfürstendamm 215, Berlin, 1947. Foto: Friedrich Seidenstücker

Die wichtigste Zeit erlebte die Galerie Rosen bis 1948 am Kurfürstendamm. 1949 erfolgte der Umzug in die Hardenbergstraße 7. Im Jahr 1957 veranstaltete die Galerie eine Einzelausstellung mit 26 Collagen von Höch, darunter »Mondfische«, »Vivace« und »Lichtsegel«. In einer weiteren Ausstellung 1959 zeigte Höch 35 Collagen von 1956 bis 1959, unter anderem »Epos«, »Die Bösen im Vordergrund«, »Mit einem Stern« und »Totempfahl«. In ihrem Terminkalender notiert sie: »An 50 Leute waren da. Danach im Café gewesen: Bontjes van Beek u. Frau Kronenberg, Kuki u. Katarina? Rainer u. Eva.« [→ 47] Jan Bontjes van Beek, [→ 151] Paul Kronenberg, [→ 153] Kuki d.i. Anneliese Kuhk, [→ 256] Katharina Spann, [→ 146] Rainer und Eva König). Rosen besuchte Höch »unverhofft« im November 1959 »mit einem [→ 255] Dr. med. Sommer u. Frau«, mit denen Höch über viele Jahre intensiv befreundet war. Nach dem Tod von Rosen 1961 schloss die Galerie im darauf folgenden Jahr. Die meisten Mitarbeiter wechselten zur Galerie Bassenge. [311]

Rossow, Prof. Walter (1910 Berlin – 1992 Berlin; Landschaftsarchitekt). Höch notiert: »das junge Ehepaar, was bei Miek [→ 38 Bakels] in Haarlem aus Paris ankam« [AB]. Höch kam 1939 über Amsterdam nach Haarlem. »Miek zu Haus. Noch anderer Besuch wird erwartet. Herr u. Frau Rossow, Gartenarchitekt aus Berlin.« [Lebenscollage II/2, S. 633] Er teilte sich mit der Gartentechnikerin Martha Willings ein Büro (Willings & Rossow). Ab 1966 war er Professor für Landschaftsarchitektur an der Technischen Universität Stuttgart. [310]

Roters, Prof. Dr. Eberhard, Berlin, Weddingenweg 8; Nürnberg, Kaulbachplatz 11; Berlin, Hanseatenweg 10 (»Akademie-Wohnung«); **Berlin, Regensburger Straße 12** (1929 Dresden – 1994 Berlin; Kunsthistoriker, Museumsdirektor). Roters lernte Höch 1961 kennen, als er ihr die Assemblage »Mechanischer Kopf« von [→ 106] Raoul Hausmann zurückbrachte. Sie war in der Ausstellung »Berlin – Ort der Freiheit für die Kunst« zu sehen. Höch kam gerade aus der [→ 278] Villa Massimo in Rom zurück nach Berlin. Roters war damals Volontär bei [→ 221] Leopold Reidemeister in der Nationalgalerie. »›Da bist du ja wieder‹, sagte sie zu dem Kopf, streichelte ihn und stellte ihn aufs Regal. (...) Die Koffer standen noch unausgepackt im Weg. Sie bot mir einen Grappa an und amüsierte sich: ›Stellen sie sich vor‹, mit einem feinen Lächeln, ›in den Sabiner Bergen sitzen die Kollegen mit gespitzten Bleistiften an den Hängen, und wenn man näherkommt, halten sie die Hand über den Block. Die arbeiten nämlich heimlich wieder gegenständlich.‹« [Dech, S. 228] Im Jahr 1967 regte Roters die Veröffentlichung einer Höch-Monographie an und gewann den Kunstkritiker [→ 201] Heinz Ohff als Autor. Bei einem seiner letzten Besuche in Heiligensee sagte Höch zu Roters: »Ich kann das Wort Dada nicht mehr hören, aber die Leute wollen ja derzeit nichts anderes, also muß ich wohl darauf eingehen.« [Roters 1, S. 65]

Gegenüber Heinz Ohff beschreibt Eberhard Roters Höch als die »grand old Lady der Berliner Kunst, die Dadadame und Klosterfrau von Heiligensee«, eine »ehrwürdige Freundin«. Im Jahr 1974 wollte Roters einige wichtige Werke von ihr für den Grundstock der neu geplanten Berlinischen Galerie erwerben und bat Ohff, die Künstlerin zu besuchen. Höch antwortete ihm: »Kommen Sie, bringen Sie Ihre liebe Frau mit, aber nur 5 Minuten reden wir übers Geschäft, dann essen wir Kirschtörtchen«. [Ohff 2, S. 82] Und Roters schreibt weiter: »Gemeinsam mit Ihrer Frau zogen Sie nach Heiligensee und verbrachten in Hannah Höchs Häuschen einen höchst

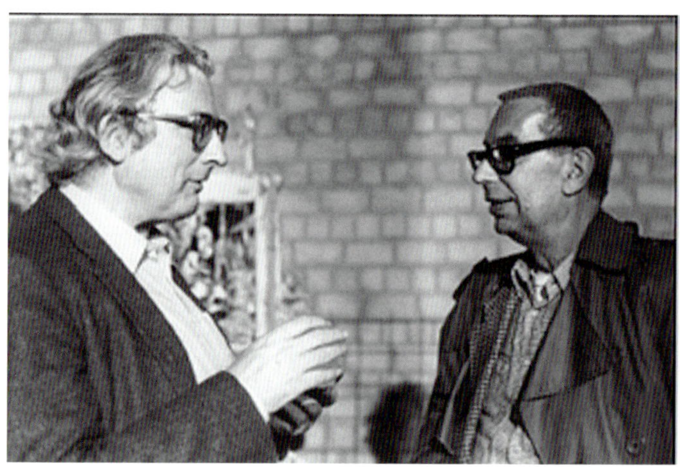

Eberhard Roters (l.) im Gespräch mit Heinz Ohff, Galerie Poll, Berlin, 1982. Foto: Christiane Hartmann

angeregten Nachmittag, der bis Mitternacht dauerte, denn, immer wenn die Künstlerin, um eine Anekdote zu untermauern, in ihren Papieren, Kästen und Kasten, einem schöpferischen Durcheinander, hinter dem sich ein Kosmos von ganz eigener Collage-Ordnung verbarg, einen Beleg suchte, fand sie stattdessen eine Unterlage für eine neue Geschichte, die ihrerseits eines Dokumentes bedurfte, stattdessen sie wiederum ein anderes fand, das abermals eine neue Geschichte erzeugte; so erzählten Sie es mir. (...) Gemeinsam mit ihr suchten Sie die beiden wichtigen Bilder von 1925 [→ 174] *Roma* und [→ 175] *Die Journalisten* sowie eine Serie von Collagen heraus. Dann erkundigten Sie sich, was das alles zusammen kosten solle. Hannah Höch wußte es auch nicht. Zaghaft schlugen Sie hunderttausend Mark vor. Darauf klatschte Hannah Höch in ihre Hände und rief: ›Dafür können Sie alles haben, was in meinem Hause ist. Nehmen Sie es gleich mit.‹« [Roters 2, S. 14] Heute gehören »Roma« und »Die Journalisten« zu den wichtigsten Werken der Berlinischen Galerie. In Höchs Terminkalender war später über das Treffen zu lesen: »Ich glaubte, er wollte mich foppen.«
Roters war von 1958 bis 1965 wissenschaftlicher Mitarbeiter bei den Staatlichen Museen in Berlin (Nationalgalerie). Er arbeitete als Beauftragter des Senators für Wissenschaft und Kunst innerhalb der »Künstlerhilfe«, war Ausstellungskurator an der Kunsthalle Nürnberg, danach Präsidialsekretär der Deutschen Gesellschaft für Bildende Kunst (Kunstverein Berlin, bis 1969) und der Akademie der Künste (1972-1976). Er gründete 1976 die Berlinische Galerie, der er als Direktor bis 1987 vorstand. Zeitgleich

leitete er die Abteilung Bildende Kunst der Akademie der Künste (1983-1986). [324, 325, 544, 547, 551]

Rotterdamse Kunstkring. Dort fand 1929 eine Gemäldeausstellung von Höch statt, eröffnet am 7. September. [305]

Ruckhaberle, Dieter (geb. 1938 Stuttgart – 2018 Berlin; Maler, Grafiker). Der Nachlass Hannah Höch enthält Ruckhaberles Typoskript: »Mit dem Holzhammer: Ohff und der Fall Baselitz; Ohff und die Galerie Schüler«. (7. April 1965). Ab 1962 studierte er bei [→ 142] Max Kaus an der Hochschule für Bildende Künste, Berlin. 1963 gründete Ruckhaberle die Freie Galerie in Berlin und war seit diesem Jahr vor allem kunst- und kulturpolitisch tätig: u.a. als einer der Gründer des Neuen Berliner Kunstvereins (NBK), der Neuen Gesellschaft für bildende Kunst (nGbK) und der IG Medien und engagierte sich für die Sicherung der materiellen Existenz von Künstlern. Von 1977 bis 1993 leitete er die Staatliche Kunsthalle im Berliner »Bikini-Haus«. [324]

Rühm, Gerhard (geb. 1930 Wien; Schriftsteller, Komponist, bildender Künstler) Wien, Berlin. Höch notiert: »Ford-Foundation«. Rühm besuchte Höch 1964 mit der Verlegerin [→ 90] Renate Gerhardt und dem Galeristen und Verleger [→ 128] Jes Petersen. Rühm war einer der Pianisten, die 1966 in der Konzert-Reihe »So langweilig wie möglich« Eric Saties Stück »Vexation« (Quälerei) im Forum-Theater am Kurfürstendamm aufführten. Das Konzert wurde von dem Fluxus-Künstler Nam June Paik und Charlotte Moorman, einer amerikanischen Cellistin und Kunstfigur Paiks, veranstaltet. Im selben Jahr las Rühm Textmontagen, Gedichte, Märchen in der studentischen Galerie Siegmunds Hof [Einladung, NHH]. Mit Konrad Bayer, Oswald Wiener und H.C. Artmann gehörte er zur Wiener Gruppe. [321]

Ruhmer, Dr. Eberhard (1917 Delitsch – 1996 ? ; Kunsthistoriker, Konservator). Berlin, Florenz. Ruhmer besuchte Höch 1951 zusammen mit dem Essayisten [→ 48] Karl Friedrich Borée. 1952 war er für ein Jahr Stipendiat am Kunsthistorischen Institut in Florenz, ein zweites Mal von 1955 bis 1957. Im Jahr 1961 erschien ein vierseitiger Sonderdruck von Ruhmer in »Die Kunst und Das schöne Heim: Monatsschrift für Malerei, Plastik, Architektur und Wohnkultur«: »Hannah Höch – eine Außenseiterin« [NHH]. Ruhmer und Höch korrespondierten bis 1964.

S

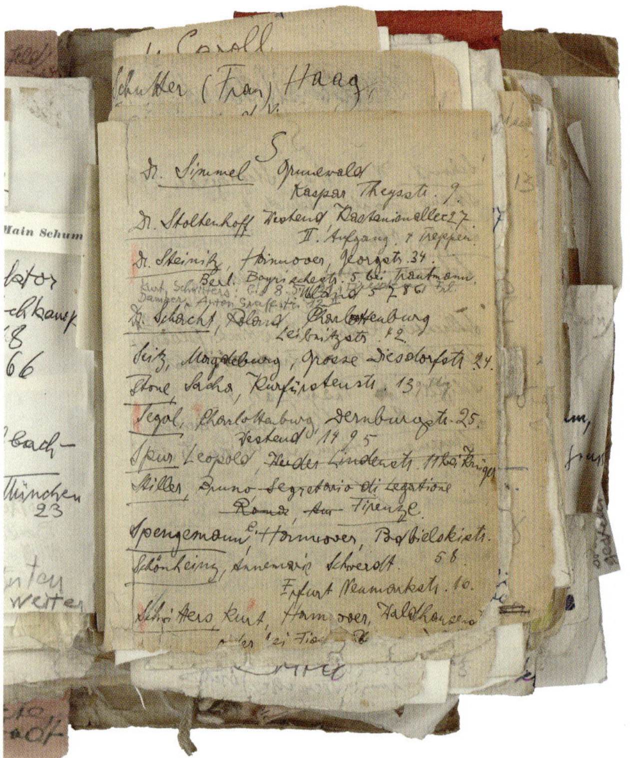

326 **Simmel, Dr. Ernst, Berlin, Caspar-Theyß-Straße 9; Berlin,** (Adelheidallee 19), **Schloss Tegel, Wohnung; Berlin, Eichenallee 23; Berlin, Ulmenallee 35, Kuranstalt**(en) **Westend, Psychoanalytisch**(e) **Station** (1882 Breslau – 1947 Los Angeles; Psychoanalytiker). Simmel schrieb von 1922 bis 1930 an Höch. Der Freudianer sei, so Höch, regelmäßiger Gast der Jours Fixes von [→ 241] Arthur Segal gewesen. Gemeinsam mit [→ 33] Adolf Behne und Segal lud er 1922 zu einem Künstlerfest bei Pennecke, das Kostümfest PHIALELO, in der Kastanienallee im Charlottenburger Westend ein. Höch war eine begeisterte Festgängerin, sie notiert: »es war wunderbar«.
Simmel ließ sich nach der Approbation in einem Berliner Arbeiterviertel nieder, gründete mit Karl Kollwitz und Ignaz Zadek den Sozialdemokratischen Ärzteverein und wurde zu einem der Pioniere der Sozialmedizin. 1922 errichtete er die weltweit erste psychoanalytische Poliklinik. Von 1927 bis 1931 führte er das »Sanatorium Schloss Tegel«. Simmel emigrierte 1934 in die USA. [331, 333]

326 **Stoltenhoff, Dr. Heinrich, Berlin, Kastanienallee 27, 2. Aufgang, 4 Treppen** (Arzt)

326 **Steinitz, Dr. Käte (Kate) T., Hannover, Georgstraße 34; Berlin, Bayerische Straße 5 (bei Trautmann); Los Angeles, 1893 Wilshire Boulevard; Los Angeles, 11842 Goshen Avenue** (geb. Traumann, 1889 Beuthen – 1975 Los Angeles; Malerin, Kunstkritikerin). Steinitz war eine Weggefährtin und Mitarbeiterin von [→ 235] Kurt Schwitters. Höch schrieb ihr im Juli 1960. Im September 1963 trafen sich beide auf der [→ 246] Schlemmer-Ausstellung in der Akademie der Künste. Höch schreibt: »Wirkliche Wiedersehensfreude, ich glaube auf beiden Seiten. Nach Schlemmerfeier gingen wir schlemmen im Chinesischen Restaurant« [TK63]. »Danach fuhren wir zu mir (…): Hier bis spät gewühlt. In Papier u. Erinnerungen. Sie will kaufen von mir Aqua, Kleinformat (…). Hat es schon mitgenommen, 100 D« [beide TK63]. Höch traf Steinitz auch bei [→ 150] Hanns Krenz im selben Monat, »will in Los Angeles Ausstellung mit mir machen. Viel gesprochen: Schwitters, Alte Zeiten, Ihre Leonardo-Aufgabe.« [TK63] Steinitz arbeitete von 1945 bis 1961 als Bibliothekarin in Los Angeles. Sie betreute eine Literatursammlung zu Leonardo da Vinci und baute sie weiter aus (»The Elmer Belt Library of Vinciana«). Kein anderer Besucher stand so oft in ihrem Gästebuch wie Kurt Schwitters, ihr enger Freund, dem sie ein »guter Kamerad« (Schwitters über Steinitz) und Partnerin bei vielen Projekten war. Steinitz zog 1917 mit ihrer Familie nach Hannover. Anfang 1918 lernte sie dort Schwitters kennen. Im Mai 1922 fand ein Vortragsabend im Hause Steinitz statt. Sie schreibt: »Die Berliner Dada-Gruppe lehnte Kurt Schwitters ab, weil er zu unpolitisch war im

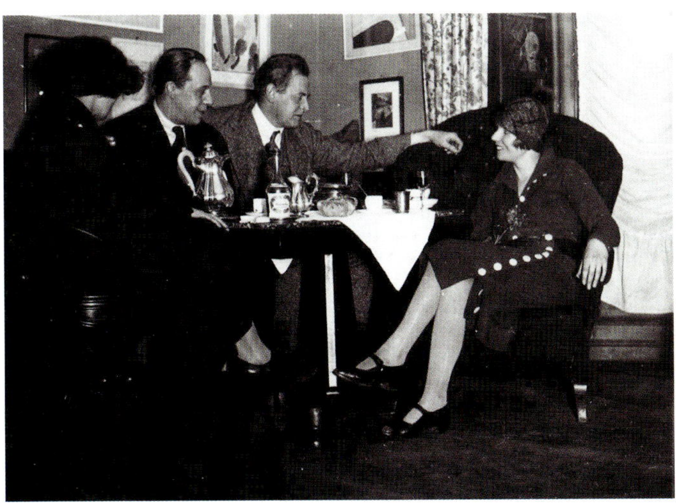

Nelly und Theo van Doesburg, Kurt Schwitters und Käte Steinitz (von links), Hannover, 1925

Gegensatz zu den Berlinern [→ 123] Huelsenbeck, [→ 111] Heartfield (Herzfelde), Grosz und [→ 28] Baader (...) Seine widersprechende Einstellung war ein Grund mehr, sich abzusondern und den Namen Merz anzunehmen.« [Steinitz 1, S. 36/S. 29] Steinitz schreibt weiter über Schwitters, dass »aus seiner Rocktasche (...) ein abgegriffenes Notizbuch mit internationalen Adressen heraus(sah). Da waren Namen und Adressen fortschrittlicher Künstler, Verleger, Kunsthändler und Sammler; er notierte Auktionen und Verkäufe mit Bildpreisen. Kurt spann ein internationales Netz von Dada-Fäden um die ganze Welt, von Land zu Land« [Steinitz 1, S. 29].

Kurt Schwitters' Wege führten fast täglich an ihrer Wohnung vorbei. Höch berichtet, wie sie beide »bei Käte Steinitz einkehren, um da aus der dicken Kanne mächtig viel Kaffee zu trinken – wenn uns die Musen mal nicht gewogen waren.« [Ohff 1, S. 24] Im Juni 1922 trug sie sich mit einer ganzseitigen Collage in ihr Gästebuch ein. Steinitz schreibt: »Später klebte [→ 59] Theo van Doesburg

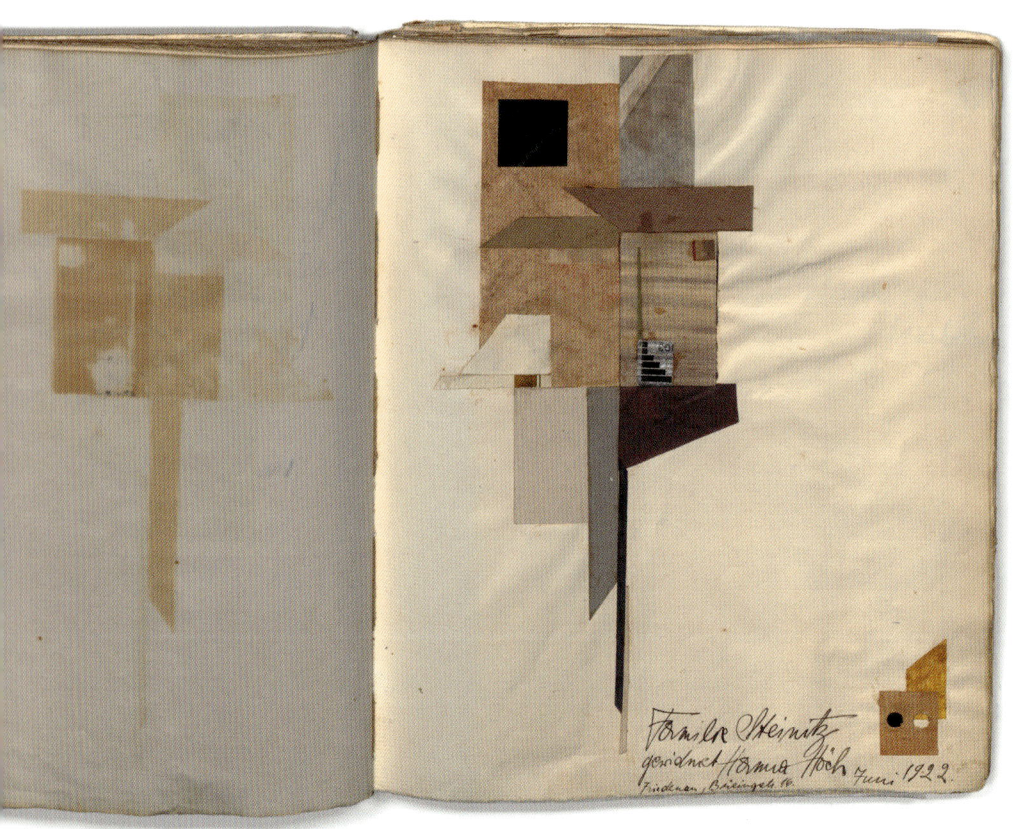

Gästebuch von Käte und Ernst Steinitz mit Hannah Höchs Collage, 1920-1961

selbst ein Photo von Hannah auf eine leere Seite mit der Überschrift ›unsere Hännchen‹ (…). Ja, unsere aller Freundin Hannah Hoech, die mutige Künstlerin der [→ 15] Novembergruppe.« [Steinitz I, S. 120) Auch im Oktober war Höch zu Gast bei Steinitz, diesmal gemeinsam mit dem Maler [→ 59] Walter Dexel und [→ 106] Raoul Hausmann. Von 1925 bis 1932 arbeitete sie als freie Mitarbeiterin für verschiedene Zeitschriften des Ullstein-Verlags, u.a. »Die Dame« und [→ 147] »Koralle«. Die im Nationalsozialismus verfemte Künstlerin folgte 1936 ihrem Mann, dem Kunstsammler Ernst Steinitz, nach New York. Dort war sie bis 1942 vor allem als freie Journalistin und Erzieherin tätig. Zum »Prinzip Collage« fand sie selbst erst in den vierziger Jahren. Im Pasadena Art Museum initiierte Steinitz 1962 eine Ausstellung zu Schwitters. Sie schrieb an Höch von 1960 bis 1967. [353, 354, 552]

326 **Schwitters, Kurt, Dresden, Anton-Graff-Straße 12 II (bei Frl. Damker; bis 8.5.21); Hannover, Waldhausenst**(r. 5 II) **o**(d)**er** (b)**ei Fisc**(her), **H**(elma); **Berlin, Bernburger Straße 26II (bei Hähner)** (1887 Hannover – 1948 Kendal; Maler, Dichter, Werbegrafiker). Höch schreibt: »Schwitters habe ich schon 1917 gekannt, als er in Wülfel, als Zeichner, eingezogen war von der Wehrmacht.« [A-Z Buch, Berlin 70er Jahre, NHH] Unter dem Namen MERZ (der mittleren Silbe von »Commerzbank«) entwickelte Schwitters ein eigenes dadaistisches »Gesamtweltbild«. Er war mit [→ 253] Helma Schwitters (geb. Fischer) verheiratet. Sie wohnten in Hannover, in der zweiten Etage des Elternhauses (Waldhausenstraße 5), in der sich auch sein Atelier befand. Höch verband mit Schwitters eine lange, auch durch künstlerische Kooperation geprägte Freundschaft. Zu Helma Schwitters entwickelte sie ebenfalls ein enges Verhältnis. Auf Grund seiner Haltung, direkte politische Stellungnahmen zu vermeiden, betrachteten die übrigen Berliner Dadaisten Schwitters dagegen mit Skepsis und Distanz.

Kurt Schwitters war, wie Höchs Biograf [→ 201] Heinz Ohff schildert, so etwas wie Höchs Mentor: »Er war, wie sie immer wieder glaubhaft versichert hat, nie ihr Geliebter, wohl aber ihr bester Freund, mehr als das: Seelenfreund und zweites Ich, eine Autorität, der sie nur zu gern gehorchte. Er rief, und sie folgte seinem Ruf. (…) Kurt Schwitters ist der einzige, bei dem ihr nicht eines Tages der Kragen platzt. Die Freundschaft oder Liebe zu ihm erlahmt nie. Er dürfte von allen Herren und Meistern, männlich oder weiblich, auch derjenige gewesen sein, der sie unegoistisch gefördert und nicht bloß ausgenutzt hat.« [Lebenscollage II/1, S. 260f.]

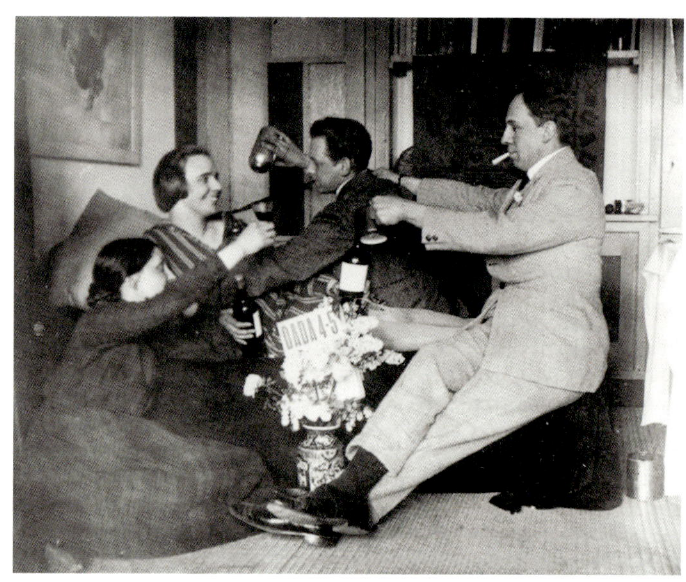

Ina und Bart de Ligt (erste und dritter von links) und Helma und Kurt Schwitters (zweite und vierter von links), Den Haag, 1923

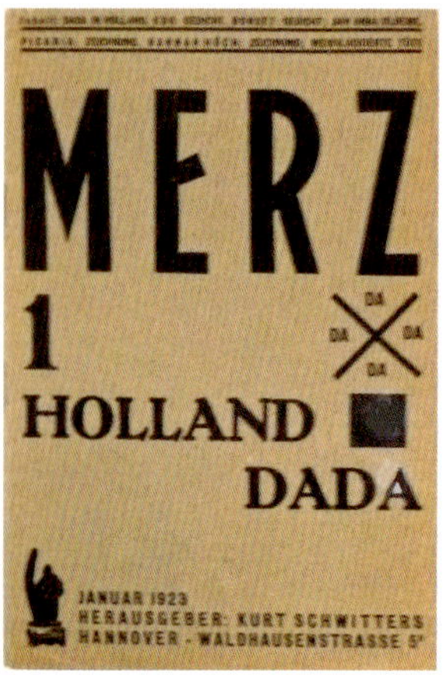

Erstes Merz-Heft, 1923

Diese Freundschaft setzte sich im Herbst 1918 fort, als Schwitters in Berlin auch [→ 20] Hans Arp und [→ 106] Raoul Hausmann traf. Im September 1921 begleiteten Hannah Höch und Helma Schwitters ihre Männer nach Prag anlässlich der »Anti-dada-Merz-Presentismus«-Tournee. Das Programm war gemeinsam in Höchs Atelier zusammengestellt worden, geplant von Schwitters, von »Dada Berlin« vor allem durch George Grosz mit Verachtung gestraft (»Scheißekopf«). Höch erinnert sich: »Die ›Gesellschaft‹ bestand aus zwei Mann: Hausmann und Schwitters. Wir Frauen waren zwar dabei, traten aber nicht auf. Dieser Abend erhielt einen besonderen Elan durch eine etwas bösartige Konkurrenzstimmung, die zwischen den beiden Akteuren ausgebrochen war und die dahin führte, dass sich die beiden in der Lautstärke immer mehr zu überbieten trachteten. Ich sah mit größter Sorge, wie die Halsadern bei den Simultangedichten vor allem zu reissen drohten. Dem Publikum gefiel das außerordentlich, es spürte die Echtheit der Wut der Kampfhähne und feuerte an.« [Lebenscollage II/1, S. 50] Ursache für den Hahnenkampf war Hausmanns Vorwurf an Schwitters, er habe ihn bei einer seiner Lautsonaten plagiiert. Und Höch weiter: »Auf dieser Fahrt – von Dresden nach Prag hatte sich Kurt Schwitters auf ulkige Weise betätigt, indem er in dem D-Zug (…) – er hatte also den ganzen Zug mit seinen rot-weissen runden Reklamemarken, auf denen ›Anna Blume‹ stand, gepflas-

tert. Die Durchgänge, die Scheiben, ein gewisses Kabinett – ja sogar die äußere Lokomotive und behauptete – die Konzertdirektion habe alle tschechischen Züge für diese Tournée so ausgestattet. Ich glaubte es ihm auch.« (»An Anna Blume« ist ein Merz-Gedicht, das Kurt Schwitters 1919 verfaßte und sehr aktiv verbreitete.) [Lebenscollage II/1, S. 50] Eine zweite gemeinsame Tournee führte im September 1922 nach Weimar, Jena und Hannover.
In der ersten schriftlichen Nachricht von Schwitters an Höch (im Juni 1922) siezt er sie noch: »Liebes Fräulein Höch! (...) Hausmann weiß nicht, daß Sie uns besuchen. Bringen Sie Arbeiten mit. Schreiben Sie uns, wann Sie ankommen. Für den Fall, daß Sie nicht früh genug schreiben können, daß wir die Karte nicht früh genug bekommen, gehen Sie bis Kaffee Kröpke und fahren mit 1 oder 18 bis Döhrener Turm. Wir wohnen Waldhausenerstr. 5 p oder II. Herzlichst Kuwitter.« [Lebenscollage II/2, S. 78]
In einem SFB-Interview (1960) beschreibt Höch ihn rückblickend: »Er wollte auch Dada niemals seiner musischen Elemente entkleiden. (...) Ja – es verband mich ihm (...) ›sein inbrünstiger Glaube an die Aufgabe der Kunst im ethischen Bereich des Menschen‹, Kurt Schwitters war ein unerschöpfliches Thema, weil sein zwiespältiger Charakter neben einem vollendeten Spießer einen fanatischen und wirklichen Künstler duldete, der sich bis zur Selbstaufopferung der Kunst hingab. Eine sehr seltene Kombination.« [Lebenscollage II/1, S. 114; Manuskriptauszug, »Kunst oder Schocktherapie – Dada in Zürich und Berlin«, 5. Februar 1960] Schwitters hatte mit seinem »Prinzip Merz« eine eigenständige, der Poesie verpflichtete dadaistische Position entwickelt, die auch seine künstlerischen Gemeinsamkeiten mit Höchs Arbeiten erklärten. In einem Beitrag für Ohff erinnerte sie sich: »Auseinandersetzungen irgendwelcher Art gab es überhaupt nicht. Wo unsere Charaktereigenschaften nicht übereinstimmten und die daraus resultierenden Verhaltensweisen – da tolerierten wir einander. Der Boden, der unser schöpferisches Wollen bedingte, war wohl ein ähnlicher.« [Ohff 1, S. 23f.]
Schwitters versuchte seine Dichtung und Bildkunst überall unter die Leute zu bringen. Er reiste viel und schuf sich, da er ständig in Not war, Stützpunkte bei Freunden, wo er kostenlos übernachten und in deren Wohnungen er gegen Eintrittspreis Merz-Abende oder Matineen veranstalten durfte. Zu den Freundschaftsstützpunkten gehörte Höchs Wohnung in Berlin. [→ 150] Peter Krieger berichtet: »Bei Freunden legte er gern einen Vorrat an gefundenen

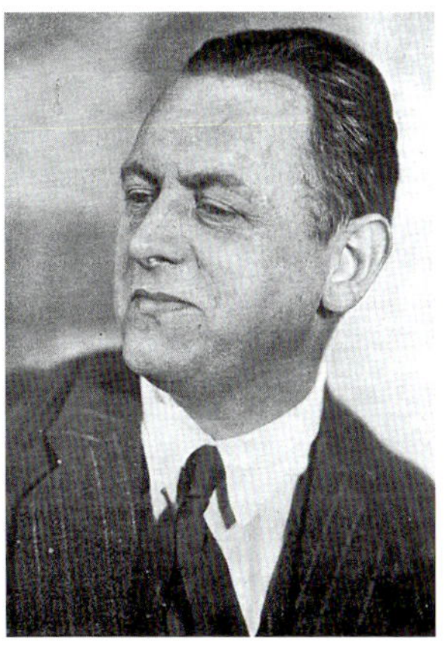
Kurt Schwitters, 1927

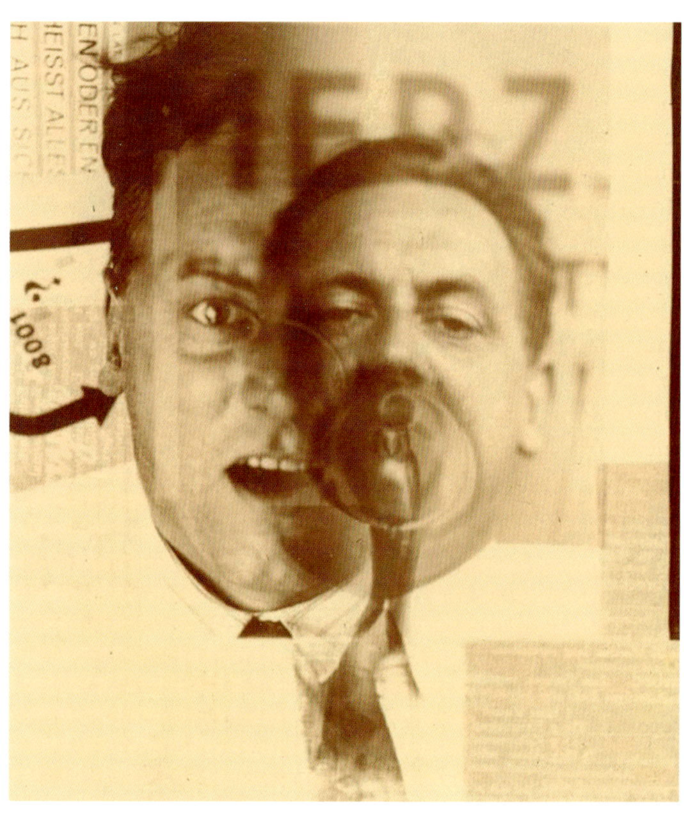

Fotocollage mit zwei Fotos von Kurt Schwitters und der Merz-Titelseite vom Juli 1924. El Lissitzky, 1925

Objekten jeder Art und Größe an, um bei seinem nächsten Besuch sofort Arbeitsmaterial vorzufinden. In der Dachwohnung Büsingstraße 16, 5. Stock gab es zwischen der schrägen Rabitzwand und dem Ziegeldach ungenutzte Hohlräume. Unbekümmert wie stets durchbrach Schwitters diese Wand, setzte eine kleine Tür ein und hortete dort seine Fundstücke. Im Winter jedoch, klagte Hannah Höch, habe es durch diese Tür immer mächtig gezogen. Mit der ›Butze‹ ihres Freundes war sie durchaus nicht einverstanden. Fanden ›Merz-Abende‹ in Hannah Höchs Atelier statt, so mußten aus den Wohnungen biederer Bürger in den unteren Etagen Stühle sowie Tassen und Silberlöffel herauf und am nächsten Morgen wieder herunter getragen werden.« [Krieger, S. 31] Im März 1925 fand in ihrer Wohnung ein solcher Merzabend statt.
Ein ebenso willkommener Gast war Höch den Schwitters in Hannover. [→ 20] Hans Arp erinnerte sich folgenden Dialogs zwischen Helma und Kurt Schwitters: »K.Schw.: Helmchen! Vergiß bitte

nicht, daß heute nachmittag Hännchen aus Berlin kommt! – H. Sch.: Aber Kurtchen, wo soll sie denn schlafen? – K.Sch.: In meinem Bette natürlich! – H.Sch.: Aber das geht doch nicht, Kurtchen! – K.Sch.: Warum denn nicht? – H.Sch.: Du hast doch deinen Kleistertopf beim Arbeiten im Bett umgeworfen!«.

In einer Einführung zu einem Dokumentarfilm über ihn schreibt [→ 229] Eberhard Roters: »Schwitters' Genie besteht in der souveränen Handhabung seiner Unbeholfenheit; das hat er mit den großen Clowns gemein, die, ebenso wie Schwitters selbst, selten laut gelacht haben. Zu Hannah Höch habe ich mal gesagt: ›Aber es gibt doch Fotos, auf denen er lacht.‹ – ›Sie verwechseln das‹, antwortete sie, ›da rezitiert er gerade die Ursonate, und deshalb zieht er den Mund breit.‹« [Züchner, S. 151]

Im Juni 1926 meldete sich Schwitters aus Holland: »Ich muß Dir noch erst Holland so schön darstellen, wie es ist, denn es wäre zu fein, wenn du kämest Leute gibt es genug hier, z.B. [→ 220] Rietveld, van der Leek (d.i. Bart Anthony van der Leck; Maler, Architekt; H.N.), [→ 198] Oud, Berlage, [→ 126] Huszár, Wills, Riuzana. Auch [→ 45] Frau Bienert aus Dresden ist in Scheveningen. (...) Also schreib bald. Wir würden uns schrecklich freuen, und es würde famos werden. Herzlichst Merz Visum ist nicht erforderlich, <u>nur Pass</u>.« [Lebenscollage II/2, S. 259f.] Höch nahm die Einladung an. Sie brach Anfang Juli in die Niederlande auf und blieb die folgenden Jahre dort.

Schwitters zog sich ab 1933 immer wieder für mehrere Monate nach Norwegen zurück. Anfang Januar 1937 kehrte er Deutschland endgültig den Rücken. »Schwitters fuhr (mit Helma und Sohn Ernst, H.N.) Juni 1930 das erstemal nach Norwegen, nachdem wir 1929 ([→ 49] Til u. ich) diese Reise gemacht hatten und auf der Rückreise bei Schwitters wohnten. Ich machte ihn <u>scharf</u> auf Norwegen.« [A-Z Buch, Berlin 70er Jahre, NHH] Die Schwitters-Familie reiste nun fast jedes Jahr nach Norwegen. Der Wohnsitz war Lysaker bei Oslo und im Sommer Molde.

Helma Schwitters blieb in Hannover und verbrachte bis 1939 nur einige Monate im Jahr in Norwegen. Im Juli 1946 schreibt Schwitters an Höch: »Ich verliess für gut Deutschland 1936 und ging mit Ernst nach Oslo (...), weil die Gestapo mich suchte. Sie suchte mich eben. Daher als Hitler die Deutschen nach Norwegen sandte, am 9. April 40, flohen wir. Es war eine phantastische Flucht, im Hochgebirge, und entlang der Küste, zwischen Schnee und Wasser, Inseln mit Deutschen, und mehrmals hatten wir die Linie des Feindes zu durchkreuzen. Es ging gut. Nie habe ich Norwegen so schön gesehen.« [Lebenscollage III/1, S. 85] Schwitters floh in einem Boot nach England und lebte in britischen Internierungslagern. Seine Frau Helma sah er nie wieder. Sie starb 1944 in Hannover an Krebs.

Höch plante 1968, ein Schwitters-Buch mit Erinnerungen und Briefen zu veröffentlichen – aber dazu kam es nicht. 1971 wurde eine Ausstellung über ihn in der Akademie der Künste eröffnet. Höch besuchte sie, »trotzdem es mir nicht gut ging. Wollte die Arbeiten aus Norwegen sehen und – WIEDERSEHN!« [77, 331, 508]

326 **Schacht, Dr. Roland, Berlin, Leibnizstraße 42** (1888 Reichenberg – 1961 Berlin; Autor). Schacht arbeitete ab 1920 als Kulturjournalist sowie ab 1922 als Filmkritiker für den Ullstein-Verlag. Nach dem Zweiten Weltkrieg leitete er von Mai bis Oktober 1945 das Kulturamt in Berlin-Friedenau. Höch hielt für das Amt Vorträge etwa zum Thema »Frauen und Kunst« oder sie referierte »Über die unvoreingenommene Art ein Kunstwerk zu betrachten: Warum? Wie? Zu welchem Zweck?«. Auf diese Weise beteiligte sie sich nach der NS-Zeit aktiv am Wiederaufbau der Bildungsarbeit.

326 **Seitz, Robert, Magdeburg, Große Diesdorfstraße 24; Berlin, Laubenheimerplatz 11** (heute Ludwig-Barney-Platz) (1891 Magdeburg – 1938 Lörrach; Schriftsteller). Seitz war mit Erna (geb. Hähne) verheiratet. Seine Werke verlegte [→ 261] Victor Otto Stomps. Höch schreibt 1938 über sein Lebensende: »Auf Reise nach Italien – Gehirngrippe – oder Tumor? Die arme Erna. Er selbst hat nicht viel gelitten – war so glücklich, dass ein Wiener Verlag ihn auf ½ Jahr nach Italien schickte. Aus.« [Lebenscollage II/2, S. 599] Die Malerin traf die Witwe und ehemalige Verlobte des Oberdada [→ 28] Johannes Baader erst 1947 wieder.

Erna Seitz gehörte mit der Textilkünstlerin [→ 279] Lilly Vetter zu den Organisatorinnen der Ausstellung »Die Frau in Wort, Werk und Bildnis« im Haus am Waldsee. Es war die erste nur von Frauen konzipierte Ausstellung im Nachkriegs-Berlin. Im Katalog war Höch mit acht Aquarellen aufgeführt. [87, 258, 330, 332, 346]

326 **Stone, Sasha, Berlin, Kurfürstenstraße 13** (1895 St. Petersburg – 1940 Perpignan; Fotograf). Stone war auch Collageur und beteiligte sich wie Höch 1929 an der Werkbund-Ausstellung »Film und Foto« in Stuttgart. Es war die erste Ausstellung in Deutschland, bei der Fotografie und Film einen der Malerei, Architektur und Bildhauerei vergleichbaren Status erhielten. Höch gehörte schon damals wenn nicht zu den Prominenten, so doch zu den Protago-

nistinnen einer Kunstrichtung, die mit Fotografie verbunden ist. Sie war mit achtzehn Fotomontagen vertreten. Die Schau wanderte weiter in sieben Städte: Zürich, Berlin, Danzig, Wien, Zagreb, Tokio und Osaka. In einer Zeitungskritik – Quelle unbekannt – erschien der Satz: »Durch eigene Art bemerkenswert (...) die Holländerin (sic!) Hanna Höch mit ihren geistreichen Fotomontagen«. [Lebenscollage II/1, S. 286]
Stone bewegte sich im Umfeld der Dadaisten. 1924 beendete er seine Karriere als Maler und Bildhauer und gründete in Berlin sein Fotostudio Atelier Stone in der Kurfürstenstraße 13. Im Jahr 1932 ging er nach Brüssel und starb 1940 auf der Flucht nach Spanien in Südfrankreich.

326 **Segal, Arthur Aaron, Berlin, Dernburgstraße 25** (1875 Jassy – 1944 London; rumänischer Maler). Segal war mit Ernestine (Egal) Segal (1879–1967, geb. Charas) verheiratet – mit beiden war Höch befreundet. Sie lernte das Paar über [→ 106] Hausmann kennen. Der Rumäne schrieb ihr seit 1921. Er schloss sich in Berlin der [→ 35] »Novembergruppe« an und eröffnete für seinen Lebensunterhalt eine Malschule im großen Atelier neben seiner Wohnung in der Dernburgstraße 25. In ihrer Charlottenburger Wohnung veranstalteten die Segals an jedem ersten Montag im Monat einen Jour fixe. Dort trafen sich der Philosoph [→ 75] Salomo Friedlaender/Mynona, der Kunsthistoriker [→ 33] Adolf Behne, der Architekt [→ 114] Ludwig Hilberseimer, die Schriftsteller [→ 131] Ignaz Jezower und Herwarth Walden und viele Künstler: [→ 106] Raoul Hausmann, Hannah Höch, Paul Goesch, George Grosz, [→ 62] Desiderius, [→ 235] Kurt Schwitters, O. Freitag. Nach Angaben von Walter Segal (dem Sohn des Künstlers) kamen unregelmäßig auch Breuer, [→ 69] Eggeling, [→ 79] Feininger, [→ 98] Gropius, Kandinsky, Mendelsohn, [→ 167] Moholy-Nagy, Péri, [→ 216] Richter, Ruttmann, [→ 87] Gellhorn und [→ 148] Kosina und einmal sogar Malewitsch und [→ 163] Lissitzky. Es wurde über Politik, Philosophie und Religion geredet, über Texte und natürlich über die Kunst gestritten. Hannah Höch schreibt: »Es war da ein runder Tisch in der Wohnung des Malers um den einige Leute sassen. Von den Wänden wirbelten die verwegenen Farbskalen, die in diesem Hause geschaffen wurden... Oft die banalsten Vorgänge eines armseligen Menschenlebens darstellend... Also da haben wir zunächst unsern Wirt, den Malersmann, ein Kindergemüt, prachtvoll unberührt von dem ... (unleserlich) der Zeit. Wer Hans Gütlich (d.i.

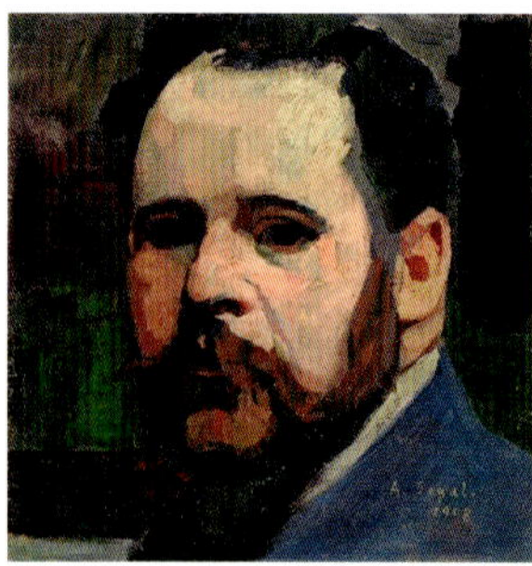

Arthur Segal, Selbstporträt, 1908

Arthur Segal, H.N.) gesehen hat in seiner frischen Rundlichkeit mit zwei strahlenden Augen im Kindergesicht, die von einer ewigen Hilfsbereitschaft für alle und Jeden sprechen, mit dem drolligen Haarbusch, oder ist es ein Streifen, der sich so temperamentvoll aus dem mächtigen Vorderkopf behauptet, der wusste zwei Dinge: er ist ein Maler und man muss ihn lieb haben und er sieht aus wie der kleine liebe Gott.« [Lebenscollage II/1, S. 184ff.] Segals wichtigste Gesprächspartner, mit denen er sich bis in die Nacht heiße Wortschlachten lieferte, waren dabei Salomo Friedlaender und Raoul Hausmann.

Die herzliche Freundschaft mit Höch endete 1931, als es zu einem Konflikt innerhalb der [→ 35] »Novembergruppe« kam. Der Anlass war die Hängung von zwei seiner Bilder in einer Ausstellung. Segal beklagte sich bei seinem »Hännchen« (wie er Hannah bisher anschrieb): »Dass aber auch meine Freundin bei der Vorlesung meines Austrittsbriefes gegen mich auftrat und sich auf die Seite der ›Hängekommission‹ stellte (sie hätte mindestens schweigen sollen), dass ist die Bitterkeit, die ich gegen dich habe«. Dazu hat Höch angemerkt: »Arthur Segal hatte in diesem Jahr sehr süssliche, ganz naturalistische Heidebilder eingesandt und ich stimmte auch dafür, dass sie *nicht* im Hauptsaal aufgehängt würden, wo sie wirklich sehr schlecht wirken. Er hat es sehr übel angenommen.« [Lebenscollage II/2, S. 415]

Im Mai/Juni 1933 emigrierte der Maler mit seiner Familie auf die Insel Mallorca, 1936 nach London. Nach Segals Tod führte seine Frau zusammen mit ihrer Tochter Marianne die Segalsche Malschule dort weiter. [87]

326 **Spur, Leopold; Werder, Lindenstraße 11 (bei Krüger)**

326 **Stiller, Bruno** (Legationssekretär in Rom). Stiller kaufte 1920 während Höchs Italienreise eine figürliche Stickerei. In Rom verabredeten sich beide. Dort wurde die Ausstellung der [→ 35] »Novembergruppe« gerade geschlossen, die einzige im Ausland. Höch war an ihr aber nicht beteiligt. Stiller wurde 1921 Konsul im Deutschen Konsulat in Florenz.

326 **Spengemann, Christof, Hannover, Podbielskistraße 58; Hannover, Langefeldstraße 83** (1877 Hannover – 1952 Hannover; Schriftsteller, Grafiker, Verleger der Hannoveraner Dada-Bewegung), verheiratet mit [→ 256] Luise Spengemann. Spengemann fuhr 1936, während der Olympiade, nach Berlin und besuchte Höch. Im April 1946 schreibt er rückblickend: »Wissen Sie noch? – damals war ich bei

Ihnen. Ja, – und als ich wieder nach Hause kam, wurden wir alle drei verhaftet.« [Lebenscollage III/1, S. 84] Der Sozialdemokrat Spengemann wurde wegen angeblicher Vorbereitung zum Hochverrat 1936 zu drei Jahren, seine Frau zu zweieinhalb Jahren und ihr Sohn Walter (geb. 1904) zu zehn Jahren Haft verurteilt. Und weiter: »(Walter) ist inzwischen Chefredakteur vom Freien Hannoverschen Kurier. Meine Frau ist noch nicht wieder zu künstlerischer Betätigung gekommen, – der Haushalt ist gegenwärtig son bisken schwierig und läßt ihr wenig Zeit. Was mich betrifft: man bestrafte mich als Schriftsteller und Gebrauchsgrafiker mit einem Berufsausübungs-Verbot. Und da hab ich mich von 1939 bis zur Befreiung als ›geistiger‹ Gelegenheitsarbeiter herumgedrückt. Dann hab ich mich als Werbeberater und Werbegestalter etabliert. In der Hauptsache aber schreibe ich Bücher und warte auf Schnee, also auf Publikationsmöglichkeiten.« [Lebenscollage III/1, S. 84]
Spengemann lernte 1917 [→ 235] Kurt Schwitters kennen. Er war 1919/20 Mitherausgeber von »Der Zweemann: Monatsblätter für Dichtung und Kunst«. Durch Schwitters und die Publikation dadaistischer Manifeste gewann die Zeitschrift, von der zehn Hefte erschienen, an Bedeutung. Sie spiegelte mit Glossen, Theater- und Musikkritiken sowie Ausstellungsberichten das Hannoversche Kunstleben.
326 **Schoenheinz, Annemarie** (geb. Schwerdt); **Erfurt, Neuwerkstraße 16; Hamburg, Haynstraße 19**. Schoenheinz schrieb an Höch 1960. Sie arbeitete für den Kulturkreis im Bundesverband der Deutschen Industrie, Köln. [353]

Sanouillet, Michel (1924 Montélimar – 2015 Nizza; Kunsthistoriker, Dada-Spezialist; Association pour l'Etude du Mouvement Dada) Paris. Sanouillet schrieb 1964 an Höch (mit Henri Behar und Yves Lieussou). Sie notiert: »hatte wegen Picabia bei mir Auskunft gebeten. Schickte dann Sorbonne Vortragskarte« [AB] und »Franzosen Mai–Juni 1965«. Er forschte vor allem über Francis Picabia, [→ 270] Tristan Tzara und [→ 213] Man Ray. Sein Buch »Dada à Paris« erschien 1965. [114]
Schamoni, Peter (1934 Berlin – 2011 München; Filmregisseur und -produzent). Höch traf Schamoni 1964 in einem Café, nachdem sie in einer Galerie seinen Film über [→ 72] Max Ernst gesehen hatte (»ein ›Edelstein‹«). Zwei Tage später besuchte er sie mit seinem Bruder, einem Kameramann. »Er will vielleicht hier bei mir

einen Film machen. Er schien ziemlich beeindruckt. Also wird es vielleicht.« [TK64] Im selben Jahr kam Schamoni erneut: »Es wird sich melden: Senats-Director für Film zuständig, (sollen Geld zu dem Film zugeben)«. Bei der Fernsehausstrahlung des Films äußerste sich Höch dann negativ: »Leider mit sehr kitschiger Musik verbunden. ›Höllengeheule‹, Käuzchengeschrei etc. schlechtester Wagner. Schade. Hier gehen die Konzessionen ans grosse Publikum entschieden zu weit.«[TK64] Schamoni zeigte 1968 seine Filme in der Akademie der Künste. [356]

Scharoun, Anna-Marie (Aenne) (geb. Hoffmeyer; 1890 Bremerhaven – 1967 Berlin). Höch traf sie 1958 auf dem Geburtstag von [→ 42] Elfriede Behne. Sie hatte den drei Jahre jüngeren [→ 244] Hans Scharoun 1920 geheiratet. Anna-Marie Scharoun schrieb 1960 an Höch, bald darauf besuchte Höch sie. Auch 1965 bei einem Essen in der Akademie der Künste begegneten sich die beiden. [353]

Scharoun, Prof. Hans, Berlin, ...uerstr. 2; Berlin, Hannoversche Str. 30; Berlin, Heilmannring 66a (1893 Bremen – 1972 Berlin; Architekt). Scharoun schrieb 1965 (für die Akademie der Künste) an Höch, er besuchte sie mit seiner Frau 1967. Der Architekt wurde 1955, auf der ersten konstituierenden Sitzung der Akademie der Künste, zum Präsidenten gewählt (bis 1968). Drei Jahre später, 1971, fand in der Akademie eine erste Retrospektive von Höch statt. Scharoun war einer der bedeutendsten Vertreter der »organischen« Architektur. Er entwarf u.a. in Berlin die Philharmonie, die Staatsbibliothek und das Musikinstrumenten-Museum. 1945 übernahm Scharoun für zwei Jahre das Amt des Stadtrats und Leiters der Abteilung Bau- und Wohnungswesen des Magistrats von Groß-Berlin. 1946 wurde er auf eine Professur für Städtebau an der Tech-

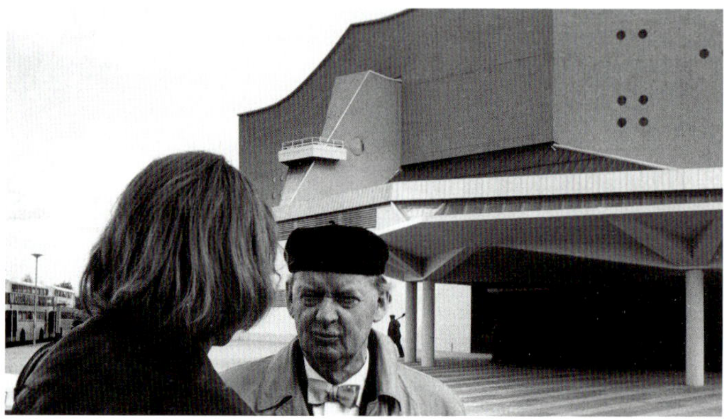

Hans Scharoun vor der Philharmonie, Berlin, 1963. Foto: Horst Siepmann

nischen Hochschule Berlin berufen (bis 1958). In den zwanziger Jahren war Scharoun für die Stuttgarter Weißenhof-Siedlung tätig und in Berlin für die Planung der Siemensstadt verantwortlich. Er blieb nach 1933 in Berlin, bekam aber nur wenige Aufträge. [199, 347, 552]

Scharoun-von Plato, Margit (1902 ? –1985 Berlin; Modejournalistin, verheiratet seit 1960 mit [→ 244] Hans Scharoun) [554, 555]

Scheper-Berkenkamp, Lou (Luise) (1901 Wesel – 1976 Berlin; Malerin, Kinderbuchautorin). Scheper-Berkenkamp schrieb 1957 an Höch und traf sie 1959 in der Galerie Rosen »zum Besichtigen«. Sie sahen sich 1962 wieder bei Erika Altgelt »zum Tee« und 1966 während einer Museumseröffnung.

Von 1920 bis 1922 besuchte Scheper-Berkenkamp das Bauhaus und studierte Wandmalerei. Ihren Mann heiratete sie 1922, der von 1925 bis 1933 die Wandmalereiabteilung leitete. 1932 zogen die Schepers nach Berlin. Scheper-Berkenkamp arbeitete anschließend als Malerin und Illustratorin. Sie engagierte sich im Vorstand des Berufsverbandes Bildender Künstler in Berlin und war an der Ausrichtung der jährlichen »Großen Berliner Kunstausstellung« beteiligt. In dieser Funktion schrieb sie 1968 an Höch. [348]

Schiffer, Otto Marcellus (1892 Berlin – 1932 Berlin; Kabarettautor, Maler, Chansontexter). Höch blieb mit einigen ihrer ehemaligen Mitschüler der Kunstgewerbeschule Charlottenburg wie Schiffer befreundet. Schiffer hatte in den zwanziger Jahren als Kabarettist und Revue-Librettist großen Erfolg. Er begann 1917 das Grafik- und Bildkunststudium bei [→ 199] Emil Orlik. Seine Begabung für die Malerei reichte aber nicht aus, und er arbeitete als Chansontexter mit den großen Komponisten der sogenannten »leichten Muse« wie Hollaender, Heymann, Gray, Nelson und Spoliansky zusammen. [327]

Schifferli, Peter (1921 Bern – 1980 Mammern; Schweizer Verleger; Verlag Die Arche, Zürich). Schifferli und der Verlag Die Arche korrespondierten mit Höch von 1959 bis 1965. Er besuchte Höch mit zwei Dozenten der Filmakademie (Grundmann und Heyde, »sehr gut verstanden«) 1966. Höch: »Ein unkonventioneller Mann. Mittelalter.« Schifferli gab 1957 das Buch »Die Geburt des Dada. Dichtung und Chronik der Gründer« zusammen mit [→ 20] Hans Arp, [→ 123] Richard Huelsenbeck und [→ 270] Tristan Tzara heraus. [360]

Schlemmer, Oskar, Stuttgart (bei Kämmerer); Badenweiler, Sehringen (Sehringener Straße 13) (1888 Stuttgart – 1943 Baden-Baden; Maler, Bildhauer, Bühnenbildner). Höch begegnete Schlemmer 1939 auf einer Autoreise mit ihrem Mann [→ 178] Kurt Heinz Matthies. Ihr Wohnwagen-Standplatz war am Schützenhaus in Stuttgart. Dort trafen sie auch andere Kollegen: »Abends zu Hildebrandts da kam noch Schlemmer hin. Um 2 Uhr erst nach Haus.« [TK39] Oskar Schlemmer war zu der Zeit beim Stuttgarter Malerbetrieb Albrecht Kämmerer angestellt, dem Schwager von [→ 41] Willi Baumeister. Für Kämmerer sollte Schlemmer Aufträge vom Fassadendekor bis zum Tarnanstrich übernehmen. An zahlreichen, meist öffentlichen Gebäuden führte er zwei Jahre lang Bemalungen oder Sgraffitos aus.

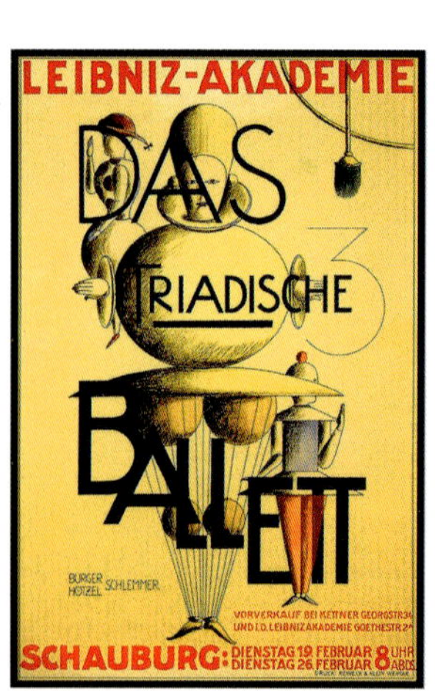

»Das Triadische Ballett«. Plakat für eine nicht realisierte Aufführung in Hannover. Oskar Schlemmer, 1924

Schlemmer kannte Baumeister von der Stuttgarter Akademie der bildenden Künste, an der er von 1906 bis 1911 studierte. 1921 übernahm er am Bauhaus die Leitung der Werkstatt für Wandbildmalerei, später die für Holz- und Steinbildhauerei. Gleichzeitig arbeitete er am »Triadischen Ballett«, das 1922 in Stuttgart uraufgeführt wurde. Die Maskenkostüme verwandelten ihre Träger zu Puppen oder Marionetten. Höchs Kostümentwürfe für die Anti-Revue »Schlechter und besser« (mit [→ 235] Kurt Schwitters und [→ 263] Hans Heinz Stuckenschmidt), die nie aufgeführt wurde, orientierten sich stilistisch an Schlemmers Arbeit.

1929 verließ Schlemmer das Bauhaus und wurde an die Staatliche Akademie für Kunst und Kunstgewerbe in Breslau berufen. Er wechselte 1932 an die Vereinigten Staatsschulen für freie und angewandte Kunst in Berlin. Ein Jahr später wurde ihm als »Kulturbolschewisten« fristlos gekündigt und er zog nach Dettighofen-Eichberg nahe der Schweizer Grenze, 1937 nach Sehringen bei Badenweiler. Dort baute er ein Wohnhaus, von Höch als »grüner Bau« beschrieben. Die Ausstellung »Entartete Kunst« 1937 zeigte Arbeiten von Baumeister und Schlemmer. Beide Künstler zogen sich aus der offiziellen Kunstwelt zurück und arbeiteten von 1940 an mit [→ 188] Georg Muche in einem Forschungsprojekt für den Wuppertaler Lackfabrikanten Dr. Kurt Herberts.

Für Höch war das abendliche Treffen bei [→ 115/116] Hildebrandt 1939 die letzte Gelegenheit bis Kriegsende, in einem größeren Rahmen Künstlerkollegen zu treffen. Die Stuttgarter Freunde zeigten ihr anschließend noch architektonische Sehenswürdigkeiten, u.a. die Weißenhofsiedlung. An der hatte sich auch Höchs holländischer Freund[→ 198] J.J.P. Oud beteiligt. [347]

Schlichter, Rudolf, Berlin, Neue Winterfeldtstraße 17 (1890 Calw – 1955 München; Künstler). Wahrscheinlich regte die Begegnung mit [→ 111] John Heartfield Schlichter zu Collagen und dadaistischen Plastiken an. Seine Kontakte zu ihm, George Grosz und [→ 106] Raoul Hausmann führten im Sommer 1920 zu seiner Teilnahme an der »Ersten Internationalen Dada-Messe«, an der er neben Hannah Höch mit zehn Arbeiten teilnahm. Im vorderen Ausstellungsraum der Kunsthandlung Burchard schwebte die ausgestopfte Figur eines preußischen Offiziers mit verdrehten Beinen von der Decke. Sein Haupt war durch die Nachbildung eines Schweinskopfs ersetzt worden. Das Objekt sorgte für einen Skandal. Der Katalog der »Dada-Messe« verzeichnete die Arbeit Schlichters als »Preußischen Erzengel«. Es folgte eine Anklage wegen Beleidigung der Reichswehr gegen ihn, George Grosz, Wieland Herzfelde, [→ 111] John Heartfield und den Galeristen Otto Burchard. Der Prozess im Berliner Reichsgericht endete damit, dass [→ 28] Baader, Burchard und Schlichter freigesprochen wurden, Grosz und Herzfel-

Eröffnung der »Ersten Internationalen Dada-Messe«, Kunstsalon Dr. Otto Burchard, Berlin
Stehend von links nach rechts: Raoul Hausmann, Otto Burchard, Johannes Baader, Wieland und Margarete Herzfelde, George Grosz, John Heartfield. Sitzend: Hannah Höch und Otto Schmalhausen, 1920

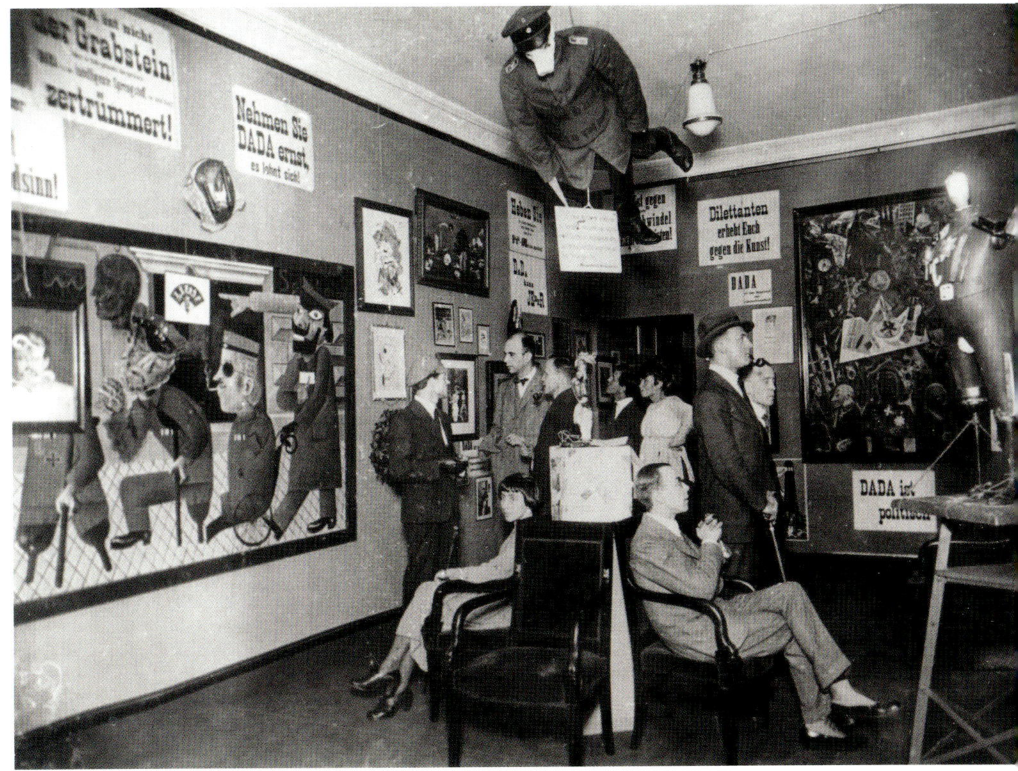

de mit einer Geldbuße von 300 beziehungsweise 600 Mark davonkamen. Die Anklage wurde aufgrund eines Gutachtens von [→ 248] Paul F. Schmidt, dem Direktor der Städtischen Sammlungen in Dresden, aufgehoben. Schmidt argumentierte: »Der Charakter der Ausstellung sei durchaus humoristisch und persiflierend. Der Dadaismus machte sich auch über sich selbst lustig.«
Schlichter wurde ein Potagonist der »Neuen Sachlichkeit«. Er schloss sich nicht nur den Berliner Dadaisten, sondern auch der »Berliner Secession«, der KPD und der [→ 35] »Novembergruppe« an. Von ihr vereinigten sich wiederum einige Mitglieder (u.a. Hannah Höch) 1924 zur »Roten Gruppe«. Sie waren enttäuscht von der zunehmend an kommerziellen Interessen, persönlicher Profilierung und Karriere orientierten Praxis der »Novembergruppe«. Gründungsmitglied und Schriftführer der »Roten Gruppe« wurde Rudolf Schlichter, der seine Wohnung in der Neuen Winterfeldtstraße 17a vorübergehend als Treffpunkt zur Verfügung stellte. Die Nationalsozialisten verhängten über Schlichter ein Ausstellungsverbot und zeigten seine Bilder in der Münchner Ausstellung »Entartete Kunst«. [327, 330]

Schmid, Wilhelm (1892 Remigen – 1971 Brè (Lugano); Schweizer Maler). Schmid wird der »Neuen Sachlichkeit« sowie dem »Magischen Realismus« zugeordnet. Er war 1918 Gründungsmitglied der [→ 35] »Novembergruppe« und beteiligte sich an den Ausstellungen von 1919 bis 1932. Von 1924 bis 1931 lebte er in Paris. Schmid kehrte 1931 nach Berlin zurück, musste aber 1933 mit seiner jüdischen Frau, einer Sängerin, zurück in die Schweiz. [327, 331, 333]

Schmidt, Paul Ferdinand, Berlin, Wormser Straße 6; Berlin, Bonner Straße 3III (1878 Goldap – 1955 Siegsdorf; Kunsthistoriker, Galerist, Schriftsteller). Um nach 1933 wirtschaftlich zu überleben, bot Höch ihre Arbeiten über Galerien an. Da sie selbst kaum Kontakte zu Händlern hatte, hoffte sie auf Schmidts Unterstützung. Im Januar 1939 informierte er Höch über fehlgeschlagene Versuche, einige ihrer Aquarelle zu verkaufen: »Unser Freund, der manchmal Aquarelle kaufte, hat momentan gar kein Geld; Nierendorf war verreist, ich habe ihn gestern gesprochen, er gibt im Frühjahr sein Ausstellungslokal auf, und das ist bis dahin ganz besetzt. Kann aber sein, daß sich etwas zwischenschieben läßt. Am besten ists, jetzt, da ich vorgearbeitet habe, ihn einmal anzurufen: Kurfürst 2406. Die 20 Aquarelle habe ich ihm für alle Fälle dort gelassen, obwohl er meinte, dass kaum eine Hoffnung auf Verkauf besteht. Wie wärs mit Gurlitt? Er ist jetzt Matthäikirchstr. 27 und hat viel Platz. Fragen Sie doch telefonisch an, ob Sie ihm (oder ihr: Frl. Friks) Aquarelle vorlegen sollen, oder was sonst!« [Lebenscollage II/2, S. 616] Hildebrand Gurlitt (1895 – 1956) war Kunsthistoriker und seit 1933 als Kunsthändler selbständig. Als Museumdirektor zeigte er vor allem avantgardistische zeitgenössische Maler, zur Zeit der Nationalsozialisten verkaufte er aus Museen beschlagnahmte »Entartete Kunst« ins Ausland. 1937 schildert Höch ihre Situation als Künstlerin: »Es wäre so nötig mal zu verkaufen. Nicht weil ich im Augenblick nicht zu essen habe aber – weil selbst *die* wenigen Menschen mit denen ich noch zu tun habe (durchgestrichen). Missachtung weil das was ich mache kein Geld hereinbringt, selbst wenn ich die Natur, so wie sie ihnen verständlich ist, nachbilde.« [Lebenscollage II/2, S. 589] [TK37]

Der ehemalige Direktor für die neuere Kunst des Dresdner Stadtmuseums (1919-1933) engagierte sich für die Kunst der Moderne. Als es nach der »Ersten Internationalen Dada-Messe« wegen Beleidigung der Reichswehr zu einer Anklage kam, setzte sich neben dem Reichskunstwart [→ 212] Edwin Redslob auch Schmidt für die Künstler vor Gericht ein. Seine kunstpolitische Position führte dazu, dass er erst in den vorläufigen Ruhestand versetzt und noch 1933 pensioniert wurde. Sowohl in Wolfgang Willrichs nationalsozialistischer Schmähschrift »Säuberung des Kunsttempels« als auch in den Propagandaaustellungen wurde er öffentlich an den Pranger gestellt. Willrichs Buch denunzierte auch Hannah Höch mit ihrem Gemälde [→ 175] »Die Journalisten« als »Kulturbolschewistin«. Diese Formulierung kam für die Künstlerin einem Berufsverbot gleich. [327, 334]

Schmidt-Caroll, Erna (1896 Berlin – 1964 München; Malerin). Schmidt-Caroll hatte von 1917 bis 1920 wie Höch bei [→ 199] Emil Orlik studiert, arbeitete als Modezeichnerin und dann bis 1943 als Lehrerin für Kostümentwurf an der Reimann-Schule. Nach dem Krieg unterrichtete sie an Kunstschulen in Hannover und Hamburg. [213, 327, 332, 334]

Schmidt-Rottluff, Karl, Berlin, Niedstraße 14 (1884 Rottluff (Chemnitz) – 1976 Berlin; Maler, Grafiker, Plastiker). Schmidt-Rottluff schrieb 1954 an Höch und besuchte sie mit seiner Frau und [→ 53] Albert Buesche 1962. Er gehörte als Architekturstudent 1905 zu den Gründern der Künstlergruppe »Brücke« und zog 1911 von Dresden nach Berlin. Von 1912 bis 1919 war er mit [→ 106] Raoul Haus-

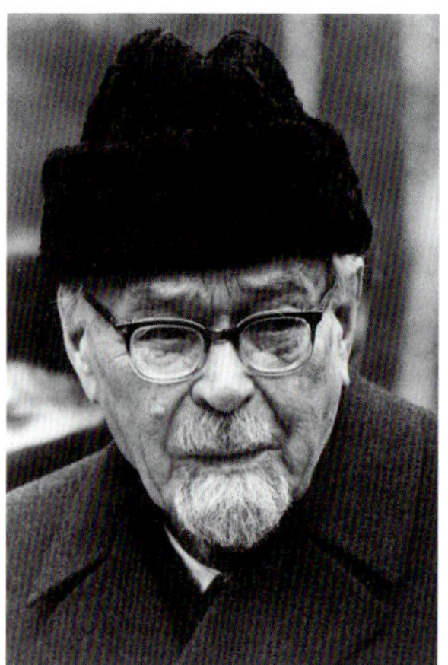

Karl Schmidt-Rottluff, 1967.
Foto: Horst Siepmann

mann befreundet. 1928 zeigte er seine Arbeiten in einer Sonderausstellung »Neue Gemälde und Aquarelle« in der Galerie Ferdinand Möller, nachdem er 1919 und 1922 dort bereits Werke ausgestellt hatte. Höch archivierte für sich den Ausstellungskatalog. Schmidt-Rottluff gilt als einer der wichtigsten Vertreter des Expressionismus. 1937 wurde er zum »entarteten Künstler« erklärt, 1941 erhielt er Berufsverbot und zog sich nach Chemnitz zurück. 1947 bekam er eine Professur an der Hochschule für Bildende Künste in Berlin-Charlottenburg. Im Jahr seiner Emeritierung 1954 besuchte Höch seine Ausstellung im Schloss Charlottenburg. 1977 zeigte das Brücke-Museum »Das nachgelassene Werk seit den zwanziger Jahren: Malerei, Plastik, Kunsthandwerk« [Einladung, NHH]. [327]

Schmitz & Co., W.M. (Seidenweberei) Biberach an der Riß. Die Firma schrieb 1955 an Höch. Guido Schmitz (1894 – 1979), Kunstliebhaber und Mäzen, besuchte im selben Monat Höch und kaufte »2 Aqua«. Ein Kontakt »durch [→ 102] Hugo Häring« [350].

Schnabel-Mertineit [→ 185 Hans Mertineit-Schnabel] [352]

Schnorr von Karlsfeld. Die Hündin von Höch hieß [→ 210] Punta von Karlsfeld, deren Züchterin war Irene von Schnorr-Carolsfeld. Höch notiert 1940: Sie »schimpft am Tel. weil Punta noch ungekämmt herumgelaufen ist und man ihr das wiedererzählt hat«. [TK40] Höch kaufte die Hündin, »unser neues entzückendes Kind« [→ 178 Matthies], im Herbst 1939. Eine Ahnentafel, ein Ursprungszeugnis, eine Zuchtbestätigung sowie zahlreiche Zeitungsartikel über die Hunderasse Bedlingtonterrier befinden sich im Nachlass Hannah Höch. [346]

Schönthal, Fritz (Schweißwerk-Inhaber; Lötmaterialien). Höchs Mann [→ 178] Kurt Heinz Matthies arbeitete als Vertreter für die Firma Schönthal & Co. Schweißwerke, in Berlin-Kreuzberg am Bethanienufer 6. Mit seinem Arbeitgeber war er befreundet. Mehrfach ließ sein Chef auch Höch grüßen. Schönthals verkauften an das Ehepaar einen Opel Super 6 (»phantastisch«), mit dem es zwei Tage später zu Höchs Schwester Grete fuhr. [187, 341, 342]

Schröder-Grünbaum, Nina (Pianistin). Ab 1952 schickte Schröder-Grünbaum an Höch mehrere Einladungen zu Hauskonzerten in Berlin [NHH]. Ein Konzert widmete sie dem 65. Geburtstag des Komponisten [→ 116] Walther Hirschberg. [162, 348]

Schuch, Bruno (Fachfotograf; Fotograf für Kunstwerke). Schuch fotografierte 1953 zwölf Foto-Montagen von Höch für die Kunsthistorikerin [→ 288] Herta Wescher. Höchs eigene Kamera funktionierte nicht mehr. Die Aufnahmen ließ sie sich vom Amt bezahlen. 1959 fuhr Höch zu Schuch, um Fotos machen zu lassen. [109]

Schudnagies, Heinz (1925 Berlin – 1997 Provence; Architekt). Schudnagies besuchte Höch 1966 mit seinem Freund, dem Apotheker [→ 294] Karl-Heinz Wittwer. Der Tegeler Architekt entwarf viele Wohnhäuser, in denen er Prinzipien von [→ 102] Hugo Häring und [→ 244] Hans Scharoun aufgriff. Er baute auch die Häuser von Wittwer und [→ 147] Hans René Konrad. Die »Apotheke am Markt« wurde von ihm 1958 erbaut und steht unter Denkmalschutz. [359]

Schütt, Hans-Jörg (Lokalreporter der Berliner Morgenpost, Fotograf). Der »nette, blonde« Schütt besuchte Höch 1967 in Heiligensee, wo er selbst einen Garten hatte. Die Künstlerin notierte: »Brachte gute Fotos. 2 davon waren in der Morgenpost (27. August) abgedruckt.« In den sechziger Jahren konzentrierte sich Schütt in seiner Arbeit auf Porträts, vor allem von Künstlern. [360]

Schuitema, Paul (1897 Groningen – 1973 Wassenaar; Grafik-Designer) Rotterdam. Höch bewahrte aus der Zeit ihres Aufenthaltes in den Niederlanden verschiedene Beispiele der Werbegrafik von Schuitema auf. Vermutlich trafen sie sich damals. Er beteiligte sich – wie Höch – 1931 an der Fotomontage-Ausstellung im ehemaligen Berliner Kunstgewerbemuseum. [329]

Schuldt, Herbert, Hamburg, Mövenstraße 2 (geb. 1941 Hamburg; Dichter, Essayist, Übersetzer, bildender Künstler und Hörspielautor). 1963 schrieb der »blonde« Schuldt an Höch und besuchte sie zweimal, zuletzt 1964. Dabei sah er zahlreiche Dokumente durch, »besonders Picabia«. Höch: »Junger Mann (22) aus Hamburg. Erstaunlich quick. Besucht alles was in den 20iger Jahren ›quick‹ war, sammelt Daten, etc. Geht jetzt nach England. Veröffentlichte bei [→ 161] László, Basel, (Jetzt verkracht mit ihm) Wohnt bei [→ 90] Frau Gerhardt. Kennt auch [→ 128] Petersen (Verl: Flensburg)« / Studiert intensivst die Kunstgeschichte des 19. Jahrh. Ein sehr begabter, gefährdeter Junge.« [TK64] Schuldt schickte ihr 1965 den Prospekt seines Buchs »Blut des Metronomen: Zyklus von 52 poetischen Texten« [NHH]. Im gleichen Jahr kam »der wilde Knabe« mit dem Münchener Studenten Ottomar Engel und »einer etwas undurchsichtigen Frau (Jugoslawin?)« [TK65] Höch resümiert: »Von dem Sch(uldt) halte ich nicht viel, obgleich er ein sehr aufnahmefähiger, fixer Junge ist. Aber er ist zu allem fähig.« Er wurde später als experimentierfreudiger Schriftsteller, Hörbuchautor, Aktionskünstler und Dozent bekannt. [564]

Schulwitz, Renate (Nachbarin [→ 143 Klasetzki]). Höch notiert 1974: »Der skrupellose neue Nachbar«. Im September 1976 kam ein Vertreter des Grundstücksamts zu Höch. Die Behörde »will im Okt. den Zaun, unten, gegen den Hund des Schulwitz sichern«. [TK76] Ein Jahr später kamen die Gärtner: »Grosse Freude: die haben mir eine Hecke von den Buxbäumen gemacht zum bösen Nachbarn hin und bösen Hund.« [TK77] [494]

Schwagenscheidt, Walter (1886 Elberfeld – 1968 Kronberg im Taunus; Architekt, Städteplaner). Höch traf Schwagenscheidt offenbar 1966 in der Akademie der Künste. Er schickte ihr im selben Jahr mit einem »humorigen Brief« [AB] seine Bücher »Die Nordweststadt« (1964) und »Ein Mensch wandert durch die Stadt« (1957), aber auch »den geliehenen Kamm« zurück. [359]

Schwarz, Arturo, Mailand, Via Gesù (Schwarz, Galleria Schwarz). Arturo Schwarz schrieb an Höch 1961 und dann von 1969 bis 1971. Im selben Jahr zeigte die Galerie eine Ausstellung zu [→ 235] Kurt Schwitters [Katalog, NHH]. Höch über Schwarz: »Will Buch schreiben über Höch etc.« und »Wollte von mir Ausstellung machen. [→ 89] Galleria del Levante machte dann die Ausstellung weil es [→ 137] Florian (Karsch) so wollte.« Schwarz erwarb ihre Fotomontage und Collage »Dada-Tanz« (1972). In seiner Galerie (1961-1975) präsentierte er vor allem Werke von Surrealisten und Dadaisten. Seine umfangreiche Sammlung stiftete er 1998 dem Israel Museum in Jerusalem. [462]

Schwarz, Michalina (spätere Lehmann-Schwarz, geb. 1882, Schriftstellerin). Lehmann-Schwarz wohnte in Berlin-Charlottenburg, wurde 1942 deportiert und in Sobibor ermordet. [340]

Schwennicke, Carl-Heinz (1901 Berlin – 1985 Berlin; Architekt). Höch traf Schwennicke Silvester 1959 bei [→ 82] Eugen Fischer-Baling: »Der Bellevue eingerichtet hat, und von Elfriedes Dr. Conrads so angegriffen wurde, in Bauwelt. Auch im Spiegel«. [→ 56] [TK59] Schwennicke war Schüler und Assistent von Hans Poelzig, nach dem Krieg Professor für Innenraumgestaltung an der Technischen Universität Berlin und seit 1950 mit dem Wiederaufbau des Schlosses Bellevue betraut. [113]

Schwitters, Ernst, Lysaker (pr Oslo), Fagerhøiven (22) (1918 Hannover – 1996 Oslo; Fotograf, Sammler,) Sohn von [→ 235] Kurt Schwitters. Höch traf Schwitters 1956, als sie mit dem Galeristen [→ 257] Rudolf Springer zur [→ 143] Kestner-Gesellschaft nach Hannover flog (»Springers Wagen kaputt«): »Gleich Kontakt bekommen.«

[TK56]. Höch kannte Schwitters seit seiner Kindheit. Anlass des Treffens war die erste Schwitters-Retrospektive in Deutschland nach dem Krieg, für die Höch einige Leihgaben beisteuerte. »Am nächsten Abend hat E. Schwitters Gedichte u. anderes gelesen. Da war auch die alte Freundin von Kurti [→ 43] E. Bergmann-Michel aus Eppstein. Sie hat eine ähnliche Rolle in seinem Leben gespielt wie ich.« [TK56] Ernst Schwitters war inzwischen ein gefragter Kurt-Schwitters-Experte. Er stellte ein umfangreiches Archiv zusammen, fotografierte viele der Arbeiten und verbreitete Schwitters' Werk durch Ausstellungen, Vorträge und Artikel.

Kurt Schwitters druckte 1923 Äußerungen seines Sohnes als Kleinkind aufgrund ihrer »dadaistischen« Qualitäten unter dem Pseudonym Ernst Lehmann in seiner Zeitschrift »Merz« ab. Der 18jährige Ernst Schwitters entschloss sich Weihnachten 1936 zur Emigration nach Norwegen. Kurt Schwitters folgte ihm Anfang Januar 1937 und kehrte aufgrund der politischen Ereignisse nicht mehr nach Deutschland zurück. Sie mieteten ein Apartment in Lysaker (Fagerhøivn 22), in der Nähe von Oslo. Nach dem Einmarsch der Deutschen am 9. April 1940 mussten Kurt, Ernst und seine Frau Esther fliehen und gelangten am Ende nach England. Kurt Schwitters wurde in verschiedenen Lagern interniert. Ernst Schwitters bekam 1941 von der norwegischen Exilregierung den Auftrag, eine große Norwegen-Ausstellung im Londoner Kaufhaus Harrods zu organisieren. Bis Ende 1947 war er Leiter der Ausstellungsabteilung im Propagandaministerium. Im Juni 1945 reiste er nach Norwegen zurück. [→ 242] Christof Spengemann, mit Schwitters befreundet, schreibt 1946 an Höch: »Ernst Schwitters jun. betätigt sich als Photograph für die norwegische Regierung; er wohnt in Oslo und ist Norweger geworden.« [Lebenscollage III/1, S. 84] [350]

Schwitters, Helma (geb. Fischer, 1890 – 1944), verheiratet mit [→ 235] Kurt Schwitters. Höch über Helma Schwitters: »Wenn es gälte, in einer Person, die Geduld zu glorifizieren, so sollte diese Ehre Helma Schwitters zuteil werden« [1959; Nündel, S. 72].

Helma und Kurt Schwitters heirateten 1915. Höch lernte Helma 1922 kennen und erhielt von 1923 bis 1937 regelmäßig Briefe von ihr. [→ 233] Kate T. Steinitz schreibt: »Sie hatte etwas von einem Engel. (...) Helma hielt ohne Wanken zu Kurt und seinen Freunden, half jedem, speiste jeden, still und heiter. Sie hatte ein schönes, regelmäßiges und gütig mütterliches Gesicht, das jedem gut tat.« [Erlhoff, S. 77]. Im Jahr 1933 schreibt Helma Schwitters an Höch

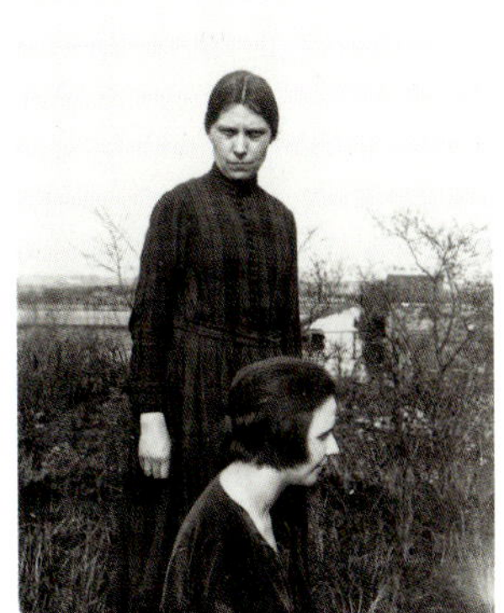

Helma Schwitters und Nelly van Doesberg, 1924

in Holland: »Kurt wird neue Ideen und künstlerische Dinge hier garnicht öffentlich mehr zeigen, er stellt nur noch naturalistische Bilder hier aus, um eventuell Geld damit zu verdienen, damit er für sich allein weiter arbeiten kann. Was arbeitet Ihr? (...) Man kann jetzt so wenig schreiben (...) es läßt sich alles besser mündlich besprechen.« [Lebenscollage II/2, S. 482f.]

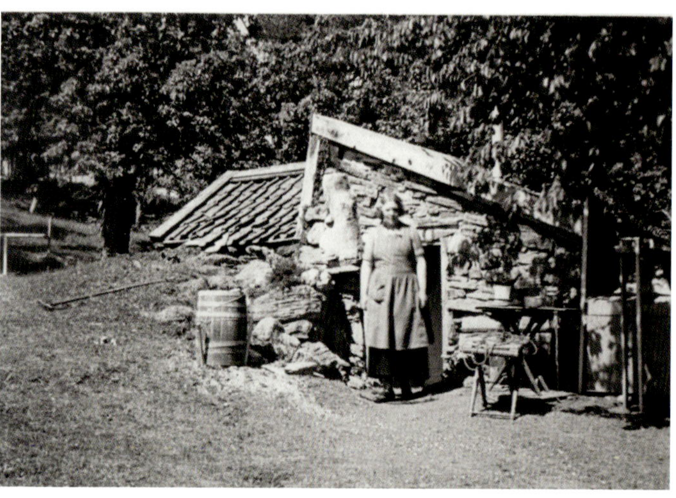

Helma Schwitters vor der Steinhütte ihres Mannes Kurt auf der Insel Hjertøya (bei Molde), Norwegen, 1932

1939 besuchte Helma Schwitters Kurt und ihren Sohn [→ 252] Ernst in deren Exil in Norwegen. Es war das letzte Mal, dass sie beide sah. Seit Ende der dreißiger Jahre ging das Ehepaar getrennte Wege. Helma blieb in Hannover, Schwitters konnte von Norwegen nach England fliehen. Steinitz: »Helma war fern von Kurt, durch den Krieg getrennt, (...) gestorben. Kurt hatte erst Monate später die Nachricht bekommen. Ich erhielt unendlich traurige Briefe von Helma, die während der Kriegsjahre nicht direkt nach England schreiben konnte.« [Steinitz 1, S. 151f.]

Seemann, Buch u. Kunstverlag Dresden VEB E.A. Seemann, Leipzig. Der Verlag war auf Kunstdrucke und -bücher spezialisiert. Nach 1933 trat der Inhaber der NSDAP bei, das Programm orientierte sich an der NS-Kunstpolitik, der jüdische Geschäftspartner verließ den Verlag. Anfang der fünfziger Jahre wurde der Verlag in Leipzig enteignet und in einen VEB (Volkseigener Betrieb) umgewandelt. [559]

Seemann, Wilhelm (Architekt; »Stadtplanungsamt«) verheiratet mit **Hilde Seemann**, Wolfsburg. Höch traf Seemann bei dem Architekten [→ 162] Lee 1949, 1950 und 1951. Seemans kamen mit Lee 1950 auch zu ihr, Hilde Seemann besuchte Höch 1956 und 1960. Seemann arbeitete auch bei einigen Projekten mit [→ 244] Hans Scharoun zusammen. [347, 349, 351, 353, 354, 359]

Sekal, Zbynek (1923 Prag – 1998 Wien; tschechischer Bildhauer). Sekal schrieb Höch 1966, 1967 und 1971 jeweils zu Weihnachten. Er wurde während des Zweiten Weltkriegs verhaftet und war zum Schluss im KZ Mauthausen. In der Tschechoslowakei gehörte er zu den Dissidenten, floh 1968 nach Berlin und Düsseldorf, lehrte ab 1972 in Stuttgart und zog dann nach Wien. [554]

Sello, Dr. Katrin (1941 Berlin – 1992 Hannover; Kunsthistorikerin und -kritikerin, Direktorin des Kunstvereins Hannover). Sello besuchte Höch mit dem Maler [→ 95] Arwed D. Gorella 1969. Sie rezensierte in der Wochenzeitung »Die Zeit« die Höch-Retrospektive 1976: »Tänzerischer Geist im Männer-Club« (2. April 1976). [552]

Severin, Renata Renée (Käthe) (gest. 1997 Berlin), verheiratet seit 1949 mit [→ 265] Heinz Trökes. Severin besuchte Höch 1968 mit ihrer Mutter. Sie schrieb an Höch ein Jahr später. [434]

Sheppard, Richard (Dozent für Literaturwissenschaft). Sheppard besuchte Höch 1971 »unangemeldet mit [→ 43] Hanne Bergius«, »mit entzückender Frau (...) Wollte Dokumente einsehen. Germanist. Zeitschriften der 20er Jahre.« Er veröffentlichte zum Dadaismus und zu [→ 123] Richard Huelsenbeck und lehrte an der School of European Studies, University of East Anglia, Norwich, England. [553]

Sienna (Masthoff-)Hamer (1892 – 1959; Konzertsängerin, Gesangslehrerin). Masthoff lebte in Den Haag und war von 1917 bis 1926 die Lebensgefährtin von [→ 49] Til Brugman, bevor diese Höch kennenlernte. [219, 262, 343, 351, 423]

Silex, Dr. phil. Karl Heinrich (1896 Stettin – 1982 Köln; Journalist und Chefredakteur der »Deutschen Allgemeinen Zeitung« (1933 bis 1943) und des »Tagesspiegel« (1955 bis 1963)). Höch traf Silex und seine Frau 1965 bei [→ 150] Kriegers und 1967 (»Habe mich – gesprächsweise ziemlich ernsthaft gegeben, decouvriert gegeben.« [TK67]. 1971 besuchte Silex Höch mit seiner Frau und Kriegers. [554, 555]

Skutsch, Dr. Karl Ludwig (1905 ? – 1958 Berlin; Kunsthistoriker, Musikwissenschaftler). Höch besuchte 1950 einen Vortrag von Skutsch. Sie notiert: Er »sieht aus wie Hamilton«; Skutsch arbeitete von 1948 bis 1958 im Haus am Waldsee. Er schrieb ihr 1956 und 1957. [161]

Sommer, Dr. med. Heinrich, Berlin, Glogauer Straße 19b; Berlin, Kufsteiner Straße 59 (praktischer Arzt), verheiratet mit Irma Sommer. Vermutlich hielt sich Sommer nach einer Notiz von Höch im Adressbuch einmal bei Carl August Neven du Mont auf, einem Künstler in Nußdorf am Inn (Landkreis Rosenheim). Sommer besuchte Höch ein erstes Mal mit seiner Frau und [→ 227] Gerd Rosen »unverhofft« 1959. Er kaufte »eines der ›Karierten Damen‹ Aqua«. Diesem ersten Treffen folgten viele weitere bis 1977, auch Höch besuchte Sommers häufig, das erste Mal 1961. Er kam auch mit [→ 191] Meta Nierendorf, [→ 137] Florian und [→ 140] Inge Karsch oder [→ 74] Hilla Eser nach Heiligensee. 1964 fuhr Höch mit Sommer nach Murnau und traf dort Irma. Höch notierte auf einem Zettel 1970: »Dr. Sommer sagt auf Auktion in München waren 3 kleine Aquarelle von mir?? / was?« [NHH] [355]

Sozialamt [401]

Spala, Vaclav (1885 – 1946; tschechischer Maler, Grafiker und Illustrator; Galerist; [→ 56 Chalupecký]) Prag. Höch notiert: »15.12.67-14.1.68«. Die Vaclav Spala Galerie wurde 1959 in Prag gegründet. [299]

Spanjaard, Frits (1889 Borne –1978 Scheveningen (Den Haag), Innenarchitekt) Wassenaar, Den Haag. Höch lernte Spanjaard »durch [→ 54] (Jan) Buijs« [AB] kennen. Er war in den zwanziger und dreißiger Jahren selbständig. Bei seinen Entwürfen aus dieser Zeit änderte er seinen Stil vom Haagschen Rationalismus hin zur Neuen Sachlichkeit und »De Stijl«. [39a, 329, 333, 421, 423]

Spann, Katharina (Autorin, Übersetzerin). Spann besuchte Höch mit ihrer Tochter, [→ 153] Kuki und [→ 113] Hermesmeyer 1960. Sie schenkte Höch das von ihr übersetzte Buch »Das neue Lot« (Francis Ponge). Beide korrespondierten von 1960 bis 1968. Höch traf Spann 1975 bei der Vorführung ihres Japanfilms. [353, 354]

Spengemann, Luise (geb. Gebhard; Bildhauerin), verheiratet mit [→ 242] Christof Spengemann. Spengemann schrieb 1950 an Höch und traf sie 1956 in Hannover, »die Schlaganfall bekommen hatte am Abend vorher. Sohn gesehen.« [TK56]. [326, 343]

Spies, Prof. Dr. Werner (geb. 1937 Tübingen; Kunsthistoriker, Journalist, Kunstvermittler, Museumsdirektor) Sceaux, Bourg-la-Reine (beide Frankreich). Spies korrespondierte 1975 und 1976 mit Höch wegen ihrer geplanten Ausstellung in Paris, über die er in der Frankfurter Allgemeinen Zeitung vom 8. März 1976 [NHH] schrieb. Er besuchte Höch auch in dieser Zeit: »Schenkte mir sein (Dumont-Max Ernst-Buch) (Hätte gerne eine Zusammenarbeit mit mir??? DADA - (...) Etwa 40 alt. (...) Behält Wohnsitz in Paris, trotz Dozentur (neu) in Düsseldorf.« [TK76] [556, 557, 558, 570, 571]

Springer, Rudolf, Berlin, Schillerstraße 10; Kurfürstendamm 16 (1909 Berlin – 2009 Berlin; Kunsthändler, Galerist). Springer schrieb Höch 1949. Er besuchte sie mit seiner Frau 1950 – kaufte ihre Arbeit »Er und sein Milieu« für 150 Mark – und 1954. Am 23. November 1959 schreibt Höch in ihren Terminkalender: »heute Vormittag fragte Springer an ob ich mit nach Paris fahren wolle.« Vier Tage später fuhren die beiden los. Über die Reise führte Höch – wie schon während der beiden Paris-Reisen in den zwanziger Jahren – ein Tagebuch. Dabei kam sie erneut mit [→ 20] Hans Arp zusammen. Höch war während der Fahrt zufrieden: »Sp(ringer) fährt sehr gut. Ist ein Combi-Wagen. Gute Luft. Fahrt herrlich.« In Paris angekommen, besuchte sie mit ihm Galerien. Höch war in Gelddingen sehr sparsam und genau. Nach Abschluss der Paris-Reise notiert sie sich: »Springer bekommt noch 13 Mk u. Quittung«.
Rudolf Springer war 1947/48 künstlerischer Leiter und Geschäftsführer der Galerie Gerd Rosen. Danach betrieb er die Galerie Springer, zunächst im elterlichen Haus in Berlin-Zehlendorf, ab 1950 am Kurfürstendamm. 1968 fand er neue Räume in der Fasanenstraße 13. Zunächst überwogen im Programm bekannte Berliner Künstler wie [→ 273] Hans Uhlmann, [→ 265] Heinz Trökes und Werner Heldt. Später kamen international renommierte Künstler wie [→ 72] Max Ernst, [→ 20] Hans Arp oder [→ 41] Willi Baumeister dazu. Springer stellte aber auch Werke von noch völlig Unbekannten aus.
Seit der Trökes-Ausstellung 1949 war Höch regelmäßiger Gast der Galerie. Bei Springer sah sie 1954 die neuesten Arbeiten jenes Künstlers, der (nach ihrem Terminkalender) »durch alle Erscheinungsphasen« ihres künstlerischen Lebens ihr »nächster Verwandter« blieb [Hille, S. 90] Wie befreiend und ermutigend sie dieses Wiedersehen empfand, beschreibt sie in einem Brief an Hans Arp: »Es ist für mich so unsagbar schön, dass nach soviel Jahren von absoluter Verarmung und Vereinsamung doch noch wieder Freunde da sind – persönlich oder ihre Arbeit.« [Lebenscollage III/1, S. 27] Zur ersten Kurt-Schwitters-Retrospektive in Deutschland, für die Höch Leihgaben beisteuerte, reiste sie 1956 mit Springer nach Hannover. Als er sich 1998 aus dem Geschäftsleben zurückzog, kam sein Sohn Robert nach Berlin zurück und führte die Galerie mit Heide Springer weiter. [134, 347, 352, 360]

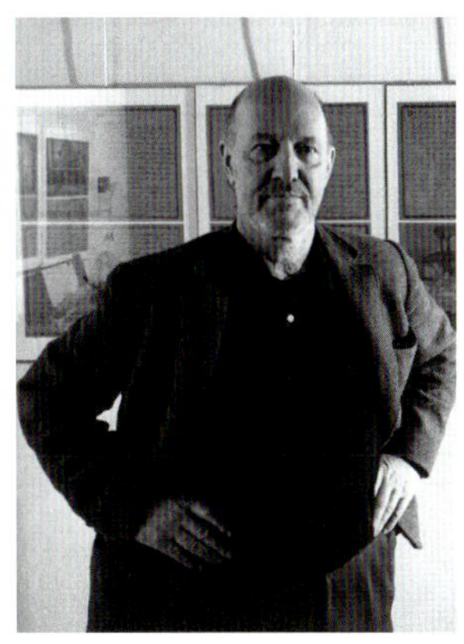
Rudolf Springer, 1974.
Foto: Horst Siegmann

Stam, Mart (1899 Purmerend – 1986 Goldach; Architekt und Designer). Stam war Angestellter im Architektenbüro von [→ 49] Johannes Andreas Brinkman und [→ 282] Leendert-Cornelis van der Vlugt, bevor er Mitarbeiter von Max Taut und Hans Poelzig in Berlin wurde. Er war auswärtiges Mitglied der [→ 35] »Novembergruppe« und beteiligte sich an deren Ausstellungen. Mart Stam war Ende der zwanziger Jahre auch am Bauhaus tätig, entwarf neben Marcel Breuer einen Freischwinger-Stuhl, war beteiligt an der Weißenhof-Siedlung in Stuttgart und der Hellerhofsiedlung in Frankfurt/Main. 1948 zog er in die DDR, leitete von 1950 bis 1952 die Kunsthochschule in Berlin-Weißensee, wurde dann aber wegen »Formalismus« gekündigt und verließ die DDR wieder. Ab 1966 lebte er in der Schweiz. [423]

Stanisławski, Ryszard (1921 Sompolno – 2000 Warschau; Autor, Historiker, Kunstkritiker) Łodzi (Polen). Stanisławski schrieb 1976 und 1977 an Höch wegen einer geplanten Ausstellung. Er leitete von 1966 bis 1990 das [→ 189] Muzeum Sztuki w Łodzi. [511]

Steegemann, Paul, Hannover, Marienstraße 33; Berlin, Am Fischtal 76a (1894 Groß Lafferde – 1956 Berlin; Verleger). Steegemann schreibt im Januar 1921 an [→ 106] Raoul Hausmann: »Sind Gedichte Ihrer Freundin Höch bei mir? Ich lese schon lange keine Ms. mehr; liegt Rückporto bei, dann kaufe ich mir einen Schnaps dafür. In diesem Fall will ich aber mal den Waschkorb von 700 000 Ms. durchsuchen. Ich habe meine Fa. ›Leipzig, Wien, München‹ wieder gestrichen; ich kriege zuviel Ms. und dabei hause ich doch in einem Zimmer!« [Lebenscollage II/2, S. 18]

Der Steegemann-Verlag, 1919 in Hannover von ihm gegründet, veröffentlichte bis 1922 die Schriftenreihe »Die Silbergäule« mit 57 Titeln. Sie war damals die wichtigste deutsche Buchreihe zeitgenössischer Literatur und Kunst. Die meisten »Silbergäule«-Hefte sind mit Umschlagzeichnungen versehen. Sie sind – von [→ 235] Kurt Schwitters und Alfred Kubin einmal abgesehen – Zeugnisse des späten Expressionismus, manchmal mit stilistischen Anleihen vom Jugendstil über den Kubismus und Futurismus bis zu Dada. Das Gesicht des Verlages prägten Grotesken, Satiren, Parodien und Pamphlete von Franz Blei und Kurt Hiller, Hans Reimann und [→ 75] Mynona, ebenso Illustrationen und Grafik von Schwitters, Schad, Kubin und Grosz. Literaturhistorische Bedeutung gewann die Reihe jedoch durch die Publikation dadaistischer Texte, Kurt Schwitters »Anna Blume«, seine »Kathedrale«, [→ 123] Richard Huelsenbecks »En avant dada«, [→ 20] Hans Arps »Wolkenpumpe« und Melchior Vischers »Sekunde durch Hirn«.

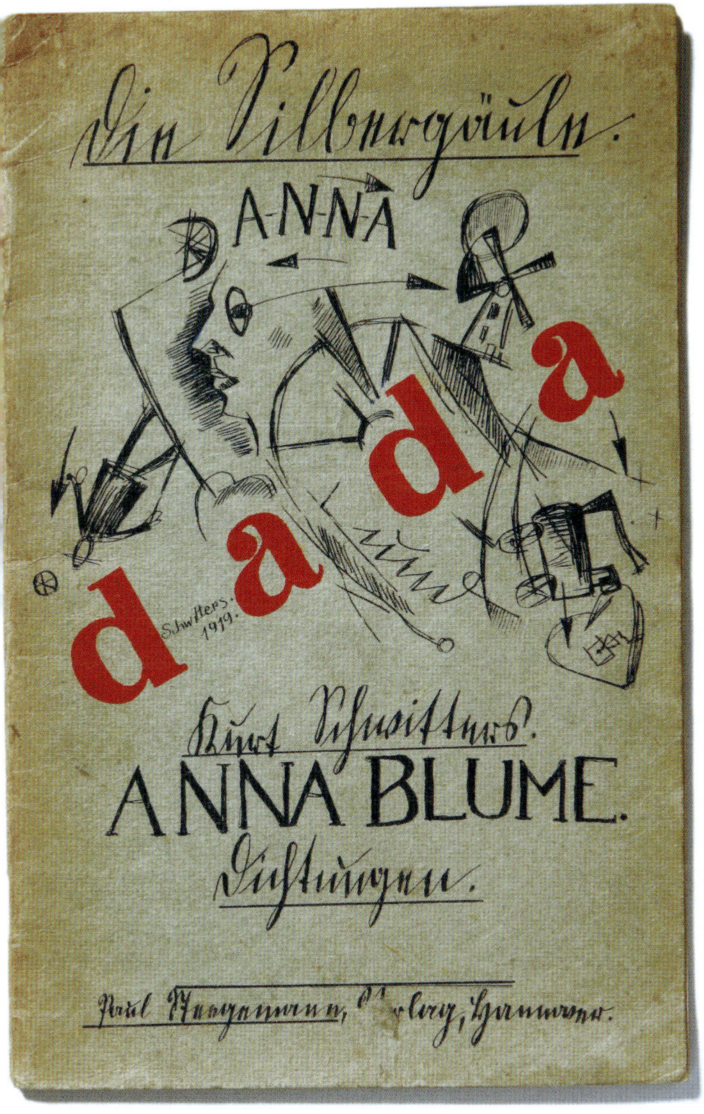

Kurt Schwitters, »Anna Blume«, Paul Steegemann Verlag, »Die Silbergäule«, 1919

Der Steegemann-Verlag entwickelte sich, neben dem Malik-Verlag, zum wichtigsten Verlag literarischer Dada-Werke. Nach 1933 verlegte er einige politische Titel mit nationalsozialistischen Autoren und Inhalten, erhielt aber trotzdem 1935 Publikationsverbot. [231, 327, 350]

Steere, Lloyd Victor und Frau. 1947 kaufte das amerikanische Ehepaar Steere zwei Arbeiten von Höch: »Mädchen und Tod« für 400 Reichsmark und »Traum« für 500 Reichsmark. Die beiden Arbeiten hingen in der Ausstellung »Die Frau in Wort, Werk und Bildnis« im Haus am Waldsee. Höch notiert: »Miss Dietrich kam mit Mrs. Steere«. 1947 erhielt Höch ein Telegramm von dem Maler [➜ 279] Ewald Vetter und seiner Frau Lilly: »Geld von Mr. u. Mrs. Steere bekommen und ein Geschenkpaket mit 2 Gläser Kaffee, 2 Stück Seife, 2 Päckchen Keks, 1 Blechdose Fleisch, 1 …produkt und netten Brief dazu, habe mich schrecklich gefreut« [TK47]. [24, 343]

Stegemeyer, Elfriede (Pseudonym: Elde Steeg; 1908 Charlottenburg (Berlin) – 1988 Innsbruck; Filmkünstlerin, Malerin, Fotografin). Stegemeyer schrieb an Höch und besuchte sie (»Hausmanngespräche«) 1959. Sie schickte der Künstlerin ihr Typoskript »Blütentag« [NHH]; beide besuchten ein amerikanisches Ballett (»2 sehr hübsche Nummern«). Ein Jahr später kam Stegemeyer mit dem Schriftsteller [➜ 142] Martin Kessel zu Höch. 1934 hatte sie [➜ 106] Raoul Hausmann und auch [➜ 77] Otto Freundlich in Paris kennengelernt. Sie zog dann zu Hausmann nach Ibiza, verließ ihn aber wieder nach einem Jahr. Hausmann war 1933 nach Spanien emigriert. 1939 ging Stegemeyer nach Berlin und legte sich 1945 das Pseudonym Elde Steeg zu. 1951 zeigte Steeg Hinterglasbilder in der Galerie Springer und 1957 Bilder und Zeichnungen bei Wasmuth [Einladungen, NHH]. [351, 352]

Stein, Dr. med. Heinrich (praktischer Arzt). Höch traf Stein 1967 bei dem Kunstwissenschaftler [➜ 152] Stanislaw Karol Kubicki. Stein besuchte Höch 1968 mit seiner Schwester und [➜ 152] Irmgard Kühn, die Höch ein paar Tage später zu Stein nach Wannsee fuhr. Höch war »entzückt« und notiert: »Das schönste Grundstück, das ich erlebt habe. Dr. St(ein) Garten u Pflanzen Narr – wie ich – hat mit viel Liebe u. viel Geld – einen Zaubergarten geschaffen. Ehemalige Kiesgrube ist das Geheimnis dieser Einmaligkeit. Haus liegt oben am Rand.« [TK68] Stein schickte an Höch im Oktober desselben Jahres einen Brief mit vier Röntgenaufnahmen eines Vogelkopfes. [360]

Steiner, Hans (1891 – 1957; Maler, Bühnenbildner, Karikaturist). Höch traf Steiner 1938 bei dem Verleger [➜ 38] Anthony C. Bakels: »Bildredakteur der Rundschau. Früher Kollege Nov(ember) Gr(uppe).«. Eine Zeichnung von Steiner enthielt die Einladung zu einem Kostümfest (»mitgemacht«) an Höch [NHH]. [454]

Stelter, Rudolf (Klempner). Höch notiert: »verabredet – kam nicht« [AB]. [674]

Stemmler, Gertrud (Koref-Musculus-Stemmler) (geb. Musculus, 1889 Aschaffenburg – 1972 Aarau; Malerin), zunächst mit Stemmler, dann mit [→ 148] Fritz Koref verheiratet.
Im Jahr 1939 notierte Höch in ihrem Terminkalender, dass ein weiteres befreundetes Paar Deutschland den Rücken kehrte: Die Malerin Stemmler hatte 1936 Berufsverbot erhalten. Mit ihrem Mann emigrierte sie zunächst nach Paris, dann nach Aarau in der Schweiz. Koref schreibt 1951 an Höch: »Vorigen Herbst hatten wir die große Freude, Til [→ 49 Brugman] wiederzusehen. Sie war mit Hans [→ 185 Mertineit-Schnabel] zehn Tage hier bei uns in Aarau, und die Zeit war erfüllt mit interessanten Gesprächen und Problemen. Til hat ihre alte Vitalität und Angriffsbereitschaft behalten, die aber durch Güte und Weisheit mehr und mehr gemildert wird. Trotz ihres Leidens arbeitete sie ununterbrochen, und ihre Arbeiten sind hervorragend und auch sehr anerkannt.« [Lebenscollage III/1, S. 109] Im Jahr 1956 reiste Höch nach Bern und traf dort auch Korefs, die sie im selben Jahr in Berlin besuchten. Im Dezember 1957 schreibt Koref, dass es Til Brugman gesundheitlich nicht gut gehe. Höch traf das Ehepaar noch einmal 1961 in einem Berliner Hotel. [217, 336]
Stomps, Louise (1900 Berlin – 1988 bei Wasserburg am Inn; Bildhauerin und Zeichnerin), Schwester von [→ 261] V.O. Stomps. Die Bildhauerin besuchte Höch 1971: »Kam von München (mit Polizei-Motorrad mit Anhänger) Mardsjalische (sic!) Maschine, (...) [→ 166] Lidy v. Lüttwitz und [→ 68] Dries(s)en hängen auch noch mit ihr zusammen (aber lose) Fotos von Arbeiten mitgebracht (...) Die Plastiken sind jetzt abstr. gediegen, reif. Aber nicht aufregend«. [TK71] [337, 343]
Stomps, Victor Otto, Berlin, Stallschreiberstraße 30; Berlin, Märkisches Ufer 20; Berlin, Schillerstraße 21; Frankfurt a.M., Justinianstraße 4, Verlag Eremiten-Presse (1897 Krefeld – 1970 Berlin-Kreuzberg; Verleger, Schriftsteller), Bruder von [→ 261] Louise Stomps; [→ 293] Winkler. Höch traf Stomps 1964 auf einem Galerienrundgang.
Ihre Lebenspartnerin [→ 49] Til Brugman konnte 1935 ihren ersten Erfolg in Deutschland verzeichnen: In Stomps' Verlag Die Rabenpresse, bekannt für seine bibliophile Gestaltung, erschien ihre Groteskensammlung »Scheingehacktes«, illustriert und mit einem Umschlag von Hannah Höch. Brugmans ironischer Text persiflierte den in NS-Deutschland angesagten Vegetarismus. Die Vorzugsausgabe bestand aus 150 von der Autorin nummerierten

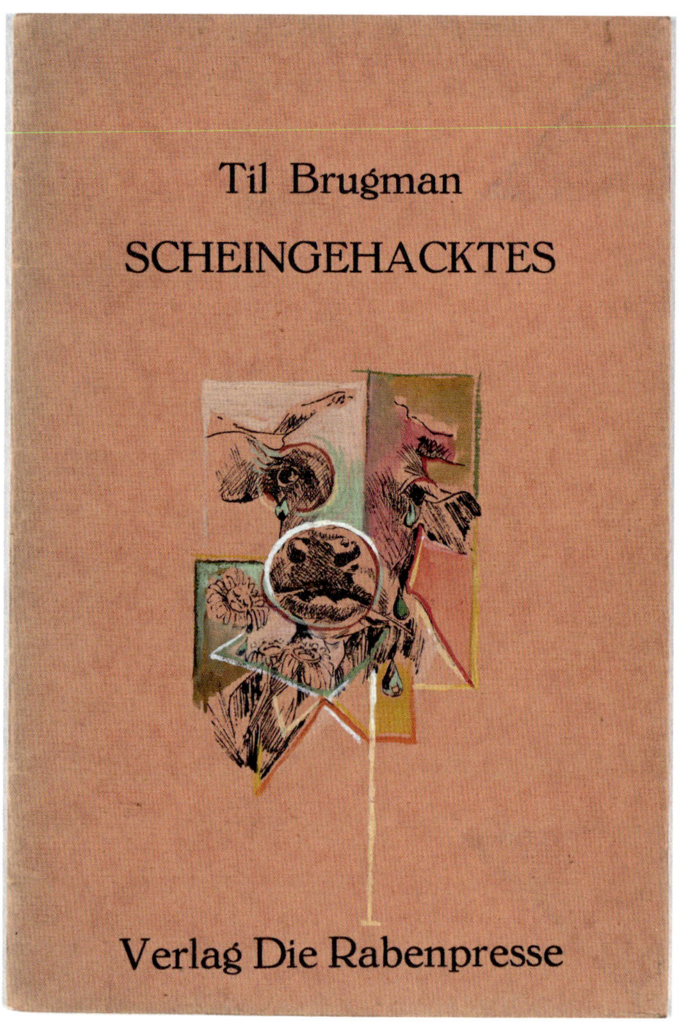

»Scheingehacktes«, Titelseite von Hannah Höch, Verlag Die Rabenpresse, 1935

und signierten Exemplare, fest gebunden, mit handkolorierten Zeichnungen von Höch.

Stomps kaufte 1925 eine gebrauchte Tiegelpresse, die in Betrieb »regelmäßig einen altersschwachen, krächzenden Schrei wie ein Rabe ausstieß.« Er gründete den Verlag zusammen mit Hans (Jean) Gebser und entdeckte und förderte junge Autoren. Der Dadaist [→ 216] Hans Richter vermutete, dass Victor Otto Stomps die Niederländerin nur wegen Höch verlegte. In einer deutschen Rezension heißt es über Brugman: »Grotesken, die erfreulich die Grenzen ›dieser bei uns so seltenen Gattung einhalten…‹, ohne den sonst üblichen Ausschlag ins Sentimentale oder ins Zynische«. [Lebenscollage II/2, S. 561] Stomps musste 1937 den Verlag auf Druck der Nationalsozialisten und aus finanziellen Gründen verkaufen. Nach dem Zweiten Weltkrieg zog Stomps nach Frankfurt in die Justinianstraße. Mit der Eremitenpresse gründete er dort 1949 einen neuen Verlag. 1955 zog er nach Berlin und baute dort die Neue Rabenpresse auf. [334, 340, 347]

Stuckenschmidt, Prof. Dr. Hans Heinz, Berlin, Kantstraße 18 (Pension Bauer); Berlin, Winkler Straße 22 (1901 Straßburg – 1988 Berlin; Musiker, Komponist, Musikwissenschaftler), verheiratet mit der Sängerin und Gesangslehrerin **Margot Stuckenschmidt** (geb. Hinnenberg-Lefèbre; 1901 Oberkassel – 1981 Berlin). Auf der »Ersten Internationalen Dada-Messe« (1920) war die dadaistische Jugendfraktion unter anderem mit Collagen Stuckenschmidts vertreten. Er beteiligte sich auch an der Anti-Revue »Schlechter und besser« (mit [→ 235] Kurt Schwitters und Hannah Höch). Diese parodierte 1925/26 die populären Revuen der 1910er und 1920er Jahre. Höch erzählt: »An einem Abend sahen wir uns im Metropol-Theater ›Halloh die große Revue‹ an. Eine der Kitschdarbietungen, die mit brutalen Mitteln nur auf Sex-Wirkung eingestellt waren. Kurt war sofort entschlossen, selbst eine Revue zu machen. Eine Merzschau von gigantischen Ausmaßen sollte entstehen. Und von künstlerischer Form. Kurt Schwitters als Leiter des Ganzen, und die Texte übernehmend. Als Komponisten war es bald gelungen, Stuckenschmidt zu gewinnen. Das war damals natürlich noch nicht so ein arrivierter Mann wie heute und zeigte sich bereit, sich an einer so abenteuerlichen Gemeinschaftsarbeit zu beteiligen. Ich sollte Ausstattung und Figurinen machen. Acht Tage arbeiteten wir einträchtig und fieberhaft in Berlin.« [Höch 1] Höch hat in ihren Erinnerungen die Vorarbeiten für das Projekt in einem humorvollen Bericht über eine gemeinsame Reise mit Kurt Schwitters geschildert. [→ 150] Peter Krieger schreibt: »In einem abstrakten Bühnenbild sollte ein Ballett von phantastisch stilisierten Figuren mit sparsamsten Gesten agieren. So hieß es in Hannah Höchs Bühnenanweisung: ›Ganz streng unbewegliches Ballett, nur zwei Gesten.‹ Eine auf Rädern laufende Mama, ein ›Teufel im Gesellschaftsanzug‹, ein konstruktivistischer ›Warmer Ofen mit seiner Frau‹, Menschen-Flammen, gewaltige Mäuse, Nachtlichter und Mondkälber sollten diese Merz-Revue bevölkern, die leider verurteilt war, Konzept zu bleiben.« [Krieger, S. 33] Erhalten sind allein Höchs Skizzen und Entwürfe.

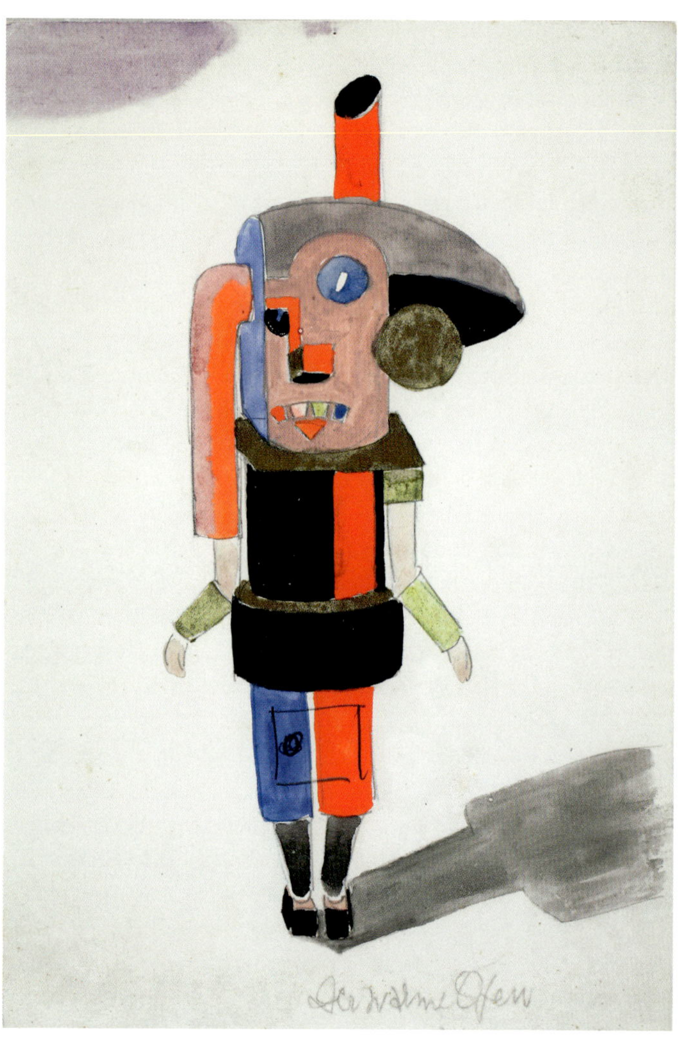

Hannah Höch, »Die Frau des warmen Ofens«, Figurinenentwurf für die Anti-Revue »Schlechter und Besser«, 1924

Während des Nationalsozialismus erhielt Stuckenschmidt als Förderer der Neuen Musik Schreibverbot und emigrierte nach Prag. Von 1953 bis 1967 war er an der TU Berlin Professor für Musikgeschichte. [328, 390, 391, 397, 571]

Szántó, György (1893 Nové Mesto nad Váhom – 1961 Budapest; Schriftsteller, Künstler). Höch lernte Szántó vermutlich über [→ 280] Bram van der Vies kennen. [335]

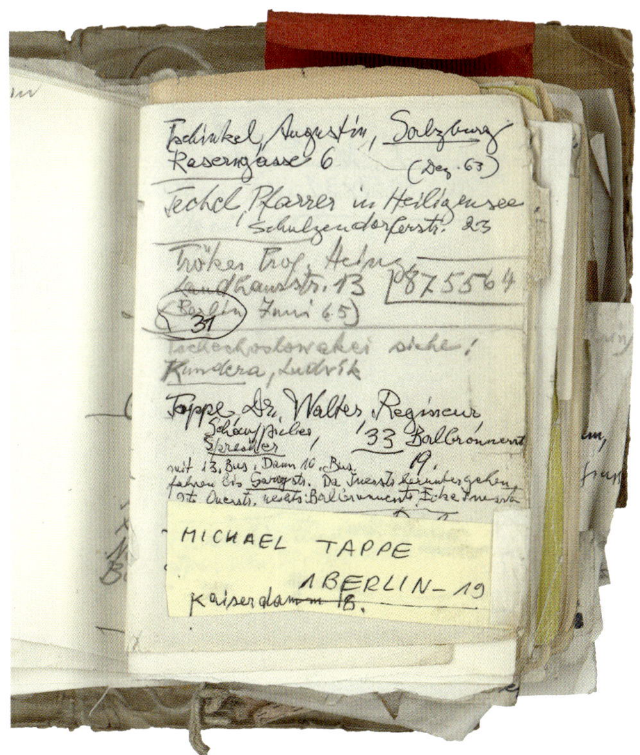
Tschinkel, Augustin, Salzburg
Kaserngasse 6
(Dez. 63)
Techel, Pfarrer in Heiligensee
Schulzendorferstr. 23
Trökes Prof. Heinz
Landhausstr. 13
875564
Berlin 31
Juni 65)
Tschechoslowakei siehe!
Kundera, Ludvik
Tappe, Dr. Walter, Regisseur
33
19.
MICHAEL TAPPE
1 BERLIN-19
Kaiserdamm 18.

T

373 Tschinkel, Augustin, Salzburg, Kaserngasse 6; Berlin, Schopenhauerstraße 48; Berlin, Kentzeweg(?) 35 (1905 Prag – 1983 Köln; tschechischer Grafiker, Buchkünstler). Tschinkel schrieb an Höch 1947 und 1948. Vermutlich traf sie ihn im Februar 1949 im Felguth-Verlag [TK49]. In den fünfziger Jahren korrespondierte Tschinkel auch mit [→ 106] Raoul Hausmann. [367, 374]

373 Techel, Karl-Arnd, Berlin, Schulzendorfer Straße 23 (1920 – 1997; Pfarrer in Heiligensee). Techel schrieb 1969 an Höch. Als sie am 31. Mai 1978 im Alter von 88 Jahren starb, erhielt sie ein Ehrengrab auf dem Friedhof Heiligensee.

373 Trökes, Prof. Heinz, Berlin, Landhausstraße 13; Berlin, Rüdesheimer Platz 3 IV; Hamburg, Parkallee 50; Ibiza, San Antonio (Wohnung); Ägina, Iria Kipreou, Perivolas (Hotel?); Stuttgart, Am Weissenhof 46a; Berlin, Am Volkspark 47 (1913 Hamborn am Rhein – 1997 Berlin; Maler; Mitbegründer und künstlerischer Leiter der Galerie Gerd Rosen), verheiratet mit [→ 269] Renata (Käthe) Trökes.

Höchs früherer Ehemann [→ 178] Kurt Heinz Matthies meldete sich nach Kriegsende 1945 als einer der ersten bei ihr. »Soll Herr Trül-

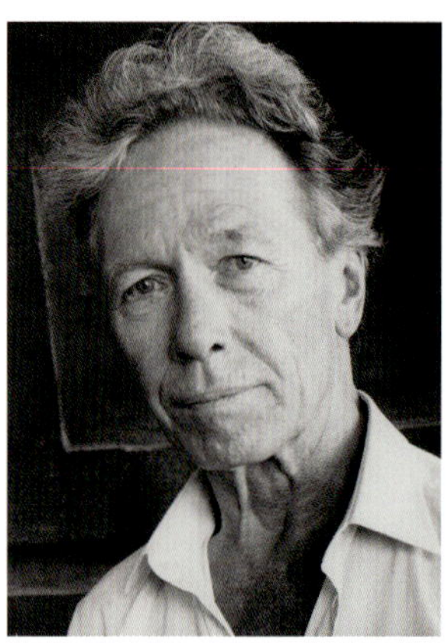
Heinz Trökes, 1975

kes von Galerie Rosen mal zu Dir herauskommen?« [Lebenscollage II/2, S. 683] Matthies hatte Verbindung zur Galerie Rosen geknüpft und wollte vermitteln. Heinz Trökes arbeitete 1945/46 für die Galerie.
Trökes war von 1933 bis 1936 Schüler von Johannes Itten in Krefeld. 1938 hatte er seine erste Einzelausstellung in der Galerie Nierendorf, die dann von den Nationalsozialisten geschlossen wurde. Seitdem hatte er ein Mal- und Ausstellungsverbot. 1940 war er Schüler von [→ 188] Georg Muche (Meisterklasse für Textilkunst) in Krefeld, ab 1941 lebte er in Berlin. Bis 1942 war Trökes in Berlin Soldat und besuchte gleichzeitig die Kunstschule von [→ 58] Max Dungert. Im Grunewald hatte er ein Atelier: »Mich haben Arbeiten von [→ 106] Raoul Hausmann interessiert, haben Arbeiten von [→ 235] Schwitters interessiert, von [→ 72] Max Ernst, Bellmer, Chirico«.
Hannah Höch begegnete Trökes zum ersten Mal im September 1945 auf der Gründungsveranstaltung des »Kulturbundes zur demokratischen Erneuerung Deutschlands« in Reinickendorf, zu der sie eingeladen wurde. Im Vormonat war der »Kulturbund« mit Unterstützung der Sowjetischen Militäradministration und unter Vorsitz von Johannes R. Becher als eine für alle politische Lager offene Initiative gegründet worden. Ziel war es, Deutschland nach der NS-Diktatur kulturell zu erneuern. Höch wurde Mitglied und beteiligte sich an Ausstellungsprojekten. Sie hielt dort auch ihren ersten Vortrag zur »Symbolik in der Kunst«. Mit Beginn des Kalten Krieges wurde der Kulturbund in den Westsektoren Berlins verboten, man hielt ihn für kommunistisch unterwandert. Trökes besuchte Höch mit seiner Familie 1959 und traf sie ein Jahr später, als er in der Galerie Springer ausstellte. Höch besuchte ihn 1965 (»Sehr schöne Wohnung. T. hat viele Originale«) [TK65] und traf ihn 1970 auf der Ausstellungseröffnung von [→ 294] Verena Wittwer. 1952 lud er Höch zu einer Ausstellung in die »Maison de France« ein [TK52]. Im selben Jahr zog er nach Ibiza und lebte in einem von seiner Frau Käthe entworfenen Haus in San Antonio. Von 1956 bis 1958 leitete Trökes die Abteilung für Grafik an der Staatlichen Hochschule für bildende Künste in Hamburg. 1961 wurde er Mitglied der Akademie der Künste.
Von 1962 bis 1965 lebte er abwechselnd auf Ibiza und in Stuttgart, wo er an der Staatlichen Akademie lehrte. Danach übernahm er eine Professur an der Hochschule für Bildende Künste in Berlin (bis 1978). Trökes blieb mit Hannah Höch bis zu ihrem Lebensende befreundet. [367, 368, 374]

373 **Tschechoslowakei: Kundera, Ludvik, Brünn, Dimitrovova 12** (1920 Brünn – 2010 Boskovice; tschechischer Schriftsteller und bildender Künstler). Kundera und Höch korrespondierten 1967 und 1968, als er sie auch besuchte (»Buch über DADA.«). Kundera zählte sich zu den Surrealisten, er wurde mit satirischen Gedichten und Erzählungen bekannt. Er entwickelte sich zu einem wichtigen Mittler zwischen der deutschsprachigen und der tschechischen Dichtung. In Paris traf er [→ 20] Hans Arp und übersetzte dessen Gedichte. Er war Mitbegründer der surrealistischen »Gruppe Ra«. Ab 1942 beschäftigte sich Kundera auch mit grafischen und malerischen Techniken. 1954 reiste er zum ersten Mal in das Nachkriegs-Berlin und arbeitete ab 1955 als freier Schriftsteller und Übersetzer. [240]

373 **Tappe, Dr. Walter, Berlin, Balbronner Straße 19** (1902 – 1982; Schauspieler, Regisseur; Vater von [→ 267] Michael Tappe). Höch notiert: »Sprecher«. Sie traf Tappe 1967 und schickte ihm 1968 Fotos. Im selben Jahr besuchte sie ihn: »Dr. Tappe ist leidenschaftlicher Kunstsammler. Nach ästhetischen, – aber nicht experimentellen Gesichtspunkten ausgewählt. Alle Zeitgenossen sind sozusagen da. Putziges Haus.« [TK68] Sie traf ihn 1968 auch bei [→ 127] Kurt Ihlenfeld und 1969 auf einer Ausstellungseröffnung. Tappes besuchten Höch noch einmal mit ihrem Sohn Michael 1970: »Er Aqua gekauft (400,-) hat 300,- angezahlt Sohn kleinen Kopf 200,- bez.«. [374]

373 **Tappe, Michael, Berlin, Kaiserdamm 18** (Architekt; Sohn von [→ 267] Walter Tappe). Höch traf Tappe 1967 und 1970.

Tai-Tung (China-Restaurant) [441]

Tanning, Dorothea (1910 Galesburg – 2012 New York; amerikanische Malerin, Kostümbildnerin, Lyrikerin; verheiratet mit [→ 72] Max Ernst). Höch war 1964 zur Eröffnung einer Ausstellung von Tanning im Amerikahaus Berlin eingeladen. Dabei sah sie Ernst (»Dada-Max«) wieder: »Er war sehr nett zu mir. Ich mich riesig gefreut ihn wiederzusehen.« [TK64] Tanning zeigte Gemälde, Zeichnungen und Collagen. Sie hatte Max Ernst 1942 in New York kennengelernt, 1946 heirateten sie in Beverly Hills. [96]

Taterka, Else (Elsa) (Gebrauchsgrafikerin, Lehrerin). Höch notiert: »Confectionas«. Taterka lehrte von 1916 bis 1935 an der Reimann-Schule die Fächer Dekorationsentwurf, Plakat und Schrift. Danach siedelte sie unter schwierigen Bedingungen nach London über. [66]

Terveen, Dr. Friedrich und Frau (Landesbildstelle Berlin). Terveen besuchte Höch 1966 mit der Autorin [→ 256] Katharina Spann und einem Kameramann. 1967 ließ die Landesbildstelle bei Höch fotografieren: »Waren 6 Mann hoch, hier Aufgenommen haben sie den blühenden Garten u. mich bei der Arbeit.« Auch 1968 und 1969 besuchte »der grosse Mann« die Künstlerin. Als Höch den fertigen Film sah, notierte sie: »Ist sehr gelungen. Richtig künstlerische Aufnahmen vom Garten-Blumenfenster – mit Lichteffekten. Ich zeige: viele Collagen (vor dem schwarzen Zeichenschrank und male (Aqua) an einem Aquarell (ziemlich lange. Rede Quatsch.« [TK67] Er schrieb ihr 1968, mit seiner Frau 1969 und 1974. Terveen kam zuletzt 1975 und »unangemeldet« nach Heiligensee (»Auch er will – kaufen«). [374, 566, 572]

Thomas, Edith (Wanty) eigentlich »Wantee« ([→ 235] Kurt Schwitters' »letzte Frau« [AB]) Ambleside (Großbritannien). »Wantee« ist der von Kurt Schwitters erdachte Kosename für Edith Thomas (»eine englische Engländerin«), die er 1941 in London kennenlernte. Sie wurde »Wantee« genannt, denn sie rief immer: »Want Tea?«. [Gayford, S. 189] Im Jahr 1945 zog sie mit Schwitters nach Ambleside im Lake District. Er schreibt im Juli 1946 an Höch: »Sie ist zart und klein, wie Du und nennt mich Jumbo, weil ich ein Elephant bin. (...) Wir Beide sind kränklich, und brauchen einander.« [Lebenscollage III/1, S. 85] Zu seinem 60. Geburtstag erhielt Schwitters ein Stipendium von 1000 Dollar vom Museum of Modern Art, New York. Das Geld wurde für die Arbeit an einem neuen »Merzbau« verwandt. Der »Merz Barn« sollte auf der Cylinders Farm des Landschaftsarchitekten Harry Pierce bei Elterwater entstehen. [→ 233] Steinitz schreibt: »Er hatte Kurt eine alte Scheune in einem herrlichen Park für einen neuen Merzbau zur Verfügung gestellt«. [Steinitz 1, S. 167] Und Schwitters ergänzt: »I build a lifework, 5 : 5 : 3 m... in Cylinders 5 miles from here but good bus connection. It gets by my will magnificent. Several persons do the work, which is for me too difficult. I sleep 20 hours a day and work 4. I am always sick; I think, I have infantile bread poisoning...«. [Steinitz 2, S. 102] Thomas pflegte Schwitters bis zu seinem Tod am 8. Januar 1948. [350]

Tierärztliche Hochschule. Dort fanden Anatomievorlesungen für Künstler statt. [361]

Tihanyi, Lajos (1885 Budapest – 1938 Paris; ungarischer Maler). Als Höch 1925 Paris besuchte, nahm Tihanyi mit Künstlern wie [→ 20] Arp, [→ 64] Delaunay, Léger, Picasso und anderen an der Ausstellung »L'art d'aujourd'hui« teil. Er war Mitglied der ungarischen Avantgarde-Gruppe »Die Acht« gewesen, die 1910 auch in der »Berliner Sezession« ausstellte. Nach dem Sturz der ungarischen Räterepublik 1919 zog Tihanyi nach Wien. 1920 siedelte er nach Berlin über, wo er mit [→ 167] László Moholy-Nagy befreundet war. [361]

Trautschold, Walter (1902 Berlin – 1969 Berlin; Maler, Karikaturist, Bildhauer, Bühnenbildner). Trautschold arbeitete in den dreißiger Jahren für das Kabarettt »Katakombe«, das oft in Konflikt mit der NS-Herrschaft geriet. Nach dem Krieg wurde er von der Archivarion Galerie und Verlag vertreten. [24, 367]

Trier, Hann (1915 Kaiserwerth (Düsseldorf) – 1999 Castiglione della Pescaia; Maler, Aquarellist, Grafiker). Trier wird zum Informel gezählt. Er stellte 1964 kleine Pastelle und Druckgrafik in der Buch- und Kunsthandlung Camilla Speth (Galerie Miniature) aus [Einladung, NHH] und 1968 Gemälde, Zeichnungen und Druckgrafik im Haus am Waldsee, eine Ausstellung, die Höch mit [→ 294] Verena Wittwer besuchte. Von 1957 bis 1980 war er Professor an der Hochschule für Bildende Künste Berlin. Bekannt sind seine Deckengemälde im Schloss Charlottenburg (1972). [404]

Trökes, Renata (Käthe) [→ 255 Severin, Renata] [434]

Trost, Ulrich (Uli; Maler, Actionpainting). Trost (»30 Jahre alt, aus Konradshöhe«) stand bei Höch »unangemeldet« vor der Tür: »Will mich kennen lernen. (...) Unzufrieden mit sich u.d. Welt. Medizinstudium zuerst. Jetzt schreibt er Träume auf. Westendkrankenhaus als Zeichner tätig. Gewebe-Tabellen sezieren –. (...) hat mit sich u. dem Beruf jetzt offenbar grosse Schwierigkeiten.« [TK74] 1974 holte Trost bei Höch ein Bild für eine Patienten-Ausstellung im Klinikum Steglitz ab. Im nächsten Monat fuhr er sie zu einer Augen-Voruntersuchung ins Klinikum und besuchte sie drei Monate später. Höch notiert: »Wissenschaft und Kunst sollen, nach seiner Auffassung, vereinigt werden. Nicht gemeint: mal in einer Person betrieben, sondern !prinzipiell!!« [TK74]Trost besuchte Höch auch 1975. [572]

Trümpy, Berthe (1895 Zürich – 1983 Orselina; schweizerische Tänzerin). Trümpy war eine bedeutende Tanzpädagogin. Sie gründete 1924 in Berlin ihre eigene Schule, übernahm Kurse an der Hochschule für Leibesübungen und von 1926 bis 1938 den Sprech- und Bewegungschor an der Volksbühne. 1938 löste sie ihre Schule auf und verließ ein Jahr später Deutschland. [361]

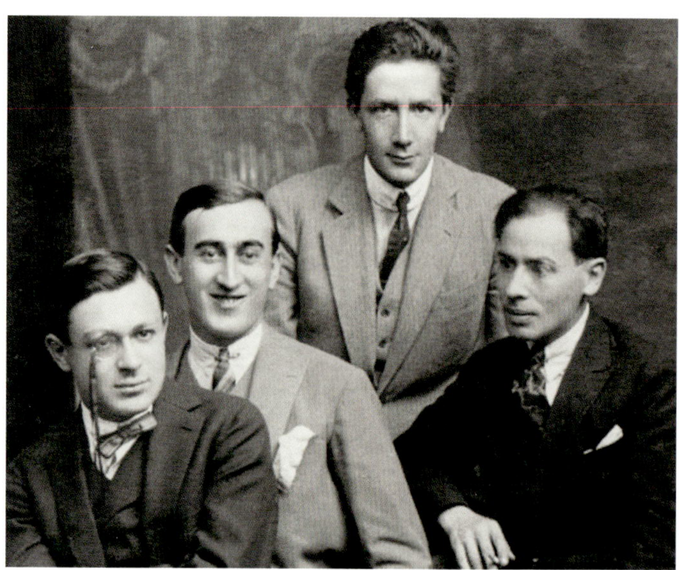

Tristan Tzara (links) mit Kollegen des rumänischen Journals Chemarea, 1915

Tzara, Tristan, Paris, 15, rue Delambre (Hotel des Écoles); **Paris, rue des Eaux III** (1896 Moineşti – 1963 Paris; rumänischer Schriftsteller), einer der Gründer des Dadaismus. Höch begegnete Tzara 1924 auf ihrer Paris-Reise. »Er lud mich für einen Tag ein. Er war ein Mann von bestrickendem Charme. Dieser zwar kleine, aber bildschöne Rumäne verfügte über eine erstaunliche Vitalität im Umgang mit Menschen. Das sehr dichte Haar fiel ihm auf einer Seite immer bis auf das Monokel. (...) Wir speisten ganz hübsch zusammen, und – unvergessen – er lehrte mich Artichauts essen (...). Abends führte er mich ins Théâtre du Champs Elysées, zu L'histoire du soldat, von Strawinsky selbst dirigiert.« Höch besuchte mit ihm auch dessen rumänischen Landsmann Constantin Brancusi. Nach der Ankunft des Bildhauers in Paris hatte Tzara ihn als einer der Ersten in dem »riesigen Atelier, alles weiß, voller Marmorblöcke und Steine« besucht. Der Bildhauer erwies sich als enthusiastischer Anhänger von Dada und schrieb unter eine seiner Zeichnungen: »Dada wird uns das Wesen unserer Zeit zeigen.« Gästen sang er Volkslieder vor und bereitete für sie Brathähnchen im traditionellen Bauernofen zu. Höch überließ Tzara einige ihrer »Klebebilder« (Fotomontagen). Ein Jahr später traf sie ihn erneut in Paris. Tzara schreibt ihr im Oktober 1925: »Liebe Fräulein Höch, Ich bin gestern abend eben angekommen, von London. Wollen Sie morgen um 2 H ½ im <u>Café du Dome</u> kommen (Bd. Montparnas-

se) ich werde auf jeden Fall da sein, und es würde mich sehr freuen Sie zu sehen. Herzlich TZARA.« [Lebenscollage II/1, S. 217].
Tzara war es auch, der Höch in die Pariser Künstlerkreise einführte. Der Rumäne machte sich bald nach seiner Ankunft in Paris 1919 zum Mittelpunkt der internationalen Dada-Bewegung und führte ausführliche Korrespondenzen mit Pariser, Berliner und Kölner Dadaisten. Während der Berliner Dada-Kreis sich bereits in Auflösung befand, initiierten Tzara und [→ 123] Richard Huel-

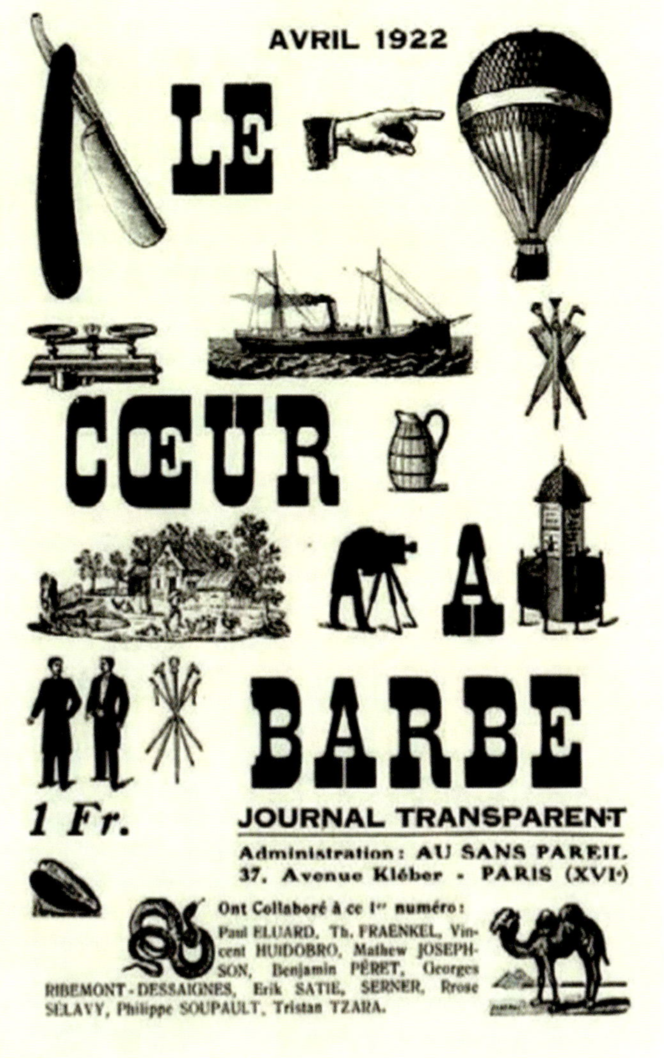

»Le cœur à barbe. journal transparent«, herausgegeben von Tristan Tzara u.a., Paris, April 1922

senbeck mit dem späteren Verfasser des surrealistischen Manifests André Breton die Pariser Dada-Bewegung. Tzara nahm an allen Dada-Veranstaltungen in Paris teil und arbeitete an verschiedenen französischen und deutschen Dada-Publikationen mit.
Am 5. Februar 1920 fand mit der zweiten »Matinée du Mouvement Dada« im Grand Palais die erste große Pariser Dada-Veranstaltung statt. Tzara war auch Mitherausgeber des berühmten »Le coeur à barbe: journal transparent«.
Im November 1920 schreibt [→ 28] Johannes Baader an Höch: »Gestern kam eine große Einladung aus Paris. Tzara, Serner, Picabia, und Ribémont-Déssaignes geben im März nächsten Jahres in Paris den Dadaco heraus, den die Deutschen nicht zu stande brachten.« [Lebenscollage I/2, S. 718] Der »dadaistische Handatlas« sollte einen umfassenden Überblick über die internationale Dada-Bewegung bieten. Das Vorhaben scheiterte jedoch u.a. an der mangelnden Kooperation Tzaras und dem baldigen Ende von Paris-Dada.
Tristan Tzara nahm 1938 auf der republikanischen Seite am Spanischen Bürgerkrieg teil und im Zweiten Weltkrieg an Aktivitäten der französischen Resistance. An der langsam wachsenden internationalen Anerkennung Höchs als Künstlerin war er als »Agent« ihrer Fotomontagen nicht unbeteiligt. Eines der Höch-Werke aus seiner Sammlung wurde 1936 neben 25 anderen Leihgaben von ihm in der Ausstellung »Fantastic Art, Dada, Surrealismus« im noch jungen Museum of Modern Art in New York gezeigt. Es war eine unbetitelte, von der Künstlerin als »Klebebild XI« bezeichnete Collage. Im Sommer 1964, Tzaras Todesjahr, wollte Höch den Künstlerkollegen in Paris erneut besuchen: »Er war aber abwesend. Und nun für immer.« [Briefentwurf von H.H. an R.H., 18.2.1964, NHH] [361]

U

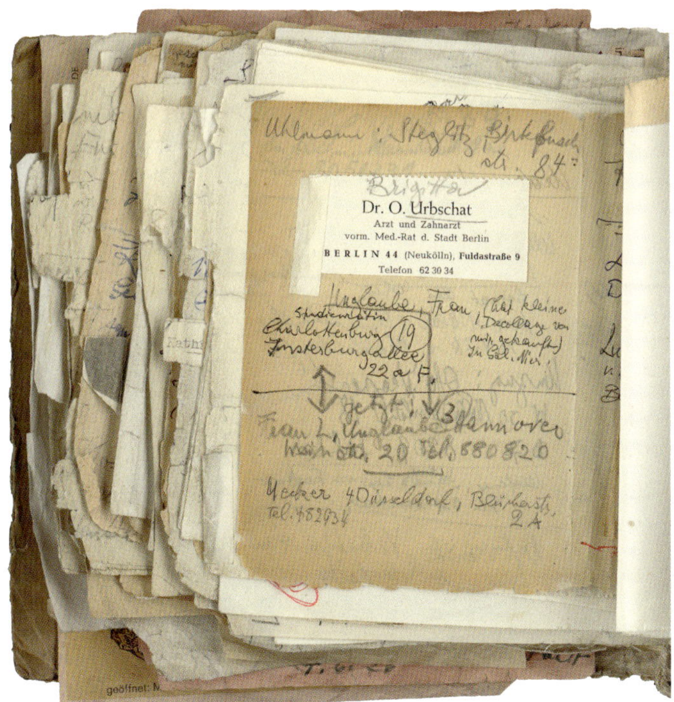

377 **Uhlmann, Hans, Berlin, Birkbuschstraße 84** (1900 Berlin – 1975 Berlin; Ingenieur, Bildhauer) **und Hildegard** (geb. Rohmann). Nach einem Studium an der Technischen Hochschule Berlin arbeitete er dort als Diplomingenieur, wurde ab 1933 wegen antifaschistischer Aktivitäten entlassen und für kurze Zeit in Untersuchungshaft genommen. Uhlmann sollte 1945/46 für die amerikanische Militärregierung als Leiter der Abteilung Bildende Kunst des Volksbildungsamtes Steglitz Ausstellungen der im Nationalsozialismus verbotenen Künstler organisieren. An der »Frühjahrsausstellung in der Kamillenstraße« (1946) beteiligte sich Höch laut Katalog mit elf Aquarellen. Er schrieb 1947 an Höch. Im Jahr zuvor hatte Uhlmann die Galerie Rosen mitgegründet und wurde 1947/48 ihr künstlerischer Leiter. Er organisierte Ausstellungen, Vorträge und Diskussionen. Ab 1950 lehrte er als Professor an der Hochschule für Bildende Künste Berlin (bis 1968). Dort leitete er die Grundklasse und ab 1953 die Metall-Bildhauerklasse. Ab 1956 war er Mitglied der Akademie der Künste. Im selben Jahr zeigte er Plastiken und Zeichnungen in der Galerie Springer. Weitere Ausstel-

lungen folgten dort 1957 und 1959 [Katalog bzw. Einladungen, NHH]. Höch besuchte beide Ausstellungen und eine weitere 1968.

377 **Urbschat, Dr. O. (und Tochter Brigitta), Berlin, Fuldastraße 9** (Arzt und Zahnarzt, vorm. Med.-Rat der Stadt Berlin). Die Abiturientin Brigitta Urbschat sprach Höch 1965 in der Akademie der Künste an: »War auch (…) zu meiner Ausstellung. Sie bat mich mal zu mir (r)aus kommen zu dürfen. Ich nahm sie mit und sie war so begeistert.« [TK65]

377 **Unglaube, Elisabeth Margarethe, Berlin, Insterburgallee 22a; Hannover, Weinstraße 20** (Studienrätin). Unglaube kaufte vermutlich 1961 die Höch-Arbeit »Geschabt« (»kleine Decollage« [AB]) in der Galerie Nierendorf. Sie besuchte Höch in den Jahren 1962, 1963 und 1965.

377 **Uecker, Günther, Düsseldorf, Blücherstraße 2a** (geb. 1930 Wendorf, Maler, Objektkünstler). Uecker zeigte 1963 mit Heinz Mack und Otto Piene, der Künstlerguppe ZERO, den »Lichtsalon« im Haus am Waldsee, Berlin. Im Nachlass Hannah Höch befindet sich ein Exemplar der »Uecker Zeitung« (1970). Uecker studierte von 1949 bis 1953 angewandte Kunst in Wismar, später an der Kunsthochschule Berlin-Weissensee. Von 1955 bis 1957 war er an der Kunstakademie Düsseldorf Schüler von Otto Pankok und erhielt dort 1976 eine Professur.

Ullstein Verlag [→ 159 Lang, Margarete]. Höch arbeitete von 1916 bis 1926 beim Ullstein Zeitungsverlag in der Kochstraße 22–26 als Illustratorin für Handarbeitshefte. [376]

Uytvanck, Valentijn Edgar van (1896 Antwerpen – 1950 Cochem; Zeichner). Uytvanck arbeitete oder wohnte offenbar mit dem Verleger[→ 38] Anthony C. Bakels zusammen. [376]

V

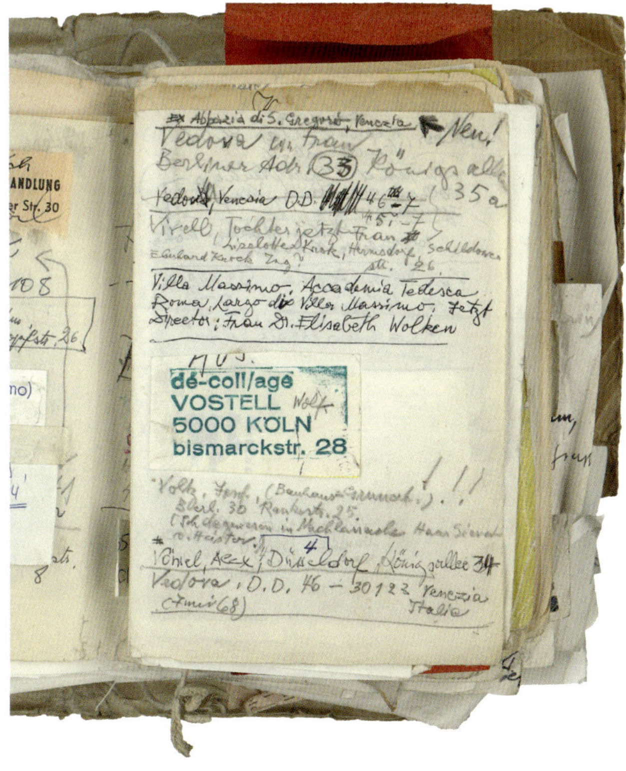

387 **Vedova, Emilio, Berlin, Koenigsallee 35 a; Venedig, Ex Abbazia di San Gregorio a Venezia,** (Dorsoduro, 172); **Venedig, Dorsoduro 46** (1919 Venedig – 2006 Venedig; italienischer Maler, Bildhauer), verheiratet mit Annabianca. Im Oktober 1957 besuchte Höch die Vernissage des Galeristen [→ 257] Rudolf Springer mit Arbeiten von Vedova aus den Jahren 1951 bis 1957. Zwei Jahre später, 1959, zeigte er bei Springer 18 Lithographien [Einladungen, NHH]. Das mit ihr befreundete Ehepaar [→ 47] Böddinghaus fuhr im Dezember 1964 nach Heiligensee und nahm Vedova kurzentschlossen mit. Er war von November 1963 bis Mitte Mai 1965 Stipendiat der Ford Foundation, dem Vorläufer des Künstlerprogramms des Deutschen Akademischen Austauschdienstes (DAAD). Über den Besuch schreibt Böddinghaus später: »Der Riese Vedova war hell begeistert und sprudelte die ganze Nachhausefahrt unaufhörlich!« [Lebenscollage III/1, S. 115] Für Höch war der Italiener »der Riese, Rasputin W. Dostojewsky aus Venedig« [TK64]. Im Januar 1965 kam Vedova erneut als ihr Gast, diesmal mit seiner Frau Annabianca (»sehr tüchtig«). Höch zeigte beiden Dokumente aus der Dada-Zeit – Bilder,

Briefe, Fotos. Die Vedovas luden sie zu einem Gegenbesuch in das Atelier am Käuzchensteig 12 ein. Dabei sah Höch zum ersten Mal die großformatige, gestische Malerei Vedovas und seine »Plurimi«: Objekte aus beweglichen Holzelementen. Ihre Eindrücke beschreibt sie so: »Wohnen in einem riesigen Bildhaueratelier an der Clayallee. Gebaut worden ist es von Hitler, für Breker. Vedova hat es völlig ausgefüllt. Sogar in fast 10m Höhe hängt was an der Wand. V. macht riesige, auf – ab – seitlich – oben – unten – klappbare bemalte, beklebte Gestelle aus Brettern, Pappen und Scharnieren. Die Farbe wird rinnen gelassen, Die Wände werden mit Hämmern, Äxten, Sägen, durchlöchert, gefranzt. Mit Feuer wird gearbeitet, um stellenweise einen unsauberen, branzigen Ton auf-

Emilio Vedova.
Foto: Franz Hubmann, 1960

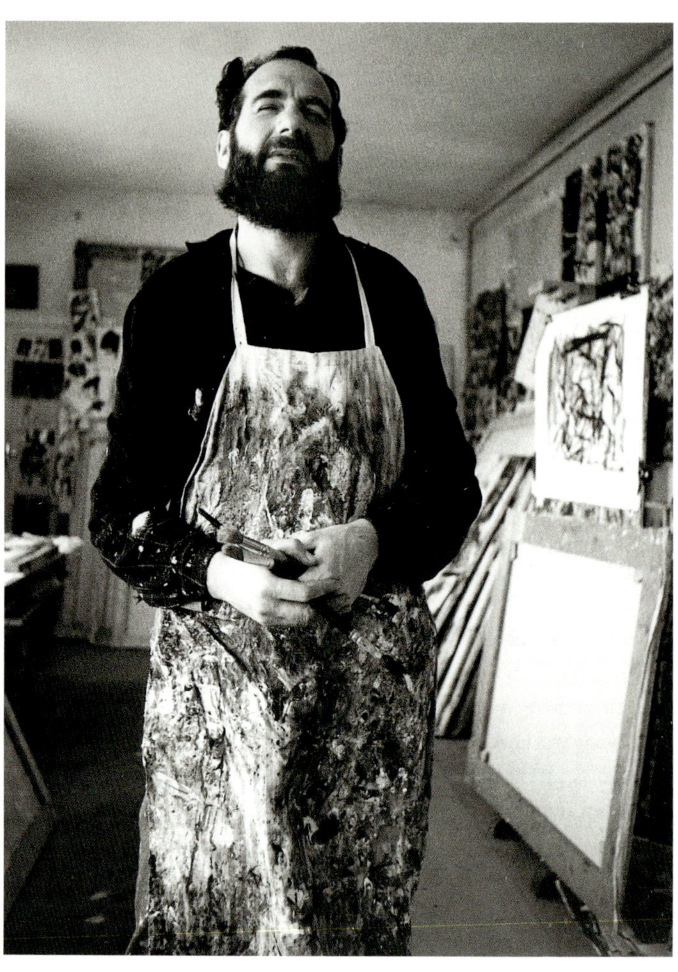

zuzwingen, Teils wird auch geklebt. Ruhen tun diese Riesengestelle nur auf wenigen Punkten. Die Farbe spielt auch eine grosse Rolle. Eine nicht unsympatische.« Und: »Er schenkte mir eine kleine Arbeit. Witzig.« [TK65] Albert Speer hatte das Atelier für Arno Brekers Monumentalfiguren gebaut. Vedova: »(ich hatte es abgelehnt, in dem zu schönen Atelier am Hanseatenweg zu leben/arbeiten… (das mich in einen festen Tagesablauf eingebunden hätte –) wo wir geladene Gäste waren) – und in dem Atelier von Arno Breker! Das Leben neu beginnen, dort, in einem Raum von Speer –, da, in einem Raum, der vollgestopft war mit UFA-Bühnenbildern –, da wo, wie man mir sagte, die früheren Kulissen lagerten, die halb zertrümmert waren, für den letzten Goebbels-Film ›Das Leben geht weiter‹! – ›Si‹ ›Das Leben geht weiter‹…« [Vedova, S. 12] Vedova berichtet, wie sein Atelier nutzbar gemacht wurde: »Und nun die mühselige Räumaktion. Vierundzwanzig Mal riesige Lastzüge der Oper, einer nach dem anderen. Meine Schüler, der Senatsrat Böddinghaus, ich und alle anderen, in einer wahren Arbeitswut, im Staubwirbel gewaltiger Theatervorhänge und schwerer Bühnenarmaturen, drei Tage lang.« [Vedova, S. 110] Im Januar begann Vedova seine Ateliersarbeit »mit 15 kleinen Gas-Öfen(!)«. Der Kunsthistoriker [→ 201] Heinz Ohff schreibt: »Die Wände, so hoch und so weit sie sich breiten, sind von oben bis unten mit Entwurfskizzen, Photos, Notizen, riesigen bemalten Teilstücken aus Sperrholz und herausgerissenen Illustriertenseiten behängt, eine unwiederholbare Collage, vor der jeder Besucher steht wie Gulliver im Land der Riesen. Den Boden, soweit er nicht von den sperrigen Ungetümen, eben jenen ›Plurimi‹, eingenommen wird, bedecken Eimer voller Farbe, Batterien sauber gewaschener Pinsel und Quasten sowie komplette Schreinerwerkstätten – eine schöpferische Unordnung, wie man sie kaum einer zehnköpfigen Malklasse zutrauen würde.« [Vedova, S. 120] Auf mehreren Fotos ist der Besuch Höchs dokumentiert; verbunden mit einer Einladung nach Venedig sendete Annabianca Vedova ihr einige Abzüge.

Vedova war Autodidakt und stellte bereits 1956 in Deutschland auf der »Documenta I« in Kassel aus. »Ich bin nach Berlin zurückgekommen. Ich bin gekommen, um mir arbeitend Rechenschaft abzulegen, – ›de visu‹. Nach den ungeheuerlichen nazistischen Auswüchsen wollte ich noch einmal in den Straßen, in dem unruhigen Getriebe dieses lebendigen Babel dem demokratischen kritischen Geist nachspüren, der Grosz, Dix, Beckmann… und ›Dada Berlin!‹, ehemals beseelte«. [Vedova, S. 112] Eine von Vedovas wichtigsten Arbeiten aus dieser Zeit trägt den Titel »Omaggio a Dada/Berlin«. Auf der »Documenta III« 1964 zeigte er sein Hauptwerk, das »Absurde Berliner Tagebuch«: sieben »Plurimi« (»Mehrfachgebilde«), auch frei hängend, eine beinahe neun Meter hohe und sich auf fast zweihundert Quadratmeter erstreckende Installation. Die durch montierte Eisenscharniere aufklappbaren »Plurimi« sind räumlich aufeinander abgestimmte Assemblagen unterschiedlicher Materialien und Techniken.

Die Kuratorin Ursula Prinz schreibt über Vedova: »Die Absurdität der Gegenwart in der ummauerten Stadt ließ ihn in seinem Atelier (...) ebenso wie in der Antikunst der Dadaisten, die in Gestalt von Hannah Höch lebendig wurde, seine geistige Nähe zum Dadaismus geradezu körperlich erfahren. Im provokativen, politischen Berliner Dadaismus mit seinen Materialcollagen und Montagen erkannte der Künstler eine Verwandtschaft zu seinen *Plurimi*.« [Vedova, S. 26] Vedova schrieb an Höch von 1965 bis 1968 und in den Jahren 1976 und 1978. [583]

387 **Vivell, Liselotte, Berlin-Hermsdorf, Schildower Straße 26**, Tochter von [→ 282] Vivell, spätere **Krock**

387 **Krock, Eberhard**. Höch notiert: »Ing.?«

387 **Villa Massimo, Wolken, Dr. Elisabeth; Rom, Largo di Villa Massimo** (1-2), **Accademia Tedesca Roma Villa Massimo** (Deutsche Akademie, Direktion). Höch wurde 1961 als Ehrengast in die Villa Massimo eingeladen. Dieses Stipendium gilt als eine der wichtigsten Auszeichnungen Deutschlands für herausragende Künstler in den Sparten Bildende Kunst, Literatur, Komposition und Architektur. Die Künstler können in Ateliers kostenfrei wohnen und arbeiten mit einer monatlichen Unterstützung von zur Zeit 2500 Euro. Die Akademie richtet jedes Jahr zahlreiche Konzerte, Exkursionen, Lesungen sowie Symposien aus und präsentiert die Werke der Künstler in Ausstellungen. Elisabeth Wolken war von 1965 bis 1993 Direktorin der Villa Massimo.

387 **Vostell, Prof. Wolf, Köln, Bismarckstraße 28** (1932 Leverkusen – 1998 Berlin; Maler, Bildhauer). Vostell schrieb Höch 1966 und besuchte sie im selben Monat mit Dick und Alison Higgins sowie [→ 101] Juan Hidalgo. Zu einem zweiten Besuch kam es 1973, als Vostell seine Frau Mercedes, Regina Hendel, [→ 89] Johannes Geccelli, Dick und Hannah Higgins und Jes und [→ 128] Ilona Petersen begleitete. »Kunst ist gleich Leben« war eine Formel von Vostell,

dem Fluxus- und Happening-Künstler aus Köln, der 1970 nach Berlin übersiedelte. Sein Atelier befand sich in Berlin-Kreuzberg, bis zu seinem Tod lebte er in der Giesebrechtstraße 12 in Charlottenburg. Er bezog sich bewusst auf Dada und vor allem auf die politische Variante von »Dada Berlin«. 1975 fand eine große Vostell-Retrospektive in der Nationalgalerie Berlin statt. [387, 580]

387 **Voltz, Josef, Berlin, Rankestraße 25**. Voltz rief Höch 1967 wegen der Regelung des Nachlasses von [→ 112] Hans Siebert von Heister an, woraufhin sie ihn besuchte. Der Maler und Schriftsteller war im Monat zuvor gestorben. Die zweite Frau von Heisters aus Frankfurt und ihr Sohn brachten einen Teil des Nachlasses zu Frau Voltz, einer Freundin. »Bei V. sind jetzt alle alten Ölbilder, Nov.Gruppe, Juryfreie etc. Die neueren haben wohl alle die Frankfurter mitgenommen. (...) V. ist einer der vielen Bauhausvagabunden bei der Grunert (scheint es) gewesen zu sein.« Mit »Grunert« könnte die Malerin und Keramikerin Hildegard Grunert gemeint sein. [170]

387 **Vömel, Alex, Düsseldorf, Königsallee 34** (1897 Emmishofen – 1985 Düsseldorf; Kunsthändler). Vömel und Höch korrespondierten 1967 und 1969. Er übernahm die Düsseldorfer Galerie Flechtheim in der Königsallee und führte sie unter dem Namen Galerie Alex Vömel weiter. Heute wird sie von seinem Sohn Edwin geleitet.

Veit, Christian (1935 Leipzig – 2011 ?; Schauspieler, Maler). Veit besuchte Höch 1972 mit der Schülerin Bettina Stelter. Dem »jungen Mann« hat Höch ein Jahr später »etwas in sein Buch geklebt«, ein »Buchbindermeisterstück«, »pergament-handgebunden« [alle AB]. Veit war gelernter Kunstbuchbinder. [388]

Verband bildender Künstler [→ 294 Wirtschaftlicher Verband] [382]

Verlag der Kunst, Dresden. Der Verlag, 1952 in der DDR für hochwertige Kunstdrucke und -bücher gegründet, schrieb 1968 an Höch: »Bringt Gouache ›Réquiem‹ von mir in Buch ›Widerstand in d. Kunst.« [AB]. [445]

Vetter, Ewald (1894 Wuppertal-Elberfeld – 1981 Berlin; Maler). Auf der Sonderschau »Maler sehen die Frau«, die zur Ausstellung »Die Frau in Wort, Werk und Bildnis« gehörte, zeigte Vetter Porträts von Käthe Kollwitz und Renée Sintenis. Sie fand 1947 im Haus am Waldsee statt, organisiert von der Zehlendorfer Frauengruppe. Vetter war mit **Lilly Vetter** (geb. Plank; geb. 1898; Textilkünstlerin, Angestellte) verheiratet, eine der beiden Organisatorinnen der Ausstellung (»religiöse Stickereien«). Höch besuchte Vetter 1947. [384]

Vies, Bram van der (Sohn von [→ 280] Ditte van der Vies) Amsterdam. Höch traf Bram 1932. Er war offenbar künstlerisch tätig, denn seine Mutter Ditte schrieb an Höch 1933: »Brams erste Werkaufführung ist am 1. Dez in Amsterdam, dafür fahren wir dorthin.« [50]

Vies-Heyting, Ditte van der, Amsterdam, ...; Den Haag, Zoutmanstraat; Den Haag, Seinpoststraat 4; (Den Haag), **Statenplein 3a (per Adr. Mevr. Blom-Heyting); Madeira, Funchal, Atlantik-Hotel** (Kunsthistorikerin, Co-Leiterin der Avantgarde-Galerie De Bron), verheiratet mit [→ 159] Chris Lebeau. Die Krönung von Höchs Holland-Aufenthalt wurde ihre erste Einzelausstellung, kuratiert von Vies-Heyting. Sie war zunächst vom 11. Mai bis zum 7. Juni 1929 in der Galerie De Bron zu sehen und zeigte Ölbilder, die zu ihren bekanntesten zählen, wie [→ 174] »Roma«, [→ 175] »Die Journalisten« und [→ 281] »Die Mücke ist tot«, sowie fünf Arbeiten aus farbigem Papier, nur eine Zeichnung, aber mehrere nicht näher bezeichnete Aquarelle, vier »phantastische Aquarellzeichungen«, ein »abstraktes Aquarell« und zehn »große Aquarelle«. Zur Eröffnung der Haager Ausstellung sprach [→ 54] Jan Buijs. Die Galerie verteilte an die Besucher ein Flugblatt mit der holländischen Übersetzung eines von Hannah Höch verfassten Credos. Anschließend wurde die Ausstellung in Rotterdam und vom 28. September bis zum 18. Oktober 1929 im Amsterdamer Kunsthaus van Lier gezeigt. Höch hatte in den Niederlanden zwei weitere Ausstellungen, im Mai 1934 und im November 1935, beide bei [→ 27] »d'Audretsch« in Den Haag. Bis zum Kriegsende sollte es keine weitere Einzelausstellung mehr von ihr geben.

Aus der Zusammenarbeit mit Vies-Heyting entwickelte sich eine längere Freundschaft. Erst die politischen Umstände in Deutschland in den dreißiger Jahren führten dazu, dass der Kontakt abbrach. Im Juni 1933 schrieb sie noch an Höch: »Der Holzschnitt, welchen wir von dir bekamen hat uns sehr erlustigt, es konnte nicht anders sein, so müssen Till (Brugman, H.N.) und Hannah fort gezogen sein nach ihrem neuen Hause. Sehr gerne sollten wir nach Berlin fahren, da wir immer viel von Berlin hörten, aber niemals sahen, nur das verfluchte Geld, und noch dazu wie wird es jetzt in Berlin sein, ist das alte Berlin nicht tot und wird jetzt nicht ein neues, der Welt noch unbekanntes Berlin geboren?« [Lebenscollage II/2, S. 489] [80, 382, 383]

Viesel, Hansjörg (Buchantiquar). Viesel besuchte Höch 1973. Sie notiert: »Psychoanalyse – Gross«; »Hochschule f. Politik – Berlin« [AB]. Viesel stieß nach einem langen Studium der Geschichte

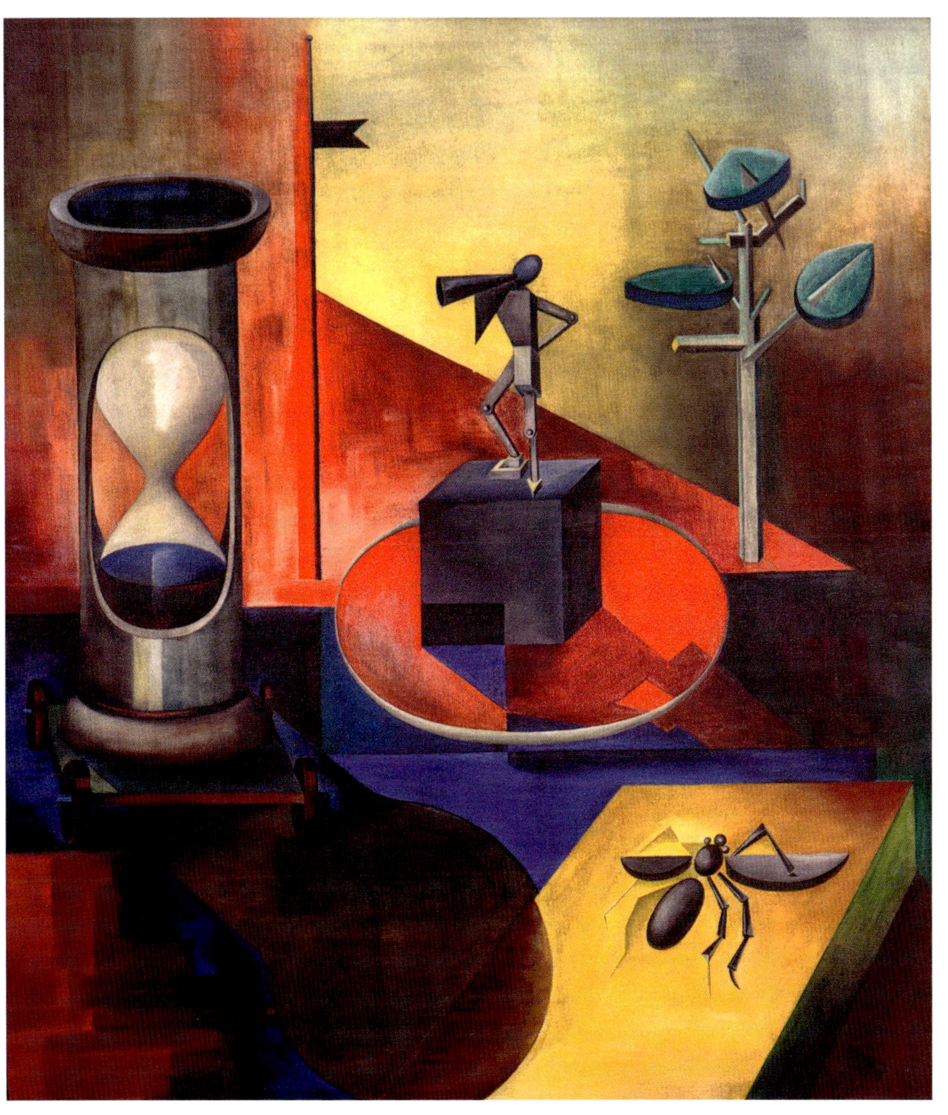

Hannah Höch, »Die Mücke ist tot«, 1922.
Öl auf Leinwand

des Anarchismus auf den Psychoanalytiker und Anarchisten Otto Gross, der sich 1913 der Gruppe um die »Aktion« von Franz Pfemfert anschloss und mit Franz Jung befreundet war. [576]

Vischer, Melchior (1895 Teplitz-Schönau – 1975 Berlin; Schriftsteller, Regisseur). Vischer schrieb 1964 an Höch. Sein Text »Sekunde durch Hirn: ein unheimlich schnell rotierender Roman« (1920) erschien im [→ 258] Steegemann-Verlag, Hannover, der auch [→ 235] Kurt Schwitters und andere dadaistische Texte publizierte. Vischer gehörte zum Prager Dada, war dort u.a. mit Franz Kafka befreundet, schrieb später historische Romane und stand spätestens ab 1933 der NSDAP nahe. [386]

Vivell, Hubert (geb. 1910 ? – seit 1945 verschollen; Arzt und Bergsteiger), Freund von [→ 178] Kurt Heinz Matthies. Hannah Höch unternahm mit Matthies, [→ 113] Georg Hentschel und Vivell zahlreiche Bergtouren, auf denen sie viel fotografierte. Ihr Biograf [→ 201] Heinz Ohff schreibt: »Daneben sammelt sie seltene Pflanzen zum Anlegen eines Alpinums im Garten in Heiligensee, das man auch noch zwanzig Jahre später dort wachsen, blühen und gedeihen sehen konnte.« [Lebenscollage II/1, S. 326] Mit Matthies und Vivell machte Höch 1942 ihre letzte Bergtour. Im selben Jahr kaufte er eine ihrer Arbeiten mit dem Titel »Stillleben«. [186, 387]

Vlugt, Leendert-Cornelis van der (1894 Rotterdam – 1936 Rotterdam; Architekt) Den Haag. In dem Architektenbüro Brinkman & Van der Vlugt war er der verantwortliche Architekt für die Van-Nelle-Fabrik (UNESCO-Welterbe). [38]

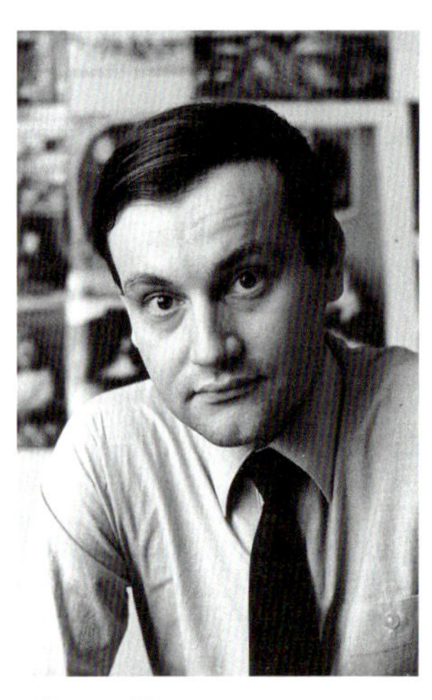

Klaus Völker, 1962.
Foto: Roger Melis

Völker, Klaus (geb. 1938 Frankfurt am Main; Schriftsteller, Herausgeber, Dramaturg) Berlin, Zürich. Höch notiert: »Der junge Völker ist Schüler« des Literaturwissenschaftlers [→ 120] Walter Höllerer. Seit Ende der fünfziger Jahre veranstaltete er Lesungen und Diskussionen mit jungen Autorinnen und Autoren in einem Keller in der Waitzstraße. Völker besuchte Höch 1960 mehrmals (»sehr interessanter Nachmittag«). Völker kam im Dezember zu ihr mit dem Schriftsteller und Grafiker [→ 84] Günter Bruno Fuchs (»Zinke – Hinterhof. Wollen Ausstellung machen. Haben mitgenommen Zeichnungen für Zinke«) [TK60]. 1961 besuchte Völker Höch mit einem befreundeten Grafikstudenten, um zu fotografieren. Auch 1963 und 1967 kam Völker zu Besuch. Im Jahr 1964 erschien sein Artikel »Dada graziös: Hannah Höch zum 75. Geburtstag« im Spandauer Volksblatt. Anfang der sechziger Jahre plante Völker ein Buch über Vampire, für das Höch ihm eine Col-

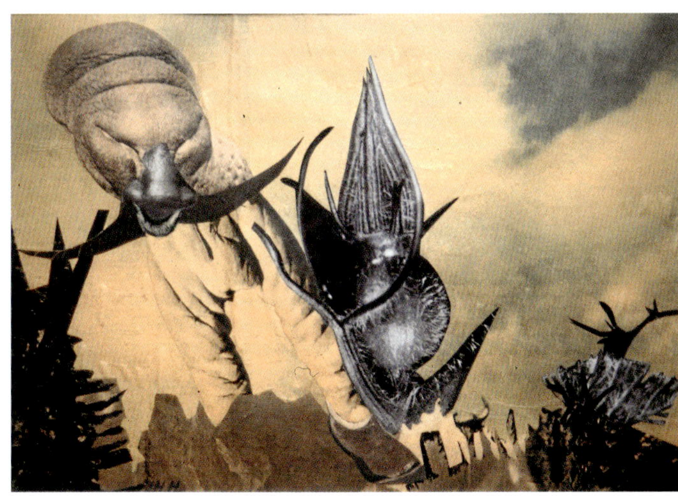

Hannah Höch, »Vampir«, zwanziger Jahre. Fotocollage.

lage aus den zwanziger Jahren schenkte, die sie dann auch »Vampir« nannte. Das Buch sollte im [→ 90] Gerhardt Verlag erscheinen (wurde dann aber woanders publiziert). Während eines ihrer intensiven Gespräche über Kunst und Höchs Kunstauffassung zeigte die Malerin ein Aquarell [→ 284]»Die Kommandeuse des Konzentrationslagers«, das sie wohl Anfang der vierziger Jahre gemalt hatte. Höch zeigte sich völlig verzweifelt darüber, dass sie mit ihrer Kunst diesem Thema nicht gerecht geworden sei, ihre Art zu malen an Grenzen stieße, die zu sprengen sie nicht (mehr) fähig sei. (Auskunft Klaus Völker, Juni 2018). Unabhängig von ihrer eigenen Einschätzung ist dieses Werk ein Beispiel dafür, in welche Gefahr sich Höch mit ihrer Kunst während der NS-Zeit begab. [385, 386, 388, 412].

Vordemberge-Gildewart, Friedrich (1899 Osnabrück – 1962 Ulm; Grafiker, Maler, Bildhauer). Im Nachlass Hannah Höch befindet sich die Fotografie einer vermissten Fotocollage. Höch schrieb auf der Rückseite den Titel: »Oz der Tragöde. 1918? Orig. verschollen (...) Hatte dieses Original nicht Vordemberge mit nach Amerika genommen?« Vordemberge studierte ab 1919 in Hannover, war mit [→ 235] Kurt Schwitters und [→ 20] Hans Arp sowie [→ 59] Theo van Doesburg bekannt. 1936 zog er nach Berlin. Da seine Kunst aber als »entartet« galt, emigrierte er 1937 über die Schweiz nach Amsterdam. In den Niederlanden lebte Vordemberge bis 1954, ging also nicht »nach Amerika«, sondern wurde im selben Jahr Professor an der Hochschule für Gestaltung Ulm. [383]

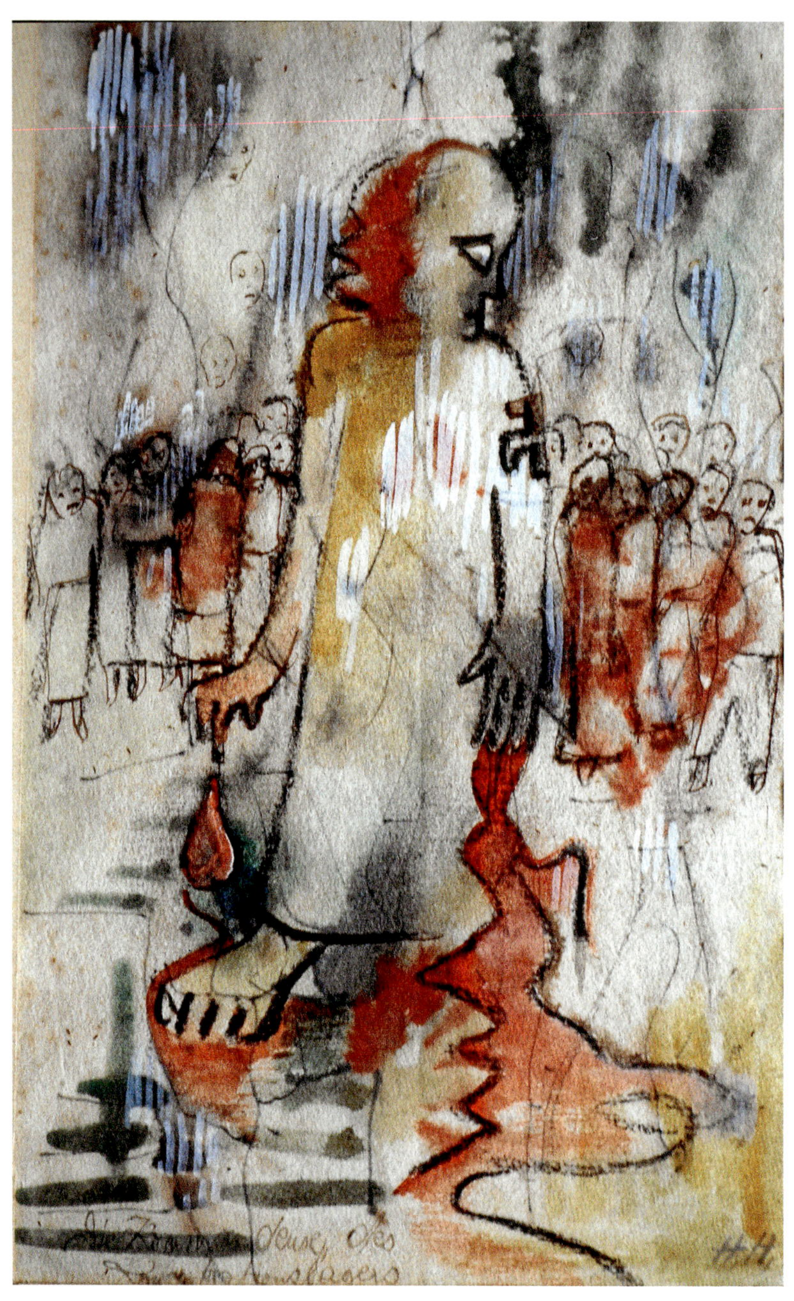

Hannah Höch,
»Die Kommandeuse des Konzentrationslagers«, um 1942.
Aquarell

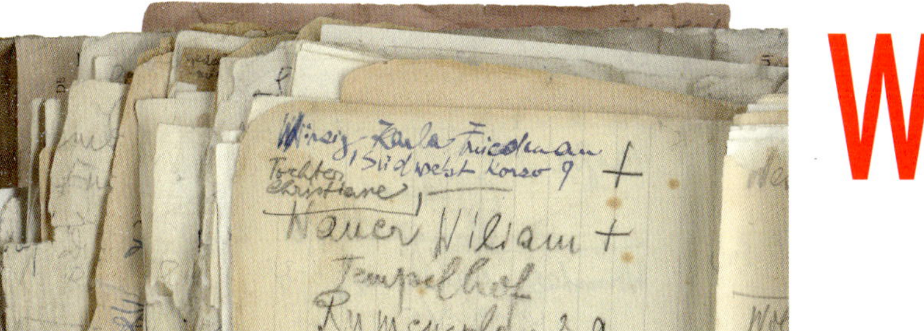

W

396 **Wirsig, Karla, Berlin, Südwestkorso 9** (geb. Behne, 1913 – 1966), Tochter von [→ 33] Adolf Behne und ihrer Tochter **Eva Christiane** (geb. 1942). Karla Wirsig besuchte Höch 1949. Sie arbeitete unter anderem zwei Jahre als Übersetzerin und Stenotypistin bei der amerikanischen Militärregierung. Die Tochter schrieb an Höch 1962 und 1966. [31, 59]

396 **Wauer, William Ernst Hermann, Berlin, Runmeyplan 39** (1866 Oberwiesenthal – 1962 Berlin; Bildhauer und Filmregisseur). Wauer war ab 1920 für das Bauhaus tätig und nach dem Zweiten Weltkrieg als Dozent an der Volkshochschule in Berlin. Im Kunsthaus Tempelhof sprach er im August 1948 über Expressionismus [Einladung, NHH]. Höch notiert: »+« (für »gestorben«).

396 **Worringer, Prof. Dr. Wilhelm, München, Karl-Theodor-Straße 19; Halle (Saale), Schwuchtstraße 1b** (1881 Aachen – 1965 München; Kunsthistoriker). Vermutlich lernten sich Höch und Worringer über [→ 296] Hans Zeeck kennen. Worringer schrieb Höch 1946. Von seiner Dissertation »Abstraktion und Einfühlung. Ein Beitrag zur Stil-

psychologie« (1948) gab Zeeck ihr ein Exemplar. Seit 1944 lebte Worringer für zwei Jahre in Berlin-Frohnau, 1946 besuchte er Hannah Höch mit seiner Frau Marta. Einen Monat später wurde er »gänzlich möbel- und bücherlos« zum Professor an die Universität Halle berufen und zum Direktor des Kunstgeschichtlichen Instituts ernannt. Im Januar 1950 bedankte er sich für einen von Höch zugesandten Katalog: »Sie hätten sich gefreut über die Mienen bei dem Wiedersehen.« [Lebenscollage III/1, S. 69] Dieser Brief war die letzte Nachricht, die Höch von ihm aus Halle (Saale) erhielt. Im Sommer verließ Worringer wegen wachsender politischer Repressionen die DDR. Zwischen 1933 und 1945 hatte er auf jegliche Publikationstätigkeit verzichten müssen. [395]

396 **Worringer, Marta, München, Heidelberger Platz 2III** (geb. Schmitz, 1881 Köln – 1965 München; Grafikerin, Stickkünstlerin). Mit Höch war Worringer 1946 in der Ausstellung »Graphik schwarz-weiß und farbig« vertreten. Höch notiert: »Ich arbeite viel; aber nicht genug, um genügend Arbeiten für die verschiedenen Ausstellungen zu haben. Meine Stickereien sind in einer Bücherstube; meine Zeichnungen bei Amelang; nun fehlen noch Arbeiten für die Schwarz-Weiss-Ausstellung in Reinickendorf. Verkauft ist leider noch nichts.« Gemeint ist die Amelangsche Kunst- und Buchhandlung in der Kantstraße 164.

396 **Weishappel(-Fischer-Baling), Sibylle, Wien, Brahmsplatz 37; Berlin, Fasanenstr. 48; Wien, Boschstr. 24/8/6; Berlin, Ilsensteinweg 16; Stuttgart, Filderstr. 71; Nijmegen, Okapistraat 71** (1881 – 1964; Historikerin, Politologin, Theologin). Weishappel war zunächst mit Eugen Fischer-Baling verheiratet. 1954 ehelichte sie den österreichischen Journalisten und Komponisten Rudolf Weishappel (1921 – 2006). Sie schrieb Höch von 1946 bis 1969 und besuchte sie 1958 mit [→ 113] Franz Hermesmeyer, [→ 153] Anneliese Kuhk, [→ 151] Paul Kronenberg und einer Ärztin. Dabei sah sie auch den sogenannten Rarit, einen im Mittelteil verglasten Schrank. Hannah Höch nutzte für ihre Arbeiten die sie umgebenden Gegenstände als künstlerische Inspirationsquelle. Der Schrank war angefüllt »mit einer Unzahl von kleinen bis winzigen Gegenständen« und stand in Höchs Schreibzimmer an exponierter Stelle. Weishappel beschrieb in ihrer unveröffentlichten Kurzerzählung »Eine Malerin«, was sie darin zu sehen bekam: »Da gab es winzige Buddhas, tanzende Götter in der Höhe einer Fingerkuppe, da waren Tiere aller Art und der verschiedensten Materialien, manche Gegenstände ließen sich, so

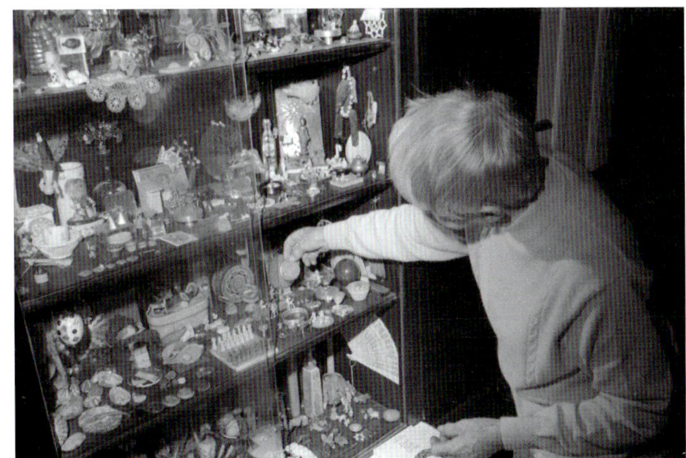

Hannah Höch an ihrem Rarit, 1968. Foto: Frank Siegmann

klein sie waren, noch auseinandernehmen oder zu anderen Formen zusammensetzen, es gab winzige Amulette und Heiligenbilder verschiedenster Herkunft und Ausführung.« In ihrem Text lässt Weißhappel auch Höch selbst zur Bedeutung der Trouvaillen zu Wort kommen. Die Äußerungen dürften authentisch sein. Lapidar bezeichnet Höch die Sammlung zunächst als »Spielerei«, um dann auszuführen: »Sehen Sie, ich weiß ja nicht sehr viel von den großen Kulturen, dem diese kleinen Reste entstammen, die zum Teil nicht einmal künstlerisch einen Wert darstellen. Für mich sind das Ahnungen, die ich manchmal in mir groß werden lasse. Und es macht mich dann manchmal staunen, was so an Verborgenem aus mir heraussteigt. Für mich sind diese Verkörperungen und Zeichen wie Magneten, die etwas aus mir herausziehen, dessen ich sonst nicht habhaft werden kann in mir und auch außer mir. Sie machen mir neue Sinne für die Welt, durch die ich von ihr anderes wahrnehme als sonst. Übrigens nichts, was nicht wirklich wäre. Nur braucht es nicht unbedingt sichtbar zu sein. (...) Ich erfahre das Unsichtbare aus dem Sichtbaren.« [Lebenscollage III/1, S. 32] Weishappel hat in ihrer Erzählung auch die Bedeutung des Gartens für Höch beschrieben. Gemeinsam waren die beiden Frauen durch den Garten gegangen, wobei die Künstlerin mit ihren Bäumen sprach, genau wie vorher mit dem Huhn, Lob verteilte oder ermahnte, sich mehr Mühe zu geben: »›Doch, doch, das verstehen sie, die Guten‹, sagte sie in meinen amüsierten Blick hinein, halb selbstironisch und dann doch mit einem Unterton, der jede Deutung offenließ.« [Lebenscollage III/1, S. 183] Höch schien eine Art

»seelisches Fluidum« mit ihren Pflanzen zu verbinden. Weishappel und Höch besuchten sich gegenseitig 1964 (»Viel Arbeiten angesehen«). Ein letztes Mal kam sie 1970 mit ihren Töchtern nach Heiligensee. [109, 402, 404, 406, 439]

396 Wescher, Dr. Herta, Paris, 46, rue Hippolyte Maindron; Paris, 98, rue Raymond Losserand (geb. Kauert, 1899 Krefeld – 1971 Paris; Kunsthistorikerin und -kritikerin). Wescher schrieb an Höch von 1952 bis 1961 und besuchte sie 1955. Die Kunsthistorikerin suchte Fotografien zu Collagen und Fotomontagen und Angaben aus der Zeit um 1920 ebenso wie Originale von Höch, »aber auch von [→ 106] Hausmann oder anderen authentischen Pionieren« [Lebenscollage III/1, S. 91]. Das Material brauchte sie für ihr Buch »Die Collage« (1968). Wescher, die »spontan am liebsten Spezialartikel über Sie schreiben und Sie dazu in Berlin aufsuchen möchte«, zeigte sich über Höch und ihre Arbeiten sehr begeistert. Im Katalog zur Höch-Ausstellung in der Galerie Rosen 1957 schrieb sie den Einleitungstext. 1933 emigrierte Wescher nach Paris, 1942 in die Schweiz und kehrte dann nach Paris zurück. [57, 401]

Wäscherei Wagner. Die Wäscherei holte Höchs Wäsche und brachte sie nach einer Woche zurück. [406]

Wallach, Edith (Kollegin und Leiterin der Handarbeitsredaktion im Ullstein-Verlag, Autorin, verheiratet mit Eugen) Eberswalde. Wieder zurück aus den Niederlanden, nahm Höch in Berlin Kontakt zu alten Bekannten auf, u.a. zu Wallach, einer langjährigen Freundin. Ihre ehemalige Kollegin war eine der Ersten, der sie 1935 mitteilte, sich »vorläufig« von [→ 49] Til Brugman zu trennen. Edith Wallach hatte von Höch auch schon als erste von ihrer Trennung von [→ 106] Raoul Hausmann erfahren. [22, 87, 389]

Wallraf-Richartz-Museum (Gemäldegalerie) Köln. Ein Mitarbeiter des Museums schrieb 1959 an Höch und bat um Arbeiten für eine Ausstellung mit [→ 77] Otto Freundlich. [406]

Walter, Prof. Dr. (Chirurg) Wengen (Schweiz). Walter (»der blonde Mann«) besuchte Höch mit seiner Frau und [→ 137] Florian Karsch 1965 (»wollen ev. auch etwas kaufen«). Er stammte aus Essen und operierte öfter auch in Berlin. [445]

Wangler, Wolfgang (Beamter im Kunstamt Düsseldorf). Höch notiert: »meine abstr(akte) Zeichnung«. Sie erhielt von dem »jungen Mann – nicht ein Waldschrat« [AB] 1971 und 1972 Besuch: »Macht den Eindruck eines strebsamen jungen Mannes.« Er war »auch bei

[→ 265] Trökes, Trier, Jansen« und »will in den Kriminal-Dienst Interessiert sich aber für Kunst.« [TK72] Höch traf Wangler mit [→ 294] Wittwers am nächsten Tag in der Nationalgalerie und danach im Haus am Waldsee. Er gab die Jugendzeitschrift »Symbol« heraus, zwei Exemplare mit einem Beitrag zu Höch befinden sich in ihrem Nachlass (November und Dezember 1972). [404, 439, 585, 586]

Washburn, Gordon Bailey (1904 Wellesley Hills – 1983 New York; Carnegie Institute, Director Dept. of Fine Arts, Schriftsteller, Kurator) Pittsburgh. Höch schrieb Washburn 1956 zur [→ 235] Schwitters-Retrospektive in Hannover: »Er hatte mich seinerzeit gebeten – wenn ich von Schwitters-Arbeiten hören sollte.« Höch war von der Retrospektive sehr angetan: »Die Ausstellung war eine grosse Überraschung. 1936 hatten sie die ganze Arbeit nach Norwegen geholt und so waren Sturmbilder und sehr viele Merzbildchen da.« [TK56]. Washburn besuchte Höch mit seiner Sekretärin [→ 289] Charlotte Weidler. [55, 403]

Webster, Roma (Herausgeberin der Zeitschrift »ATYS«, Engländerin) Rom. Das Avantgarde-Magazin wurde 1918 von Edward A. Storer gegründet und bis 1921 von ihm geleitet. Er stand in engem Kontakt mit italienischen Malern und Dichtern, die zum zweiten Futurismus gehörten, insbesondere mit Francesco Meriano und [→ 208] Enrico Prampolini, der »ATYS« illustrierte. [389]

Wedderkop, Hermann von (1875 Mecklenburg – 1956 ?; Schriftsteller, Übersetzer; Ullstein, [→ 211] »Der Querschnitt«). Höch hat aus den »Querschnitt«-Heften Bildmaterial für ihre Collagen ausgeschnitten. Die Kulturzeitschrift erschien in den zwanziger und dreißiger Jahren. In ihrer erfolgreichsten Periode (1924-1931) wurde die vierteljährliche Publikation von Hermann von Wedderkop herausgegeben. [376]

Weidler, Dr. Charlotte (1895 – 1983; Kunsthistorikerin; Sekretärin von [→ 289] Washburn) New York. Höch traf Weidler 1956 auf der Klee-Ausstellung in Berlin und aß mit ihr zu Mittag. Sie besuchte Höch aus Oslo kommend zwei Monate später, aber offenbar erfolglos: »Wollte Collagen von [→ 235] K(urt) S(chwitters). Nicht gegeben.« Weidler war Mitarbeiterin des Carnegie-Instituts in Berlin. [55, 401]

Weigandt (Möbelgeschäft, Tischlerei). Höch notiert: »Er war (...) hier und hat die Fenster im Neubau schliessbar gemacht«, gemeint ist ein Anbau an ihr Fliegerhäuschen. Später ergänzt sie: »hat er nicht gemacht« [beide AB]. Weigandt wurde offenbar vom Grundstücks- bzw. Hochbauamt geschickt. [684]

Wellenstein, Walter, Berlin, Kochstraße 3 (1898 Dortmund – 1970 Berlin; Maler, Grafiker; Luftschiffahrts-Ministerium, Abt. Kunstbedarf). Höch trägt am 14. Dezember 1937 in ihren Terminkalender ein: »Gleich morgens 11 Arbeiten fertig gemacht und ins Luftschiffahrtsministerium gebracht« (gemeint ist das Reichsluftfahrtministerium) [Lebenscollage II/2, S. 592]. Welche Werke Höch in das Amt transportierte und wie es zu diesem Kontakt kam, bleibt ungeklärt. Möglicherweise dienten ihre Arbeiten als »Ämterschmuck«. Dabei handelte es sich um von staatlicher Seite erworbene Kunstwerke, die zur Dekoration von Büroräumen der Behörden genutzt wurden. Ursprünglich waren soziale Erwägungen der Hintergrund dieser offiziellen Ankäufe von Kunst, die in vielen Städten während der Weimarer Republik eingeführt wurden. Künstler sollten auf diese Weise finanziell unterstützt werden. Auf einem Fragebogen der Reichskulturkammer der bildenden Künste gab Höch an, welche ihrer Werke öffentliche Plätze oder Gebäude zieren: »z.B. Reichsluftfahrtsministerium Berlin«. Möglich ist, dass sie einen Auftrag für die teilweise Ausschmückung des Ministeriums erhalten hatte. Das Gebäude an der Wilhelmstraße, heute das Bundesfinanzministerium, wurde 1936 fertiggestellt. Mit seiner monumentalen Größe verfügt es über zirka zweitausend Büroräume.

Wellenstein studierte von 1918 bis 1924 an der Unterrichtsanstalt des Staatlichen Kunstgewerbe-Museums als Meisterschüler bei [→ 199] Emil Orlik. Eine seiner Mitschülerinnen im ersten Jahr war Hannah Höch. Wellenstein verdiente sein Geld als Maler, Zeichner und Illustrator. Als Grafiker veröffentlichte er im »Simplicissimus«, »Eulenspiegel« und »Insulaner« und illustrierte das Gesamtwerk E.T.A. Hoffmanns, auch russische Literatur und Kinderbücher. Nach 1934 war er »Beauftragter für Kunstpflege« beim Reichsluftfahrtministerium und beim Reichssportführer. »Wellenstein gelingt es immer wieder, vor allem Aufträge an Künstler zu vergeben, die in der damaligen Zeit künstlerisch verfemt oder isoliert sind, als politisch verdächtig gelten und dem Regime distanziert bis ablehnend gegenüberstehen. In den ersten Jahren nach dem Krieg bestätigen eine Reihe von Künstlern (...) in schriftlichen Erklärungen, daß Wellenstein sich unter Gefährdung der eigenen Person für diejenigen eingesetzt habe, die zurückgezogen gelebt und ökonomisch schwer zu kämpfen hatten.« [Nungesser, S. 18]

Hannah Höch gehörte im März 1950 zu den Gründungsmitgliedern des Berufsverbandes Bildender Künstler Berlins, dessen Geschäftsführer Wellenstein bis 1961 war. Beide waren ein Jahr später maßgeblich an der Gründung der Künstlergruppe »Der Ring Bildender Künstler« beteiligt. Die Vereinigung setzte sich für juryfreie Ausstellungen, einen demokratischen Auswahlprozess und die Unterstützung seiner Mitglieder ein. 1951 beteiligte sich Höch von Juni bis August an der ersten Ausstellung im Haus am Waldsee, dem Kunstamt des Bezirkes Berlin-Zehlendorf. Zu Ehren ihres 70. Geburtstags widmete der Verband ihr im Januar 1960 im Rahmen seiner letzten Ausstellung eine Sonderschau. Bei der Einlieferung ihrer Werke kam es zum Eklat: »Ich habe W(ellenstein) mit Lautstärke gefragt ob meine ›Ehrenausstellung‹ auf der Treppe stattfinden soll. Ich sollte die 3 alten Aquarelle, (Sürrealistischen) wegen Platzmangels wieder wegnehmen. Schliesslich gab W. ziemlich gefasst klein bei. Nachdem W. mich angebrüllt hat na da nehmen Sie sie doch wieder mit wurde ich böse. Auch ohne sorge.« [TK60] Zur 1960 anstehenden »Großen Berliner Kunstausstellung«, die er mitbegründet hatte und leitete, schickte Höch diesmal »wegen des Wellenstein« keine Bilder. [248]

Werkbund. Gegründet wurde der Deutsche Werkbund 1907 in München, der Sitz war in Darmstadt. Die Vereinigung galt in seiner Gründungsphase als avantgardistische Bewegung, die mit der wilhelminischen Fassaden- und Prunkästhetik brach und stattdessen Klarheit, Sachlichkeit und Funktionalität forderte. In Ausstellungen und auf Kongressen wurden neue Formen des Bauens und Wohnens propagiert. 1933 wurde der Werkbund von den Nationalsozialisten vereinnahmt, viele seiner Mitglieder traten aus oder emigrierten. Nach 1945 wurde der Verein wieder in seinem ursprünglichem Sinn weitergeführt. [390]

Werner, Prof. Theodor (1886 Jettenburg – 1969 München; Maler), verheiratet mit [→ 292] Anneliese Werner. 1956 wurde Werner in der Rose Fried Gallery in New York neben Hannah Höch, [→ 151] Juro Kubícek und Helmut Thoma als Vertreter der zeitgenössischen deutschen Collage präsentiert. Werner lebte von 1946 bis 1959 in Berlin und war Mitglied der Akademie der Künste. 1947 zeigte er Gouachen in der Galerie Gerd Rosen, 1948 neue Zeichnungen [Einladungen, NHH]. Werner lebte nach einem Studium in Stuttgart ab 1930 in Paris und gehörte mit [→ 87] Naum Gabo zur Gruppe »Abstraction-Creation«. 1935 kehrte er nach Deutschland zurück, wo er Malverbot erhielt. Nach 1946 lebte er zunächst in Berlin und machte dort eine Karriere als abstrakter Maler. 1959 zog er nach München. [403]

Werner, Anneliese »Woty« (geb. Anneliese Rütgers; 1903 Berlin – 1971 Nürnberg; Malerin, Bildweberin, Entwerferin). Woty heiratete [→ 291] Theodor Werner 1931. In den Jahren 1946 und 1948 erhielt Höch Einladungen zu Ausstellungen von ihr in der Galerie Rosen, 1960 zum Haus am Waldsee [NHH]. [403]

Westheim, Paul (1886 Eschwege – 1963 Berlin; Kunstschriftsteller, Kunstkritiker und -sammler). Im April 1917 konnte Höch einen ersten künstlerischen Erfolg verzeichnen. In der Zeitschrift »Das Kunstblatt«, das Paul Westheim im gleichen Jahr erstmals herausgab, erschien ihr Holzschnitt »Prophet Matthäus«. Als Originalabzug vom Holzstock war das Blatt der Liebhaberausgabe der Zeitschrift beigelegt. Es handelte sich um einen Nachschnitt aus dem mittelalterlichen Blockbuch »Ars memorandi« des 15. Jahr-

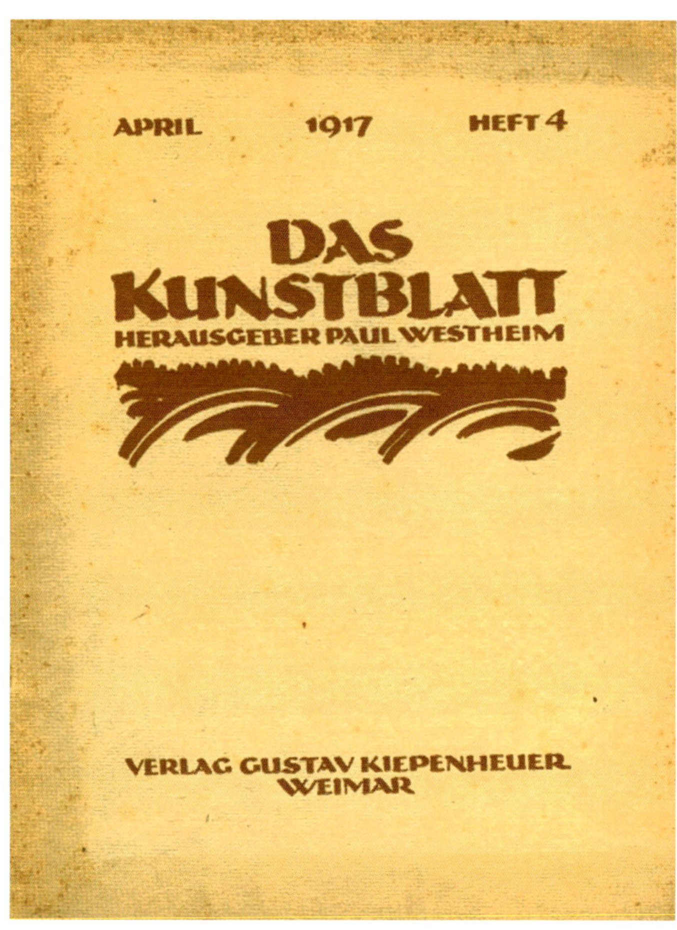

Titelseite »Das Kunstblatt«, April 1917

hunderts. Als Vorlage diente Höch eine Ausgabe der Schrift, die sich in der Herzoglichen Bibliothek in Gotha befand. Westheim hatte den Holzschnitt, von dem Höch einige Abzüge verkaufte, bei [→ 106] Raoul Hausmann gesehen und um die Druckerlaubnis gebeten. Seine Zeitschrift berichtete über zeitgenössische Kunst mit bibliophilem Anspruch. Westheim gab »Das Kunstblatt« monatlich heraus, bis er 1933 Deutschland verlassen musste und über Frankreich nach Mexiko emigrierte. [389, 397]

Westpfahl, Conrad (1891 Berlin – 1976 Wetzhausen; Maler) und **Inge** (geb. von Holtzendorff) Schloss Birnfeld. Westpfahl schrieb an Höch 1961. Er war im selben Jahr wie Höch mit 70 Jahren Ehrengast in der Deutschen Akademie [→ 278] Villa Massimo in Rom. Während der Zeit des Nationalsozialsimus hatte er Malverbot. Mit [→ 41] Willi Baumeister und Ernst Wilhelm Nay war er einer der Wortführer der abstrakten Malerei im Nachkriegsdeutschland. [401]

Westpfahl-Kohn, Mie, verheiratet mit Kohn. Höch besuchte Westpfahl 1930 und 1938: »Sie war sehr nett. Hat zu leiden weil ja Kohn Jude ist.« Westpfahl besuchte Höch 1939. Sie lebte in Rom, deshalb trafen sich die beiden auch wechselseitig während Höchs Aufenthalt in der [→ 278] Villa Massimo im Januar 1961 (»zum Tee«). [391]

Wiederhold, Sascha (1904 Münster – 1962 Berlin; Maler, Bühnenbildner, Buchhändler). Wiederhold besuchte Höch 1950. Seine persönliche Beziehung zu ihr wird im Nachlass Hannah Höch durch mehrere, von ihm gesondert eingebundene und bemalte Bände der Schriftenreihe »Silbersäule« dokumentiert, die er Höch schenkte (Melchior Vischer: »Sekunde durch Hirn: ein unheimlich schnell rotierender Roman« und Walter Serner: »Letzte Lockerung: manifest dada«). Das Mitglied der [→ 35] »Novembergruppe« dekorierte verschiedene Künstlerfeste der zwanziger Jahre. 1929/30 verpflichtete ihn Rudolf Blümmer als Bühnenbildner an das Stadttheater Tilsit. Nachdem seine Werke in der Ausstellung »Entartete Kunst« gezeigt worden waren, arbeitete er als Buchhändler. [334, 341, 389, 391, 392]

Wiese, Knut (geb. 1954 Berlin; Fotograf) Lufingen (Schweiz). Der »junge« Fotograf, notiert Höch, »der hier von mir eine Menge Aufnahmen gemacht hat« [AB]. [412]

Winkler, Dr. Ernst (gest. 1948; Die Rabenpresse). Winkler führte den Verlag Die Rabenpresse bis zum Ende des Zweiten Weltkriegs [Prospekt, NHH]. Der Verlag wurde 1926 von [→ 261] Victor Otto Stomps und Hans (Jean) Gebser in Berlin gegründet. [309]

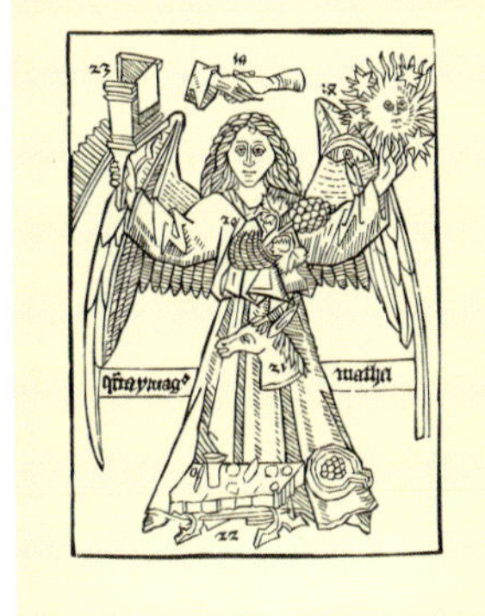

Hannah Höch, »Prophet Matthäus«, 1917

Winzentsen, Franz (geb. 1939 Hamburg; Filmproduzent, Experimental- und Animations-Filmmacher; [→ 113] Herbst). Höch berichtet von »dem junge(n) Däne(n) mit dem Hamburger Film-DADA-Team«. [AB] Winzentsen habe »als Maler u. Kunst-Pädagoge angefangen«. [115, 172]

Wirtschaftlicher Verband [→ 279 Verband bildender Künstler] [389]

Witte, Karin (Nationalgalerie). Witte schrieb 1976 an die Künstlerin wegen der Höch-Ausstellung im selben Jahr. [48]

Wittner, Victor (Vivo; 1896 Herza –1949 Wien; Schriftsteller, Kritiker). Wittner arbeitete ab 1928 als Redakteur und von Januar 1930 bis Mai 1933 als Chefredakteur der Kulturzeitschrift [→ 211] »Der Querschnitt« in Berlin. Höch notiert: »vertritt [→ 289] v. Wedderkopf«. [376]

Wittsack, Prof. Dr. phil. Walter (1900 – 1991; Johann Wolfgang Goethe-Universiät, Institut für Deutsche Sprechkunde) Frankfurt a.M. Wittsack schrieb 1966 an Höch (mit einer Literaturliste im Anhang). Höch schickte ihm einen Monat später Lautgedichte: »Diese Sache hatte mir tagelang Arbeit gemacht.« [TK66] Er besuchte Höch 1967. [403]

Wittwer, Karl-Heinz (1924 – 2005; Apotheker in Heiligensee; Nachbar An der Wildbahn 60) Berlin, Lettgenbrunn (Jossgrund). Wittwer besuchte Höch 1966 und 1977 (ohne seine Frau) und mit Heinz Schudnagis (»War schön mit ihm.«). [401, 405, 588, 606]

Wittwer-Brenner, Verena (Vreni; geb. Brenner; 1940 – 1995; Künstlerin), verheiratet mit [→ 294] Karl-Heinz Wittwer. Berlin, Lettgenbrunn (Jossgrund). Wittwer schrieb an Höch im Januar 1964 und besuchte sie das erste Mal im Februar. Höch notiert: »Etwas schwerblütige junge Frau, (22) 2 Kinder. Heiligenseer Apothekers Frau, hat Graphik getrieben. Erst Westdeutschland dann Berlin. Wollte Unterricht bei mir nehmen. Soll wiederkommen mit Arbeiten.« [TK64] Höch besuchte Wittwer ihrerseits im August: »Arbeiten gesehen. Sehr schöne.« Wittwer stellte im Juni 1970 in der Galerie Bremer aus (»Aparte Arbeit. Sah gut aus.«). Im Oktober 1973 besuchte Höch Wittwer erneut: »2 Arbeiten von Verena ausgesucht. Für Akademie-Ausstellung (als Gast)«.

Zwischen Wittwer und Höch entwickelte sich ein enger Kontakt. Sie gingen gemeinsam in die Deutsche Oper oder feierten Heiligabend. Der Kontakt hielt bis Januar 1977, als Wittwers Höch zum letzten Mal besuchten (»hilfreich wie immer«). Sie zogen im Oktober 1974 nach Lettgenbrunn (Jossgrund) und Höch zeichnete ein Auge mit einer Träne in ihren Terminkalender. [401, 404, 439, 588, 589, 606]

Wolf, Herr E. (Kunsthalle der Stadt Bielefeld, [→ 93] Gmelin). Wolf besuchte Höch »mit einem Frl. Holtzte« 1972 und 1973. [430]

Wolfenstein, Dr. Alfred (1883 Halle (Saale) – 1945 Paris, Lyriker, Dramatiker), verheiratet mit [→ 104] Henriette Hardenberg. Höch notiert 1965: »Wolfenstein Arbeiten in: / Die deutsche Novelle der Gegenwart / Deutsche Buchgemeinschaft« [TK65]. Der Expressionist gehörte zu den regelmäßigen Teilnehmern der »Mittwochs-Abende« in Ludwig Meidners Atelier. [112, 389]

Wolfenstein, Margret [→ 82 Margarethe Frankenschwerth] [112]

Wolff, Joachim (1923 Oberheldrungen – 2009 ?; Stahlbildhauer; verheiratet mit [→ 178] Gabriele Marwede). Höch traf Wolff 1961 in Rom.

Wolpe, Stefan (1902 Berlin – 1972 New York; US-amerikanischer Musiker und Komponist). Höch notiert [→ 263]: »Stuckenschmidt«, den Wolpe 1923 in Weimar traf. Wolpe besuchte Höch 1956 »mit Amerikanerin«. 1957 wurde ein Konzert von ihm im Amerika-Haus Berlin aufgeführt [Einladung, NHH]. Wolpe gehörte 1927 der Musikabteilung der [→ 35] »Novembergruppe« an. Er vertonte 1929 u.a. [→ 214] Rings Drama »Irre oder So wie du denkst, so ist's noch lange nicht!« und [→ 235] Schwitters' »Anna Blume«. 1938 emigrierte er in die USA. 1956 war Wolpe Gastdozent an der Hochschule für Musik in Berlin. [390]

Wyss, Dieter (1923 Addis Adeba – 1994 San Carlos; Schriftsteller, Psychotherapeut). Höch notiert sich das Buch von Wyss: »Der Surrealismus. Eine Einführung und Deutung surrealistischer Literatur und Malerei« Heidelberg (Schneider), 1950. Sie vermerkt: »hat von mir ›Cubus‹. Ölbild 1925« [beide AB], das Bild trägt auch den Titel »Vom Menschen« und wurde 1926 mit der [→ 35] »Novembergruppe« ausgestellt. [229]

Z

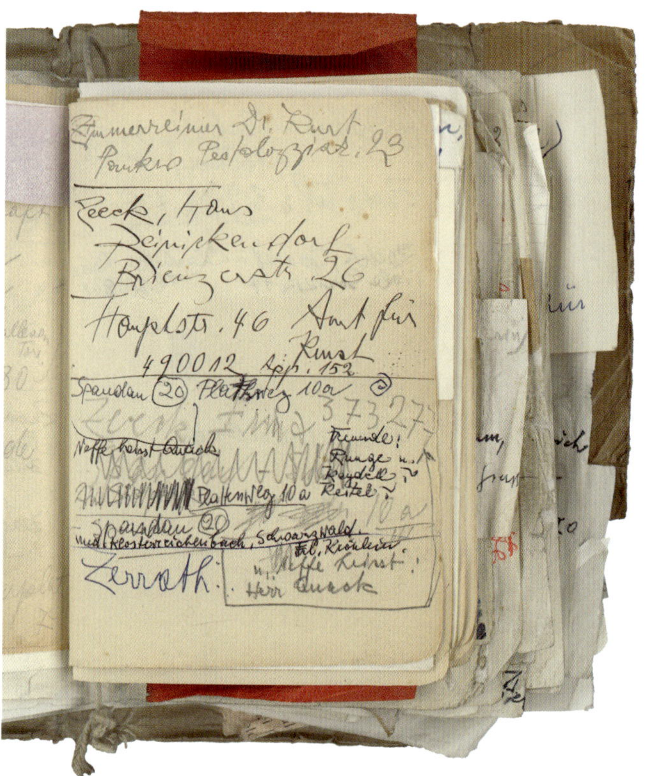

411 **Zimmerreimer, Dr. Kurt, Berlin, Pestalozzistraße 23** (Jurist). Mit ihrem Freund Zimmerreimer feierte Höch gemeinsam mit den [→ 33] Behnes und Erika Klasse den Jahreswechsel 1941/42. Zimmerreimer schrieb Höch von der Front Briefe und erkundigte sich im September 1943 besorgt: »Wie mag es ihnen gehen? Hoffentlich werden Sie durch die Luftangriffe in ihrer Arbeit nicht zu sehr behindert.« [Lebenscollage II/2, S. 673] Der Jurist verfasste seine Doktorarbeit über die Filmzensur. Mit dem Thema hatte sich Höch vor Hitlers Machtantritt auseinandergesetzt. Zimmerreimers besuchten Höch von 1954 bis 1968, auch mit ihrer Tochter, Frau Schröder, [→ 411] Erna Zeeck (»Z. ist – nach wie vor der ›Ostpreuße‹«), Erika Klasse und mit einer angehenden Hochschulstudentin aus Nürnberg (»die ich beurteilen soll«). [TK54] [454]

411 **Zeeck, Hans, Berlin, Brienzer Straße 26** (1883 – 1951; Schriftsteller, Ausstellungsmacher, Archivar). In ihren Terminkalendern von 1946 bis 1949 hat Höch zahlreiche Verabredungen mit Zeeck vermerkt. Er wurde 1945 Vorsitzender der Bezirksgruppe Reinicken-

dorf im »Kulturbund zur demokratischen Erneuerung Deutschlands« und war als Leiter der Abteilung Volksbildung für die Kunstausstellungen des Bezirksamtes Reinickendorf verantwortlich. 1946 kaufte Zeeck Höchs Aquarell »Der Geigerich«. 1947 wurde sein Text »Hannah Höch: Malerin des geheimen Lebens« veröffentlicht. Sie notiert: »Zank wegen Fotomontageaufsatz. Hatte ihn umgearbeitet.« Bei einem Besuch fragte er nach »Landschaften für Ausstellung in Lübars« zum 700jährigen Dorfjubiläum. Zwei Monate später holte er die Bilder ab. Zeeck organisierte 1947 die Ausstellung »Phantasie und Illustration«. Der Katalog enthält elf Aquarelle und sechs Fotomontagen von Hannah Höch. [415, 417, 591]

411 **Zeeck, Erna, Berlin, Plathweg 10a; Klosterreichenbach, Am Beckenberg 7 (bei Krönlein); Önnested, Björnhult 1-3 (bei Heide Krönlein-Swärdh)**. Höch über Zeeck: »Ein unschöpferischer Mensch – aber sehr aufmerksam – hungrig. Noch immer. Ausserordentlich hilfsbereit und grosszügig.« Zeeck schrieb an Höch von 1957 bis 1977 und sie besuchten sich gegenseitig von 1960 bis 1977. Im Dezember 1959 schrieb Zeeck: »Ich habe mir heute selber die Weihnachtsfreude gemacht, DM 150.- an Sie abzusenden und damit die Anwartschaft auf ein schönes Blatt zu erwerben.« 1960 schreibt Zeeck an Höch: »Inzwischen habe ich aber doch Ihre Aquarelle meinen Wänden anprobiert. (…) Sehr gern hätte ich die schwarzen Schwäne behalten. Aber sie wiederholen geradezu die schweren Farben des Zimmers und das scheint mir zuviel. So wird es wohl bei dem roten Fisch bleiben, der die notwendige Leichtigkeit ins Zimmer bringt (…)«. [Postkarte und Brief, NHH]. Zeeck versorgte Höch auch mit Arbeitsmaterial: »Hier sende ich allerlei an Papier, dem wahrscheinlich eher Farbschnitzel als Bildteilchen zu entnehmen sind, während die unbedruckten Stellen aus den starken Geschäftsberichtsseiten für Ihre Mini-Mini-Bildchen taugen könnten« [Brief von E.Z. an H,H. vom 15. März 1969, NHH]. Zeeck begleiteten bei ihren Besuchen auch ihre Neffen Karl und Reinhard Quack, [→ 206] Ingo Peter, seine Frau und ein Holländer. [415, 417, 591]

411 **Zerrath**, (gemeint ist **Zierath, Willy; Berlin, Spessartstraße 10** (1890 Berlin – zirka 1938 Moskau; Maler, Grafiker). Im Jahr 1916 schreibt [→ 106] Raoul Hausmann an Höch: »Vorgestern war ich in Paretz (Schloss Paretz nahe Potsdam, H.N.), Zierrath hatte mich dazu abgeholt; die Fahrt (Sonderfahrt) kostete 59 Pfennige. Das Schlößchen hat sehr sehr hübsche Zimmer. Von einem schickte

ich Dir eine Karte. Aber es gab garnichts zu essen, auch Abends 9 ½ in Potsdam nichts, dann nur teuer in einem ›großen‹ Restaurant. Wir haben geschimpft.« [Lebenscollage I/1, S. 218] Zierath, Mitglied der [→ 35] »Novembergruppe«, ging in den frühen zwanziger Jahren in die Sowjetunion. [407]

Zaaz. Der Name einer Arbeitsgemeinschaft, 1965 gegründet, unter dem sechs Berliner Graphiker und Maler ein Monatsheft herausgaben: Manfred und Adelheid Gräf, Joachim und Gabriele Ickrath, Friedemann und Francoise Rehm. »ZAAZ« war keine Zeitschrift, sondern eine fortlaufend publizierte Ausstellung, wobei der Einzelkünstler hinter der Gruppe zurücktrat. [412]

Zadek, Gerard G. (Freund von [→ 256] Katharina Spann), verheiratet mit **Charlotte Zadek**, Rom. Höch und Zadek besuchten sich 1961 gegenseitig und machten mit seiner Frau auch einen Ausflug. Charlotte Zadek schrieb an Höch 1961. [412, 416]

Zaj (Gruppe in Barcelona, [→ 101] Juan Hidalgo war Mitglied) Barcelona [412]

Zarniko, Gertrud. Zarniko (»die nette« [AB] schrieb den Artikel »Die letzte Dadaistin«) [Berlin Programm Nr. 34, Berlin, 1964; NHH] [60]

»Zenit« internacionalna revija za omnetnost i kultura Zagreb. Ljubomir Micic gab (anfangs mit Yvan Goll) von 1921 bis 1926 die Zeitschrift »Zenit« in Zagreb und Belgrad heraus. [407]

Zeylmans van Emmichoven, Dr. Frederick Willem (1893 Helmond – 1961 Kapstadt; niederländischer Psychiater, Anthroposoph) Den Haag. Höch notiert: »Expedition der ›Natura‹« [AB]. [→ 214] Thomas Ring liebäugelte mit der Anthroposophie und bat Höch, mit Zeylmans Kontakt aufzunehmen. »Wenn also für Dich ein großer Apparat nötig ist, um Dich erst Herrn Zeylman vorstellen zu lassen usw., so laß es lieber.« [Lebenscollage II/2, S. 312]

Zeylmans van Emmichoven war der Gründer und langjährige Vorsitzende der Anthroposophischen Gesellschaft in den Niederlanden. Befreundet seit 1915 mit [→ 54] Jan Buijs wurde er durch diesen auf Rudolf Steiner aufmerksam. [407]

Zinke (Galerie, 1959-1962). Im Jahr 1960 las Robert Wolfgang Schnell in der Künstlergalerie Zinke Gedichte von [→ 20] Hans Arp [Handzettel, NHH], später wurden Werke von [→ 235] Schwitters vorgetragen. Seit 1959 blühte in Kreuzberg, im Hinterhof der Oranienstraße 27, fern vom etablierten Kunstmarkt, eine selbständige Kunstszene auf, geprägt von Individualisten, die sich von der dominierenden abstrakten Kunst provokativ mit betont naivem Realismus absetzten. Die Gründer der Künstlergalerie waren [→ 84] Günter Bruno Fuchs, Robert Wolfgang Schnell und Günter Anlauf. [111, 412]

Zwart, Dr. Piet (1885 Zaandijk – 1977 Wassenaar; Typograf, Fotograf, Gestalter, Innenarchitekt, Lehrer). [→ 235] Kurt Schwitters besuchte Zwart November/Dezember 1936. Als Zeichner arbeitete dieser von 1919 bis 1921 für den Architekten Jan Wils. Die Kontakte mit ihm, [→ 126] Vilmos Huszár und anderen Mitgliedern der »De Stijl«-Gruppe beeinflussten ihn in seiner künstlerischen Arbeit. Der Kontakt zu Schwitters entstand 1923, auch zu [→ 163] Lissitzky, Tschibold und Schwitters' »Ring neuer Werbegestalter«. [407]

Zylmans [→ 298 Zeylmans van Emmichhoven] [407]

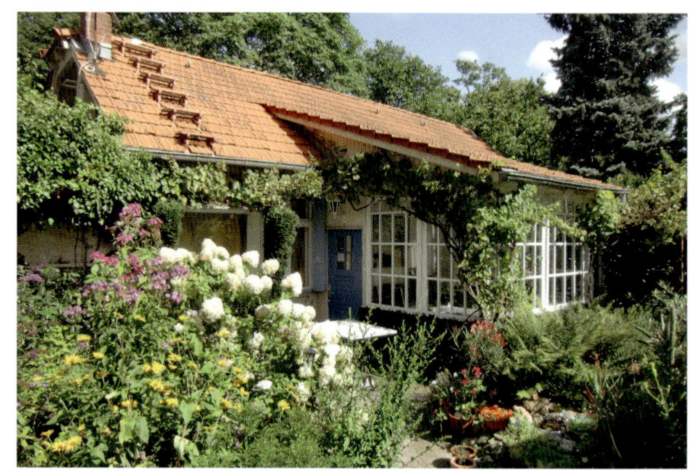

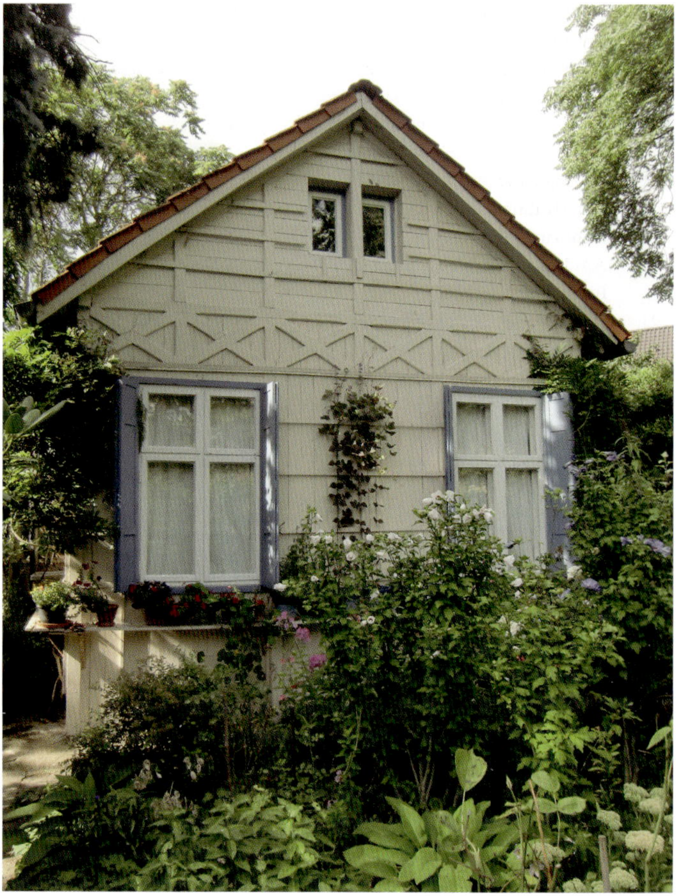

Haus und Garten von Hannah Höch, Berlin-Heiligensee, 2017. Fotos: Harald Neckelmann

Biografische Daten zu Hannah Höch

1889 Hannah Höch wird am 1. November in Gotha (Thüringen) geboren.

1912 Sie zieht nach Berlin, um an der Kunstgewerbe- und Handwerkerschule bei Harold Bengen zu studieren.

1914 Der Erste Weltkrieg beginnt, die Schule in Berlin wird geschlossen. Höch kehrt nach Gotha zurück.

1915 Höch ist wieder in Berlin und wird an der Unterrichtsanstalt des Kunstgewerbemuseums in die von Emil Orlik geleitete Klasse für Grafik und Buchkunst aufgenommen; im April begegnet sie Raoul Hausmann, es entwickelt sich eine Liebesbeziehung, die sieben Jahre dauert.

1916 Sie arbeitet neben ihrem Studium drei Tage die Woche als Entwurfszeichnerin für die Handarbeitsredaktion des Ullstein-Verlags (bis 1926).

1917 Im August verbringen Höch und Hausmann einen Urlaub in Heidebrink. Ein Militärgedenkblatt gibt den Anstoß zur ersten Fotomontage. Höch zieht zum Jahresende in die Büsingstraße 16 in Friedenau.

1918 Am 12. April findet in den Räumen der Berliner Sezession die erste Berliner Dada-Soirée statt.

1919 Im April/Mai findet in der Galerie von I.B. Neumann die erste Ausstellung mit Arbeiten des Berliner Club Dada statt; am 30. April wird eine Dada-Soirée veranstaltet, an der Höch beteiligt ist.

1920 Höch wird Mitglied der Novembergruppe und nimmt bis 1931 an deren jährlichen Ausstellungen teil; vom 1. Juli bis 25. August findet in der Kunsthandlung Dr. Otto Burchard die »Erste Internationale Dada-Messe« statt. Im Oktober reist Höch nach Italien; sie wandert von München über die Alpen nach Venedig und von dort nach Rom, wo sie Mitglieder der römischen Dada-Bewegung und einige Futuristen kennenlernt..

1922 Mitte des Jahres kommt es zur endgültigen Trennung von Hausmann. Vom 25. bis 27. September findet in Weimar der Konstruktivisten – und Dadaisten-Kongress statt. Höch ist eingeladen, nimmt aber nicht teil.

1923 Den August verbringt Höch mit Hans Arp, Sophie Taeuber-Arp und der Familie Schwitters in Sellin auf Rügen.

1924 Im April reist Höch das erste Mal nach Paris. Sie findet Kontakt zu den Pariser Dada-Künstlern sowie zu Surrealisten und Konstruktivisten.

1925 Im Juli reist Höch nach London, auf die Isle of Wight, auf die bretonische Belle Ile, wo sie die van Doesburgs besucht, und wieder nach Paris.

1926 Im Juli wird Höch von Kurt Schwitters eingeladen, nach Holland (Kijkduin bei Schevenigen) zu kommen; sie lernt dort neben vielen anderen Künstlern und Architekten aus der De Stijl-Bewegung die Schriftstellerin Til Brugman kennen. Im Oktober vermietet Höch ihr Berliner Atelier und zieht zu Brugman nach Den Haag.

1929 Im Mai veranstaltet die Haager Galerie De Bron Höchs erste Einzelausstellung. In den Niederlanden finden zahlreiche andere Ausstellungen mit ihren Werken statt. Im November zieht Höch mit Brugman zurück in die Büsingstraße in Berlin.

1932 Vom 29. Mai bis 10. Juni soll die erste deutsche Einzelausstellung von Höch im Bauhaus Dessau stattfinden – sie wird aus politischen Gründen im letzten Moment abgesagt. Höch beginnt, Buchumschläge für den Verlag Anthony Bakels zu entwerfen.

1933 Höch zieht mit Brugman in die Rubensstraße in Friedenau.

1934 Im Februar findet im tschechoslowakischen Brno eine Einzelausstellung mit Fotomontagen von Höch statt.

1935 Höch begegnet während einer Bergwandertour Kurt Heinz Matthies und trennt sich zum Jahresende von Brugman.

1937 Höch wird öffentlich als »Kulturbolschewistin« diffamiert.

1938 Heirat mit Matthies.

1939 Höch fährt mit Matthies im Sommer nochmal in die Niederlande. Im Herbst kauft sie ein ehemaliges Flugwärterhäuschen in Heiligensee.

1942 Im November trennen sie sich, zwei Jahre später wird die Ehe geschieden

1946 Im Dezember stellt Höch für die Galerie Gerd Rosen die Ausstellung »Fotomontage von Dada bis heute« zusammen.

1948 Im Herbst zeigt das Museum of Modern Art in New York drei Fotomontagen von Höch in der Ausstellung »Collage«.

1949 Die Galerie Franz zeigt im November eine erste Einzelausstellung.

1957 Die Galerie Gerd Rosen veranstaltet eine Einzelausstellung mit 26 aktuellen Collagen. Zwei Jahre später folgte eine zweite mit 35 Collagen.

1958 Die erste umfassende Retrospektive zur Dada-Bewegung findet in Düsseldorf statt (»Dada – Dokumente einer Bewegung«).

1959 Höch reist mit dem Galeristen Rudolf Springer nach Paris.

1961 Höch ist von Januar bis April Ehrengast der Villa Massimo in Rom; Florian Karsch zeigt in der Galerie Nierendorf eine Höch-Retrospektive mit Werken von 1918 bis 1961.

1963 Die Mailänder Galleria del Levante zeigt im Mai/Juni eine erste Ausstellung der Künstlerin in Italien (»Dada – Hannah Höch – Dada«), organisiert von Höchs Galeristen Karsch. Sie reist im Mai erneut nach Paris und Meudon.

1964 Zu ihrem 75. Geburtstag findet im November in der Galerie Nierendorf eine umfangreiche Retrospektive statt.

1965 Im April wählt die Akademie der Künste Hannah Höch zum Mitglied.

1971 Die Akademie zeigt von Mai bis Juli eine Ausstellung mit Collagen und Fotomontagen.

1974 Das Goethe-Institut organisiert von April bis Mai 1974 die Ausstellung »Hannah Höch. Das künstlerische Schaffen einer Malerin des Dada« im Nationalmuseum für Moderne Kunst in Kyoto.

1976 Das Musée d'Art Moderne de la Ville de Paris und danach die Nationalgalerie in Berlin präsentieren eine repräsentative Ausstellung zum Gesamtwerk von Höch; im März wird sie zur Professorin ehrenhalber ernannt.

1978 Höch stirbt am 31. Mai im Alter von 88 Jahren in Berlin.

Anhang

Quellenverzeichnis (Auflösung der Kurztitel)

Ausstellung: Berlinische Galerie, Museumspädagogischer Dienst (Hrsg.): Hannah Höch. 1889-1978. Ihr Werk, ihr Leben, ihre Freunde, Berlinische Galerie, 25. November 1989-14. Januar 1990, Berlin, Argon Verlag, 1989

Breuer: Breuer, Gerda (Hrsg.): Werner Graeff 1901-1978. Der Künstleringenieur, Berlin, Jovis, 2000

Burmeister: Burmeister, Ralf (Hrsg.): Hannah Höch. Aller Anfang ist DADA! Ausst.-Kat.: Berlinische Galerie. 6. April-2. Juli 2007, Ostfildern, Verlag Hatje Cantz, 2007

Dech: Dech, Jula; Maurer, Ellen (Hrsg.): Dada-zwischen-Reden zu Hannah Höch, Berlin, Orlanda-Frauenverlag, 1991

Erlhoff: Erlhoff, Michael; Stadtmüller, Klaus (Hrsg.): Kurt Schwitters Almanach 1987, Hannover, Postscriptum Verlag, 1987

Fotomontage: Unbekannt: Fotomontage van Hannah Höch. In: de 8 en opbouw, 6 (1935), S. 267 f.

Gayford: Gayford, Martin: The Grove Book of Art Writing: Brilliant Words on Art from Pliny the Elder to Damien Hirst, New York, Grove Press, 2000

Gotha: Museen der Stadt Gotha, Schloß Friedenstein (Hrsg.): Hannah Höch: Gotha 1889-1978, Berlin, Ausst.-Kat. 7. August 1993-7. November 1993, Gotha 1993

Grandt: Grandt, Jens: Pilgerfahrt Galerie Nierendorf: die Schau zum Jubiläum; »Tagesspiegel«, 11. März 2011

Hausmann: Hausmann, Raoul: Am Anfang war Dada. Hrsg. von Karl Riha und Günter Kämpf, Gießen, belleville Verlag, 1992

Herold: Herold, Inge; Hille, Karoline: Hannah Höch. Revolutionärin der Kunst. Das Werk nach 1945, Berlin, Edition Braus, 2016

Hildebrandt, A.: Hildebrandt, Alexandra: Ein Mensch Rainer Hildebrandt. Begegnungen, Berlin, Verlag Haus am Checkpoint Charlie, 1999

Hildebrandt, H.: Hildebrandt, Hans: Die Frau als Künstlerin, Berlin, Rudolf Mosse Verlag, 1928

Hille: Hille, Karoline: »Der Faden, der durch alle Wirrnisse das Leben hielt«. Hannah Höch und Max Ernst. In: Burmeister, Ralf (Hrsg.): Hannah Höch. Aller Anfang ist DADA! Ausst.-Kat. Berlinische Galerie, 6. April-2. Juli 2007, Ostfildern, Verlag Hatje Cantz, 2007, S. 84-107

Höch 1: Höch, Hannah: Die Revue. Eine Reise mit Kurt Schwitters. In: Berlinische Galerie e.V., Museumspädagogischer Dienst Berlin (Hrsg.): Hannah Höch 1889-1978. Ihr Werk, ihr Leben, ihre Freunde, Ausst.-Kat. Berlin 1989, S. 215-217

Höch 2: Höch, Hannah: Erinnerungen an DADA: Ein Vortrag 1966. In: Berlinische Galerie e.V., Museumspädagogischer Dienst (Hrsg.): Hannah Höch. 1889-

1978. Ihr Werk, ihr Leben, ihre Freunde, Berlinische Galerie, 25. November 1989-14. Januar 1990, Berlin, Argon Verlag, 1989, S. 201-213

Höch 3: Höch, Hannah: Lebensüberblick 1958. In: Berlinische Galerie e.V., Museumspädagogischer Dienst Berlin (Hrsg.): Hannah Höch. 1889-1978. Ihr Werk, ihr Leben, ihre Freunde, Ausst.-Kat. Berlinische Galerie, Martin-Gropius-Bau, Berlin 1989, S. 195-199

Höch 4: Höch, Hannah: unveröffentlichtes Manuskript, zit. nach: Helen Adkins: Die Zeit der Kohlrübe in Deutschland. In: Schuster, Peter-Klaus (Hrsg.): George Grosz. Berlin. New York, Ausst.-Kat. Berlin, Neue Nationalgalerie, 21. Dezember 1994-17. April 1995, Berlin, Ars Nicolai, 1994, S. 132-139

Höch 5: Höch, Hanna(h): Vom Sticken. In: Stickerei- und Spitzenrundschau 18, 12.9.1918, Verlagsanstalt A. Koch, Darmstadt

Höcker: Höcker, Karla: Beschreibung eines Jahres, Berliner Notizen 1945, Berlin, Arani, 1984

Krieger: Krieger, Peter: Freundschaft mit der Avantgarde. Schwitters – Arp – van Doesburg – Moholy-Nagy. In: Berlinische Galerie e.V., Museumspädagogischer Dienst Berlin (Hrsg.): Hannah Höch 1889-1978. Ihr Werk, ihr Leben, ihre Freunde, Ausst.-Kat. Berlin, Argon Verlag, 1989, S. 24-39

Kühnel: Kühnel, Klaus: Der Mensch ist ein seltsames Möbelstück: Biographie der Innenarchitektin Liv Falkenberg-Liefrinck, geb. 1901, Berlin, trafo Verlag, 2006

Kunstverein: Kunstverein für die Rheinlande und Westfalen (Hrsg.): DADA. Dokumente einer Bewegung. Ausst.-Kat. vom 5. September bis 19. Oktober 1958, Kunsthalle Düsseldorf, 1958, unpaginiert

Lebenscollage I/1: Berlinische Galerie (Hrsg.), bearb. von: Thater-Schulz, Cornelia: Hannah Höch. Eine Lebenscollage, Bd. I, 1. Abt. (1889-1918), Berlin, Argon, 1989

Lebenscollage I/2: Berlinische Galerie (Hrsg.), bearb. von: Thater-Schulz, Cornelia: Hannah Höch. Eine Lebenscollage, Bd. I, 2. Abt. (1919-1920), Berlin, Argon, 1989

Lebenscollage II/1: Künstlerarchiv der Berlinischen Galerie. Landesmuseum für Moderne Kunst, Fotografie und Architektur (Hrsg.). Mit Texten von Eberhard Roters und Heinz Ohff: Höch, Hannah. Eine Lebenscollage, Bd. II, 1. Abt. (1921-1945), Ostfildern-Ruit, Verlag Gerd Hatje, 1995

Lebenscollage II/2: Künstlerarchiv der Berlinischen Galerie. Landesmuseum für Moderne Kunst, Fotografie und Architektur (Hrsg.). Bearbeitet von Ralf Burmeister und Eckhard Fürlus: Hannah Höch. Eine Lebenscollage, Bd. II, 2. Abt. (1921-1945), Ostfildern-Ruit, Verlag Gerd Hatje, 1995

Lebenscollage III/1: Künstler-Archive der Berlinischen Galerie, Landesmuseum für Moderne Kunst, Fotografie und Architektur (Hrsg.) Hannah Höch. Eine Lebenscollage, Bd. III, I. Abt. (1946-1978), Berlin 2001

Mehring: Mehring, Walter: Berlin Dada: eine Chronik mit Photos und Dokumenten, Zürich, Verlag Die Arche, 1959

Nesch: Akademie der Künste (Hrsg.): Rolf Nesch, Ausst.-Kat. Akademie der Künste vom 6. März bis zum 11. April 1966, Berlin, 1966

Nündel: Nündel, Ernst: Kurt Schwitters, Reinbek, Rowohlt Taschenbuch Verlag, 1981

Nungesser: Nungesser, Michael: Walter Wellenstein, 1898-1970, Berlin, Nicolai Verlag, 1988

Nyirady: Nyirady, Christine: Papier als Spiegel der Seele – Aufgefrischte Erinnerungen an Hannah Höch. In: Der literarische Zaunkönig (Die Zeitschrift der Erika Mitterer Gesellschaft), Wien, 2016, H. 3

Ohff 1: Ohff, Heinz: Hannah Höch, Berlin, Gebr. Mann Verlag, 1968

Ohff 2: Ohff, Heinz: »Ich glaubte, er wollte mich foppen«. Der allzu späte Sieg der Hannah Höch. In: Berlinische Galerie e.V., Museumpädagogischer Dienst (Hrsg.), Konzept und Organisation Thater-Schulz, Cornelia und Schulz, Armin: Hannah Höch 1889-1978. Ihr Werk, Ihr Leben, Ihre Freunde, Berlinische Galerie, 25. November 1989-14. Januar 1990, Berlin, Argon Verlag, 1989, S. 75-82

Pachnicke: Pachnicke, Peter; Honnef, Klaus: John Heartfield, Ausst.-Kat., Köln, Dumont, 1991

Remmert: Remmert, Herbert und Barth, Peter (Hrsg.): Hannah Höch, Werke und Worte, Berlin, Frölich und Kaufmann, 1986

Richter: Richter, Hans: Dada, Kunst und Antikunst. Der Beitrag Dadas zur Kunst des 20. Jahrhunderts, Köln, DuMont, 1964

Roditi: Roditi, Edouard: Hannah Höch und die Berliner Dadaisten. Ein Gespräch mit der Malerin. In: Der Monat. Berlin. 12. Jg., November 1959, H. 134. - S. 60-68

Roters 1: Roters, Eberhard: Bildsymbolik im Werk Hannah Höchs. In: Adriani, Götz (Hrsg.): Hannah Höch. Fotomontagen, Gemälde, Aquarelle, Ausst.-Kat. Kunsthalle Tübingen u.a., Köln, DuMont Buchverlag, 1980, S. 53-66

Roters 2: Roters, Eberhard (Hrsg.): Von Krokodilen, Max & Moritz und anderen Wendevögeln, Berlin, Argon Verlag, 1987

Schaschke: Schaschke, Bettina: Schnittmuster der Kunst. Zu Hannah Höchs Prinzipien der Gestaltung. In: Burmeister, Ralf (Hrsg.) Hannah Höch. Aller Anfang ist DADA! Ausst.-Kat.: Berlinische Galerie. Ostfildern, Verlag Hatje Cantz, 2007, S. 118-135

Schiffer: Schiffer, Marcellus: Heute nacht oder nie: Tagebücher, Erzählungen, Gedichte, Zeichnungen, Bonn, Weidle Verlag, 2003

Schirmer: Schirmer, Gisela: Käthe Kollwitz und die Kunst ihrer Zeit. Positionen zur Geburtenpolitik, Weimar, Verlag VDG, 1998

Schweitzer: Schweitzer, Cara: Schrankenlose Freiheit für Hannah Höch, Berlin, Osburg Verlag, 2011

Steinitz 1: Steinitz, Kate Traumann: Kurt Schwitters, Erinnerungen aus den Jahren 1918-1930, Zürich, Verlag Die Arche, 1963

Steinitz 2: Steinitz, Kate Traumann: Kurt Schwitters: Portrait from Life - With Collision, a science-fiction opera libretto in BANALITIES, University of California Press, 1968

Van der Rohe: Van der Rohe, Georgia: La donna è mobile. Mein bedingungsloses Leben, Berlin, Aufbau-Verlag, 2001

Vedova: Berlinische Galerie (Hrsg.): Emilio Vedova. Absurdes Berliner Tagebuch '64: Die Schenkung an die Berlinische Galerie, Berlin, 2002

Wellenstein: Wellensteins unveröffentlichte Lebenserinnerungen, Typoskript in 35 Kapiteln in seinem Nachlaß : Kap. 17, »Emil Orlik« (21. Juli 1963), zit. nach: Michael Nungesser: Walter Wellenstein, 1898-1970, Berlin, Nicolai Verlag, 1988

Zillner: Zillner, Gerd; Bogner, Peter; Bogner, Dieter (Hrsg.): Friedrich Kiesler: Architekt, Künstler, Visionär, München, Prestel Verlag, 2017

Züchner: Züchner, Eva (Hrsg.): Kunst ist ein Spiel, das Ernst macht. Eberhard Roters, Briefe und Texte, 1949-1994, Köln, DuMont, 1999

Internetseiten:

www.anneliese-kuhk.de/texte_2.html

freitag.onlinefilm.org (Herbst, Helmut)

Archivbestände

Folgende Archivbestände, vor allem im Archiv Berlinische Galerie - Landesmuseum für Moderne Kunst, Fotografie und Architektur; Künstler*innen-Archive, Nachlass Hannah Höch (hier abgekürzt als NHH) konnten als Quellen genutzt werden (Angaben mit Signatur bzw. Inventarnummer).

Die im Buch mit dem Kürzel TK plus Jahreszahl genannten »Terminkalender« führen im Nachlass unterschiedliche Titel, die Jahreszahlen plus Signatur führen aber zu der jeweils genutzten Quelle.

Hannah Höchs Adressbuch; BG-HHC-H 421/79
[Tageskalender 1946] [Berlin], 1946; 46.74
[Geschäftstagebuch 1947] [Berlin], 1947; 47.64
[Abreiß- und Vormerkkalender 1948] [Berlin], 1948; 48.84
[Agenda] [Berlin], 1949; 49.68
[Terminkalender 1950] [Berlin], 1950; 50.57
[Tagebuch] [Berlin], 1951-1954; 51.57
[Vormerk-Kalender 1952] [Berlin], 1952; 52.60
[Gerst Notiz-Kalender] [Berlin], 1953; 53.99
[Taschen-Kalender 1954] [Berlin], 1954; 54.70
[Terminkalender 1955] [Berlin], 1955; 55.79
[Taschen-Kalender 1956] [Berlin], 1956; 56.102
[Bärenkalender 1957] [Berlin], 1957; 57.100
[Bärenkalender 1958] [Berlin], 1958; 58.143
[Gerst Notiz-Kalender] [Berlin], 1959; 59.181
[Gerst Notiz-Kalender] [Berlin], 1960; 60.236
[Gerst Notiz-Kalender] [Berlin], 1961; 61.239
[Gerst Notiz-Kalender] [Berlin], 1962; 62.177
[Taschen-Kalender 1963] [Berlin], 1963; 63.184
[Taschen-Kalender 1964] [Berlin], 1964; 64.297
[Taschen-Kalender 1965] [Berlin], 1965; 65.233
[TEBE Kalender 1966] [Berlin], 1966; 66.298
[1967 / Ausgabe G] [Berlin], 1967; 67.196
[1968 / Ausgabe F] [Berlin], 1967; 68.303
[Kalender der Berliner Bank] [Berlin], 1969; 69.287
[Diarium 1970] [Berlin], 1970; 70.163
[Kalender der Mozart-Apotheke] [Berlin], 1971; 71.303
[Buchterminer 1972] [Berlin], 1972; 72.152
[Buchterminer 1973] [Berlin], 1973; 73.197
[Tagebuch 1974] [Berlin], 1974; 74.247
[Tagebuch 1975] [Berlin], 1975; 75.126
[1976 Eilers-Werke Bielefeld Modell 40] [Berlin], 1976; 76.340
[1977 Eilers-Werke Bielefeld Modell 40] [Berlin], 1977; 77.261
[1978 Eilers-Werke Bielefeld Modell 40] [Berlin], 1978; 78.110

[A-Z Buch] [Berlin, 70er Jahre]; 71.217

[»Freitag 25. Jan. 46 / heute morgen, als ich aus der Tür trat / wimmelten, ja wimmelten, Buchfinken«] [Berlin], 25.1.-3.5.1946/11.1.1948, Notizzettel 23 Blatt; 46.71; Kurztitel: Notizzettel 23 Blatt

Briefe von Hannah Höch:
an Hans Eckstein, 5. August 1961 (Briefentwurf); NHH; 61.160
an Richard Huelsenbeck, 13. Februar 1951; NHH; 51.40
an Richard Huelsenbeck, 17. August 1954; NHH; 54.56
an Richard Huelsenbeck, 3. April 1958; NHH; 58.47
an Richard Huelsenbeck, 14. Dezember 1959; NHH; 59.127
an Richard Huelsenbeck, 18. Februar 1964 (Briefentwurf); NHH; 64.211
an Grete König, Den Haag 14. Oktober 1926, Höch Nachlass Murnau, zit. nach: Lavin, Maud: Cut with the Kitchen Knife. The Weimar Photomontages of Hannah Höch, New Haven, London 1993, S. 241f., Fn. 17
an Hans Mertineit-Schnabel (undatierter Briefentwurf). Nürnberg, Germanisches Nationalmuseum, Deutsches Kunstarchiv, Nachlass Höch, Hannah, I, C-2
an Theo und Nelly van Doesburg, (o.D.) 1924. Nachweis: Theo van Doesburg Archive, Rijksdienst Beeldende Kunst (Van Moorsel Donation), 's-Gravenhage; (86. mf. 23)
Brief von Marguerite Arp:
an Hannah Höch, 13. Juni 1959, NHH; 59.23
Briefe von Til Brugman:
an Hannah Höch, 12. September 1926. Nürnberg, Germanisches Nationalmuseum, Deutsches Kunstarchiv, Nachlass Höch, Hannah, I, C-2
an Hannah Höch, undatiert. Nürnberg, Germanisches Nationalmuseum, Deutsches Kunstarchiv, Nachlass Höch, Hannah, I, C-2
Brief von Martin Ferber:
an Hannah Höch, 28. November 1954, NHH; 54.43
Brief von Raoul Hausmann:
an Richard Huelsenbeck, 7. Februar 1956, Deutsches Literaturarchiv, Marbach am Neckar
Brief von Beate Huelsenbeck:
an Hannah Höch, 10. Dezember 1959, NHH; 59.82
Brief von Richard Huelsenbeck:
an Hannah Höch, 10. Juli 1954, NHH; 54.20
an Hannah Höch, 28. Mai 1957, NHH; 57.26
an Hannah Höch, 29. Januar 1962, NHH; 62.14
an Hannah Höch, 4. Mai 1962, NHH; 72.24
Brief von Kurt Schwitters:
an Hannah Höch, 19. Oktober 1946, NHH; 46.24
Brief von »Die Welt der Frau: Monatszeitschrift für Kultur, Familie, Haus, Beruf, Redaktion/Lisbeth Pfeiffer«:
an Hannah Höch, 17. Mai 1952, NHH; 52.18
Briefkarte und Briefe von Erna Zeeck:
an Hannah Höch, 16. Dezember 1959, NHH; 59.84
an Hannah Höch, 29. März 1960, NHH; 60.42
an Hannah Höch, 15. März 1969, NHH; 69.1

Ausgewählte Literatur

Adkins, Helen: John Heartfield: Ausst.-Kat., Köln, DuMont, 1991

Adriani, Götz (u.a.): Rudolf Schlichter – Gemälde, Aquarelle, Zeichnungen, Ausst.-Kat., Klinkhardt & Biermann, 1997

Afuhs, Eva (Hrsg.): Sophie Taeuber-Arp, Gestalterin, Architektin, Tänzerin, Museum Bellerive, Ausst.-Kat., Pforzheim, 1993

Akademie der Künste (Hrsg.): Rolf Nesch, Ausst.-Kat. Akademie der Künste vom 6. März bis zum 11. April 1966 (bearb. v. Herta Elisabeth Killy), Berlin, 1966

Andral, Jean-Louis; Marcadé, Jean-Claude; Chambost, Marie-Anne: Iwan Puni, 1892-1956, Ausst.-Kat., Stuttgart, Hatje Cantz, 1993

Arp, Hans; Huelsenbeck, Richard; Tzara, Tristan: Dada: die Geburt des Dada, Dichtung und Chronik der Gründer, Zürich, Arche Verlag, 1957

Aust, Günter (Bearb.): Otto Freundlich, 1878-1943, Gemälde, Graphik, Skulpturen, Ausstellung im Wallraf-Richartz-Museum Köln, 21. Mai-10. Juli 1960, Ausst.-Kat., Köln, Kölnische Verl.- Druck, 1960

Baacke, Rolf-Peter: Arwed D. Gorella: Bilder, 1974-1988, Ausst.-Kat., Staatliche Kunsthalle Berlin, Neuer Berliner Kunstverein, 1988

Baader, Johannes: Das Epos und der Mythos der Weltwende, Siegen, 2007

Bank, Matthias von der; Heitmann, Claudia; Lange, Sigrid (Hrsg.): Rudolf Schlichter, Eros und Apokalypse, Ausst.-Kat., Petersberg, Imhof, 2015

Baroni, Daniele: Ursprung des modernen Möbels, das Werk Rietvelds, Stuttgart, Deutsche Verlags-Anstalt, 1979

Bauhaus-Archiv Berlin (Hrsg.): Georg Muche, das künstlerische Werk 1912-1927, kritisches Verzeichnis der Gemälde, Zeichnungen, Fotos und architektonischen Arbeiten, Berlin, Mann, 1980

Baumeister, Willi, Nationalgalerie Berlin 7.4.-28.5.1989, Ausst.-Kat., Stuttgart, Edition Cantz, 1989

Behne, Adolf (Hrsg.): Berlin in Bildern/Aufnahmen von Sasha Stone, Wien, Epstein, 1929

Bergmann-Michel, Ella, Düsseldorf, Edition Marzona, 1986

Berlinische Galerie (Hrsg.): Emilio Vedova. Absurdes Berliner Tagebuch '64: Die Schenkung an die Berlinische Galerie, Berlin, 2002

Berlinische Galerie (Hrsg.), bearb. von: Thater-Schulz, Cornelia: Hannah Höch. Eine Lebenscollage, Bd. I, 1. Abt. (1889-1918), Berlin, Argon, 1989

Berlinische Galerie (Hrsg.), bearb. von: Thater-Schulz, Cornelia: Hannah Höch. Eine Lebenscollage, Bd. I, 2. Abt. (1919-1920), Berlin, Argon, 1989

Berlinische Galerie, Museumspädagogischer Dienst (Hrsg.), Cornelia, und Schulz, Armin: Hannah Höch. 1889-1978. Ihr Werk, ihr Leben, ihre Freunde, Berlinische Galerie, 25. November 1989-14. Januar 1990, Berlin, Argon Verlag, 1989

Beyer, Otto, Berlin, Bezirksamt Reinickendorf, 1988

Bergius, Hanne: Das Lachen Dadas: die Berliner Dadaisten und ihre Aktionen, Gießen, anabas Verlag, 1989

Bhattacharya-Stettler, Therese (Hrsg.): Otto Nebel, 1892-1973, Maler und Dichter, »zur Unzeit gezeigt...«, Bielefeld, Kerber, 2012

Birnie Danzker, Jo-Anne (Hrsg.): Theo van Doesburg, Maler – Architekt, Ausst.-Kat., München, Prestel, 2000

Böhland, Dorothea (Hrsg.): Fritz Kuhr – Lebenstänze, Werke eines Bauhauskünstlers, Katalog zur Ausstellung in der 198-Galerie in Tempelhof, Ausst.-Kat., Berlin, Böhland & Schremmer, 2012

Bollinger, Klaus (Hrsg.): Endless Kiesler, Basel, Birkhäuser, 2015

Bontjes-van-Beek, Jan: 1899-1969, Ausst.-Kat., Berlin, Akademie der Künste, 1977

Breuer, Gerda (Hrsg.): Werner Graeff 1901-1978. Der Künstleringenieur, Berlin, Jovis, 2000

Brockhaus, Christoph; Merkert, Jörn (Hrsg.): Hans Uhlmann: (1900-1975); die Aquarelle und Zeichnungen, mit dem Werkverzeichnis, Ausst.-Kat., Duisburg, 1990

Brüder Luckhardt und Alfons Anker: Berliner Architekten der Moderne, Ausst.-Kat., Akademie der Künste, 1990

Büche, Wolfgang: Feininger: Arbeiten aus seiner Zeit in Weimar und Dessau, Leipzig, Beck und Eggeling, 1994

Burmeister, Ralf (Hrsg.): Hannah Höch. Aller Anfang ist DADA! Ausst.-Kat.: Berlinische Galerie. Ostfildern, Verlag Hatje Cantz, 2007

Das grosse Dadagluten: Die Sammlung Ernst Schwitters, Ausst.-Kat., Hannover, Sprengel-Museum, 1997

Das Verborgene Museum: Lily Hildebrandt: 1887-1974, Gemälde, Hinterglasbilder, Collagen, Photographien, Ausst.-Kat., Berlin, Traum und Raum, 1998

Dech, Jula; Maurer, Ellen (Hrsg.): Da-da-zwischen-Reden zu Hannah Höch, Berlin, Orlanda-Frauenverlag, 1991

Deicher, Susanne: Piet Mondrian, 1872-1944, Konstruktion über dem Leeren, Köln, Taschen, 2015

Drei Maler geprägt in Berlin: Otto Herbig, Bernhard Klein, Otto Möller, Ausst.-Kat., Berlin, Galerie Nierendorf, 1986

Dungert, Max: Köpfe / Max Dungert, Berlin-Schöneberg, Hirsch, 1925

Elger, Dietmar: Kate Steinitz. Eine Dokumentation. Ausst.-Kat., Hannover, Sprengel-Museum Hannover, 1989

Erlhoff, Michael; Stadtmüller, Klaus (Hrsg.): Kurt Schwitters Almanach 1987, Hannover, Postscriptum Verlag, 1987

Feidel-Mertz, Hildegard: Der junge Huelsenbeck. Entwicklungsjahre eines DADAisten, Gießen, Anabas, 1992

Frank, Tanja: Vision und Formgesetz, Aufsätze über Kunst und Künstler von 1921-1933 / Ernst Kállai, Leipzig; Weimar, Kiepenheuer, 1986

Friedlaender, Salomo: Ich, autobiographische Skizze, Bielefeld, Aisthesis-Verlag, 2003

Fuchs, Günter Bruno, zinke-Berlin, 1959-1962, Anlauf - Fuchs – Schnell, Berlin, 1979

Feininger, Lyonel, Aquarelle, Zeichnungen, Druckgraphiken, Ausst.-Kat., Berlin, Galerie Nierendorf, 1978

Gabo, Naum: Ein russischer Konstruktivist in Berlin 1922-1932, Berlin, Verlag Dirk Nishen, 1989

Gayford, Martin: The Grove Book of Art Writing: Brilliant Words on Art from Pliny the Elder to Damien Hirst, New York, Grove Press, 2000

Geerken, Hartmut (Verf.); Kapfer, Herbert (Hrsg.): Massnahmen des Verschwindens: Salomo Friedlaender/Mynona, Anselm Ruest, Heinz-Ludwig Friedlaender im französischen Exil, München, Kulturreferat, 1993

Geipel, Ines; Ulbrich, Maren (Hrsg.): Der Sammler Carl Laszlo: Facetten der Moderne, Ausst.-Kat., Potsdam, vacat-Verlag, 1998

Geist, Johann F.; Kürvers, Klaus; Rausch, Dieter (Hrsg.): Hans Scharoun – Chronik zu Leben und Werk, Akademie der Künste, 1993

Geitel, Klaus: Kügler: Zeichnungen, Aquarelle, Monotypen, Collagen, Photographien; 1950-1990, Berlin, Rembrandt-Verlag, 1991

Gleisberg, Dieter (Bearb.): Conrad Felixmüller: Leben und Werk, Dresden, Verlag der Kunst, 1982

Gleizes, Albert; Metzinger, Jean: Über den Kubismus, Frankfurt a.M., R.G. Fischer, 1988

Goetsch, Hans: 1892-1981, Ausst.-Kat., Bezirksamt Neukölln, 1993

Gohr, Siegfried (Hrsg.): Sophie Taeuber-Arp, 1889-1943, Ausst.-Kat., Rolandseck, Stiftung Hans Arp und Sophie Taeuber-Arp, 1993

Gorella, Arwed D., Bilder 1974-1988, Staatliche Kunsthalle Berlin, Neuer Berliner Kunstverein, Ausst.-Kat., 1988

Gorella, Arwed D., Geschichte und Gegenwart, Fragen an unsere Zeit, Museum Ostdeutsche Galerie, Regensburg, Ausst.-Kat., Regensburg, 1981

Grandt, Jens: Pilgerfahrt Galerie Nierendorf: die Schau zum Jubiläum; »Tagesspiegel«, 11. März 2011

Greschaft, Isbel: Rudolf Schlichter – Großstadt, Porträt, Obsession, Ausst.-Kat., Heidelberg, Kehrer, 2008

Groß, Yvonne: Zwischen Dix und Müller. Der Berliner Kunsthändler Florian Karsch und die Galerie Nierendorf, Berlin, Lexxion Verlagsgesellschaft, 2014

Haack, Ekhard; Poll, Lothar C. (Hrsg.): Lesebuch Heinz Ohff: Schreiben für die Kunst, Kunstkritik, Literatur, Feuilleton, Ausst.-Kat., Berlin, InfoPress, 2007

Haas, Michael: Hans Hofmann – das Spätwerk: 1. Oktober – 1. November 1997, Ausst.-Kat., Berlin, Galerie Haas & Fuchs, 1997

Häring, Hugo: Schriften, Entwürfe, Bauten, Stuttgart, Krämer, 1965

Haftmann, Werner: Verfemte Kunst. Bildende Künstler der inneren und äußeren Emigration in der Zeit des Nationalsozialismus, Köln, DuMont, 1986

Hans-Orlowski-Kreis (Hrsg.): Holzschnittgraphik der Jahre 1965 bis 1967 und Bilder der Jahre 1926 bis 1967, Berlin, Bundesdruckerei, 1972

Hausmann, Raoul: Am Anfang war Dada. Hrsg. von Karl Riha und Günter Kämpf, Gießen, belleville Verlag, 1992

Hentea, Marius: TATA DADA: Über das wahre Leben und die himmlischen Abenteuer des Tristan Tzara, Berlin, Berlin University Press, 2016

Herold, Inge; Hille, Karoline: Hannah Höch. Revolutionärin der Kunst. Das Werk nach 1945, Berlin, Edition Braus, 2016

Herzogenrath, Wulf (Hrsg.): Arthur Segal, 1875-1944, Ausst.-Kat., Berlin, Argon-Verlag, 1987

Heusinger von Waldegg, Joachim (Hrsg.): Otto Freundlich, (1878-1943), Monographie mit Dokumentation und Werkverzeichnis, Ausst.-Kat., Köln, Rheinland-Verlag, 1978

Hildebrandt, Alexandra: Ein Mensch Rainer Hildebrandt. Begegnungen, Berlin, Verlag Haus am Checkpoint Charlie, 1999

Hildebrandt, Hans: Die Frau als Künstlerin, Berlin, Rudolf Mosse Verlag, 1928

Hille, Karoline: »Der Faden, der durch alle Wirrnisse das Leben hielt«. Hannah Höch und Max Ernst. In: Burmeister, Ralf (Hrsg.): Hannah Höch. Aller Anfang ist DADA! Ausst.-Kat. Berlinische Galerie, Ostfildern, Verlag Hatje Cantz, 2007,

Höch, Hanna: Vom Sticken. In: Stickerei- und Spitzenrundschau 18, 12.9.1918, Verlagsanstalt A. Koch, Darmstadt

Höch, Hannah: Die Revue. Eine Reise mit Kurt Schwitters. In: Berlinische Galerie, Museumspädagogischer Dienst Berlin (Hrsg.): Hannah Höch 1889-1978. Ihr Werk, ihr Leben, ihre Freunde, Ausst.-Kat. Berlin 1989, S. 215-217

Höch, Hannah: Erinnerungen an DADA: Ein Vortrag 1966. In: Berlinische Galerie, Museumspädagogischer Dienst (Hrsg.), 1889-1978. Ihr Werk, ihr Leben, ihre

Freunde, Berlinische Galerie, 25. November 1989-14. Januar 1990, Berlin, Argon Verlag, 1989, S. 201-213

Höch, Hannah: Lebensüberblick 1958. In: Berlinische Galerie, Museumspädagogischer Dienst Berlin (Hrsg.): Hannah Höch. 1889-1978. Ihr Werk, ihr Leben, ihre Freunde, Berlin 1989, S. 195-199

Höch, Hannah: unveröffentlichtes Manuskript, zit. nach: Helen Adkins: Die Zeit der Kohlrübe in Deutschland. In: Schuster, Peter-Klaus (Hrsg.): George Grosz. Berlin. New York, Ausst.-Kat., Berlin, Ars Nicolai, 1994, S. 132-139

Höcker, Karla: Beschreibung eines Jahres, Berliner Notizen 1945, Berlin, Arani, 1984

Hoffmann, Hugo; Klünner, Lothar (Hrsg.): Günter Bruno Fuchs, Willi Mühlenhaupt, Ausst.-Kat., Berlin, Galerie Franz Mehring, 1977

Hofmann, Hans 1880 – 1966, Berlin, Galerie Michael Haas, 1990

Hofmann, Werner (Hrsg.): Der Maler Walter Dexel, Starnberg, J. Keller, 1972

Horn, Gabriele: Rudolf Schlichter 1890-1955, Staatliche Kunsthalle Berlin, Ausst.-Kat., Berlin, Frölich und Kaufmann, 1984

Horn, Wolfgang (Red.): Issai Kulvianski: Gemälde, Aquarelle, Zeichnungen und konstruktive Plastiken, Ausst.-Kat., Nürnberg, Kunsthalle Nürnberg, 1978

Hoyer, Karl-Heinz: Hans Jaenisch, Ausst.-Kat., Köln, Galerie Vömel, 1991

Hoyer, Karl-Heinz: Hans Jaenisch, Teufen/Schweiz, Niggli, 1971

Huelsenbeck, Richard; Tzara, Tristan, Dada siegt! Bilanz und Erinnerung, Hamburg, Nautilus/Nemo Presse – Edition Moderne, 1985

Hutten, Kurt: Seher, Grübler, Enthusiasten: das Buch der traditionellen Sekten und religiösen Sondergewegungen, Stuttgart, Quell-Verlag, 1989

Isensee, Stefan: Hans Brass (1885-1959), Maler, Bürgermeister, Moralist, Berlin, Trafo, 2008

Jaenisch, Hans: Aquarelle aus Amrum, Baden-Baden, W. Klein, 1958

Jaenisch, Hans: Ausstellung zum 80. Geburtstag vom 23. März bis zum 9. Mai 1987, Ausst.-Kat., Berlin, Galerie Nierendorf, 1987

Jaffé, H.C.: Piet Mondrian, Köln, DuMont, 1990

Joedicke, Jürgen; Lauterbach, Heinrich: Hugo Häring, Schriften, Entwürfe, Bauten, Stuttgart; Zürich, Krämer, 2001

Kaiser-Schuster, Britta (Bearb.): Lily Hildebrandt: 1887-1974, Gemälde, Hinterglasbilder, Collagen, Photographien, Ausst.-Kat., Berlin, Traum und Raum, 1997

Kapfer, Herbert; Exner, Lisbeth (Hrsg.): Weltdada Huelsenbeck: eine Biografie in Briefen und Bildern, Innsbruck, Haymon-Verlag, 1996

Karsch, Florian (Hrsg.): Bernhard Klein, das künstlerische Gesamtwerk, Gemälde, Aquarelle, Zeichnungen, Radierungen, Holzschnitte, Berlin, Galerie Nierendorf, 1979

Karsch, Joachim: Edouard Roditi, Berlin, Mann, [1967]

Killy, Herta Elisabeth (Bearb.): Hans Uhlmann: Ausst.-Kat., Berlin, 1968

Klapper, Siegfried: Ölbilder, Gouachen, Zeichnungen, Ausst.-Kat., Frankfurt a.M., Bekker vom Rath, 1968

Klein, Bernhard: Nummer 14 der Kunstblätter der Galerie Nierendorf, Berlin, 1968

Koenecke, Andrea: Walter Rossow (1910-1992), »Die Landschaft im Bewußtsein der Öffentlichkeit«, München, AVM.edition, 2014

König, York-Egbert; Fechner, Bernd: Paul Westheim, Kunstkritiker - Publizist – Sammler, Berlin, Hentrich und Hentrich Verlag, 2017

Krause, Markus: Galerie Gerd Rosen: die Avantgarde in Berlin 1945-1950, Berlin, Nicolai, 1995

Krause, Markus: Heinz Trökes: Werkverzeichnis, München, Prestel, 2003

Kreis Unna (Hrsg.): Conrad Felixmüller, Kunst ist eine historische Angelegenheit, Dortmund, Verlag Kettler, 2016

Kremer, Sabine: Hugo Häring (1882-1958), Wohnungsbau, Theorie und Praxis, Stuttgart, Krämer, 1984

Krieger, Peter: Freundschaft mit der Avantgarde. Schwitters – Arp – van Doesburg – Moholy-Nagy. In: Berlinische Galerie e.V., Museumspädagogischer Dienst Berlin (Hrsg.): Hannah Höch 1889-1978. Ihr Werk, ihr Leben, ihre Freunde, Ausst.-Kat. Berlin, Argon Verlag, 1989, S. 24-39

Kühnel, Klaus: Der Mensch ist ein seltsames Möbelstück: Biographie der Innenarchitektin Liv Falkenberg-Liefrinck, geb. 1901, Berlin, trafo Verlag, 2006

Künstlerarchiv der Berlinischen Galerie. Landesmuseum für Moderne Kunst, Fotografie und Architektur (Hrsg.). Bearbeitet von Ralf Burmeister und Eckhard Fürlus: Hannah Höch. Eine Lebenscollage, Bd. II, 2. Abt. (1921-1945), Ostfildern-Ruit, Verlag Gerd Hatje, 1995

Künstlerarchiv der Berlinischen Galerie. Landesmuseum für Moderne Kunst, Fotografie und Architektur (Hrsg.). Mit Texten von Eberhard Roters und Heinz Ohff: Höch, Hannah. Eine Lebenscollage, Bd. II, 1. Abt. (1921-1945), Ostfildern-Ruit, Verlag Gerd Hatje, 1995

Künstler-Archive der Berlinischen Galerie, Landesmuseum für Moderne Kunst, Fotografie und Architektur (Hrsg.) Hannah Höch. Eine Lebenscollage, Bd. III, I. Abt. (1946-1978), Berlin 2001

Kulturforum in der Villa Oppenheim: Issai Kulvianski (1892-1979), Malerei und Zeichnungen, Skulpturen, Aust.-Kat., Berlin, Bezirksamt Charlottenburg von Berlin, 1992

Kulvianski, Issai: Gemälde, Skulpturen, Zeichnungen, Berlin, Haus am Waldsee, 1974

Kundera, Ludvik: El do Ra Da (da): Gedichte, Erzählungen, Erinnerungen, Bilder, Wuppertal, Arco, 2007

Kundera, Ludvik, Wilhelmshorst, Märkischer Verlag, 2008

Kunsthalle der Hypo-Kulturstiftung: Günther Uecker: eine Retrospektive, München, Hirmer 1993

Kunstverein für die Rheinlande und Westfalen (Hrsg.): DADA. Dokumente einer Bewegung. Ausst.-Kat. vom 5. September bis 19. Oktober 1958, Kunsthalle Düsseldorf, 1958, unpaginiert

Lauser, Gabriele (Hrsg.): Uecker / Kunstsammlung Nordrhein-Westfalen, Ausst.-Kat., Berlin, Nicolai, 2015

Lee, Chen Kuen: Hauslandschaften – organisches Bauen in Stuttgart, Berlin und Taiwan, ifa-Galerie Stuttgart, 30.12.2015-10.1.2016, ifa-Galerie Berlin, 22.1.-24.3.2016, Ausst.-Kat., Stuttgart, Krämer Verlag, 2015

Lewis, David: Constantin Brancusi, Teufen, Niggli, 1958

Liersch, Hendrik: Die fast vollständige Geschichte der Rabenpresse: aus Anlass der Ausstellung im Foyer der Universitätsbibliothek der Freien Universität; Schöneiche bei Berlin, Corvinus Presse, 2007

Linck, Margrit und Walter: Künstlerpaare – Künstlerfreunde, Kunstmuseum Bern, Ausst.-Kat., Bern, Stämpfli, 1994

Lissitzky-Küppers, Sophie: El Lissitzky, Maler, Architekt, Typograf, Fotograf, Erinnerungen, Briefe, Schriften, Dresden, Verlag der Kunst, 1976

Lüttwitz, Lidy von – Skulpturen, Städtische Galerie Rosenheim, Ausst.-Kat., Rosenheim, 1987

Mair, Roswitha: Handwerk und Avantgarde, das Leben der Künstlerin Sophie Taeuber-Arp, Berlin, Parthas, 2013

Malsy, Victor (Hrsg.): El Lissitzky: Konstrukteur, Denker, Pfeifenraucher, Kommunist. Eine Ausstellung typografischer Arbeiten von El Lissitzky, Mathildenhöhe Darmstadt, Mainz, Schmidt, 1990

Mattay, Joel: Die verlorene Spur, auf der Suche nach Otto Freundlich (Göttinger Sudelblätter), Göttingen, Wallstein Verlag, 2005

Maur, Karin von: Oskar Schlemmer, Monographie, München, Prestel, 1979

Mehring, Walter: Berlin Dada: eine Chronik mit Photos und Dokumenten, Zürich, Verlag Die Arche, 1959

Mehring, Walter: 1896-1981, eine Ausstellung der Universitäts-Bibliothek Wuppertal und Hagen, Hagen, Schirmes, [ca. 1985]

Mehring, Walter, München, Ed. Text + Kritik, 1983

Meller Marcovicz, Digne: Töpfe – Menschen – Leben, Berichte zu Jan Bontjes van Beek, Berlin, Hentrich & Hentrich, 2011

Moeller, Magdalena M. (Hrsg.): Karl Schmidt-Rottluff. Die Berliner Jahre 1946-1976, Ausst.-Kat., München, Hirmer, 2005

Moeller, Magdalena M.; Schmidt, Hans-Werner (Hrsg.): Karl Schmidt-Rottluff, Ausst.-Kat., Stuttgart, Hatje Cantz, 1992

Moholy, Lucia, Düsseldorf, Edition Marzona, 1985

Muche, Georg: Sturm – Bauhaus – Spätwerk, Retrospektive zum 100. Geburtstag, Ausst.-Kat., Bad Homburg v.d. Höhe, Altana 1995

Mülhaupt, Frey (Hrsg.): John Heartfield, Zeitausschnitte, Fotomontagen 1918-1938, aus der Kunstsammlung der Akademie der Künste, Berlin, Ostfildern, Hatje Cantz, 2009

Mumm, Carl: Alfred Wolkenstein, Wiesbaden, Steiner, 1955

Museen der Stadt Gotha, Schloß Friedenstein (Hrsg.): Hannah Höch: Gotha 1889-1978 Berlin. Gotha 1993

Museum Folkwang (Hrsg.): El Lissitzky: Sieg über die Sonne, Berlin, Kulturstiftung der Länder, 2006

Nash, Steven A.; Merkert, Jörn: Naum Gabo. Sechzig Jahre Konstruktivismus, München, Prestel, 1986

Nobis, Norbert; Pollmann, Ute (Bearb.): Ella Bergmann-Michel, 1895-1971, Collagen, Malerei, Aquarelle, Zeichnungen, Druckgraphik, Fotos, Reklame, Entwürfe, Hannover, Sprengel-Museum, 1990

Nündel, Ernst: Kurt Schwitters, Reinbek, Rowohlt Taschenbuch Verlag, 1981

Nungesser, Michael: Walter Wellenstein, 1898-1970, Berlin, Nicolai Verlag, 1988

Nyirady, Christine: Papier als Spiegel der Seele – Aufgefrischte Erinnerungen an Hannah Höch. In: Der literarische Zaunkönig (Die Zeitschrift der Erika Mitterer Gesellschaft), Wien, 2016, H. 3

Ohff, Heinz: Hannah Höch, Berlin, Gebr. Mann Verlag, 1968

Ohff, Heinz: »Ich glaubte, er wollte mich foppen«. Der allzu späte Sieg der Hannah Höch. In: Berlinische Galerie, Museumpädagogischer Dienst (Hrsg.): Hannah Höch 1889-1978. Ihr Werk, Ihr Leben, Ihre Freunde. Argon Verlag, 1989

Orlik, Emil: Ausstellung zum 120. Geburtstag, Berlin, Galerie Bodo Niemann, 1990

Orlik, Emil – Zeichnungen und Druckgraphik von 1889-1932, Ausstellung des Adalbert Stifter Vereins, München in Zusammenarbeit mit dem Städtischen Kunstmuseum, Bonn und der Villa Stuck, München, Ausst.-Kat., Passau, Passavia, 1972

Orlowski, Hans – Malerei, Zeichnungen, Graphik, Gedächtnisausstellung zum 80. Geburtstag, Kunstamt Berlin-Charlottenburg, Ausst.-Kat., Berlin, 1974

Otto, Christa: Hugo Häring in seiner Zeit, Symposion und Ausstellung Biberach a.d. Riss, Mai 1982, Stuttgart, Kunstdruckatelier, 1989

Passuth, Krisztina: Lajos Tihanyi, Dresden, Verlag der Kunst, 1977

Paul Steegemann Verlag: 1919-1935 / 1949-1955. Sammlung Marzona, Ausst.-Kat., Hannover, Sprengel-Museum, 1994

Pels-Leusden, Hans: Bilder und Zeichnungen, Ausst.-Kat., Berlin, Galerie Pels-Leusden, 1975

Pfefferkorn, Rudolf: Cesar Klein, Berlin, Rembrandt-Verlag, 1962

Pfefferkorn, Rudolf: Oeuvrekatalog Cesar Klein, Ölbilder, Gouachen, Pastelle, Aquarelle, Berlin, Pröh, 1975

Pfefferkorn, Rudolf (Red.): Otto Beyer, Ölbilder, Aquarelle, Druckgrafik, Ausst.-Kat., Berlin, Bezirksamt Reinickendorf, 1988

Pfeiffer, Ingrid; Hollein, Max (Hrsg.): László Moholy-Nagy, Retrospektive, Ausst.-Kat., München, Prestel, 2009

Pommeranz-Liedtke, Gerhard: Otto Nagel und Berlin, Dresden, Verlag der Kunst, 1964

Pressestelle der Hochschule der Künste (Hrsg.): Vergängliche Zeiten: Skulpturen aus Strandgut / Rudolf Kügler, Berlin, Hochschule der Künste, 1986

Puni, Iwan: Synthetischer Musiker. Mit Beiträgen von Eberhard Roters, Hubertus Gaßner und Schriften zur Kunst (1915-1923) von Iwan Puni, Ausst.-Kat., Berlin, Berlinische Galerie, Museumspädagogischer Dienst, 1992

Remmert, Herbert und Barth, Peter (Hrsg.): Hannah Höch, Werke und Worte, Berlin, Frölich und Kaufmann, 1986

Richter, Hans: Dada, Kunst und Antikunst. Der Beitrag Dadas zur Kunst des 20. Jahrhunderts, Köln, DuMont, 1964

Roditi, Edouard: Hannah Höch und die Berliner Dadaisten. Ein Gespräch mit der Malerin. In: Der Monat. Berlin. 12. Jg., November 1959, H. 134. - S. 60-68

Roters, Eberhard: Bildsymbolik im Werk Hannah Höchs. In: Adriani, Götz (Hrsg.): Hannah Höch. Fotomontagen, Gemälde, Aquarelle, Ausst.-Kat. Kunsthalle Tübingen u.a., Köln, DuMont Buchverlag, 1980

Roters, Eberhard (Hrsg.): Leopold Reidemeister zum Gedenken, Berlin, Brücke-Museum, 1988

Roters, Eberhard (Hrsg.): Von Krokodilen, Max & Moritz und anderen Wendevögeln, Berlin, Argon Verlag, 1987

Ruhl, Ralf: Die Eremiten-Presse und ihr Gründer V.O. Stomps: Porträt eines Kleinverlages, Wiesbaden, Otto Harrassowitz, 1985

Sachsse, Rolf; Hartmann, Sabine (Hrsg.): Lucia Moholy. Bauhaus-Fotografin, Berlin, Bauhaus-Archiv 1995

Salzmann, Siegfried: Emil Orlik, zum 100. Geburtstag, 1870-1932, Ausst.-Kat., Duisburg, Wilhelm-Lehmbruck-Museum, 1970

Schaschke, Bettina: Schnittmuster der Kunst. Zu Hannah Höchs Prinzipien der Gestaltung. In: Burmeister, Ralf (Hrsg.) Hannah Höch. Aller Anfang ist DADA! Ausst.-Kat., Ostfildern, Verlag Hatje Cantz, 2007, S. 118-135

Scheper, Dirk; Hespos, Hans-Joachim (Hrsg.): Oskar Schlemmer – Das Triadische Quartett, Berlin, Akademie der Künste, 1977

Schiffer, Marcellus: Heute Nacht oder nie: Tagebücher, Erzählungen, Gedichte, Zeichnungen, Bonn, Weidle Verlag, 2003

Schifferli, Peter (Hrsg.): Als Dada begann, Bildchronik und Erinnerungen der Gründer, Zürich, Sanssouci Verlag

Schirren, Matthias; Claus, Sylvia: Hugo Häring, Architekt des neuen Bauens, 1882-1958, Ausst.-Kat., Ostfildern-Ruit, Hatje Cantz, 2001

Schlemmer, Oskar: Der Maler, der Wandgestalter, der Plastiker, der Zeichner, der Graphiker, der Bühnengestalter, der Lehrer, Ausst.-Kat, München, Prestel, 1982

Schmidt, Maiken (Hrsg.): Issai Kulvianski: 1892-1970, Malerei, Arbeiten auf Papier, Skulpturen aus der Sammlung der Berlinischen Galerie, Ausst.-Kat., Berlin, Parthas-Verlag, 1998

Schmoll, J.A.: Franz Roh – Collagen, Ausst.-Kat., Düsseldorf, Edition Marzona, 1984

Schreiber, Eduard (Hrsg.): Zur bewegten Geschichte des 22. März – Ludvik Kundera zum Neunzigsten: eine Hommage zum 22. März 2010, Wuppertal, Arco-Verlag, 2010

Schulenburg, Rosa von der (Hrsg.): Otto Nagel (1894-1967), Orte – Menschen, Ölbilder und Pastelle aus der Kunstsammlung der Akademie der Künste, Berlin, 2012

Schulz, Georg-Michael: Walter Mehring, Hannover, Wehrhahn, 2013

Schulz, Isabel: Der Nachlass von Kurt und Ernst Schwitters, Hannover, Schwitters Stiftung, 2002

Schweitzer, Cara: Schrankenlose Freiheit für Hannah Höch, Berlin, Osburg Verlag, 2011

Schwitters, Ernst: Ernst Schwitters in Norwegen; Fotografien 1930-1960, Ausst.-Katalog, Ostfildern-Ruit: Hatje Cantz, 2005

Spindler, Albert (Hrsg.): Das Ungeheure von Stierstadt oder Ein Schloß am Taunus. Die Aera Victor Otto Stomps, genannt VauO und seine Raben- und Eremiten-Presse im wort- und bilderreichen Zeugnis seiner Autoren, Künstlerfreunde, Zeitgenossen und Mitmenschen, bereichert mit diversen Dokumenten besonderer Art, Friedberg, Draier 1992

Sprengel-Museum: El Lissitzky, Jenseits der Abstraktion, Fotografie, Design, Kooperation, Ausst.-Kat., München, Schirmer-Mosel, 1999

Staber, Margit: Sophie Taeuber-Arp, Paris, Editions Recontre, 1970

Stamm, Günther: J.J.P. Oud, Bauten und Projekte 1906-1963, Mainz, Kupferberg, 1984

Steinitz, Kate Traumann: Kurt Schwitters, Erinnerungen aus den Jahren 1918-1930, Zürich, Verlag Die Arche, 1963

Steinitz, Kate Traumann: Kurt Schwitters: Portrait from Life - With Collision, a science-fiction opera libretto in BANALITIES, University of California Press, 1968

Stephan, Nicolai (Bearb.): Siegfried Klapper – akribische Träume, Bilder wider den Zeitgeist, Öl auf Holz, auf Karton, Gouache, Tusche, Farb- und Bleistift auf Papier, 1954-2002, Ausst.-Kat., Hamburg, Galerie Brockstedt, 2006

Stiftung Hans Arp und Sophie Taeuber-Arp (Hrsg.): Hans Arp – Sophie Taeuber-Arp, Ausst.-Kat., Ostfildern-Ruit, Hatje Cantz, 1997

Suter, Rudolf: Hans Arp – das Lob der Unvernunft, eine Biografie, Zürich, Scheidegger & Spiess, [2016]

Tadday, Ulrich (Hrsg.): Stefan Wolpe II, München, Ed. Text + Kritik, 2011

Theis, Heinz-J.: Paul Dresler (1879-1950) und die Töpferei Grootenburg, Berlin, Keramik-Museum, 2010

Thomas, Angela: Mit unverstelltem Blick, Bericht zu drei Künstlerinnen Anna Baumann-Kienas, Alis Guggenheim, Sophie Taeuber-Arp, Bern, Benteli, 1991

Thürmer, Ludwig (Bearb.): Rudolf Kügler, Einblicke, Arbeiten von 1950-1992, Ausst.-Kat., Berlin, Förderkreis Kulturzentrum, 1992

Thun-Hohenstein, Christoph (Hrsg.): Friedrich Kiesler, Lebenswelten, Architektur – Kunst – Design, Ausst.-Kat., Basel, Birkhäuser, 2016

Töteberg, Michael: John Heartfield in Selbstzeugnissen und Bilddokumenten, Reinbek bei Hamburg, Rowohlt, 1994

Trageser, Martin: »Es liegt in der Luft eine Sachlichkeit«. Die zwanziger Jahre im Spiegel des Werks von Marcellus Schiffer (1892-1932), Berlin, Logos-Verlag, 2007

Trökes: Bilder, Zeichnungen, Collagen und Skizzenbücher: 1938-1979, Ausst.-Kat., Berlin, Akademie der Künste, 1979

Uhlmann, Hans: 1900-1975, Plastik und Zeichnungen, Städtische Kunsthalle Mannheim, Ausst.-Kat., Mannheim, 1978

Unbekannt: Fotomontage van Hannah Höch. In: de 8 en opbouw, 6 (1935), S. 267 f.

Van der Rohe, Georgia: La donna è mobile. Mein bedingungsloses Leben, Berlin, Aufbau-Verlag, 2001

Van Eesteren, Cornelis: Urbanismus zwischen »de Stijl« und CIAM, Braunschweig, Vieweg, 1999

Vedova, Emilio: Blätter aus dem Tagebuch, München, Prestel, 1960

Vedova, Emilio – Das zeichnerische Frühwerk, 1935-1950, Ausst.-Kat., Städtisches Museum Leverkusen Schloss Morsbroich, München, 1981

Wang, Wenchi: Chen-kuan Lee (1914-2003) und der Chinesische Werkbund, mit Hugo Häring und Hans Scharoun, Berlin, Reimer, 2010

Weidemann, Friedegund: Otto Nagel, Berliner Bilder, zum 100. Geburtstag des Künstlers, Ausst.-Kat., Berlin, Nationalgalerie, 1994

Weil, Gerhard (Bearb.): Fritz Kuhr, vom Bauhaus nach Berlin-Tempelhof, Ausst.-Kat., Berlin, Kahlmann, 1995

Wellensteins unveröffentlichte Lebenserinnerungen, Typoskript in 35 Kapiteln in seinem Nachlaß: Kap. 17, »Emil Orlik« (21. Juli 1963), zit. nach: Michael Nungesser: Walter Wellenstein, 1898-1970, Berlin, Nicolai Verlag, 1988

Wellenstein, Walter, Rathaus Reinickendorf vom 10.-31. Oktober 1968 in Verbindung mit dem Wilhelm-Busch-Museum, Hannover, Ausst.-Kat., 1968

Wendisches Museum (Hrsg.): Conrad Felixmüller: Felixmüller a Serby, Ausst.-Kat., Cottbus, 1997

Werkmeister, Wolfgang: Industrielandschaften, Photos, Gemälde, Radierungen, Hamburg, Hamburger Museum f. Archäologie und die Geschichte Harburgs, 1989

Werner, Michael; Baselitz, Georg: Hommage à Rudolf Springer, Köln, Werner, 1989

Wieland, Herzfelde: John Heartfield: Leben und Werk, Berlin, Verlag Das Europäische Buch, 1986

Ziegler, Edda: Buchfrauen, Frauen in der Geschichte des deutschen Buchhandels, Göttingen, Wallstein-Verlag, 2014

Zillner, Gerd; Bogner, Peter; Bogner, Dieter (Hrsg.): Friedrich Kiesler: Architekt, Künstler, Visionär, München, Prestel Verlag, 2017

Zimmermann, Inge (Bearb.): Alice Lex-Nerlinger – Oskar Nerlinger: Malerei, Graphik, Foto-Graphik Berlin, Ausst.-Kat., Berlin, Akademie der Künste, 1975

Züchner, Eva (Hrsg.): Kunst ist ein Spiel, das Ernst macht. Eberhard Roters, Briefe und Texte, 1949-1994, Köln, DuMont, 1999

Zwart, Piet, Düsseldorf, Edition Marzona, 1981

Zwirner, Dorothea (Hrsg.): Papierküsse: Briefe eines jüdischen Vaters aus der Haft 1942/43 / Pali Meller, Stuttgart, Klett-Cotta, 2012

Bildquellenverzeichnis

Abdruck mit Genehmigung der Erbengemeinschaft Schindler-Hürlimann: S. 135
akg: S. 164; akg-images: 76 (unten); 112; 168; 174; 175; 197; 281; mandatory © Daniel Frasnay / akg-images: 73; akg-images / Imagno / Franz Hubmann: 105; akg-images / picture-alliance / dpa: 120; akg-images / Erich Lessing: 139; akg-images / Fototeca Gilardi: 209; akg-images / Paul Almasy: 213; akg-images / Mondadori Portfolio / Fabrizio Carraro: 259; akg-images / Binder: 266; akg-images / Imagno / Franz Hubmann: 276
Archiv der Akademie der Künste Berlin: S. 83 (vormals Archiv Geerken); 130 (Annot-Jacobi-Archiv, Nr. 12)
Archiv Cunze, Hannes: S. 146
Archiv Fondazione Marguerite Arp, Clamart: S. 25
Archiv Guhlke, Werner: S. 96
Archiv Hartmann, Christiane: S. 230
Archiv Hildebrandt, Alexandra: S. 115
Archiv Kauffmann Forsen, Esther: S. 134
Archiv Meller Marcovic, Gioia: S. 86
Archiv Melis, Roger: S. 282; 283; 284
Archiv Neckelmann, Harald: S. 226 (unten); 300 (beide)
Archiv Sernow-Rose, Uwe: S. 153
ACT Babelio: S. 210
Berenice Abbott Commerce Graphics Ltd: S. 111
Berlinische Galerie, Museum für Moderne Kunst: S. 3; 15; 16; 17; 22; 24; 28; 36; 40; 52; 55; 58; 63; 66; 69; 71; 75; 76 (oben); 81; 85; 97; 100; 106; 107; 108; 109; 119; 127; 132; 136 (unten); 141; 157 (oben); 159; 160; 167; 179; 180; 190; 198 (oben); 204; 211 (oben); 212; 218; 232; 262; 264; 265; 273; 275; 285; 296
bpk: S. 33; 182; 193; bpk / CNAC-MNAM / Raoul Hausmann: 30; bpk / Kunstbibliothek, SMB, Photothek Willy Römer / Willy Römer: 35; bpk / CNAC-MNAM: 110; bpk / Kunstbibliothek, SMB, Photothek Willy Römer / Willy Römer: 121; bpk / Kunstbibliothek, SMB, Photothek Willy Römer / Willy Römer: 173; bpk / Kunstbibliothek, SMB, Photothek Willy Römer / Willy Römer: 88 (oben); bpk / The Metropolitan Museum of Art / László Moholy-Nagy: 188; bpk / Maren Heyne: 217; bpk / Bayer. Staatsbibliothek: 226 (oben); bpk / Liselotte und Armin Orgel-Köhne: 227; bpk / Friedrich Seidenstücker: 228; bpk / Sprengel Museum Hannover / Michael Herling / Benedikt Werner: 234; bpk / adoc-photos: 247
Buchladen Bayerischer Platz, Christiane Fritsch-Weith: S. 42 (unten)
dbnl, digitale bibliothek voor de Nederlandse letteren: S. 16 (unten)
Die Photographische Sammlung/SK Stiftung Kultur – August Sander Archiv, Köln: S. 78
Galerie Kieselbach, Ungarn: S. 70
Galerie Nakladatelstvi: S. 292; 293
Galerie Nierendorf: S. 138
Gebrüder Mann Verlag, Berlin: S. 201
Ghetto Fighters House: S. 77
Keystone Pictures USA / Alamy Stock Foto: S. 90
L'Association Maywald, Jutta Niemann: S. 149
Landesarchiv Berlin: Fontispiz (F_Rep_290_0003833, Foto: Horst Siegmann); 98 (oben) (F Rep. 290 (04) Nr. 0117272, Foto: Horst Siegmann); 98 (unten): (F

Rep. 290 (04) Nr. 0054091 Foto: Gert Schütz); 101 (F Rep. 290 (04) Nr. 0112011 Foto: Horst Siegmann); 114 (F Rep. 290 (01) Nr. 0176149 Foto: Karl-Heinz Schubert); 155 (F Rep. 290 (04) Nr. 0121579 Foto: Horst Siegmann); 172 (F Rep. 290 (05) Nr. 0111575 Foto: Ludwig Ehlers); 221 (F Rep. 290 (04) Nr. 0122469 Foto: Horst Siegmann); 244 (63F_Rep_290_0093310 Foto: Horst Siegmann); 250 (F_Rep_290_0117669); 257 (F Rep. 290 (04) Nr. 0175725 Foto: Horst Siegmann); 287 (F_Rep_290_0133230 Foto: Horst Siegmann)
Lomholt Mail Art Archives: S. 88 (unten)
Museum der Stadt Brünn: S. 136 (oben)
Museum Reinickendorf, Archiv, Foto Hamm: Höch 5 und 6: S. 103; 104
National Archives, College Park, Maryland: S. 47
Ockman, Joanj, Reinventing Jefim Golyscheff: Lives of a Minor Modernist, (MIT Press, 1990): S. 94
Otto Nebel Stiftung: S. 191
Privatbesitz: S. 214
RKD – Nederland Instituut voor Kunstgeschiedenis, Sammlung Nelly und Theo van Doesburg: S. 34; 50; 51; 59; 60 (beide); 61 (unten); 62; 67; 95; 133; 186; 208; 233; 236 (oben); 253
RKD – Nederland Instituut voor Kunstgeschiedenis, Sammlung Piet Mondrian: S. 169; 170
SLUB Dresden / Deutsche Fotothek / Fritz Eschen: S. 48
Stiftung Arp e.V., Berlin / Rolandswerth: S. 21
Stiftung Ernst Scheidegger-Archiv, Zürich: S. 26
VG Bild-Kunst, Bonn 2018, S. 3; 15; 16; 21; 28; 30; 52; 55; 58; 69; 75; 81; 85; 97; 100; 106; 107; 109; 110; 112; 119; 127; 132; 136 (unten); 139; 141; 157 (oben); 159; 160; 167; 190; 198; 204; 211 (oben); 212; 232; 238; 259; 262; 264; 265; 273; 283; 284; 285; 293; 296
Villa Massimo, Deutsche Akademie Rom: S. 91
Wikimedia Commons: S. 18; 41; 42 (oben); 61 (oben); 64; 84; 124; 161; 187 (Foto: László Moholy-Nagy); 198 (unten); 199; 220 (Foto: Ellywa); 236 (unten); 237; 238; 242; 246; 270; 271
Unbekannt: S. 157 (unten), Liv Falkenberg-Liefrinck; Lu Märten, S. 171; S. 205, Pels-Leusden, Buchhandlung und Antiquariat; S. 211, Titelseite »Der Querschnitt; S. 254, Helma Schwitters 1932

Trotz umfangreicher Recherchen konnten nicht alle Rechteinhaber ermittelt werden. Wir bitten diese, sich beim Verlag zu melden.

Harald Neckelmann, geboren 1965 in Tönisvorst, studierte Publizistik, Politologie und Niederlandistik in Münster, Berlin und Amsterdam. Von 1995 bis 2007 arbeitete er als Autor und Korrespondent für den ARD-Hörfunk. Seither ist er als Sachbuchautor, Dozent (u.a. Institut für Vergleichende Literaturwissenschaft an der FU Berlin) und Stadtführer in Berlin tätig. Zahlreiche Veröffentlichungen zur Stadtgeschichte Berlins.

Alma-Elisa Kittner ist Kunstwissenschaftlerin an der Universität Duisburg-Essen. Sie forscht seit langem zu Hannah Höch, u.a. in ihrer Dissertation »Visuelle Autobiographien. Sammeln als Selbstentwurf bei Hannah Höch, Sophie Calle und Annette Messager«, die in Bielefeld 2009 publiziert wurde. Auf der Grundlage ihrer Dissertation erschien 2016 im Greenbox Verlag Berlin: »Hannah Höch. Lebensbild. Eine collagierte Autobiographie / Hannah Höch. Life Portrait. A Collaged Autobiography« mit einem einleitenden Essay und zahlreichen Kurztexten (hg. v. Anja Lutz).

Gefördert durch die

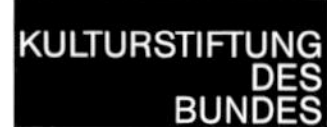

Postfach 121111 | 10605 Berlin
www.transit-verlag.de

Lektorat: Rainer Nitsche, Marion Schmid
Bildrecherche: Gudrun Fröba, Harald Neckelmann
Umschlagabbildungen: Hannah Höch, 2×5, 1919 (Ausschnitt) und Porträtfoto Hannah Höch, 1923-25

Umschlaggestaltung und Layout: Gudrun Fröba
Druck und Bindung: CPI Group Clausen + Bosse, Leck
ISBN 978 3 88747 364 8